高等学校高速铁路系列教材

动车组车辆设计技术

主 编 ◎ 商跃进　薛　海

西南交通大学出版社
·成　都·

内容简介

本书全面介绍了动车组车辆的设计理论与设计技术，内容包括动车组车辆设计概述，动车组车辆总体设计，动车组车辆动力性能设计，动车组车辆结构强度分析基础，动车组车辆转向架零部件设计，动车组车辆车体设计，动车组车辆车端连接装置设计等。

本书可作为高等学校铁道机车车辆类、城市轨道交通车辆类车辆工程专业硕士研究生和本、专科大学生的教材，也可供轨道车辆设计、制造工程技术人员使用和参考。

图书在版编目（CIP）数据

动车组车辆设计技术 / 商跃进，薛海主编. —成都：西南交通大学出版社，2021.1
高等学校高速铁路系列教材
ISBN 978-7-5643-7689-5

Ⅰ. ①动… Ⅱ. ①商… ②薛… Ⅲ. ①动车 – 设计 – 高等学校 – 教材 Ⅳ. ①U266

中国版本图书馆 CIP 数据核字（2020）第 187893 号

高等学校高速铁路系列教材
Dongchezu Cheliang Sheji Jishu
动车组车辆设计技术

主　编／商跃进　薛　海	责任编辑／何明飞
	封面设计／何东琳设计工作室

西南交通大学出版社出版发行
（四川省成都市金牛区二环路北一段 111 号西南交通大学创新大厦 21 楼　610031）
发行部电话：028-87600564　　028-87600533
网址：http://www.xnjdcbs.com
印刷：成都中永印务有限责任公司

成品尺寸　185 mm×260 mm
印张　17.75　　字数　440 千
版次　2021 年 1 月第 1 版　　印次　2021 年 1 月第 1 次

书号　ISBN 978-7-5643-7689-5
定价　65.00 元

课件咨询电话：028-81435775
图书如有印装质量问题　本社负责退换
版权所有　盗版必究　举报电话：028-87600562

高等学校高速铁路系列教材
【编审委员会】 >>>>

主　　任	杨子江　李引珍
副 主 任	刘振奎
委　　员	张友鹏　钱勇生　丁旺才　牛惠民
	石广田　陈小强　闫光辉　虞庐松
	李海军　王海涌　马元琳

【兰州交通大学高等学校高速铁路系列教材目录及主编人】

序号	教材名称	主编人
1	高速铁路客站工程	蔺鹏臻
2	高速铁路线路工程	李 斌
3	高速铁路桥梁工程	丁南宏
4	高速铁路隧道工程	梁庆国
5	高速铁路施工组织与计价	顾伟红
6	动车组运用与管理	朱喜锋
7	动车组牵引传动与控制	车 军
8	动车组车辆设计技术	商跃进
9	动车组制造与修理工艺	冉虎珍
10	机车车辆概论	金 花
11	动车组工程	石广田
12	高速铁路车站计算机联锁系统	谭 丽
13	高速铁路分散自律调度集中（FZ-CTC）	张雁鹏
14	铁路专用通信	樊子锐
15	高速铁路无线通信系统与应用	谢健骊
16	LTE-R铁路移动通信技术	周冬梅
17	高速铁路信息安全技术	李 强
18	高速铁路调度指挥	刘 斌
19	高速铁路列车运行图	田志强
20	高速铁路站场设计	张春民
21	高速铁路车站工作组织	杨信丰
22	高速铁路客运管理	张玉召

【序　言】 >>>>

高速铁路是中国名片和国之重器。中国国家铁路集团有限公司2020年8月出台《新时代交通强国铁路先行规划纲要》，明确提出要加快构建现代高效的高速铁路网，深化高铁关键核心技术自主创新，造就高水平科研人才和建设高技能产业大军，至2035年率先建成现代化铁路强国。把握高速铁路技术发展新特征，面向高校专业人才培养和铁路企业职工培训新需求，编写一套先进适用的高速铁路特色教材，显得重要而迫切。

兰州交通大学为中国国家铁路集团有限公司与甘肃省人民政府共建高校，素有"铁路工程师摇篮"之称。新时期学校致力于培养铁路高素质工程技术人才，高度重视教材编写工作，专门设立"兰州交通大学高速铁路特色系列教材"项目，成立编审委员会，组织协调学校轨道交通相关专业骨干教师和中国铁路兰州局集团有限公司工程技术人员，广泛收集技术资料，深入铁路设计、施工、制造、运输企业调研，依照高速铁路技术标准，历时4年，反复讨论与修改，终在高速铁路建设新征程开启之际，完成22部高等学校高速铁路系列教材的编写任务并出版。

本套教材具有系列化和专适性特点，涵盖高速铁路线桥隧工程、动车组、通信信号、站场设计、运输组织等专业领域，注重介绍高速铁路新理论、新技术、新装备、新材料和新工艺，理论联系实际，资料翔实，图表丰富，可作为高校轨道交通专业的教学教材，亦可作为轨道交通行业企业技术管理人员的培训教材。

本套教材是校企深度合作的成果，谨向大力支持教材编写工作的中国铁路兰州局集团有限公司致谢！

兰州交通大学高等学校高速铁路系列教材编审委员会
2020年9月

【前　言】>>>>

随着计算机技术和 CAD/CAE 技术的发展，铁道车辆设计方法和设计手段得到极大的改善。2007 年 4 月，我国铁路第六次大提速后，随着高速动车组在我国铁路上的顺利运行，无论是从事动车组设计的人员，还是从事动车组制造和运用的人员，尤其是大专院校的相关师生都急需一本全面、系统地论述动车组车辆设计理论与设计方法的书籍，基于这样的目的，作者编写了《动车组车辆设计技术》一书，从动车组车辆设计理论和设计方法两个方面进行了详细的论述。

全书共分 7 章，第 1 章介绍了动车组车辆设计的设计原理和设计过程、发展历程和发展趋势，第 2 章介绍了高速动车组车辆的总体设计的原则、步骤、方法和内容，第 3 章介绍了车辆动力性能评价方法与评价指标、动力学模型建立、悬挂参数设计等动车组车辆动力性能设计原理与方法，第 4 章介绍了疲劳强度设计、损伤容限设计、可靠性设计及优化设计等动车组车辆结构强度分析基础理论，第 5 章介绍了转向架零件结构设计的设计标准与评价方法，第 6 章介绍了动车组车辆车体的外形设计和结构设计的原理和方法，第 7 章介绍了动车组车辆车端连接装置设计，主要包括车钩、缓冲器、风挡等零部件设计。

本书主要侧重介绍动车组车辆的设计方法和设计工具，力求理论联系实际。全书内容系统全面、图文并茂、简洁实用。

本书由兰州交通大学商跃进、薛海主编，其中第1章、第3章由董雅宏编写，第2章、第6章由李振华编写，第4章、第7章由商跃进编写，第5章由薛海编写。

本书在编写过程中得到了兰州交通大学机电工程学院与教务处领导及其他老师的大力帮助。本书的出版还得到了西南交通大学出版社编辑人员的大力协助。在此，编者向所有为该书出版提供过支持和帮助的人们致以衷心的感谢。本书还借鉴了相关书籍、资料和学位论文中的研究成果，已在参考文献中注明，在此向这些资料的作者表示感谢。

由于编写时间仓促，作者水平所限，书中难免有不妥之处，恳请读者批评指正。

编 者

2020年7月于兰州

【目 录】 >>>>

1 动车组车辆设计概述 ⋯⋯⋯⋯⋯⋯⋯⋯⋯⋯⋯⋯⋯⋯⋯⋯⋯ 001
  1.1 轨道交通车辆开发概述 ⋯⋯⋯⋯⋯⋯⋯⋯⋯⋯⋯⋯⋯ 001
  1.2 动车组设计理论及发展趋势 ⋯⋯⋯⋯⋯⋯⋯⋯⋯⋯⋯ 006
  复习思考题 ⋯⋯⋯⋯⋯⋯⋯⋯⋯⋯⋯⋯⋯⋯⋯⋯⋯⋯⋯⋯ 009

2 动车组车辆总体设计 ⋯⋯⋯⋯⋯⋯⋯⋯⋯⋯⋯⋯⋯⋯⋯⋯⋯ 010
  2.1 车辆总体设计概述 ⋯⋯⋯⋯⋯⋯⋯⋯⋯⋯⋯⋯⋯⋯⋯ 010
  2.2 车辆技术参数设计 ⋯⋯⋯⋯⋯⋯⋯⋯⋯⋯⋯⋯⋯⋯⋯ 013
  2.3 车辆总体布置设计 ⋯⋯⋯⋯⋯⋯⋯⋯⋯⋯⋯⋯⋯⋯⋯ 020
  2.4 转向架总体设计 ⋯⋯⋯⋯⋯⋯⋯⋯⋯⋯⋯⋯⋯⋯⋯⋯ 029
  复习思考题 ⋯⋯⋯⋯⋯⋯⋯⋯⋯⋯⋯⋯⋯⋯⋯⋯⋯⋯⋯⋯ 036

3 动车组车辆动力性能设计 ⋯⋯⋯⋯⋯⋯⋯⋯⋯⋯⋯⋯⋯⋯⋯ 037
  3.1 动车组动力学性能概述 ⋯⋯⋯⋯⋯⋯⋯⋯⋯⋯⋯⋯⋯ 037
  3.2 车辆垂向动力学性能分析 ⋯⋯⋯⋯⋯⋯⋯⋯⋯⋯⋯⋯ 040
  3.3 车辆横向稳定性分析 ⋯⋯⋯⋯⋯⋯⋯⋯⋯⋯⋯⋯⋯⋯ 049
  3.4 车辆曲线通过性能分析 ⋯⋯⋯⋯⋯⋯⋯⋯⋯⋯⋯⋯⋯ 062
  3.5 车辆系统动力学性能及其评价指标 ⋯⋯⋯⋯⋯⋯⋯⋯ 082
  3.6 动车组动力学仿真分析 ⋯⋯⋯⋯⋯⋯⋯⋯⋯⋯⋯⋯⋯ 089
  3.7 动车组动力学性能试验 ⋯⋯⋯⋯⋯⋯⋯⋯⋯⋯⋯⋯⋯ 106
  复习思考题 ⋯⋯⋯⋯⋯⋯⋯⋯⋯⋯⋯⋯⋯⋯⋯⋯⋯⋯⋯⋯ 110

4 动车组车辆结构强度分析基础 ⋯⋯⋯⋯⋯⋯⋯⋯⋯⋯⋯⋯⋯ 112
  4.1 概 述 ⋯⋯⋯⋯⋯⋯⋯⋯⋯⋯⋯⋯⋯⋯⋯⋯⋯⋯⋯⋯ 112
  4.2 车辆结构件计算载荷确定 ⋯⋯⋯⋯⋯⋯⋯⋯⋯⋯⋯⋯ 114
  4.3 车辆零部件应力计算 ⋯⋯⋯⋯⋯⋯⋯⋯⋯⋯⋯⋯⋯⋯ 119
  4.4 车辆结构强度评定 ⋯⋯⋯⋯⋯⋯⋯⋯⋯⋯⋯⋯⋯⋯⋯ 125
  复习思考题 ⋯⋯⋯⋯⋯⋯⋯⋯⋯⋯⋯⋯⋯⋯⋯⋯⋯⋯⋯⋯ 147

5 转向架零部件设计 … 148
  5.1 转向架基本组成 … 148
  5.2 悬挂元件结构设计 … 150
  5.3 轮轴设计 … 177
  5.4 轮对压装与轮轨接触分析 … 199
  5.5 转向架构架设计 … 204
  5.6 转向架其他零件设计 … 219
  5.7 转向架关键部件强度试验 … 227
  复习思考题 … 232

6 动车组车辆车体设计 … 233
  6.1 车体设计概述 … 233
  6.2 车体外形设计 … 234
  6.3 车体结构设计 … 242
  复习思考题 … 263

7 车端连接装置设计 … 264
  7.1 概 述 … 264
  7.2 密接式车钩设计 … 264
  7.3 缓冲器设计 … 266
  7.4 车钩缓冲装置试验 … 267
  7.5 风挡设计 … 268
  复习思考题 … 270

参考文献 … 271

动车组车辆设计概述

动车组是铁路和城市轨道交通系统的关键运载工具,目前,动车组车辆产品设计、制造面临着全球化的挑战,阿尔斯通、庞巴迪、西门子、川崎重工、中国中车等国际化集团公司之间在大铁路和城市轨道交通领域的竞争越来越激烈,这对轨道车辆的设计提出了更高的要求。

本章主要介绍动车组车辆的开发过程、设计原理和发展趋势、现代设计理论和方法及虚拟样机设计技术。

1.1 轨道交通车辆开发概述

1.1.1 典型产品的开发过程

典型的产品设计开发过程包含4个阶段:概念开发和产品规划阶段、详细设计阶段、小规模生产阶段、增量生产阶段。

(1)概念开发与产品规划阶段。将有关市场机会、竞争力、技术可行性、生产需求的信息综合起来,确定新产品的框架。包括新产品的概念设计、目标市场、期望性能的水平、投资需求与财务影响。在决定某一新产品是否开发之前,企业还可以用小规模试验对概念、观点进行验证。试验可包括样品制作和征求潜在顾客意见。

(2)详细设计阶段。一旦方案通过,新产品项目便转入详细设计阶段。该阶段基本活动是产品原型的设计与构造,以及商业生产中使用的工具与设备的开发。详细产品工程的核心是"设计—建立—测试"循环。所需的产品与过程都要在概念上定义,而且体现于产品原型中(可在计算机中或以物质实体形式存在),接着应对产品进行模拟使用测试。如果原型不能体现所期望的性能特征,工程师则应寻求设计改进以弥补这一差异,重复进行"设计—建立—测试"循环。详细产品工程阶段结束以产品的最终设计达到规定的技术要求并签字认可作为标志。

(3)小规模生产的阶段。在该阶段中,在生产设备上加工与测试的单个零件已装配在一起,并作为一个系统在工厂内接受测试。在小规模生产中,应生产一定数量的产品,也应测试新的或改进的生产过程应付商业生产的能力。正是在产品开发过程中的这一时刻,整个系统(设计、详细设计、工具与设备、零部件、装配顺序、生产监理、操作工、技术员)组合在一起。

(4)开发的最后一个阶段是增量生产。在增量生产中,最初在一个相对较低的数量水平上进行生产;当组织对自己(和供应商)连续生产能力及市场销售产品能力的信心增强时,开始增加产量。

1.1.2 缩短产品开发设计时间的途径

当今时代，产品成熟过程越来越快，为了保持企业在市场上的竞争优势，必须加快新产品的开发设计过程，缩短新产品的开发设计周期。但实际情况却是，许多企业的设计开发周期往往很长，一般要占到总生产周期的60%，因而成为企业生产经营的"瓶颈"。如何大力缩短设计开发周期已成为当今制造企业的一项重要课题。目前已有不少方法可用来缩短新产品的开发设计时间，下面列举了介绍了几种主要的方法：

1. 提高产品"三化"程度，扩大产品结构继承性

产品"三化"是指产品系列化、零部件的通用化和标准化。产品系列化以减少产品品种，简化设计。零部件通用化可以大大减少零部件的品种数量，从而减少了大量的产品设计工作量，相应地又可减少工艺准备工作量，因而能极大地缩短它们的生产技术准备周期。零部件标准化可减少设计和加工制造的工作量，缩短生产技术准备周期。

2. 产品结构模块化设计

产品结构模块化是另一种简化设计、减少零部件总数的设计合理化措施。它是将产品部件按功能特征分解成相对独立的功能单元，并使它们的接口（结合要素形状、尺寸）标准化，使它们成为可以互换、可按不同用途加以选用组合的标准模块。这些模块的不同组合，或模块与其他部件的组合就能构成各种变形产品，以满足不同的订货需要。

3. 计算机辅助设计

计算机辅助设计将新产品设计开发过程中，大量烦琐的重复性劳动，如插表、计算、绘图、制表等，交给计算机来处理，从而大大地提高了设计开发工作的效率，缩短了新产品设计开发周期。

4. 并行工程

并行工程把分阶段顺序进行（串行）的过程变为并行进行的过程，使产品开发不再是产品设计一个部门的工作，而是所有对产品开发具有重要影响的部门都参与的集体工作。实现并行工程的技术手段是利用产品模型，在计算机上进行仿真，产生软样品。通过各种职能人员对软样品的分析、评估，来改进设计。在开发设计新产品时，同步地设计产品生命周期的有关过程，力求使产品开发人员在设计阶段就考虑到整个生命周期的所有因素，包括设计、分析、制造、装配、检验、维护、可靠性和成本等。

1.1.3 轨道车辆产品开发过程

轨道车辆产品开发过程如下：调查研究与初始决策→制订设计技术任务书→车辆设计→工厂组织试制、试验和鉴定→小批量生产及运用考验→国铁集团组织鉴定→批量生产。

1. 技术任务任务书

设计任务书是确定产品设计方案的基本文件，是设计工作的指令性文件，设计任务书也

被称为技术任务书,是指导新产品设计的基础文件。编制设计任务书是对新产品进行选型、确定最佳设计方案,合理选择新产品的类型、结构和决定设计原则,确定新产品的用途、技术要求及基本结构,以此作为后阶段的设计依据。

编制技术任务书是产品设计的一个重要阶段。它要求在设计调查的基础上、明确设计某种新产品的必要性,正确选择结构类型和决定设计方案的原则,确定产品的技术结构,说明设计该产品的现实性,并为产品的技术设计制定目标。设计任务书是产品设计工作的依据,一般设计任务书的内容包括 6 项:

(1) 产品用途(客运/货运、高速/普速)。
(2) 基本技术条件(轨距、构造速度、限界、通过最小曲线半径等)。
(3) 主要技术参数(固定轴距、车辆定距等)。
(4) 车辆零部件的型式与要求:
① 车体型式与要求;
② 转向架的型式与要求;
③ 制动装置的型式与要求;
④ 车钩缓冲装置的型式与要求;
⑤ 车辆设备的型式与要求(客车的供电设备、采暖及空调设备、卫生及给水设备等)。
(5) 材质要求。
(6) 其他要求。

2. 车辆设计过程

任何产品的问世都必须经历设计和制造两个环节。设计(design)是以社会需求为目标,在设计准则的约束下,基于设计方法的指导,通过人的创造性思维活动,利用一定手段描述具有特定功能和规定性能的产品结构的过程,其结果是定义产品形状和大小的设计图纸。制造(manufacturing)是以设计图纸为依据,利用加工设备和制造资源,将原材料转换为产品实物的过程。

车辆设计工作由设计技术任务书下达后开始,一般经过方案设计、技术设计和工作图设计阶段。

(1) 方案设计是确定所开发产品的原理解,主要完成总体布置图等工作,包括:
① 车辆主要规格和性能说明文件。
② 车辆总体布置图:平面布置图、立面布置图、车下设备布置图和钢结构梁柱布置图等。
③ 特殊的或关键性的零部件。
④ 必要的结构性能参数及强度计算(或估算),车辆纳入限界和车辆进入曲线计算,客车的质量均衡估算等。
⑤ 车辆主要技术经济指标及与国内外同类产品的比较。
⑥ 新技术新结构及关键性零部件的先期试验计划,试验结构的设计,试验大纲编制,并进行必要的性能试验。
⑦ 材料的主要规格,以及标准化的综合要求等。

(2) 技术设计是寻找所开发产品的结构解,应完成机械工作图等工作。

技术设计阶段进一步确定产品结构和技术经济指标,以图、系统图、明细表、说明书等形式表示出来。技术设计阶段应完成的工作包括：

① 车辆总体及主要零部件的强度、刚度及性能参数计算、分析和实验。

② 确定设计产品的零部件具体结构、尺寸和配合，并绘制出车辆总图、必要的大部件组成图、主要零件图、零部件间的关系尺寸和运动位置图。

③ 传动、液压、电气和冷却系统图。

④ 产品部件、附件、备件、外购件、协作件等明细表及特殊材料明细表。

⑤ 编写设计说明书，说明产品结构特点和配合关系及主要零件强度、刚度等的计算，技术经济指标，制造劳动量，工艺性比较数据等。

⑥ 制定产品加工和装配的程序及产品验收、交货的技术条件。

⑦ 设计中采用新结构，新原理的试验记录及结论。

⑧ 对新产品进行技术经济分。

⑨ 外贸车辆的包装，吊运技术要求以及所需的主要材料估算表。

（3）工程图设计是寻找所开发产品的工艺解，也叫施工设计，应完成加工组装图等工作。

车辆设计图纸和技术文件直接表达了产品的技术水平和对产品的质量要求，规定了产品的性能和使用维修条件，是组织车辆生产的主要依据之一。工作图设计是产品设计的完成阶段。它是在批准的技术设计的基础上，设计和绘制生产所需的全套图纸和技术文件，为产品试制提供确切的依据。施工设计阶段应完成的工作如下：

① 绘制车辆全部零部件图纸，制订其加工制造技术要求，包括绘制全部零件的工作图、详细注明尺寸、公差配合、材料和技术条件，在零件图基础上绘制产品总图、部件装配图、安装图。

② 编写零件一览表，编制图纸目录。

③ 通用件、标准件、外购件、外协件及材料等的明细表。

④ 备件及易损件清单。

⑤ 编写各种必需的技术文件，包括产品设计说明书和使用维护说明书等。

3. 车辆设计的内容

动车组设计的内容包括动车组总体设计、总成设计和零件设计。

（1）动车组总体设计又称为总布置设计，其任务是使所设计的产品达到设计任务书所规定的整列车参数和性能指标的要求，并将这些整车参数和性能指标分解为有关总成的参数和功能。

（2）动车组总成设计，主要任务是满足整列车设计对总成功能和布置的要求，也有一个是否易于维修、保养的人-机关系问题。

（3）零件设计，主要是满足总成的设计要求并解决强度、寿命和生产技术问题。

4. 车辆设计原则

车辆是铁路运输的基本工具，设计制造出更多、更好的车辆以适应铁路运输的要求，是铁道车辆生产部门的重要任务。车辆设计是车辆生产的第一道工序，通俗地讲车辆设计应贯彻"安全第一，照章办事！"的基本原则，具体原则包括：

（1）要求运用安全、经济合理、技术先进。

（2）做到保证使用、方便修造、美观舒适。
（3）积极采用和发展"三新"，即新技术、新工艺、新材料。
（4）必须重视产品的"三化"，即标准化、通用化、系列化。
（5）在保证可靠性的前提下尽可能轻量化。
（6）设计要在有关标准和法规的指导下进行。

5. 车辆试制、试验和鉴定任务

车辆设计完毕之后，一般应立即投入试制，并进行必要的试验，以便及时发现问题，改进设计，然后进行厂级鉴定，在小批生产和试运良好的基础上组织部级鉴定。

设计人员应做好下列工作：
（1）搞好试制工作的现场服务，做好图纸和技术文件的验证工作。
（2）进行必要的样品强度试验和性能试验工作。
（3）为厂级鉴定提供设计工作报告和标准化审查报告。
（4）搜集整理小批生产和试运行资料，为部级鉴定做准备。
（5）此外，在车辆生产中和出厂后，车辆设计人员还应该做好技术服务工作，认真积累车辆生产、运用、检修方面的资料，及时正确地处理有关产品质量问题。

6. 新产品试制各阶段标准化审查内容

（1）设计研究阶段的审查内容。
① 设计图样和技术文件贯彻使用各类有关标准的正确性。
② 设计图样和技术文件的清晰、完整和统一性。
③ 零部件、元器件和结构要素的标准化程度。
④ 材料标准的贯彻情况。
（2）样机试制阶段的审查内容。
① 审查设计图样和技术文件的质量水平。
② 新产品名称、型号的审查。
③ 审查产品标准化指标是否达到"综合要求"所规定的水平，如标准化系数、标准化经济效果。
④ 设计图样和技术文件贯彻使用各类标准的审查。
⑤ 材料标准的贯彻情况。
（3）小批件试制阶段。
① 审查工艺文件是否正确、完整、统一。
② 审查标准化指标是否达到"综合要求"规定的水平，如工装标准化系数及工装的继承性。
③ 样机鉴定时，标准化意见采纳改进情况。
④ 工艺文件贯彻执行情况，工装设计图样、文件的审查。
⑤ 审查产品标准草案制订情况。

7. 车辆试制、试验和鉴定任务

车辆设计完毕之后，一般应立即投入试制，并进行必要的试验，以便及时发现问题，改进设计，然后进行厂级鉴定，在小批生产和试运良好的基础上组织部级鉴定。

设计人员应做好下列工作：搞好试制工作的现场服务，做好图纸和技术文件的验证工作；进行必要的样品强度试验和性能试验工作，为厂级鉴定提出设计工作报告和标准化审查报告；搜集整理小批生产和试运行资料，为部级鉴定做准备。此外，在车辆生产中和出厂后，车辆设计人员还应该做好技术服务工作，认真积累车辆生产、运用、检修方面的资料，及时、正确地处理有关产品质量问题。

1.2 动车组设计理论及发展趋势

1.2.1 动车组设计理论的作用

动车组设计理论是指导动车组设计实践的，而动车组设计实践经验的长期积累和动车组生产技术的发展与进步，又使动车组设计理论得到不断的发展与提高。动车组设计技术是动车组产品设计的方法和手段，是动车组设计实践的软件和硬件。

由于动车组是一种包罗了各种典型机械元件、零部件、各种金属与非金属材料及各种机械加工工艺的典型机械产品，因此其设计理论显然要以机械设计理论为基础，并考虑到其结构特点、使用条件的复杂多变以及大批量生产等情况。它涉及许多基础理论、专业基础理论及专业知识，如工程数学、工程力学、热力学与传热学、流体力学、空气动力学、振动理论、机械制图、机械原理、机械零件、工程材料、机械强度、电工学、电控与微机控制技术、液压技术、车辆系统动力学、车辆构造、车身美工与造型、车辆制造工艺与维修等。

动车组设计技术经历了由经验设计发展到以科学实验和技术分析为基础的设计阶段，自20世纪60年代中期在设计中引入电子计算机后又形成了计算机辅助设计（CAD）等新方法，使设计逐步实现向半自动化和自动化演变。

经验设计是以已有产品的经验数据为依据，运用一些带有经验常数或安全系数的经验公式进行设计计算的一种传统的设计方法。这种设计由于缺乏精确的设计数据和科学的计算方法，使所设计的产品不是过于笨重就是可靠性差。一种新车型的开发往往要经过设计—试制—试验等二次或多次循环，反复修改图纸，完善设计后才能定型，设计周期长、质量差、消耗大。

随着测试技术的发展与完善，在动车组设计过程中引进新的测试技术和各种专用的试验设备，进行科学试验，从各方面对产品的结构、性能和零部件的强度、疲劳寿命进行测试。同时，广泛采用近代数学物理分析方法，对产品及其总成、零部件进行全面的技术分析、研究，这样就使动车组设计发展到以科学试验和技术分析为基础的阶段。

电子计算机的出现和在工程设计中的推广应用，使动车组设计技术飞跃发展，设计过程完全改观，实现了可视化。动车组结构参数及性能参数等的优化选择与匹配、零部件的强度核算与疲劳寿命预测、产品有关方面的模拟计算或仿真分析、车身的流线和美工造型、设计方案的选择及定型、设计图纸的绘制，均可在计算机上进行。采用计算机作为分析计算手段，由于其计算速度很快且数据容量很大，就可采用较准确的多体数学模型来模拟动车组在各种工况下的运动，然后采用现代先进的数学方法进行分析，可取得较准确的结果，这就为设计人员分析多种方案进行创造性的工作提供了很大的方便。当前，由于计算机的外部设备及人机联系方面的发展，已可将计算机的快速计算和逻辑判断能力、大容量的数据储存及高效的数据处理能力、计算结果的动态图像显示功能与人的创造性思维能力及经验结合起来，实现人机对话式的半自动化设计，或与产品设计的专家系统相结合，实现自动化设计。这一设计过程可有电子计算机对有关产品的大量数据、资料进行检索，对有关设计问题进行高速的设计计算，通过计算机屏幕显示其设计图形和计算结果，设计人员也可用光笔或人机对话语言直接对图形进行修改。取得最佳设计方案后，再由与计算机联机的绘图设备绘出产品图纸。这种利用计算机及其外部设备进行产品设计的方法，统称为计算机辅助设计。

现代设计方法大都以计算机技术为基础，由不同层次的计算机应用软件来支撑，对大量的公式推导和死记硬背是没有必要的，也是不可取的。学习现代设计方法最主要的任务是掌握其理论与原理，了解其作用与局限性，并学会用CAD/CAE软件来解决工程实际问题。

1.2.2 虚拟样机技术

1. 虚拟样机技术简介

传统的产品开发，常需要花费大量的时间、人力、物力来制作实物模型进行各种装配实验研究，力求在产品的可行性、实用性和产品性能等方面进行系统的测试分析。为了缩短产品开发设计时间，常采用的措施包括：提高产品"三化"程度，扩大产品结构继承性；开展产品结构模块化设计，减少零部件总数；采用计算机辅助设计，用计算机来处理大量烦琐的重复性劳动；基于并行工程思想，使所有对产品开发具有重要影响的部门协调工作。

现代的虚拟样机技术将产品研制工作中的方案选择、技术设计、部件装配、结构分析和性能优化在计算机虚拟环境下进行，充分利用先进的计算机软硬件技术，提高产品的性能，缩短产品的设计周期，进而降低产品开发成本，提高市场竞争力。例如，美国波音公司777飞机的虚拟原型机，就是利用虚拟产品设计进行全数字化三维描述，实现了产品设计的虚拟模型和无纸工程等。

虚拟样机技术是以并行工程思想为指导，建模仿真理论为核心，以各领域CAx（如CAD、CAM、CAE等）/DFx（如DFA、DFM等）/仿真为工具的一种综合应用技术。虚拟样机是由分布的不同工具开发的甚至异构的子模型组成的模型联合体，虚拟样机贯穿产品全生命周期，如图1.1所示。

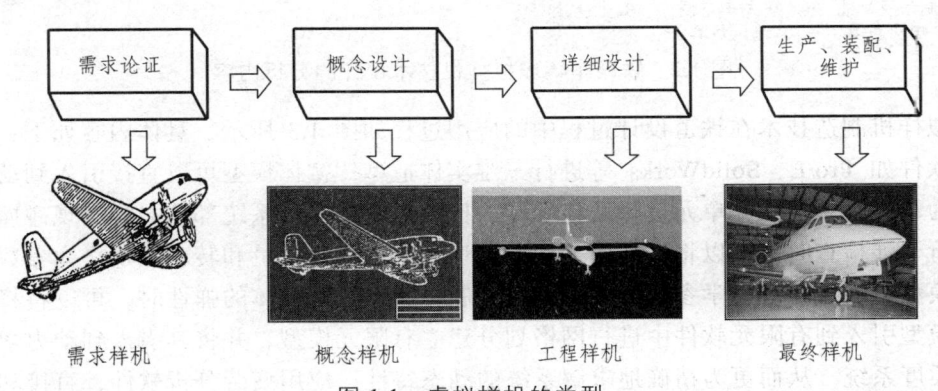

图 1.1 虚拟样机的类型

2. 虚拟样机技术在铁路产品开发中的应用

德国机器人和系统动力学研究所的研究人员将 CAD 软件、有限元分析软件 ANSYS、多体动力学仿真软件 SIMPACK，以及疲劳寿命预测分析软件 FATIGUE 有效地集成在一起，通过建模/仿真对铁路车辆转向架进行疲劳寿命预测分析，具体步骤如下：

（1）利用多体动力学仿真计算出作用到转向架的动态负载。转向架构架被作为弹性体进行考虑，而高度非线性的轮轨接触则被建模为准弹性体。

（2）利用有限元分析计算出在动态负载作用下，转向架应力元集中地方的应力。

（3）将这些应力值输入到疲劳寿命预测分析软件中，进行转向架疲劳寿命的预测。

虚拟样机技术在铁道车辆设计中的应用涉及强度、动力学、空气动力学等多个领域，如图 1.2 所示。我国应用铁科院仿真计算中心提供的高级软件平台，完成了将虚拟样机技术应用到铁道车辆设计的各个过程中，初步解决了将虚拟样机制造技术应用到铁道车辆设计的各个关键技术。在有关工厂的配合下，该技术已被应用到新型高速列车转向架的设计中。实践证明，虚拟样机制造技术在我国新型高速铁道车辆的设计领域中发挥越来越重要的作用。

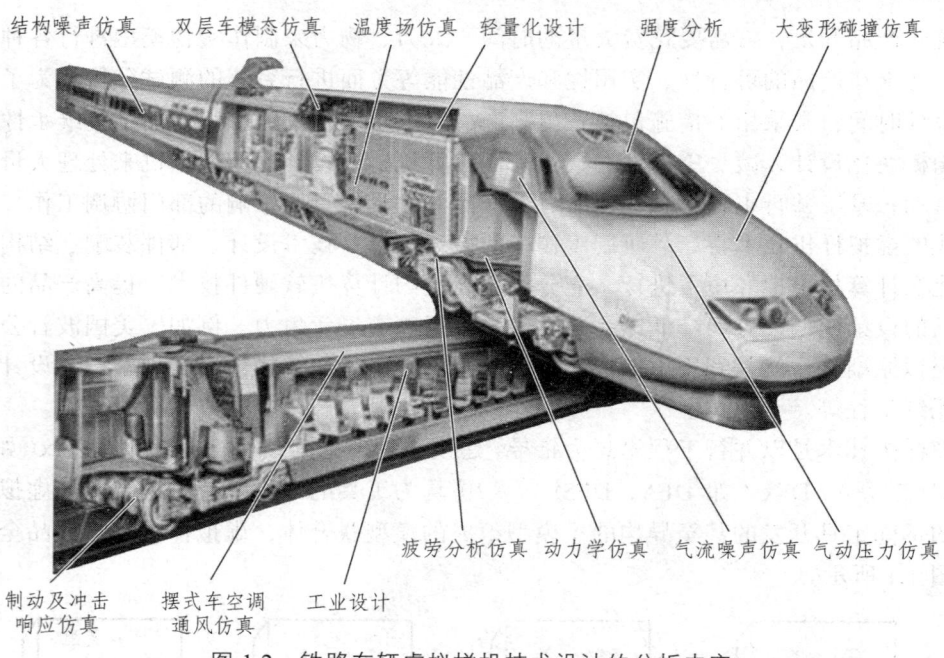

图 1.2 铁路车辆虚拟样机技术设计的分析内容

虚拟样机制造技术在铁道设计过程中的应用过程如图 1.3 所示。具体内容如下：应用实体造型软件如 Pro/E、SolidWorks 等进行三维实体造型；实体模型可以直接引入到动力学软件中作为动力学系统的体单元进行几何干涉的检验，避免车辆系统部件之间出现碰撞。在不需要进行干涉检查时，可以将实体模型中精确计算到的部件质量和转动惯量作为参数输入到动力学模型中，进行动力学参数的优选和方案制订。在考虑物体的弹性时，可以将将这些三维实体模型引入到有限元软件中进行网格划分建立有限元模型，并将其引入到动力学模型中建立多柔度系统，从而更为精确地求解系统的动态特性；应用疲劳分析软件，直接利用有限元网格和边界条件，可以根据以往车辆实验数据对设计阶段系统的载荷谱进行初算。在疲劳寿命分析不能满足要求时，可以修改系统结构模型以提高构件强度或修改系统的动力学参数，以降低系统动态载荷作用。

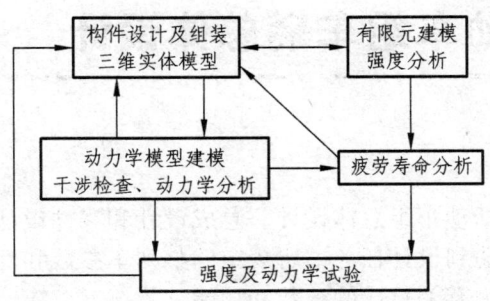

图 1.3　虚拟样机技术在铁道车辆设计中的应用

复习思考题

1. 简述产品开发的流程和设计过程。
2. 简述车辆设计任务书的内容。
3. 简述车辆设计的原则、步骤及内容。
4. 简述车辆设计类型及设计内容。
5. 简述动车组设计理论的发展趋势。
6. 简述虚拟样机技术的定义。

动车组车辆总体设计

动车组设计的内容包括动车组总体设计、总成设计和零件设计。其中,动车组总体设计的任务是使所设计的产品达到设计任务书所规定的整列车参数和性能指标的要求,并将这些整车参数和性能指标分解为有关总成的参数和功能。

本章主要介绍高速动车组车辆和转向架总体设计的原则、步骤、方法和内容。

2.1 车辆总体设计概述

2.1.1 车辆总体设计原则

在车辆总体设计中必须满足以下要求。

(1)设计任务书所提出的基本要求。这些要求包括必须保证车辆具有合理的技术经济参数、车辆与线路相互作用的条件、运行的安全性、结构的运用可靠性和耐久性。此外,还应考虑车辆限界、允许轴重、车钩纵向中心线距轨面的高度等因素。

(2)设计上要做到安全可靠、方便使用、利于修造、美观舒适、经济合理、技术先进,应具有现代化气息和时代感。

(3)要积极采用和发展新技术、新工艺、新材料,要贯彻一切通过试验的原则。

(4)设计中应尽量采用标准件、通用件,简化配件规格,考虑成批生产的可能性。

(5)选用材料的规格、牌号要力求统一简化,要立足国内市场供应。

(6)学习和借鉴国外的先进技术和经验要同创新相结合。

(7)节省能源和轻量化设计,适应环境影响的各种要求设计。

在车辆总体设计中必须考虑以下问题,并协调好相互间的关系。

(1)保证运输安全。运输安全是第一位的问题。在各种运输工具中,铁路运输是比较安全可靠的,用户选择铁路运输的重要原因之一正是因为它的安全性。铁路重大交通事故会造成人员伤亡及财产巨大损失。在车辆总体设计中应使车辆在规定的运行条件下各个部件结构安全可靠,防止因结构不良而引起的事故。在安全方面需要考虑的问题有以下几项:车辆本身不易燃,各种机构动作可靠不会产生动作失误,各构件的结构强度好,有足够的使用寿命,连接件之间的结合可靠以及车辆的运行稳定性良好等。

(2)方便使用。车辆设计时还要考虑方便使用。首先,应遵循"用户至上"的原则,对客车来说要给旅客提供各种方便,如乘坐舒适,旅客上、下车方便,洗漱、喝水方便,上厕所方便等;以及列车员如何才能更方便地对旅客服务,如开、闭车门方便,清扫车厢及厕所方便、送水、送食品方便等；当为旅客及为列车员提供方便与结构设计产生矛盾时，首先应满足旅客的要求。其次，在总体设计中考虑车辆各生产环节时应以"运用第一，检修第二，制造第三"为原则。因为对每一辆车来说，一次制造出来后须经过若干次修理，而维护保养几乎不能间断，所以应该把方便让给频繁出现的生产环节。

（3）具有合理的技术经济指标和性能。合理的技术经济指标和性能将给整个运用过程带来经济效益。技术经济指标是为车辆间的可比性而定义出来的。在总体设计时，选定技术经济指标一定要立足国内实际，切勿盲目追求设计时指标的先进而给以后的检修、运用带来无穷后患。在车辆总体设计中遇到的一个重要问题是如何选择与确定技术经济指标。技术经济指标是一种由许多因素影响的综合性指标，因此必须统筹兼顾影响它的各种因素，主要因素有自重、比容系数、每延米轨道载重允许值、轴重、轴数、运输成本及运行速度等。在设计时，应全面考虑运输成本，提高车辆运行速度，保持适当的技术储备。

（4）减少维修、保养的费用。在总体设计时除了考虑车辆各部分结构应具有良好的制造工艺性之外，更应该着重考虑如何减少该车的保养和维修工作量，少保养或不需保养的设计方案显然优于需要勤于保养的设计方案。若能大量减少保养和维修的人力、物力，虽在制造上需要适当提高成本，但总体效益也是好的。另外，按可靠性概念，使车辆及其零、部件都有明确的使用寿命是减少维修、保养工作的关键。各种材料制成的构件都有腐蚀、变形、磨耗、老化或疲劳等问题以致最终失效，在有安全系数的失效期之前可以放心地使用，到达失效期则把原件报废更换新件。

（5）结构的工艺性要好。在总体设计中除了应考虑减少维修与保养以及尽量采用标准化、通用化的零、部件之外，还应考虑制造时的结构工艺性，即如何便于生产制造，如何能尽量利用工厂现有的工艺装备，如工具、模具及胎夹具等。但当车辆预期达到的功能与生产工艺装备发生矛盾时，不应以工厂现有工艺条件束缚车辆设计者的手脚。

（6）尽量采用标准化、通用化的零、部件。标准化是人类社会生产发展到一定阶段才提出来的。一般来说，标准化了的尺寸和结构系列都是在生产实践中证明行之有效的。加工这些尺寸（特别是钻孔）的工具装备是现成的；这些标准结构适合当前的生产条件，有专业厂家生产，货源一般比较充足。因此，采用标准化零、部件能提高产品质量，降低生产成本，缩短生产周期，零、部件也易于更换，可确保产品质量的安全、可靠。由于标准也会老化，并不是所有的标准都是先进的，有时标准限制了产品的多样化，特别是标准可能会限制产品的功能，这时要以总的经济效益为前提，考虑是否要突破标准的限制，采用标准之外的材料或结构。

（7）材料的来源须充足。车辆作为一个产品，它所使用的金属材料及非金属材料不仅规格品种多，而且用量也很大。因此在选材上，在考虑材料性能的同时，必须要考虑材料大量供应的可能性。如果把大量的车辆用材来源寄托在国际材料市场上，则不一定能保证稳定的生产节奏。

2.1.2　车辆总体设计的内容

动车组总体设计主要包括车辆总体参数设计和车辆总体布置设计，主要是确定动车组的组成方式、牵引与制动性能、结构形式、规格尺寸、主要参数和性能等。总体设计是动车组设计的关键性环节。动车组总体设计具体任务包括：

（1）确定动车组的组成方式、牵引与制动性能、结构形式、主要参数和性能等。

（2）选好标准部件和专用部件，如转向架、牵引电机、车钩缓冲装置的选用等。

（3）绘出动车组、各车辆总图和断面图，包括客车平面布置图、立面布置图、梁柱布置图以及车外设备的布置图，进行质量均衡估算。确定各组成部分的尺寸和位置。

（4）考虑特殊零部件的结构形式、主要尺寸；活动部件的运动范围分析；确定部件间连接形式或安装方式等。

（5）制订各主要组成部件的设计要求。

（6）调和解决各组成部件在设计中出现的矛盾和问题。

（7）车辆的美工造型是动车组设计过程中不可缺少的组成部分，通过美工造型使车辆新结构能在功能、运用、工艺的美学上都达到最佳效果。

（8）各种有关的分析计算工作，如系统动力学、空气动力学、强度、刚度、性能参数等的分析计算。

（9）对车辆的某些部件应广泛采用试验研究的方法，应用模型试验和计算机辅助设计。

2.1.3 动车组主要组成部件的设计要求

动车组各主要组成部件的设计要求，其内容一般包括：

1. 车体结构组成

车体及其各主要组成的结构形式和设计要求；关键性梁柱的断面形状和尺寸；结构的材质和要求；重量控制；内墙板、地板、车顶内顶板和间壁的材质、色调和特殊要求等。

2. 转向架

对于新开发设计的转向架，应提出转向架的设计技术任务书。转向架的结构形式主要取决于弹簧悬挂装置、牵引电机和齿轮传动装置、制动装置的组成及其布置等。如采用现有转向架，应指明型号，为车体和制动装置等部件设计提供资料。

3. 牵引电动机与齿轮传动装置

牵引电动机的选型与安装方式（架悬式或体悬式），与齿轮传动装置的连接方式等。

4. 制动系统

电制动、基础制动等主要型号和结构形式；制动装置部件和制动管路的布置和设计要求等。动车组必须采用能提供强大制动力并更好利用黏着的、由多个子系统组成的复合制动系统。

5. 车钩缓冲装置

车钩缓冲器、密接式车钩及电气和风管连接器的型号。

6. 车内设备

客车的门窗、桌椅、行李架等的设计要求和美工工艺、材质等。

7. 客车给水、采暖、卫生和空调设备

水箱的容量、数量、形式和安装位置；采暖设施的结构类型；洗脸盆、洗手器、便器形式和布置，给水管路的设计要求；空调装置的结构形式、主要参数，部件的布置。风道的结构形式和控制系统。

8. 辅助电气设备

辅助整流装置、蓄电池、充电机的型号；照明灯具和其他用电器具的结构形式；其他特殊的电器设备，如列车播音、电视、显示器等的设计要求。

2.2 车辆技术参数设计

车辆的技术参数是指车辆技术规格的某些指标，是从总体上表征车辆性能及结构的一些数字。车辆的主要技术参数，一般包括性能参数和主要尺寸。车辆技术参数设计时常用的方法为类比选择，计算验证。

2.2.1 车辆性能参数确定

性能参数主要指其技术经济指标，它是一种由许多因素影响的综合性指标，因此必须统筹兼顾影响它的各种因素，同时全面考虑运输成本，提高车辆运行速度，应有适当的技术储备。车辆主要技术经济参数包括车辆载重、自重、轴数/轴重、客车定员、车辆最高试验速度/最高运行速度等。为了能对各种车辆的性能进行比较，可采用一些比参数，如车体比容积，每延米轨道载重，客车每一定员所占车辆自重等参数。

车辆技术经济指标设计的确定原则如下：

（1）合理选定自重系数。自重系数是运送每单位标记载重所需的车辆自重。从单纯的技术观点来看，因为机车牵引的车辆自重是一种无效重量，并不产生经济效益，车辆的自重系数显然越小越好。

（2）合理选定比容系数。比容系数是标记容积与标记载重的比值，比容系数的确定与该货车装运的货物有关。

（3）尽量达到每延米轨道载重的允许值。

（4）合理确定车辆的轴重、轴数和定员。国际铁路联盟将动车的最大轴重限定为 17 t（最高运行速度为 160～300 km/h），拖车的最大轴重限定为 16 t（最高运行速度为 160～250 km/h）。各型客车的定员不同、舒适性不同和为旅客所提供的方便条件不同，其部分技术经济参数可能相差很大，我国几种客车的技术经济参数见表 2.1 至表 2.4。

表 2.1　25T 型客车的技术经济参数

车种	25T 型客车（普通型）	25T 型客车（青藏高原型）
定员/人	硬座车：118 软座车：78/72（广九直通车）/40（行李软座合造车） 硬卧车：66/60（带播音间）/40（国际联运） 软卧车：36 高级软卧车：16 餐车：40/16（带休闲茶座） 行李车：4	硬座车：98 硬卧车：60/54（带播音间） 软卧车：32 餐车：44 空调发电车：18

续表

车种	25T型客车（普通型）	25T型客车（青藏高原型）
构造速度/(km/h)	180	180
最大运营速度/(km/h)	160	160
车体长度（不计车钩）/mm	25 500	25 500
车体高度/mm	4 433	4 433 空调发电车：4 280
车辆宽度/mm	3 104	3 104
换长	2.4	2.4
自重/t	硬座车：48.5~51.4 软座车：46.4 硬卧车：52.8 软卧车（BSP）：47.9 软卧车（国产化）：51.3 餐车（BSP/国产化）：47/50.5 行李车：45.7	硬座车：51.9 硬卧车：54.1 软卧车：53.3 餐车：52.2 空调发电车：85.8
转向架	BSP原厂：AM-96/SW-220K 国产化：CW-200K/SW-220K/CL-242K	AM-96 空调发电车：SW-QD160
制动	盘式制动	盘式制动
供电制式	机车、发电车集中供电：DC 600 V、AC 380 V	机车、发电车集中供电：DC 600 V
通过最小曲线半径/m	145	145
采暖	空调+电热	空调+电热
其他	国际联运客车自带柴油发电机	气密及供氧装置

表 2.2　CRH系列动车组参数表

型号	CRH_1	CRH_2（250 km/h） CRH_2（300 km/h）	CRH_3	CRH_5
外形				
特点	适合城际	适合长途	高速动车	适合长途
国内厂家	BSP	四方	唐山	长春
编组形式	8辆	8辆	8辆	8辆
动力配置	5动3拖	4动4拖/6动2拖	4动4拖	5动3拖
空车编组质量/t	420	360/370.8	479.36	451.3
定员载荷质量/t	474	480.5/419.6	536	500
编组长度/m	214	201.4	200.67	211.5

续表

型号	CRH$_1$	CRH$_2$（250 km/h） CRH$_2$（300 km/h）	CRH$_3$	CRH$_5$
定员/人	668/750	610	600	622
总牵引功率/kW	5 500	4 800/7 200	8 800	5 500
动轴数	20	16	16	20
最高运营时速/(km/h)	200	250/300	300	250
启动加速度/(m/s^2)	0.62	0.6/0.39	0.38	0.5
定员时轴重/t	≤16	≤14	≤17	≤17（动）/16（拖）
车辆宽度/m	3.331	3.380	3.265	3.200
车辆高度/m	4.040	3.700	3.890	4.270
车门处地板面高度/m	1 250	1 300	1 260	1 270
中间车长度/m	26.600	25.000	24.175	25.000
头车长度/m	26.950	25.700	25.520	27.600
转向架轮径/mm	915	860	920	890
转向架轴距/m	2.700	2.500	2.500	2.700

表 2.3 "和谐号" CRH$_{380}$ 型动车组技术参数对比

车型	CRH$_{380A}$	CRH$_{380AL}$	CRH$_{380B}$	CRH$_{380BL}$	CRH$_{380CL}$	CRH$_{380D}$	CRH$_{380DL}$
最高运营速度/(km/h)	380	380	380	380	380	380	380
适应环境温度/℃	-25~+40	-25~+40	-40~+40	-25~+40	-25~+40	-25~+40	-25~+40
使用寿命/年	20	20	20	20	20	20	20
编组形式	8	16	8	16	16	8	16
动、拖数量	6M2T	14M2T	4动4拖	8动8拖	8动8拖	4动4拖	8动8拖
轴重/t	≤15	≤15	≤17	≤17	≤17	≤17	≤17
总定员/人	494	1 027	490	1 004	1 004	493	1027
一等车定员/人	95	105	87	129	129	90	105
二等车定员/人	373	838	360	791	791	373	840
观光区定员/人	12（一等）	10	8	10	10	10	10
VIP 车定员/人	—	24	无	24	24	无	24
VIP 包间定员/人	—	12	4	12	12	4	12
餐车定员/人	14	38	31	38	38	16	36
列车总长/m	203	403	200.65	399.25	400.6	215.3	428.1
头车长/m	26.25+0.25	26.25+0.25	25.525+0.325	25.525+0.325	26.2+0.325	27.45+0.4	27.45+0.4

续表

车型	CRH$_{380A}$	CRH$_{380AL}$	CRH$_{380B}$	CRH$_{380BL}$	CRH$_{380CL}$	CRH$_{380D}$	CRH$_{380DL}$
中间车长/m	24.5+0.5	24.5+0.5	24.175+0.65	24.175+0.65	24.175+0.65	25.8+0.8	25.8+0.8
车头流线型长度/m	12	12	7.78	7.78	9.776	7.56	7.56
车宽/mm	3 380	3 380	3 257	3 257	3 257	3 368	3 368
车高/mm	3 700	3 700	31 890	3 890	3 890	4 160	4 160
轴距/mm	2 500	2 500	2 500	2 500	2 500	2 700	2 700
新轮直径/mm	860	860	920	920	920	920	920
全磨耗/mm	790	790	830/860（动/拖车）	830/860（动/拖车）	830/860（动/拖车）	850	850
牵引总功率（轮周额定）/kW	9 600×0.95=9 120	21 560×0.95=20 482	9 200	18 400	19 200	9 600（短时10 000）	19 200（短时201000）
电机功率/kW	400	385	587	587	615	630	630
平直道上 0~200 km/h 的平均加速度/(m/s^2)	0.39	0.47	≥0.4	≥0.4	≥0.4	≥0.4	≥0.4
350 km/h 时紧急制动距离/m	≤6 500	≤6 500	≤6 500	≤6 500	≤6 500	≤6 500	≤6 500
380 km/h 时紧急制动距离/m	≤8 500	≤8 500	≤8 500	≤8 500	≤8 500	≤8 500	≤8 500
车体气密强度/Pa	±6 000	±6 000	±6 000	±6 000	±6 000	±6 000	±6 000
侧门高/mm	1 850	1 850	2 050	2 050	2 050	2 000	2 000
侧门宽/mm	720（宽门：1 010）	720（宽门：1 010）	895	895	895	900	900
地板面距轨面高度（整备状态）/mm	1 300	1 300	1 260	1 260	1 260	1 250	1 250
联挂运行时通过最小曲线半径/m	250	250	250	250	250	250	250
单车调车时通过最小曲线半径/m	150	150	150	150	150	150	150
轮对内侧距/mm	1 353$_0^{+2}$	1 353$_0^{+2}$	1 353$_0^{+2}$	1 353$_0^{+2}$	1 353$_0^{+2}$	1 353$_0^{+1}$	1 353$_0^{+1}$
轴承型式	圆锥滚子轴承	圆锥滚子轴承	圆锥滚子轴承	圆锥滚子轴承	圆锥滚子轴承	圆柱滚子轴承	圆柱滚子轴承
牵引杆形式	单拉杆	单拉杆	Z型双拉杆	Z型双拉杆	Z型双拉杆	单拉杆	单拉杆
网络拓扑结构	环形ARCNET网	环形ARCNET网	TCN网络	TCN网络	ATI网络：列车总线FSK形式，3.2 Mbps；车辆总线RS485，HDLC结构	TCN网络	TCN网络

续表

车型	CRH$_{380A}$	CRH$_{380AL}$	CRH$_{380B}$	CRH$_{380BL}$	CRH$_{380CL}$	CRH$_{380D}$	CRH$_{380DL}$
辅助供电方式	单相 AC 400 V/ 三相 AC 400 V（50 Hz）	单相 AC 400 V/ 三相 AC 400 V（50 Hz）	三相 AC 440 V/ 60 Hz	三相 AC 440 V/ 60 Hz	三相 AC 440 V/ 60 Hz	三相 AC 400 V/ 50 Hz	三相 AC 400 V/ 50 Hz
空调形式	车下单元式（设连续换气装置）	车下单元式（设连续换气装置）	车顶单元式（带压力保护）	车顶单元式（带压力保护）	车顶单元式（带压力保护）	车顶单元式（带压力保护）	车顶单元式（带压力保护）

表 2.4　城市轨道车辆车型及主要参数

序号	项目名称		A 型车	B 型车	C 型车		
			四轴车	四轴车	四轴车	六轴车	八轴车
1	车辆基本长度/m		22	19	18.9	22.3	29.5
2	车辆基本宽度/m		3	2.8	2.6		
3	车辆高度/m	受流器车（加空调/无空调）	3.8/3.6	3.8/3.6	3.7/3.25		
		受电弓车（落弓高度）	3.8	3.8	3.7		
		受电弓工作高度	3.9～5.6				
4	车内净高/m		2.10～2.15				
5	地板面高/m		1.1		0.95		
6	车辆定距/m		15.7	12.6	11	7.2	
7	固定轴距/m		2.2～2.5	2.1～2.2	1.8～1.9		
8	车轮直径/mm		840		760		
9	车门数（每侧）/个		5	4	4	4	5
10	车门宽度/m		≥1.3				
11	车门高度/m		≥1.8				
12	定员人数/人	单司机室车	295	230	200	240	315
		无司机室车	310	245	210	250	325
13	车辆轴重/t		≤16	≤14	≤11		
14	站立人员标准	定员/（人/m²）	6				
		超员/（人/m²）	9				
15	最高运行速度/（km/h）		≥80		≥70		
16	起动平均加速度/（m/s²）		≥0.9		≥0.85		
17	常用制动减速度/（m/s²）		1.0		1.1		
18	紧急制动减速度/（m/s²）		1.2		1.3		
19	噪声/dB（A）	司机室内	≤80		≤70		
		客室内	≤83		≤75		
		车外	80～85（站台）		≤82		

2.2.2 车辆总体尺寸设计

由于各种车辆运输的对象不尽相同，它们各自对运输环境、运输空间有不同的要求。另外，铁路限界、车钩高度、每延米轨道载重的允许值、轴重、现有站台高度、装卸设备以及地磅衡等称重设备的特点等，也都对车辆总体尺寸设计起制约作用。此外，车辆长、宽、高3个尺寸相互之间是有一定内在联系的，车辆总体尺寸设计就是要在解决这些矛盾、协调各种关系的基础上得出的一个良好的结果。

1. 长度方向尺寸的确定

（1）车体内长。车体内长与运输对象有密切关系。对于客车来说，无论座车、卧车、硬席车、软席车，其座席及铺位之间均有必要的间隔距离。因此，客车车体的长度主要由客室长度（等于若干个间隔距离之和）或包房总长所决定，其余的面积则是辅助性的。厕所、通过台、盥洗室及乘务员室等辅助面积并不因座席或铺位数略有增减而变化。因此，客车发展的趋势也是为增多载客量而增长车体。

（2）车辆其他长度尺寸。车辆全长与车体外长这两个尺寸之间的关系，主要与用什么形式的牵引缓冲装置有关。车体外长与转向架中心距之间的关系，如前所述车辆过曲线时，其端部偏向曲线外侧而中部偏向曲线内侧，为使这两个偏移量尽量相等，则车体外长与两转向架中心距之比必须符合准轨铁道限界中的规定。

车辆定距的选择要考虑它对整车其他尺寸参数、质量参数和使用性能的影响。车辆定距短一些，车辆总长、质量、最小通过曲线半径就小一些。但车辆定距过短也会带来一系列问题，如车厢长度不足、列车振动加大、高速运行性能恶化等。因此，在选择车辆定距时应综合考虑对相关方面的影响。现有动车组车辆定距一般取 18 000 mm 左右。

车辆停在曲线上时，其中部向曲线内侧偏移，端部向曲线外侧偏移，偏移量的大小与车辆长度、车辆定距、转向架固定轴距以及曲线半径有关，可按下列公式进行计算：

如图 2.1 所示，对于有转向架的四轴车端部偏移量 W_e 和中部偏移量 W_m 分别为

$$W_e = \frac{l^2 - S^2}{8R} \quad (2.1)$$

$$W_m = \frac{L^2 - l^2 - S^2}{8R} \quad (2.2)$$

式中，L 为车体长度；l 为车辆定距；S 为转向架固定轴距；R 为线路曲线半径。

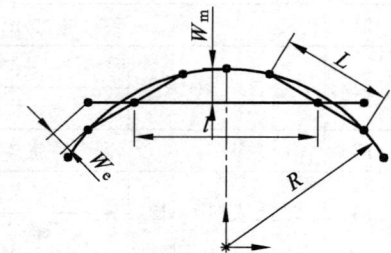

图 2.1 有转向架的四轴车偏移量

为了更充分合理地利用限界，应尽量使车辆中部的偏移量和端部的偏移量相等。由以上两式得

$$L/l = \sqrt{2} \approx 1.4 \quad (2.3)$$

也就是说在设计车辆时，其车体长度与车辆定距之比等于 1.4 左右比较合理。

车辆全长与车体外长间的关系主要与用什么形式的牵引缓冲装置有关。对于使用 15 号车钩的车辆，其钩舌内侧面距车体外缘为 468.5～469.5 mm。

2. 宽度方向尺寸的确定

车辆宽度方向的尺寸主要受限界的严格控制。原则上，在设计机车车辆时只要在限界（见图 2.2）的允许范围内，都应想办法把车体设计得尽可能宽些。车辆宽度方向的尺寸主要受限界的严格控制。车体最宽处尺寸为 2.6 m。

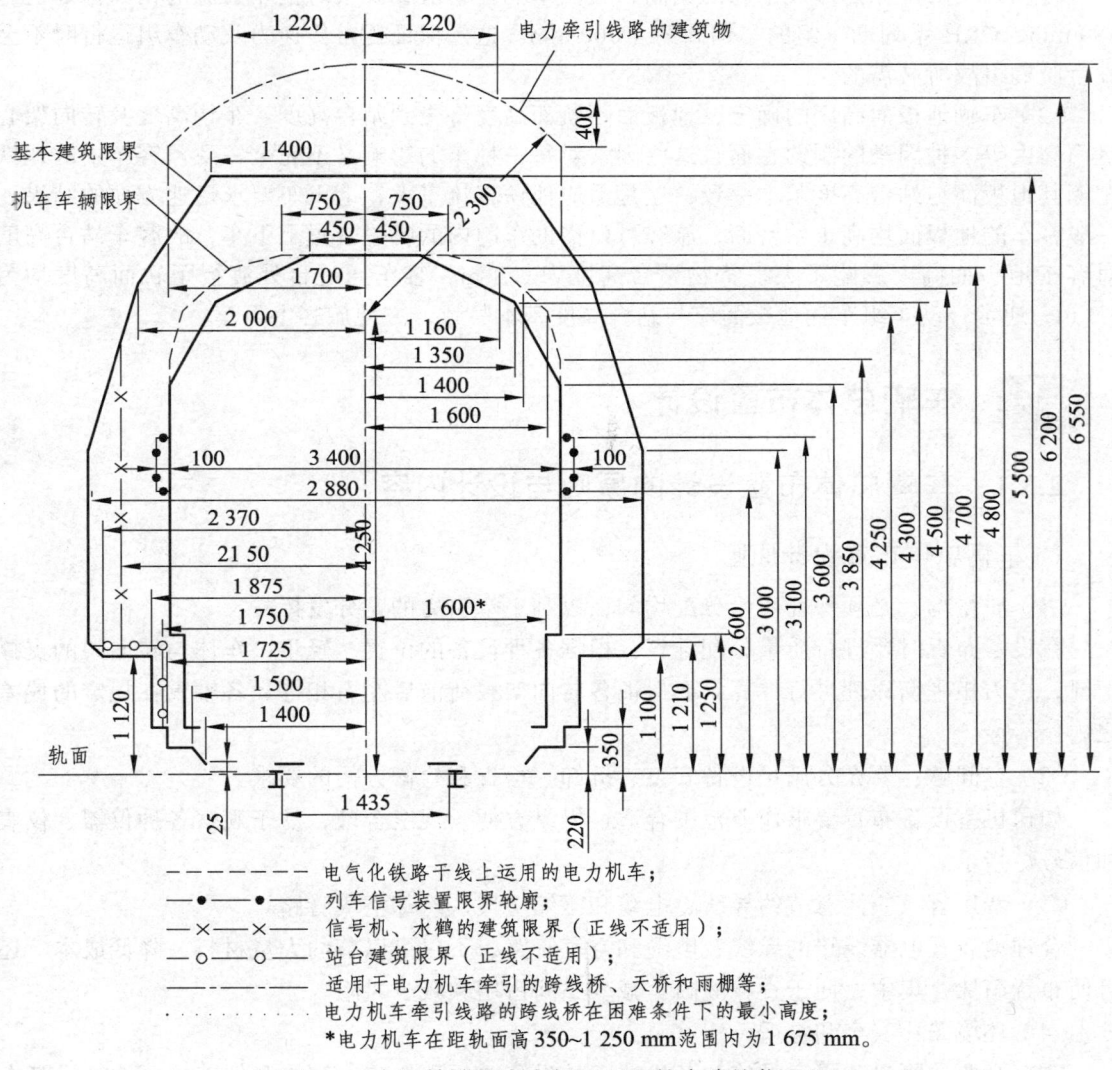

图 2.2　中国铁路机车车辆限界和基本建筑物限界

3. 高度方向尺寸的确定

（1）车辆上部高度的确定。客车内部希望有较高的净空，因此车顶必须有一个合适的高度，不同国家的客车车顶高是不同的。对于低速车，空气阻力对列车的影响不太明显，并且旅客随身携带的物品较多，座、卧车的行李架经常堆满物品，所以应尽量利用限界上部空间，普通客车车顶最高点至轨顶面距离为 3.25 m。高速动车组为减小空气阻力等原因适当降低了车顶高度。

(2)车钩高的确定。车钩连挂后为了安全可靠,列车中各辆车的钩高应基本一致。

车钩缓冲装置装在底架中梁前端的牵引梁内,同时底架又放置在两台转向架上,故车钩高及转向架空气弹簧上表面高度也成为控制地板面高度的一个因素。转向架空气弹簧上表面距轨面的高度并非标准值,它既与轮径有关,更与结构有关。

各国因其历史原因形成不同的钩高,我国车辆在新造或修竣时空车状态的钩高标准值为 880 mm,CRH 系列动车组的车钩高约 1 000 mm,这是保证正常传递力及动车组运行时不会发生脱钩事故所必需的。

(3)车辆地板面高度的确定。地板面距轨面高度将受到站台高度、车钩高度及转向架心盘面高度等多种因素的制约,而且这些因素对每一种车的影响又不完全一致。客车中的地铁车辆其地板面与站台高度基本一致,这是适应地铁客流量大,上下车要求迅速方便的结果。一般客车的地板面均高于站台面,旅客可以借助车门内的脚蹬装置上下车,故客车站台高度对客车地板面高度影响不大。货物站台高度为 1.1 m,客车通过台处渡板距轨面高度均为 1.3 m。通常,动车组车辆地板面应与站台高度基本一致,方便旅客上下车。

2.3 车辆总体布置设计

2.3.1 车辆总体布置设计的原则与设计内容

1. 车辆总体布置设计原则

(1)质量均:必须保证质量分配均匀,以利于牵引力的充分发挥。

在设备布置时要进行质量分配计算:根据各种设备的位置、轻重、车体与转向架的支撑情况,按力矩平衡原理进行计算,要保证各转向架载荷前后左右相等,各轴重在规定的偏差之内。

(2)空间够:要充分满足设备安装、拆卸、检查和检修方便的要求。

如司机室设备布置要求作业范围合适、操纵方便、视线合理,易于观察各种仪器、仪表和信号灯指示。

(3)费用省:应注意节约导线、电缆和压缩空气、冷却空气管路。

合理地布置电器线路的导线、电缆和空气管路,不仅可以节约大量材料、降低成本,还可使布置简捷、集中,便于查找故障,减少空间占用和减少风阻。

(4)环境美:安全和舒适。

要有必要的隔热、隔音设施。各机器间的设备要便于检查、维修和保养;要注意设备布置的规律化,便于熟记各设备的位置;对危及人身安全的电器设备,要有严格的安全联锁防护装置等;要留有必要的工作空间。

2. 车辆总体布置设计的内容

铁道车辆是一种运输机械,本身并不需专人操纵,结构也不算复杂,但是在其工作过程中处处要与多种作业人员打交道。并且,客车的运送对象是人(旅客),如何在车上为旅客提供一个良好的环境及通过某些视觉标志避免旅客盲目流动,也是客车总体设计的一个重要课题，具体执行的标准为《中国成年人人体尺寸》（GB 10000—88）。

车辆的人机工程设计主要是考虑各种作业人员所需的作业空间和作业环境，以及在某些特定姿势中能否发挥人的正常体力，以便使有关作业能高效而安全地进行。除此之外，还要进行室内环境设计，力求创造一个符合于旅客生理和心理所需的旅行环境。

（1）车辆作业空间的分析与设计。

车辆在运用过程中需要与多种专业的作业人员接触，每一种专业人员有其职责范围和作业方式，这些都必须在车辆总体设计时加以协调和解决，否则某专业的作业人员会感到这种车不便使用，甚至会因为作业不便而造成事故。

① 车辆列检人员的作业空间分析。车辆在运用过程中必须要有专职人员时时监护其技术状态，一旦发现技术状态不良，必须及时予以处理或排除。货车列检人员的具体作业部位主要在车辆下部及端部，作业时常需弯腰或下蹲，甚至钻过车底。客车列检分两种情况，其一是在始发站发车前及在各大站停车时间较长且设有客列检查处，由车站上的客列检人员与随车的乘检人员共同进行列车技术状态检查。旅客列车虽比货物列车短，但安全性要求更高，其检查的范围和方式与货列检基本相同。其二是在列车到达终点后，空车底送入客车技术检查站进行库列检。这两种情况中第一种作业时间短，且列车有一边靠站台，使作业空间缩小，作业较困难。因此，在设计车辆时，要考虑列检人员在站台下能有检查、更换部分配件及行走的可能性。

② 货车装卸作业空间分析。货车中敞、棚、保、罐、平等车种装的货物各不相同，有的必须用机械才能装卸，如在平车、敞车上装运集装箱；有的既可用机械装卸也可用人力装卸，如用敞车装运煤等散碎货物；有的基本上用人力或半人力装卸，如在棚车或保温车内装卸小箱（篓、袋等）的日用品或农副产品。此外，旅客列车中的邮政车、行李车目前也是靠人力装卸行包及邮件，餐车上的主、副食品也靠人力搬运。设计车辆时，如需靠人力装卸货物，则要详细分析每一种可能承运的货物是如何装卸的，如我国使用的敞车多不设端门或底开门，仅有侧门。当一整车煤靠人力用铁锹卸时，就需分析人的动作，从一开始卸直至最后卸尽，人的动作或使用工具上有哪些变化。特别需要注意的是，在车辆结构上要考虑如何有利于卸尽墙角、柱脚处的残煤，未卸尽的残煤不仅会污染其他货物，还可能因其疏松的空隙长期保持一些积水而引起金属结构的腐蚀。又如，棚车、保温车的地板面一定要和货站站台的高度配合好，便于搬运小车进出。

③ 连接调车人员的作业分析。车辆运用中，总离不开机车与车辆或车辆与车辆间车钩的摘挂作业。在车站、编组场等处进行车钩及车辆间其他连接物摘挂作业的人员为连接调车员。由于调车作业中车辆是在运动的，连接调车员时而需跟车跑步前进，时而需攀附在车侧脚蹬处随车前进，有时亦需攀缘至手制动处，双手操纵手制动盘以控制车辆溜放速度。故车辆总体设计时要考虑设置供人攀附的脚蹬、手把（机车端部尚需设置踏板）。对货车来说，手制动手轮、钩提杆均设置在人面对车端的左方，折角塞门虽在车端右方，但离车钩较近，两软管接头在车钩下方，连接调车员位于车前方左端即可操纵有关手柄，完成各个动作。为了使连接调车员能熟悉这样一种作业环境，货车上的这些装置的位置不能因车种、车型的变化而任意更改。客车没有溜放作业，手制动手把设在一位端端墙内侧，钩提杆设在人面对车端的右方，与货车正好相反。所有车辆折角塞门的位置基本不变。

以上仅对车辆常见的作业做了粗浅的分析，在设计时必须在调查的基础上对该车所需进行的作业进行详尽分析，力求使操作环境在许可的范围内变得更合理一些。

（2）客车客室设计。

客车的车种繁多，除编在旅客列车中的常见车种外，还可能遇到试验车、文教车、公务车、发电车等。这里有两种情况，一种是生产批量较大的客车，其车窗大小及客室安排在设计时应与钢结构统一考虑；另一种是利用现在大量生产车种的钢结构改变内部布置，设计成某些特殊用途的客车。对于后者，其窗户的大小及间距都是无法改变的。

客室设计要充分分析该客室应该提供什么功能，完成这些功能需要用什么设备，以及这些设备的形状、大小及表面质感、色彩、放置的位置等。客室设计的分析一方面要通过人机工程学中提供的人体尺寸、视觉分析、色彩知识等；另一方面还要研究现有结构的优缺点，借鉴国外的资料，参考客运飞机、大客车、小轿车中客室设计的成功经验，处理和协调好车内的各种关系；还要在列车乘务、服务人员及旅客中广为调查，征求意见，有些意见在设计人员看来十分苛刻，一时难以办到和实现，但毕竟为客室设计提供了一个努力的方向。下面以座车客室设计为例说明客室设计应该考虑的一些问题。

① 主客室设计。座车的主客室设计关键在于座席的安排与布置，而座席的安排和布置又与定员数和车种有关。在参考现有车辆客室座椅安排的基础上，根据座椅的安排定出客室面积。固定在区间行驶的旅客列车，不可能在起点站或终点站掉头，所以是双向行驶的。如果设置单面座椅朝着一个方向，则可能在某个行程时所有旅客均背对行驶方向，这会造成某种生理上及心理上的不舒适感。因此铁道车辆上安排座椅采用双面座席和单面翻转座席两种方法。双面座席面对面围坐造成一种社交氛围，冲淡了背朝前进方向旅客在生理上及心理上引起的不舒适感。采用这种安排法，椅背都比较陡直，一般也无法调整椅背的倾斜角度，因双面座椅的每一个椅背供前后两面的旅客倚靠，增大椅背的倾斜角度就会增大了椅背部分在客室地板面上的投影面积。单面单向椅，让座椅可以围绕椅脚下的一个支点旋转或让椅背可以前后翻折，这样，就可以解决不论列车朝那边开，通过调整座椅，使旅客面朝前进方向。这种安排方法的另一个优点是椅背倾斜角度较大且有可能调节，使旅客乘坐较舒适，同时由于减少了面对面的机会，使环境比较安静。其缺点是凡可活动的东西一般总比不能活动的东西容易损坏，故单面单向座椅的使用寿命较低；又由于椅子能旋转或椅背能翻折，在最后一排座椅的后面必须留出一块无用的空间，以备换向后作为旅客搁脚伸腿的地方，因此在面积利用上形成了一个小缺陷。

从人体尺寸可知，椅子的间距与坐垫距地板面的高度有关。当坐垫较低矮时，小腿易往前伸，脊椎并不会因靠垫陡直而取端直的坐姿，一般都容易取臂部外移自动调节脊椎倾斜的姿势。因此椅子的坐垫矮，间距就应该宽；反之，当坐垫较高时，如果没有专门的搁脚，小腿容易取自然下垂的姿势，故椅子坐垫高间距就可以窄一些，但不能让人的脚跟踩不着地板面。显然椅子坐垫高的舒适性要比坐垫矮的差一些。

客室设计中还应充分考虑便于列车乘务人员清扫客室。客室中不易清扫抹擦的部分是两层玻璃窗的内侧，座椅下部，座椅与侧墙间的间隙等处。对于可开启的窗户，如能考虑可拆卸或其内层可翻转一个角度都将对擦玻璃窗的内侧面提供了方便。如为不可开启的车窗，则宜注意密封，防止灰尘侵入此夹层而黏附在玻璃内侧面上。地板与侧墙、地板与椅脚尽量采用大圆角过渡以便于清扫。

从客车防火要求来说，不仅要设法用其他阻燃、不燃的材料取代传统的木板及木结构，车内使用的涂料、窗帘、椅面覆盖材料等还应选用不燃、难燃的材料，且在受热时这些材料应尽量少地排出烟雾及有毒气体。

② 厕所、盥洗室的设计。我国生产的硬、软座车及卧车中均设有供旅客使用的厕所及盥洗室。厕所和盥洗室设计中必须考虑以下几个问题：

a. 这两个小间内的设备、附件必须为良好的耐蚀、防蚀制品，如不锈钢制品、铝制品、玻璃钢等塑料制品。

b. 这两个小间的结构应尽量简洁，避免沟槽，以便擦抹。其地板及侧墙护板应该用玻璃钢或不锈钢等耐蚀制品做成整体盆状构件，要从结构上杜绝水渗入地板，尤其是厕所，其蹲式便池就应直接坐在该盆状构件的最低凹处，侧墙护脚板应与地板无明显分界，采用大圆角过渡，当用水冲洗时要易于从便池处把污水排走。

c. 厕所的窗玻璃必须采用毛玻璃，而盥洗室的窗玻璃是否也采用毛玻璃则须根据其功能而定。如盥洗室有门且兼更衣室、化妆室的功能，可用毛玻璃，否则用光玻璃。

d. 在设计这些小间时应充分考虑其空间和面积的利用，使其结构紧凑，如门，若不考虑残疾人轮椅的进出，其宽度仅容一人进出即可。

2.3.2 车辆总体布置图绘制

在新车型的开发、研制的初始阶段，首先是绘制总布置草图，以便将整列车设想给成具体的总体方案，并校核初步选定的各总成及部件的结构、尺寸、质量和性能指标等能否满足列车的要求。

如图 2.3 所示，车辆总图应反映出该车的结构特点、主要尺寸及各大部件之间的位置安排、连接关系等。应画出车钩等选型设计部件的结构特点及位置安排；反映车体钢结构等要具体设计部件的基本组成及截面尺寸；应反映车辆内部设备的布置情况。

车辆侧视图和俯视图是总布置草图及总布置尺寸控制图的主要视图，同时还需要辅以反映车辆外形的前视图以及必要的横向和纵向剖面图与剖视图。

车辆总布置草图的绘制要点如下：

（1）搜集和绘制有关总成、部件的外形图。

（2）选择绘图的基准线（面）。通常选择转向架、轮对、车体中心线、轨面中心和水平线等作为基准线（面）。

（3）车内布置。一般可由客室布置开始，主要是解决乘客与座椅等的空间尺寸布置，涉及人机工程学。

（4）转向架及其他车外设备布置。一般按照车辆定距与车体进行布置装配。

（5）相关计算与校核，包括确定各总成、部件的质量和质心位置；将各总成、部件的质心和质量值标在总布置草图上并量出各质心离车体质心的距离，根据力矩平衡原理可算出各轴的轴重；绘制有关零部件的运动校核图对各相对运动的零部件进行有无运动干涉的校核。

总图绘制分为总布置草图绘制、总布置方案优化（各总成及部件的结构、尺寸、质量及其轴重分配以及性能指标等方面的最佳匹配）与总布置尺寸控制图绘制（控制各总成、部件的尺寸及车组的安装尺寸）等步骤。

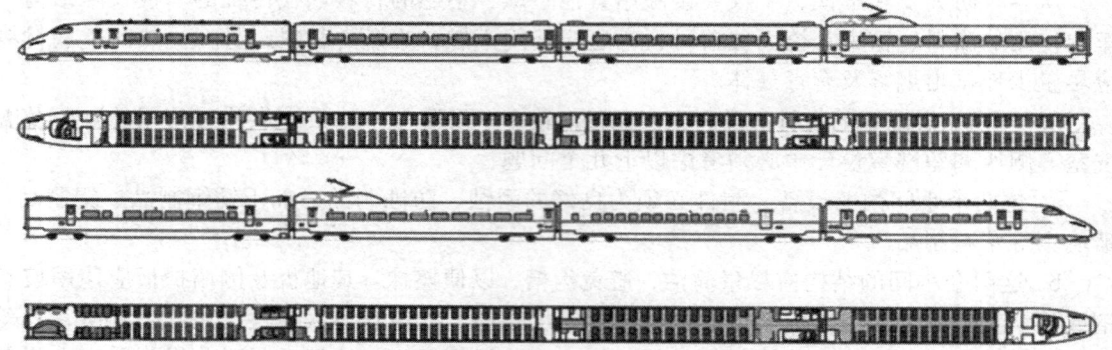

图 2.3 CRH$_2$ 型动车组的总体布置草图

注：8 辆编组，1、2、3、4、5、6、8 号车为二等座车，其中 5 号车为餐座合造车；7 号车为一等座车，其中 7 号车设残疾人厕所。全列定员：610 人，其中一等座车 51 人，二等座席 559 人。

2.3.3 车辆总体设计相关计算

由以上车辆总体设计可见：车辆技术参数确定等的设计方法均采用类比选择，因此为了验证设计结果必须进行必要的计算，主要内容包括限界校验、相关间隙校验和重心位置确定等。

1. 直线限界校验

机车车辆限界是一个和线路中心线垂直的极限横断面轮廓。机车车辆无论空车还是重车；无论是具有最大标准公差的新车，还是具有最大公差和磨耗到限的旧车，当停放在水平直线上无侧向倾斜及偏移时，除电力机车升起的受电弓外，其他任何部分均应容纳在线路轮廓之内，不得超越。检验时采用的方法如下：

（1）所有竖直高度均从轨面算起。

（2）所有横向宽度均从中垂线向两侧计算。

（3）一辆车在某个横截面处的总宽虽然不超限，但是只要某侧半宽超限即为超限。

2. 车辆几何曲线通过校验

校验内容：

（1）将两转向架皆置于最大外移位置以校验车体端部是否能通过限界。

（2）将两转向架皆置于最大偏斜位置以校验车体中部是否能通过限界。

计算方法为：先求出车体转心对外轨的偏移量，然后求出车体纵轴线上指定点对外轨的偏移量。若指定点在外轨外侧（如车体端部），则（偏移量 + 全间隙/2 + 车体宽度/2）应小于一半限界宽度；若指定点在内轨内侧（例如车体中部），则（偏移量 – 全间隙/2 + 车体宽度/2）应小于一半限界宽度，如图 2.4 所示。

由图 2.5 分析可得，转向架转心的位置 X_1、车体转心对外轨的偏移量 $\bar{Y}$ 和车体纵轴线上指定点对外轨的偏移量 $\bar{Y}_i$ 分别为

$$X_1 = \frac{L_3}{2} + \frac{R(\bar{Y}_3 - \bar{Y}_1)}{L_3} \tag{2.4}$$

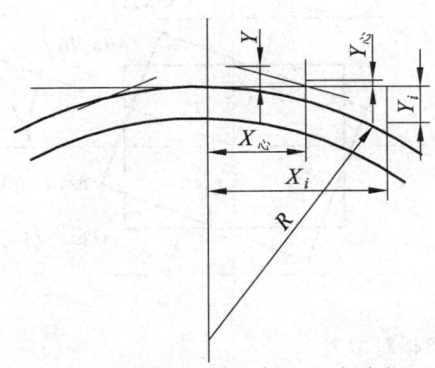 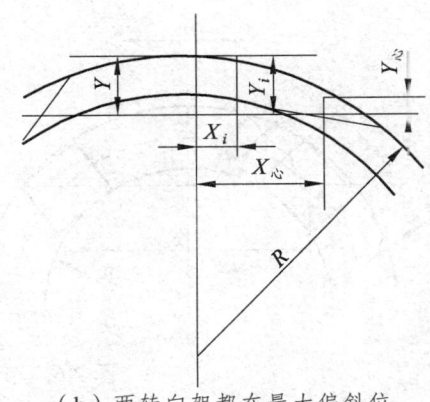

（a）两转向架都在最大外移位　　　　　（b）两转向架都在最大偏斜位

图 2.4　车体偏移量

$$\overline{Y} = \overline{Y}_{心} + \frac{X_{心}^2}{2R} \quad (2.5)$$

$$\overline{Y}_i = \overline{Y} - \frac{X_i^2}{2R} \quad (2.6)$$

式中，R 为曲线半径；$\overline{Y}_{心}$ 为转向架转心对外轨的偏移量；$\overline{X}_{心}$ 为转向架转心至车体转心的距离；X_i 为车体纵轴线上指定点至车体转心的距离。

3. 车辆相关部件之间间隙的确定

当列车通过曲线或变坡点时，一辆车的某些部件之间以及相邻的两车辆之间，均会产生相对的运动，故需要通过必要的计算以确定各部合理的间隙。主要考虑以下 3 种情况：

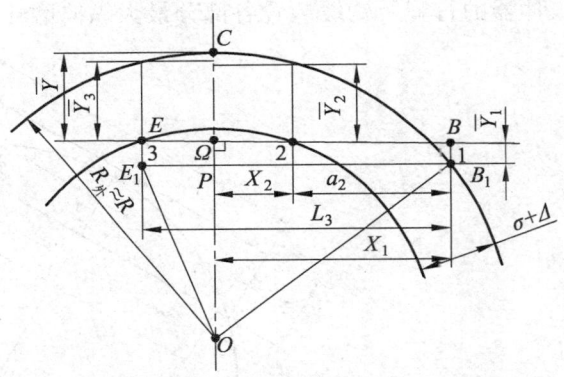

图 2.5　车体与转向架相对位置

（1）曲线上车体和转向架的最大转角。

车辆通过平面曲线时，车体与转向架间的相对转动。车辆底架下部及转向架上部可能有些凸出物，当车辆处于直线区段时两者间有足够的间隙，但当车辆通过曲线时车体与转向架产生相对转动，这些凸出部分可能与有关部位相碰，以致损坏车辆构件或引起行车事故。因此在总体设计时应防止这种相碰的可能，为此要算出车辆过曲线时底架与转向架间的相对转角。

转向架在车辆通过曲线时可能形成 3 种位置，且当运行速度较低时必然取得最大倾斜位置，车体与转向架之间相对转动的最大夹角就产生在前、后两台转向架均处于最大倾斜位置时，如图 2.6 所示。

当不考虑转向架本身的各种游隙，即把轮对作为刚性定位考虑时可以使问题简化。此时，车体与转向架之间的夹角 γ_1 及 γ_2 两部分构成。γ_1 是转向架处于最大倾斜位置时，转向架纵向中心线与线路纵向中心线之间的夹角，γ_2 是车体纵向中心线与线路纵向中心线之间的夹角，其值可由下式求得，即

$$\gamma = \gamma_1 + \gamma_2 = \frac{e}{l} + \frac{S}{2R} \quad (2.7)$$

式中，e 为曲线外轨间总游间；l 为固定轴距；S 为车辆定距；R 为曲线半径。

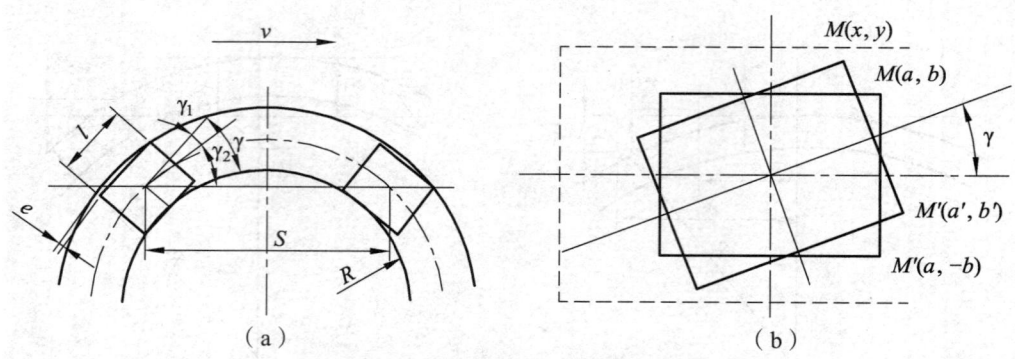

图 2.6　车体与转向架相对位置

（2）曲线上两车端部最小间隙及车钩的水平摆角。

如图 2.7 所示，车辆通过平面曲线时，两车端部的最小间隙及车钩的摆角。当列车通过曲线区段时，为了确保相邻两车在通过曲线时端部不会相碰，间隙必须大于相邻两个缓冲器的行程及钩缓装置各部分最大纵向磨耗量之和，且应留有必要的安全裕量。

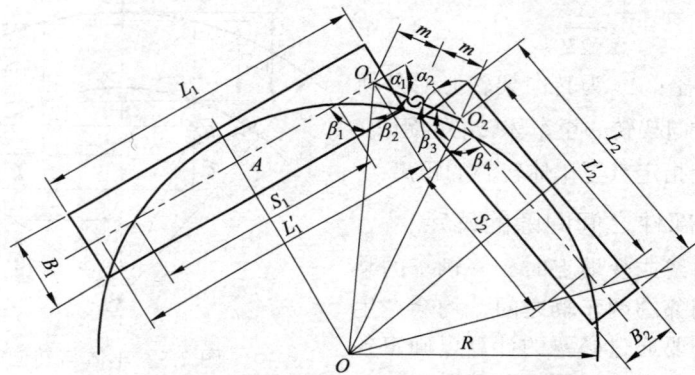

图 2.7　相邻两车辆在曲线上的位置

如图 2.8 所示，为了确保相邻两车车通过曲线时端部不会相碰，间隙 Δ 必须大于相邻两个缓冲器的全压缩行程之和加上钩缓装置各部分最大纵向磨耗量，且由留有必要的安全裕量。

（3）变坡点处两车端部最小间隙及车钩的垂直摆角。

在变坡点处，车钩力为拉伸力，两相连车钩拉紧呈一直线，车钩与车体以钩尾销处为铰节点而转动，车体与车钩之间的间隙和夹角如图 2.9 所示。动车组中车钩最大摆角：水平约 $\pm 12°$；垂直约 $\pm 3°$。

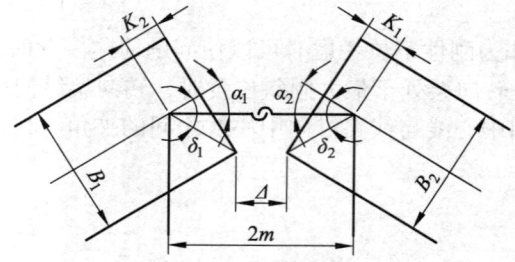

图 2.8　相邻两车辆的端部间隙

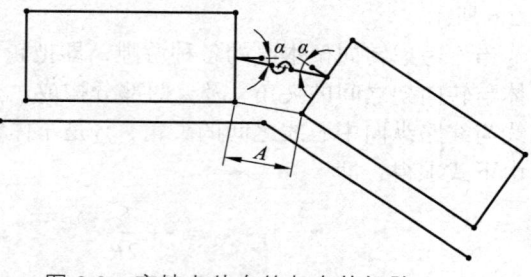

图 2.9　变坡点处车钩与车体间隙

（4）车辆相关部件之间间隙的参数化校核。

可以利用 SolidWorks 等三维 CAD 软件尺寸驱动的特点，直接在软件中进行几何图形绘制，直接读取相关参数进行校验。其中，曲线上车体和转向架的最大转角参数化校核如图 2.10 所示。

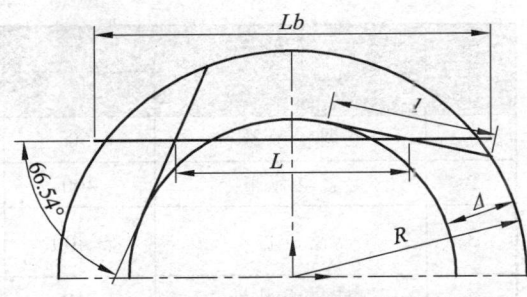

图 2.10 曲线上车体和转向架的转角参数化校核

4. 车体重力均衡计算

车体偏重会引起转向架弹簧受力不均，车体发生倾斜，车辆动力性能变坏，因此设计车辆时，特别是设计客车时，一定要注意车辆前后和左右的重力均衡。

车辆偏重主要是由车内设备（采暖锅护、卧铺、间壁车内水箱等）和车下悬挂设备的分布不均引起的，图 2.11 是某机车车下机器配置示意图。在车辆总体设计时，还要对车辆上重且大的设备进行合理布置，并做重力均衡的概略计算。

（1）重力均衡计算方法。

以车体平面内纵、横两个中心线作为参考轴（x 和 y 轴），把引起重力不均衡的那些部件、内部设备和悬挂物的重力对参考轴取矩，看是否能得到近似的平衡，即合力矩是否接近零。

$$\sum G_i \cdot x_i \approx 0 \qquad \sum G_i \cdot y_i \approx 0 \qquad (2.8)$$

表 2.5 中为某车原始布置和调整变压器位置后车辆重力均衡计算所得结果。由表中计算结果可见，通过将变压器的 y 坐标由 -0.21 m 调整到 -0.10 m，设备布置关于 x 轴的合力矩由 -392.15 kg·m（$-3\,843.07$ N·m）变为 -18.15 kg·m（-177.87 N·m），车辆重力均衡性得到极大的提高。

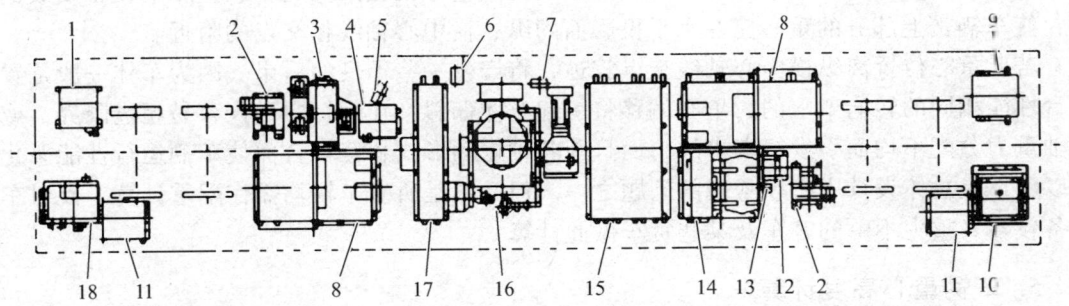

1—辅助电动空气压缩机；2—主电机冷却用鼓风机；3—换气装置；4—换气装置逆变器箱；
5—原边电流互感器；6—外部电源用连接器；7—辅助绕组电流互感器；8—空调装置；
9—接触器箱；10—蓄电池箱；11—控制电路接线箱；12—接地电阻箱；
13—踏面清扫用电磁阀；14—制动控制装置；15—牵引变流器；
16—牵引变压器；17—高压机器箱；18—水箱。

图 2.11 机车车下机器配置

表 2.5 车辆重力均衡计算表

序号	部件名称	部件质量 T_i/kg	部件重心位置 x_i/m	部件重心位置 y_i/m	$T_i \cdot x_i$	$T_i \cdot y_i$
1	空调接触器箱	50	-6.5	-0.74	-325	-37
2	蓄电池箱	400	-4.9	-0.56	-1 960	-224
3	变压器	3 400	-2.5	-0.21（-0.10）	-8 500	-714（-340）
4	硅机组风机	250	0.45	-0.8	112.5	-200
5	供给风缸	85	2.86	-0.9	243.1	-76.5
6	调压开关组合箱	120	4.7	-0.55	564	-66
7	水箱	900	6.15	0	5 535	0
8	集便箱	650	11.37	0.19	7 390.5	123.5
9	空调接触器	50	4.89	0.74	244.5	37
10	制动电气箱	60	3.7	0.69	222	41.4
11	制动空气箱	130	2	0.69	260	89.7
12	硅机组	500	0.45	0.25	225	125
13	变压器二次保护箱	100	-1	0.4	-100	40
14	风机	150	-3.45	0.4	-517.5	60
15	换流电抗器	300	-4.9	0.6	-1 470	180
16	充电装置箱	305	-6.3	0.75	-1 921.5	228.75
合 计					2.6	-392.15（-18.15）

（2）车辆配重。

所谓车辆配重是在车辆的水平投影面上安排其重心位置的问题。调整车辆设备安放的位置，使车辆簧上部分的重心落在水平投影面的纵、横中心轴线相交点的附近。

若此重心位置离纵横中心轴线交点较远，将产生一些不良的后果。因为车体一般是置于两台性能相同的转向架上的，重心偏移将引起车体偏斜，在运行中不仅容易超过限界，或因各轴重力分配不均而引发行车事故，而且因各种振动形式相互耦合而使车辆运行性能恶化，所以配重是总体设计中必须考虑的问题之一。但并不是所有车辆均需作配重计算，仅对车内设备较多又重力不一的客车及某些货车做此计算。

5. 车辆重心高度计算

车辆垂直静载荷、垂直动载荷、离心惯性力和制动惯性力的合力等均作用在车辆重心上，车辆的重心高度也直接影响其运行平稳性和稳定性，因此确定车辆重心位置是必要的。

对于一般车辆，其结构是对称的，载重也认为是对称的，故车辆重心是处在车体纵、横二垂直对称面的交线上。因此确定重心位置，只需计算其距轨面的垂直高度，即确定车辆的重心高。重心高的计算公式如下（参照图 2.12）。

$$h = \frac{\sum(T_i h_i + W_i h_{0i})}{T + W} \quad (2.9)$$

式中，h_i 为车辆各部件重心距轨面的高度，m；h_{0i} 为乘客重心距轨面的高度，m；T_i 为车辆各部件的质量，t；W_i 为乘客自重，t；T 为车辆自重，t；W 为乘客总重，t。

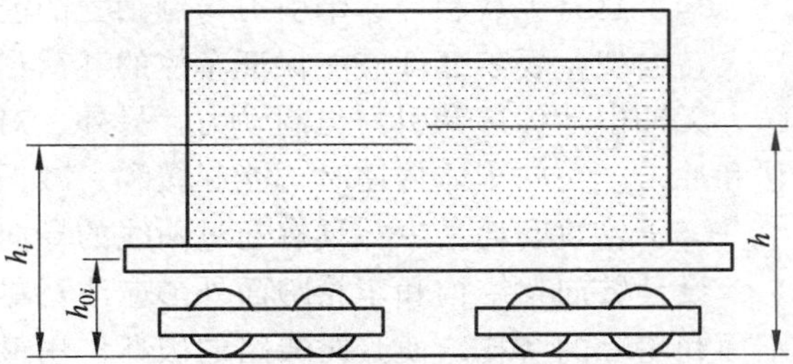

图 2.12 车辆重心高计算简图

6. 车体抗倾覆稳定性校验

车体抗倾覆稳定性条件为

$$\frac{b_2^2}{f_2} - h_1 > 2 \quad (2.10)$$

式中，b_2 为中央弹簧横向间距的一半；f_2 为中央弹簧的静挠度；h_1 为车体中心到中央弹簧上支撑面的距离。

由上式可知，提高车体抗倾覆稳定性的措施：增大中簧跨距，如图 2.13（a）所示；加装抗侧滚扭杆，如图 2.13（b）所示。

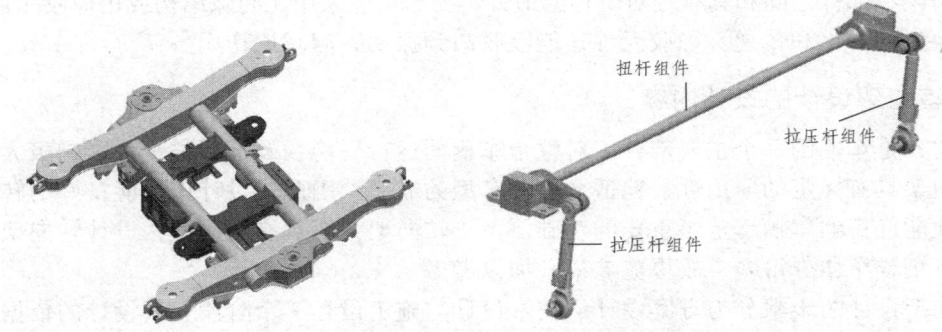

图 2.13 提高车体抗倾覆稳定性的措施

2.4 转向架总体设计

2.4.1 转向架总体设计概述

1. 转向架设计的具体要求

（1）应具有一定裕度的运行安全性。

转向架在列车运行速度范围内应具有适当裕度的抗脱轨、抗倾覆安全性和抗蛇行运动的稳定性。

（2）应具有符合速度要求的运行平稳性。

在转向架设计中，要注意避免垂向、横向和纵向振动在运行的速度范围内发生共振。其平稳性指标应符合要求。

（3）零部件应具有足够的强度和合适的刚度。

在力求减轻自重的前提下，要符合《车辆强度设计规范》的强度要求并有合适的刚度。

（4）具有承载和传递牵引力与制动力的能力。

转向架主要零部件应能保证车体的载荷尽可能均匀地通过各个轮对传给钢轨，并能无间隙、无冲击地传递牵引力与制动力。另外，对运行中来自线路的垂向、横向和纵向的干扰位移和冲击，在向车体传递时，能起缓和、减振和抑制作用。

（5）轮轨磨耗量少并具有通过曲线的导向能力。

设计转向架结构和车轮踏面外形应注意尽量减小轮轨间的接触应力和侧向力，以减少轮踏面和轮缘的磨耗，使其对线路的破坏作用最小。转向架固定轴距在满足运行稳定性的前提下应尽可能小，以便转向架能灵活地通过规定的最小曲线半径。

（6）尽可能小的簧下质量。

转向架结构中未被弹簧缓和的簧下质量，在车辆通过线路的凸起或凹陷部分时，将产生很大的轮轨冲击力。因此，应尽量减少簧下质量，以减小轮轨间的动态作用力。

（7）能在规定的制动距离内安全停车。

考虑列车最高运行速度、信号装备情况、线路状态等，所设计的转向架制动装置应具有足够的制动能力，保证列车能在规定距离内安全停车。

（8）具有减少噪声、吸收高频振动的能力。

转向架零部件之间和具有相对位移的地方，要尽可能采用无间隙结构或用橡胶元件填充，以减少噪声的产生和传递。橡胶元件还能吸收高频振动，起减振作用。

2. 转向架设计的设计内容

转向架是车辆的一个主要部件，对整个车辆的运行平稳性及运行安全性影响极大，且大多数转向架具有一定的通用性，能适合多种车型的需要。因此，设计出性能良好的转向架就为设计性能优良的车辆奠定了重要的基础。由于转向架一般具有通用性，设计转向架的机会比设计车辆或车体少得多，故更应该精心加以考虑。

转向架设计的步骤分为方案设计、技术设计与施工设计3个阶段。其设计的依据仍然是上级下达的设计任务书，或本部门提出的设计建议书经上级批准后作为任务书下达。在为地方工矿企业等部门设计转向架时，经双方协商拟定的对转向架的技术要求也可作为设计任务书。转向架总体设计工作的重点在于根据该转向架预期达到的功能及技术要求，在综合考虑继承性与先进性的基础上提出切实可行的结构方案。通过总体设计绘制的转向架总图及部分部件图说明该转向架的结构形式及主要尺寸；还要通过适当的计算与校核，论证该方案是现实可行的，并能达到预期的技术要求。

转向架总体设计应遵循的原则与车辆总体设计基本一致，仍然是在统筹兼顾、讲求效益的基础上尽量使其结构便于保养与维修并尽量降低维修和保养的费用；尽量使其结构的制造工艺性良好；所使用的材料来源充足；其技术性能应满足设计要求，并有适当的技术储备；保证转向架各构件本身及相互间结合可靠；保证运行安全，使转向架引起的行车事故的可能性减至最小；在满足设计要求的前提下尽量采用标准件及通用件，或借用其他转向架中成熟的零、部件；转向架总体及组成的各零部件均应符合各种标准。

（1）选定转向架结构形式。

通过使用条件及功能分析能初步确定结构形式，如轮径、轴型、转向架与车体底架的接口形式、与制动装置的接口形式等。

（2）初步确定转向架技术参数。

通过类比选定悬挂装置的性能参数，然后进行运行性能的分析对比计算。

2.4.2 转向架结构形式的选择

1. 转向架的使用条件分析

通用转向架与专用转向架在总体设计中是不完全一样的，专用转向架只适用于一种车或很少几种车，如动车组中的动车转向架、轨道起重机及轨道车等所用的转向架均属专用转向架。转向架的使用条件比较单纯，工况比较明确，可按具体车辆的使用条件来设计转向架。

通用转向架则不同，它适应的车种比较多。为了保证这种通用性，通常要考虑以下几个问题：

（1）作用于转向架上的载荷。为了保证转向架有足够的强度与刚度，要确定出最大可能的计算载荷。如垂向静载荷，应根据转向架选定的轴型、轴数按轴重乘以轴数减去转向架全部或部分自重作为作用在心盘（或旁承）上的载荷或作用在转向架某个零部件上的载荷。在确定风力引起的侧向载荷时，则应以侧面积最大的棚车作为计算标准。

（2）转向架与车辆其他部件的接口。转向架与车辆其他部件的接口主要有两个，一个是传递车体上的载荷至轨面的接口，最常见的形式是心盘与旁承；另一个是连接空气制动装置及手制动装置的接口。

（3）转向架零部件的安全可靠性。因零部件在运用中突然失效而导致重大行车事故或恶性事故的案例中，以转向架零、部件失效所占的比例最大。目前，在列检及修理中重点抓"三裂、二切、一脱落"的预防工作，"三裂"指的是底架中梁、侧架及摇枕因裂纹引起的断裂；"二切"是指切轴，包括冷切与热切；"一脱落"指的是转向架基础制动装置中一些零部件（如制动梁等）的脱落。

2. 转向架的功能分析

明确转向架及配用该转向架的车辆的运用条件是转向架功能分析的基础，而功能分析又将为转向架结构选型提供依据。运用条件包括列车最高可能运行速度、通常运行的速度范围、使用环境及车辆的运输对象等。运行速度是转向架的主要技术指标，也是转向架设计的重要依据。在通常运行的速度范围内车辆应该具有较好的或尽可能好的动力性能。构造速度是构件强度计算的依据，同时还需要考虑将来列车速度普遍提高后有提高该转向架动力性能的可能性。

运输对象不同也会对转向架提出不同的要求，如客车中的市郊通勤车、地下铁道车辆、双层客车中的硬座车等属于载质量大、载质量变化也大的客车。既为客车，就要求有较高的运行平稳性，故要求转向架具有较大的静挠度。这时，若采用等刚度钢弹簧则可能因载质量的变化过大而使钩高的变化超出允许的范围，若采用变刚度弹簧虽可控制钩高的过大变化，但当量静挠度又可能不足，唯有采用带高度调整阀的空气弹簧才是较好的解决办法。

转向架必须具有的功能包括走行、减振缓冲、承载及制动等。走行功能主要体现在车辆直线运行的蛇行稳定性及通过曲线的能力上，不仅在厂矿或站场中能通过最小的曲线半径，还能以较大的速度通过正线上的曲线及进出站时的道岔；主要靠轮缘导向还是主要靠蠕滑力导向；如何减少轮缘的磨耗；如何使转向架具有足够的抗脱轨稳定性等。承载能力主要表现在转向架零、部件所具有的强度和刚度,除与轴重、运行速度有关外,车体不同对转向架的承载能力也有影响,如用于双层客车的转向架,由于车体重心高,侧面积大,因此将比同轴重的普通客车所受侧向载荷大。制动能力主要表现在能否在规定的距离内停得下车来,它与基础制动装置的结构以及闸瓦材料等有关。磁轨制动装置也只有高速客车转向架才需要。对减振缓冲能力要求的不同将在很大程度上影响转向架的结构,弹簧、减振器、轴箱定位装置、摇动台等均为改善减振与缓冲的性能而设,具体选择时必须根据使用条件来确定。

3. 高速转向架的结构形式特点

自20世纪80年代以来,世界铁路进入了高速化的新时期。世界各国在发展高速列车时,均在高速转向架上投入了很大精力,但目前只有少数国家的转向架运营速度能够达到或超过300 km/h。其根本原因在于当提高列车速度的同时,既要保持高速运行的稳定性,又要满足和提高车辆的乘坐舒适性是非常困难的。

随着世界铁路高速化的不断发展和完善,高速转向架的结构形式逐步趋向于类同,它们的主要特点表现为无摇枕结构、采用空气弹簧悬挂装置、有回转阻尼、加装弹性定位等。图2.14显示了这些结构形式特征。表2.6至表2.8分别示出了国外和我国典型高速动车组转向架的结构形式及参数。

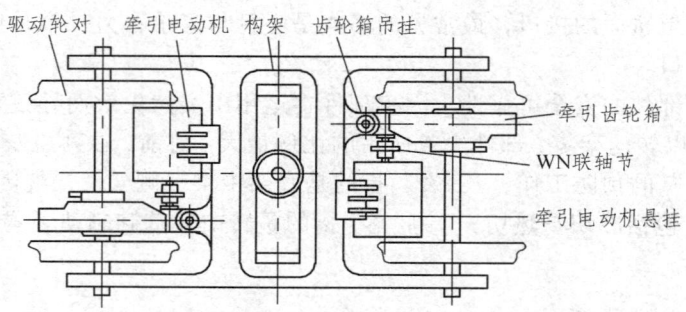

图 2.14 典型高速转向架结构形式示意

表 2.6 我国客车转向架的技术参数

项目	型别			
	SW-200	CW-200	CW-200G	PW-200
轴型	RD3			
固定轴距/mm	2 600	2 500	2 500	2 500
中央簧横向间距/mm	2 400	2 000	1 956	2 320
轴箱簧横向间距/mm	2 000	2 000	2 000	2 000
构架形式	U形焊接构架	H形焊接构架		
摇枕弹簧装置形式	空簧无摇动台	空簧无摇枕	空簧有摇动台	空簧有摇动台
中央阻尼形式	油压减振器	油压减振器	油压减振器	油压减振器
回转阻尼	旁承支重	空气弹簧支重	旁承支重	旁承支重
抗侧滚装置	扭杆			
轴箱定位形式	转臂式			导柱式橡胶堆定位
基础制动装置	盘形制动+防滑器			

表2.7 国外典型高速动车组转向架主要结构形式及参数

转向架型号	动车TDT204/拖车TR7002	WDT205	SF500	Y237A
使用车辆	日本700系	日本500系	德国ICE3	法国TGV-2N
最高速度/（km/h）	285	300	330	300
使用年份	2000	1997	1999	1995
轴重/t	11.3	11.2	16/15	17
自重/t		6.5	动9.2/拖7.5	7.0
轴距/mm	2 500	2 500	2 500	3 000
轮径/mm	860/790	860/790	920	920/850
踏面形式	圆弧踏面	圆弧踏面	圆弧踏面	锥形踏面
轴箱定位	圆导筒式	转臂式	转臂式	转臂式
二系悬挂	空气弹簧+减振器	空气弹簧+减振器	空气弹簧+减振器	空气弹簧-减振器
牵引装置	单拉杆牵引	单拉杆牵引	双拉杆牵引	双拉杆牵引
制动方式	再生、盘形、盘式涡流	再生、盘形	再生、盘形、磁轨	盘形、盘式

表2.8 国内典型高速动车组转向架主要结构形式及参数

转向架型号	CRH_1	CRH_2	CRH_5
最高速度/（km/h）	250	250	250
轴重/t	16	14	17/16
轴距/mm	2 700	2 500	2 700
轮径/mm	915/835	860/790	890/810
踏面形式	LMA型	LMA型	XP55型
一系悬挂	单组钢弹簧+减振器+转臂式定位	单组钢弹簧+减振器+转臂式定位	双组钢弹簧+减振器+对角双拉杆定位
二系悬挂	空气弹簧+减振器+抗侧滚扭杆	空气弹簧+减振器	空气弹簧+减振器+抗侧滚扭杆
牵引装置	单拉杆牵引	单拉杆牵引	双拉杆牵引
制动方式	空气制动	空/液制动	空气制动

2.4.3 转向架零部件选型与设计

在选择转向架零部件时，应根据以上分析进行，要注意所选择的零部件必须安全可靠、性能稳定、成本低廉、来源充足。

1. 弹 簧

在选定弹簧类型的同时要确定静挠度值及客车转向架静挠度在两系弹簧中的分配，同时要考虑结构上能否安排得下，并考虑空重车静挠度的差值加上适当的磨耗量不得超过车辆运行时允许的车钩最低高度。

2. 轮对形式

轮对是转向架最重要的部件之一，它直接关系到车辆运行的安全性和平稳性。它是车辆与钢轨直接接触的部件，它对钢轨的静动力作用关系到钢轨的应力大小与磨损状况。

轮轴的主要尺寸、化学成分及机械性能可参见相关的标准。现在使用的车轴钢材及形状尺寸均有标准可循，如选用标准以外的材质及形状，就必须另行订购钢材和加工毛坯，其成本显著增高，还需经过特殊申请和审批手续后才能在铁路上运行。因车轴对行车安全关系极大，万一因切轴而造成行车事故，其后果无疑是十分严重的。设计时应根据车辆的总重（自重+载重），按轴重去选择轴型及轮型，同时根据采用轴承的形式去选择相应的型号。

轮对属于转向架簧下部分，减小其质量不仅能减轻车辆自重，而且能改善车辆振动性能，减小轨道所受的冲击力。因此，在保证轮对结构具有足够的强度与刚度、轮轨接触应力较小的前提下，可考虑采取以下措施：

（1）采用空心车轴。

采用空心车轴能节省金属材料，提高车轴的疲劳强度，改善运行中轴颈发热时的导热性能。此外，有些国家考虑或试验采用断开的车轴，以达到尽量减小簧下质量的目的。

（2）采用新型车轮。

国外动车组转向架大多采用小直径车轮，缩小车轮直径可以减小簧下质量，降低车辆重心。但是车轮受垂直载荷后，使轮轨间产生很大的接触应力，它是引起踏面、轨面磨耗剥离的主要原因。因此，轮径的选择应综合协调各相关因素的影响。

把车轮辐板减薄（国外最薄的只有 8 mm），并做成波浪形使其具有一定的弹性也可以减小簧下质量。

（3）采用新外形的车轮踏面。

车辆蛇行运动是一种特有的自激振动，它是由系统结构本身（轮对踏面等效斜度、悬挂等）引起的。从改善车辆失稳性考虑，踏面等效斜度越小越有利于提高失稳的临界速度。但为了改进转向架通过曲线的导向性能，必须充分利用踏面斜度导向，也就是利用钢轨作用于轮对踏面的纵向蠕滑力矩对转向架起导向作用。当实际曲线半径小于轮对能自由通过的曲线半径时，作用于转向架各轮对踏面的纵向蠕滑力矩，迫使轮对紧靠外轨而增大轮对的轮缘力。为使轮对自由通过小半径曲线，可采用大斜度踏面的车轮。

由此可见，改进转向架通过曲线的导向性能和提高直线运行的横向稳定性所要求的车轮踏面斜度是相互矛盾的。因而当设计和选择时必须综合考虑，慎重选择。

轮对的偏重和椭圆度给车辆的平稳性带来不良的影响，尤其是车辆高速运行时，会引起巨大的惯性力。另外，钢轨上将承受谐振力的作用。这样，不但对钢轨的动态作用力增加了，而且对车辆振动、轴承寿命、轮辋力均有不良的影响。因此在实现列车高速运行时，应注意轮对加工和组装的精度，以提高其动平衡性。

3. 构　架

构架是安装转向架其他零部件的基础，每种转向架均需专门设计构架。构架是把转向架各部件组合成总体的一个重要承载部件，其结构形式的选择与结构尺寸的设计应根据转向架总体设计、相关部件（弹簧悬挂装置、轴箱定位装置、轮对及基础制动装置等）的结构形式及其对安装、检修空间的需要，构架的强度、刚度条件和采用的工艺方式等来确定。

动车组转向架构架主要采用 H 形。在制造工艺上主要采用钢板、铸件焊接组合而成，也有采用铸钢一体铸造形式的。

4. 一系悬挂定位方式

一系轴箱悬挂定位刚度是转向架临界速度最敏感的参数，不同的定位方式决定了其参数确定的方式。按照不同的设计要求一系悬挂定位方式有很多不同的结构，但都是为了实现轮对轴箱在纵向、横向和垂向 3 个方向适当的定位刚度。转向架定位装置作为悬挂元件的发展方向是实现多功能一体化结构，在各个方向都起作用，并在各向都能提供准确的阻尼，达到结构紧凑、质量小、无磨耗、低维修的效果。根据高速转向架的设计原则，轮对轴箱定位方式中，无磨耗弹性导柱式、单拉板式、液力橡胶弹簧式以及单转臂式定位均是最佳的选择之一，设计中应该根据转向架结构空间、质量条件、组装条件等进行综合分析，确定最适合的技术措施。至于最佳定位刚度的匹配和选择应进行理论分析、多方案计算比较，根据各种影响因素进行综合考虑，最后可通过动力学试验加以确定。

2.4.4　转向架主要技术参数及运行性能的确定

通过上述使用条件及功能分析，已能初步确定出部分技术参数及结构形式，如轮径、轴型，转向架与车体底架的接口形式、与制动装置的接口形式等。另外，一些技术参数，如弹簧装置的形式及其柔度或刚度，轴箱定位装置的形式及刚度，抑制蛇行运动的阻尼形式及技术参数，各种减振的阻尼形式及参数等，仅凭经验来确定是远远不够的，要把初步确定出来的技术参数，进行运行性能的分析对比计算。例如，设计通用货车转向架，我们可以选定某种确定技术状态的线路，确定几种常见的通用货车，把拟设计的转向架与现有转向架的技术参数做对比计算，在相同的运行条件下对比其运行平稳性指数、脱轨系数、轮重减载率、倾覆系数、蛇行运动的临界速度等，据此判定拟设计的转向架在性能上是否达到了一定的水平。当然，在确定转向架的技术参数时必须注意它们是合理的、可行的。

转向架总体设计时在垂向、横向及纵向均有一些控制尺寸必须注意。

带心盘的转向架其心盘面距轨面的高度，还有旁承与心盘面的高度差都是需要控制的尺寸。还须注意构架的侧梁以及侧架上弦杆在上、下旁承接触时是否会碰着底架上的零件。如果是旁承支重或摇枕弹簧直接支承车体的结构，也可以参照以上要求检验转向架上的零、部件在运用中是否会与底架相碰。转向架下部的高度控制尺寸是限界中的车限，不仅在新设计时不能超限，在考虑了弹簧最大变形以及轮辋等最大磨耗后也不能超限。

在横向，两轴颈中心的横向间距是一控制尺寸。例如，由于传递垂向力的关系，构架两侧梁中心线的横向间距或两侧架中心线的横向间距均要和两轴颈中心的横向间距一致。此外，转向架横向最外端零件的尺寸必须容纳在限界之内，特别是横向最外端的下部零件，可能正处在限界附近，必须在考虑最大可能磨耗后，转向架两侧下部不会超出限界。

在纵向，转向架的固定轴距虽然是一个技术参数，但它是设计后由摇枕弹簧装置、轮对、基础制动装置在长度方向安排的结果，并不能在设计前就规定死。此外，还必须考虑列检人员作业时如何便于检查及更换易损零、部件，从这几方面统筹兼顾，就可以确定出较合理的固定轴距。

复习思考题

1. 简述车辆总体设计的内容。简述车体尺寸确定的依据。
2. 简述车辆总体布置原则及总体布置图的内容。
3. 简述室内环境和作业空间设计的要求及依据。
4. 简述转向架设计的具体要求。
5. 简述转向架设计的步骤。
6. 转向架控制参数有哪些?
7. 为何要进行曲线通过校验,车辆相关间隙、重力均衡及车体重心位置等计算?

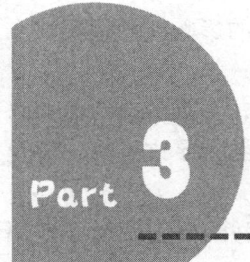

动车组车辆动力性能设计

研究分析由于高速重载带来的振动和作用力增大现象所引起的车辆和线路之间的矛盾,并提出如何解决的途径,就要涉及有关车辆动力学的若干问题。研究车辆动力学的目的在于解决下列主要问题:确定车辆在线路上安全运行的条件;研究车辆悬挂装置和牵引缓冲装置的结构、参数和性能对振动及动载荷传递的影响,并为这些装置提供设计依据,以保证车辆高速、安全和平稳地运行;确定动载荷的特征,为计算车辆动作用力提供依据。

本章主要介绍车辆动力性能评价方法与评价指标、动力学模型建立、悬挂参数设计等动车组车辆动力性能设计原理与方法。

3.1 动车组动力学性能概述

3.1.1 车辆动力性能研究的内容

为保证轨道车辆运行平稳舒适,减轻对轨道车辆本身和线路的破坏作用,确保行车安全,需用理论分析与实验相结合的方法研究以下问题:

(1)研究轨道车辆在运行中产生的力学过程,掌握车体、转向架的振动规律,确定列车在线路上各种运用工况下的安全运行条件。

(2)研究悬挂装置结构、参数和性能对振动和动载荷传递的影响,合理正确选定弹簧装置、轴箱定位装置、横动装置、减振器等的参数。

(3)确定动载荷特征,为有关零部件的强度计算提供必要数据。

轨道车辆的垂向振动有固有振动(固振)和受迫振动(迫振)之分。外力偶然作用,使车辆簧上质量离开平衡位置而产生的振动,称为自由振动。车辆簧上质量在外力(激扰力)周期的作用下产生的振动,称为受迫振动。当激扰力的频率和固有振动的频率一致时,就要发生共振。轨道车辆横向振动具有蛇行的特征,在一定的条件和运行速度下,这个系统会出现动态不稳定状态。研究上述运动主要是实现以下目的:

(1)研究自由振动求知固振频率,以便知道发生共振时的车辆速度。

(2)研究受迫振动是为求知需要的阻尼和迫振振幅、迫振加速度,以便知道车辆运行的平稳程度及其对线路的动作用力。

(3)研究蛇行稳定性问题,以便采取有效措施来提高高速车辆的蛇行临界速度。

车辆动力性能包括运行平稳性、运行稳定性和曲线通过性能:

（1）运行平稳性（走行舒适性）：即走行部振动平稳性对车辆内旅客的影响。它将反映在列车运行中所有线路和速度中。

（2）运行稳定性（走行安全性）：它主要是当列车因直线高速运行时，可能出现的横向自激振动问题，通常被称为蛇行稳定性。它不但影响列车的平稳性，而且也会导致脱轨，危及运行安全。

（3）曲线通过性能：是指列车通过曲线时，对轨道和转向架产生不利的静态和动态作用力，列车通过曲线时，轮/轨作用力不当而产生脱轨的可能性。

3.1.2 车辆振动的原因和振动形式

车辆是一个多自由度的振动系统，作用于这个系统的各种激扰力使它产生复杂的振动过程。引起各激扰力的因素可概括为两类：线路的构造和状态、轮对的构造和状态。由于这些激扰多是随车辆速度的变快而加剧的，所以高速车辆振动问题显得比较突出。线路和车辆是统一体，二者相互依存，互相影响，必须共同提高。所以，研究车辆振动必须结合线路条件，并为线路结构强度和养护标准等提供依据。当要求大幅度提高线路质量或要求改进车辆动力学性能时，首先应致力于后者，因为前者耗资大，且往往不易实现。

1. 线路原因

（1）钢轨接头：在有缝线路上，接头是钢轨的薄弱环节。如图 3.1 所示，由于鱼尾板的抗弯刚度不足，使车轮经过接头区域时，不仅弹性下沉量大，而且当车轮从一根钢轨的端部滚至邻近的钢轨端部时，车轮的瞬时转动中心产生突变，从而引起冲击。

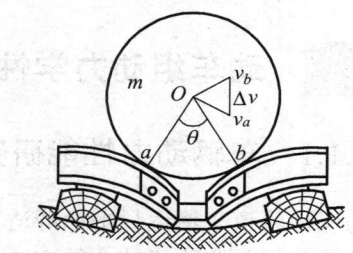

图 3.1 钢轨接头对车轮的冲量作用

（2）钢轨垂向变形：由于线路具有弹性，当列车通过时，在轮重作用下钢轨各点依次产生弹性下沉。由大量测试统计结果表明，对于平直道，每节钢轨的大部分长度的轨面接近于处在同一水平面内。

（3）轨道的不平顺：轨道实际的几何学形状与其名义形状之间的偏差称为轨道的不平顺。如图 3.2 所示，轨道的不平顺包括中心线的方向不平顺（10 m 长不超过 4 mm）；轨道中心线的高低不平顺（10 m 长不超过 4 mm）；两股钢轨顶部表面的高差，即水平不平顺；轨距的偏差（$1\,435^{+6}_{-2}$ mm）；以及沿轨道长度方向水平的变化量，即扭曲（或称三角坑）。

2. 轮对的构造和状态

（1）车轮偏心：轮轴不同心。

（2）车轮不均重：车轮形心、质心不重合。

（3）踏面擦伤。

（4）踏面斜度：由于车轮踏面具有斜率，轮线与钢轨侧面之间有间隙，因此，压装于同一车轴上的左右两个车轮就会以不同的滚动直径与轨面接触和滚动。由于两轮的滚动行程不等而使轮对轴线偏移，这样又改变了车轮的滚动直径，使轮对又偏向另一侧。于是，轮对在前进的同时还做周期性的左右运动。

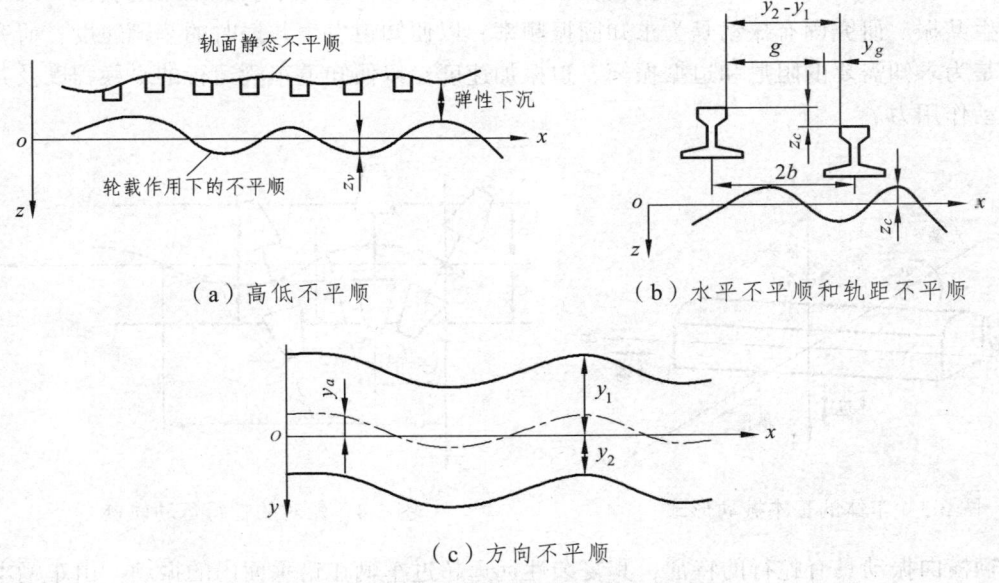

图 3.2　轨道不平顺的 4 种类型

3. 振动形式

经车体重心作空间坐标（见图 3.3），则车辆振动相对于这一坐标系统可分为 6 个振动：

（1）侧滚：绕 x 轴的回转振动。
（2）伸缩：沿 x 轴的往复振动。
（3）点头：绕 y 轴的回转振动。
（4）横摆：沿 y 轴的往复振动。
（5）摇头：绕 z 轴的回转振动。
（6）浮沉：沿 z 轴的往复振动。

其中，浮沉、点头和伸缩主要是由波形线路引起的在铅垂面内的振动；侧摆、摇头和侧滚主要是由轮对的锥形踏面引起的横向振动（或称侧向振动）。这些振动一般是同时存在的，不过在不同条件下，有一两个振动是主要振动，其余的是不显著的振动。

由于弹簧对称支撑于车体下部，车体横摆时，其重力与弹簧支持力形成的力矩使车体侧滚，即产生横摆时肯定发生侧滚，横摆与侧滚的耦合振动称为滚摆。滚心在车体重心之上的滚摆称为上心滚摆；滚心在车体重心之下的滚摆称为下心滚摆。另外，由于车轮具有一定踏面斜度，沿直线运行时，受到微小的激扰后，产生一种一面横向往复摆动，一面绕铅垂中心转动，中心轨迹呈波浪形（见图 3.4）的特有运动，这种振动称为蛇行运动。车轮蛇行运动实际上是轮对的横摆与摇头及侧滚的耦合振动。

车辆的垂向振动有固有振动和受迫振动之分。外力的偶然作用，使车辆簧上部分离开平衡位置而产生的振动，称为固有振动。由于阻尼的存在，固有振动的振幅将逐渐衰减。由于固有振动的振幅有限，所以固有振动本身的危害性不大。车辆簧上部分在外力（激扰力）周期的作用下产生的振动，称为受迫振动。当激扰力的频率和固有振动频率一致的时候，就要发生共振。若阻尼不足，共振时的振幅就很大，因此要尽量避免车辆在常用速度范围内主要振动发生共振。研究固有振动是为求知固振频率，以便知道发生共振时的车辆速度；研究受迫振动是为求知需要的阻尼和迫振振幅、迫振加速度，以便知道车辆运行的平稳程度及其对线路的动作用力。

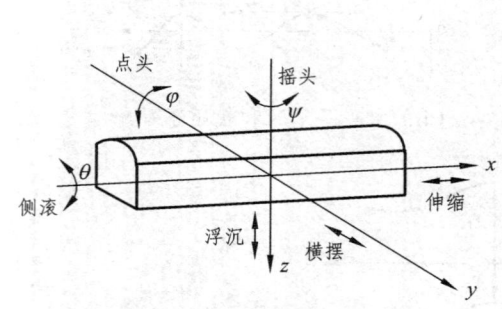

图 3.3　车体的基本振动形式

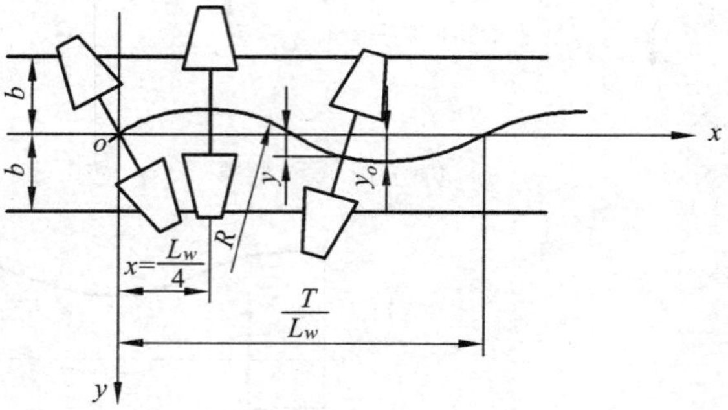

图 3.4　轮对的蛇行运动轨迹

车辆横向振动具有蛇行的特征，其复杂性远远超过车辆在铅垂面内的振动。由车辆本身构成的动力学系统，连同轮轨间隙、踏面斜率和轮轨接触面上的蠕滑力等，形成一个具有反馈特性的闭环系统。在一定的条件和运行速度下，这个系统会出现动态不稳定状态。研究车辆横向振动首先在于研究蛇行稳定性问题，以便采取有效措施来提高车辆的蛇行临界速度。

3.2　车辆垂向动力学性能分析

3.2.1　具有一系悬挂的无阻尼车轮荷重系统的自由振动

为了理解车辆垂向振动的最基本规律，下面以车轮荷重系统的振动作为讨论对象。具有一系悬挂的车轮荷重系统，是由置于轮对上的弹簧和置于弹簧上的车辆车体所组成的系统。它的振动可以代表车辆在一系悬挂上的浮沉振动，这种振动能在很大程度上反映出车辆振动的一般性规律。

现讨论这个系统的固有振动。鉴于线路刚度很大，为简化分析，不考虑线路的弹性。设偶然的冲击使车体离开了它的平衡位置（见图 3.5），弹簧的挠度变化为 z，由牛顿第二定律或达朗贝尔原理可建立车体的运动方程

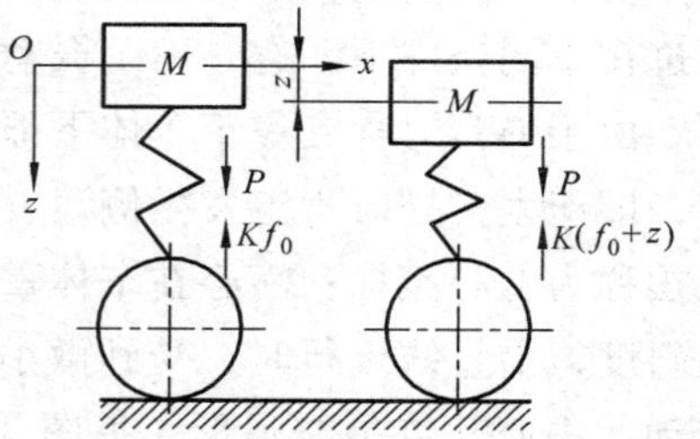

$$P - K(f_0 + z) = M\ddot{z}$$

图 3.5　一系无阻尼轮对簧上质量系统

式中，P 为车体重力（N），$P = Mg$；M 为车体质量（kg）；g 为重力加速度（m/s²）；K 为弹簧刚度（N/m）；z 为车体位移（m）；f_0 为弹簧静挠度（m）。

因静态时 $P = Kf_0$，故

$$M\ddot{z} + kz = 0$$

令 $\omega^2 = \dfrac{K}{M}$，则

$$\ddot{z} + \omega^2 z = 0 \tag{3.1}$$

方程的解为

$$z = A\cos\omega t + B\sin\omega t$$

取初始条件 $t=0$ 时，$z=z_0$，$\dot{z}=0$，则 $A=z_0$，$B=0$，于是 $z = z_0\cos\omega t$，函数图形如图 3.6 所示。

因静态时 $P = Mg = Kf_0$，故振动的圆频率和振动周期分别为

$$\omega = \sqrt{\dfrac{K}{M}} = \sqrt{\dfrac{g}{f_0}} \tag{3.2}$$

$$T = \dfrac{2\pi}{\omega} = 2\pi\sqrt{\dfrac{f_0}{g}} \tag{3.3}$$

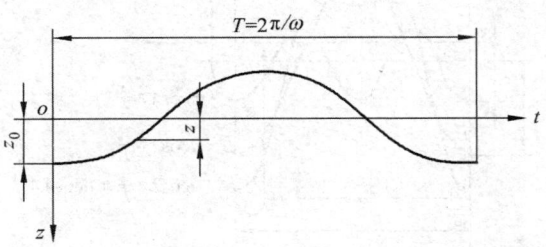

图 3.6　一系无阻尼簧上质量系统固有振动规律

分析可知：车体自由振动的振幅 A 的大小取决于车体振动的初始条件，如果初始位移和初始速度大，则车体自由振动的振幅也大，否则振幅小。

车体的自由振动固有频率和振动周期与车辆的质量、弹簧刚度和车辆悬挂静挠度有关，与振幅无关。在转向架设计中，常常把车体悬挂静挠度作为重要的技术指标，静挠度越大，车辆自振频率越低，振动周期越长，振动越缓慢。

3.2.2　具有一系悬挂的无阻尼车轮荷重系统的受迫振动

现在讨论车轮荷重系统在不平顺轨道上的运动。从轨道连续的基本频谱知道，轨道的不平顺度随波长的增大而增大，且其增长率低于波长的增长率；频谱中影响大的一般是波长等于轨长（或焊缝间距）和一半轨长处的频谱线。这样，行进中的车轮与轨面接触之点的轨迹（见图 3.7）可大致写为

$$z_k = a\cos 2\pi\dfrac{x}{L} + b\cos 4\pi\dfrac{x}{L} + c \tag{3.4}$$

式中，a、b、c 为常数；L 为轨长；x 为车轮所在位置至钢轨一端的距离。

将 $x = vt$（v 为车辆速度，t 为所经时间），得

$$z_k = a\cos pt + b\cos 2pt + c \tag{3.5}$$

式中，$p = \dfrac{2\pi v}{L}$ 为波形线路对车轮荷重系统的激振圆频率。

不计次分量 $b\cos 2pt$ 和无影响的常量 c，则波形线路激励为

$$z_k = a\cos pt$$

式中，a 为波形线路的波幅，高速线路 $a = 3 \sim 5$ mm。

下面分析具有一系悬挂的无阻尼车轮荷重系统在波形线路上的受迫振动（见图 3.8）。设

车轮在 x 处时，车体离开平衡位置的位移为 z，弹簧附加压缩量为 $z-z_k$，则作用于车体的力等于由上而下的重力 G 与由下而上作用的弹簧反力 $K(f_0+z-z_k)$ 之差。于是，由牛顿第二定律或达朗贝尔原理可建立车体的运动方程

$$G - K(f_0 + z - z_k) = M\ddot{z} \tag{3.6}$$

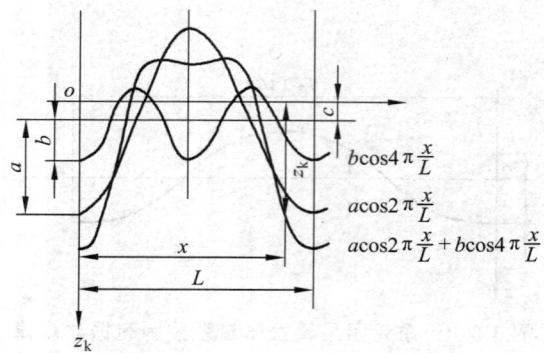

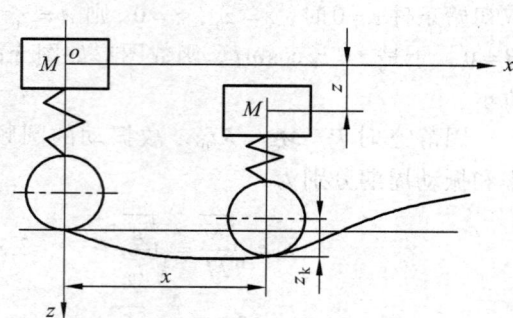

图 3.7　车轮与钢轨接触点的轨迹　　　　图 3.8　一系无阻尼簧上质量系统受迫振动

整理得 $M\ddot{z} + Kz = Ka\sin pt$，即

$$\ddot{z} + \omega^2 z = a\omega^2 \sin pt \tag{3.7}$$

其中，$\omega^2 = \dfrac{K}{M}$，先求方程的通解。由齐次方程 $\ddot{z} + \omega^2 z = 0$ 得车体的固有振动位移

$$z_1 = A\cos\omega t + B\sin\omega t \tag{3.8}$$

再求方程的特解，特解 z_2 为车体受迫振动位移

$$z_2 = \dfrac{a}{1-\left(\dfrac{p}{\omega}\right)^2}\sin pt \tag{3.9}$$

于是，方程的通解为

$$z = z_1 + z_2 = A\cos\omega t + B\sin\omega t + \dfrac{a}{1-\left(\dfrac{p}{\omega}\right)^2}\sin pt \tag{3.10}$$

式（3.10）指出，在激扰力和弹簧弹力同时作用下，车体进行的是固有振动和受迫振动的复合振动；由于车体的受迫振动是激扰力通过弹簧起作用的结果，受迫振动振幅随激扰频率与固有振动频率的比值的变化而变化。

受迫振动振幅与轨面正弦曲线的振幅的比值称为增幅系数，即

$$\gamma = \dfrac{A_2}{a} = 1 - \left(\dfrac{p}{\omega}\right)^2 \tag{3.11}$$

由增幅系数与频率比 η 的关系曲线（见图 3.9）可见：

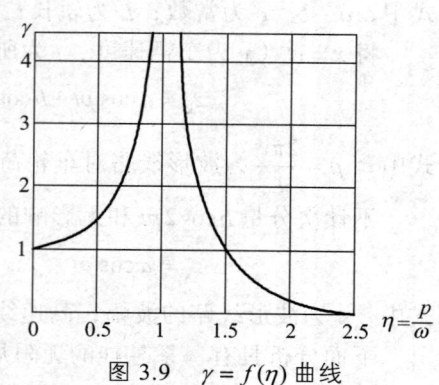

图 3.9　$\gamma = f(\eta)$ 曲线

当 $0 < \eta < 1$ 时，η 越大，即运行速度高，则受迫振动振幅大；当 $\eta > 1$ 时，η 越大，即运行速度越高，则受迫振动振幅越小；当 $\eta = 1$，即自振频率等于激扰频率时，受迫振动振幅趋于无穷大，这就是共振。共振时的车辆速度称为共振临界速度 v_c。

为了避免共振的危害，有的采用大刚度的弹簧来提高固有频率，以便使 $v_{max} < v_c$，此时，车辆处于亚临界速度运行；有的采用软弹簧来显著降低固有频率，以便使正常运行速度 $v > v_c$，同时用减振器来抑制通过共振区时的振幅。此时，车辆处于超临界速度运行。前者应用于低速车辆，后者应用于速度较高的车辆。

3.2.3 具有一系悬挂的车轮荷重系统受迫振动

铁路货车可以简化成具有一系悬挂的车轮荷重系统在波形线路上运行时的振动（见图3.10）。

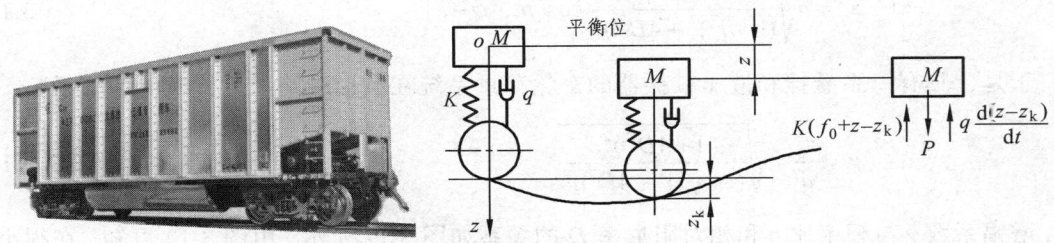

图 3.10 一系有阻尼簧上质量系统受迫振动

设液压减振器的减振力与振动速度呈线性关系，即减振力为 $q\dot{z}$。q 为阻尼系数，单位符号是 N·s/mm。于是，在波形线路上，具有一系悬挂和这种减振器的车轮荷重系统的运动方程式可写为

$$G - K(f_0 + z - z_k) - q\frac{d(z - z_k)}{dt} = M\ddot{z}$$

将波形线路激励 $z_k = a\cos pt$ 代入，整理得

$$M\ddot{z} + q\dot{z} + Kz = Ka\sin pt + qpa\cos pt$$

或

$$\ddot{z} + 2\beta\dot{z} + \omega^2 z = \omega^2 a\sin pt + \frac{qpa}{M}\cos pt \tag{3.12}$$

式中，$\beta = \dfrac{q}{2M}$，$\omega^2 = \dfrac{K}{M}$。

由齐次方程 $\ddot{z} + 2\beta\dot{z} + \omega^2 z = 0$，得车体的固有振动位移

$$z_1 = A e^{-\beta t}\sin(\omega' t + \varphi)$$

式中，$\omega' = \sqrt{\omega^2 + \beta^2}$。

取初始条件 $t = 0$ 时，$z_1 = z_0 = -A$，则

$$z_1 = z_0 e^{-\beta t}\cos\omega' t \tag{3.13}$$

此式的图像如图 3.11 所示。可见，固有振动振幅是按等比级数衰减的，所以在固振初期，液压减振器的衰振作用最为明显。

若 $q = 2M\omega$，则 $\beta = \omega$，$\omega' = 0$，也就是不产生固有振动。此时的阻尼系数值称为临界阻尼系数 q_c，$q_c = 2\sqrt{MK}$，实际阻尼系数与临界阻尼系数之比称为相对阻尼率 D

$$D = \frac{q}{q_c} = \frac{q}{2\sqrt{MK}} \qquad (3.14)$$

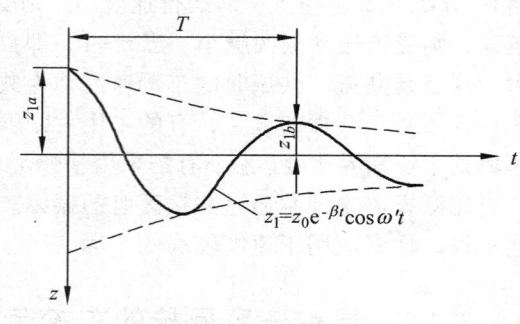

图 3.11　一系有阻尼簧上质量系统受迫振动规律

再求方程的特解。特解 z_2 为车体受迫振动位移

$$z_2 = a\sqrt{\frac{1+4D^2\eta^2}{(1-\eta^2)^2+4D^2\eta^2}}\cos(pt-\varphi-\varepsilon) \qquad (3.15)$$

于是，具有一系悬挂和液压减振器的车轮荷重系统在波形线路上运行时的增幅系数

$$\gamma = \frac{z_2}{a} = \sqrt{\frac{1+4D^2\eta^2}{(1-\eta^2)^2+4D^2\eta^2}} \qquad (3.16)$$

增幅系数 γ 与频率比 η 和相对阻尼率 D 的关系如图 3.12 所示。由图 3.12 可知，在很小的 η 下，液压减振器作用不明显；在共振时（$\eta = 1$），振幅受到明显的抑制；在 $\eta > \sqrt{2}$ 时，有液压减振器时的振幅反而大于无阻尼时的振幅。

图 3.13 表示无因次车体振动加速度幅 $\left(\dfrac{z}{a}\eta^2 = \gamma\eta^2\right)$ 与 η 和 D 的关系。由图 3.13 可知，在 $\eta > \sqrt{2}$ 时，阻尼越大，则车体振动加速度越大。因此，对超共振临界速度运行的车辆，阻尼不可取大，通常取 $D = 0.2 \sim 0.25$；亚临界速度运行的车辆，阻尼不妨取大些，如 $D = 0.3 \sim 0.4$。

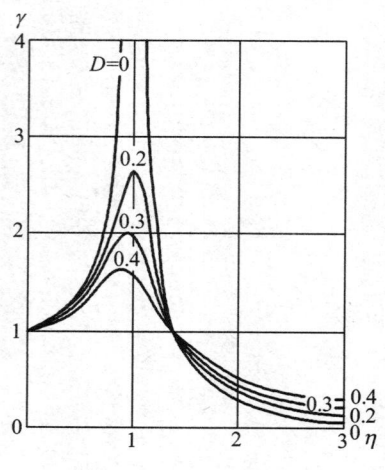

图 3.12　$\gamma = f(\eta, D)$ 曲线

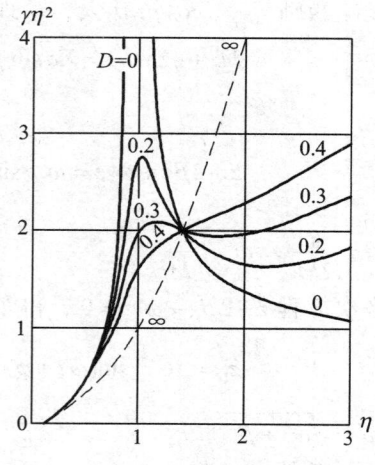

图 3.13　$\gamma\eta^2 = f(\eta, D)$ 曲线

液压减振器实验的目的是检查减振器的工作是否正常，同时按设计要求调整阻尼系数 q

的大小,因此,新造的或经过检修的液压减振器必须经过实验。

图 3.14 为实验的原理图。当电动机经减速后带动偏心轮转动,使滑块 A 做上下往复运动。在 A 上连着减振器的活塞,活塞上下运动时产生阻力。这个阻力传递到 B 点,迫使 B 点也跟着上下运动。A 点的位移与偏心轮的运动有关,而 B 点的位移与减振器的阻力有关系。A 点和 B 点的位移之差就是减振器上下两端的位移。扭杆的作用,犹如在 B 点的下方设置一测力弹簧,B 点的位移反映了减振器在运动过程中所产生的阻力。实验台的记录笔在左右方向的偏移量,表示扭杆力的大小,也即减振器阻力的大小。记录笔本身不做上下移动,但记录板随着 A 点做上下移动,所以所记录的图形,在上下方向表示活塞的上下移动,但记录板随着 A 点做上下移动,所以所记录的图形,在上下方向表示活塞的上下移动。实验所得图形是一个倾斜的椭圆,其面积就是减振器上下移动一次所吸收的功,通常称作示功图(见图 3.15)。也就是说此示功图的面积越大,减振器的减振性能越好。图中参数的意义如下:h—a—b—c—d 的过程为拉伸过程;d—e—f—g—h 的过程为压缩过程;h 点是由压到拉的转折点;d 点是由拉到压的转折点;b 点表示拉伸最大阻力;f 点表示压缩最大阻力;s_0 表示实验活塞行程,从 c 到 g 的垂向距离即实验台滑块 A 的距离,s 是活塞与缸筒间相对运动的最大行程,即减振器上位置 h 与位置 d 之间的距离。

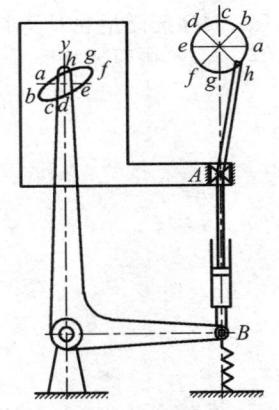

图 3.14 液压减振器实验原理图

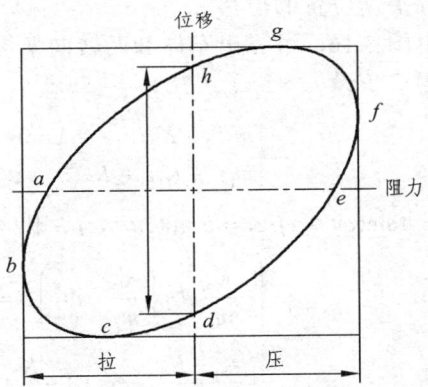

图 3.15 液压减振器示功图

SKF1 型油压减振器阻力的调整方法如下:

根据理论分析和试验结果,SFK1 型减振器(缸筒直径 70 mm,活塞杆直径为 25 mm)其阻力特性为

$$P_{拉} = 23.8 \frac{v^2}{f_2^2}, \quad P_{压} = 23.8 \frac{v^2}{f_2^2} + 0.079 \frac{v^2}{f_3^2} \tag{3.17}$$

式中,v 为活塞运动速度(mm/s);f_2 为心阀节流孔面积(mm²);f_3 为进油阀小孔的面积(mm²)。

可见,减振器阻力取决于活塞运动的速度和节流孔的大小。前者表示减振器阻力将随振动频率和振幅增大而增大,后者可用来调整减振器阻力。

(1)在心阀顶面加垫。使心阀下移,而阀套不动,加大初始节流孔,使阻力适当减小。同时,由于弹簧初压力增大,提高了开启节流孔的油压,即增大了减振器工作范围。

(2)阀座端面加垫。可使阀座和阀套下降,心阀弹簧伸长,从而使初始节流孔减小,使阻力适当增大。同时，由于弹簧初压力减小，降低了开启节流孔的油压，即减小了减振器的工作范围。

（3）在弹簧上加垫。心阀和阀套的相对位置不变，即初始节流孔不变，因而阻力不变。但是，由于弹簧初压力增大，提高了开启节流孔的油压，因而增大了减振器的工作范围。

3.2.4 具有两系悬挂的无阻尼车轮荷重系统的固有振动

具有两系簧的车轮荷重系统是指，由置于轮对上的第一系弹簧和置于转向架构架上的第二系弹簧，以及两个转向架和车体组成的系统（见图3.16）。这个系统的振动代表两系簧上的浮沉振动。

先讨论固有振动。令 m_1 为两个转向架的簧上质量，m_2 为车体的质量，K_1 为车辆第一系簧的刚度，K_2 为车辆第二系簧的刚度，z_1 为转向架构架重心对于其静平衡位置的位移，z_2 为车体重心对于其静平衡位置的位移。

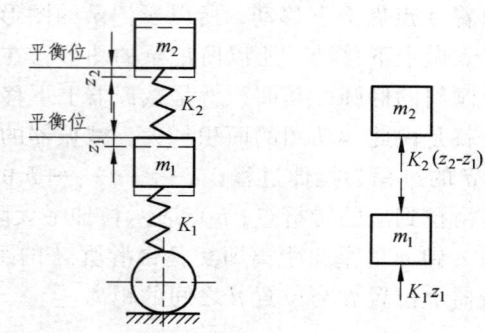

图 3.16 二系无阻尼轮对簧上质量系统固有振动

由图3.16，可写出车体和两转向架构架的运动方程式（设 $z_2 > z_1$）

$$\begin{cases} m_2\ddot{z}_2 + K_2(z_2 - z_1) = 0 \\ m_1\ddot{z}_1 + K_1z_1 - K_2(z_2 - z_1) = 0 \end{cases} \quad (3.18)$$

设 $z_1 = A\sin(\omega t + \alpha), z_2 = B\sin(\omega t + \alpha)$，代入式（3.18）得

$$\begin{cases} -\dfrac{K_2}{m_2}A + \left(\dfrac{K_2}{m_2} - \omega^2\right)B = 0 \\ \left(\dfrac{K_1 + K_2}{m_1} - \omega^2\right)A - \dfrac{K_2}{m_1}B = 0 \end{cases} \quad (3.19)$$

A、B 同时为0时车辆不发生振动，而使 A、B 有非零解的条件是方程组的系数行列式等于0，即

$$\begin{vmatrix} -\dfrac{K_2}{m_2} & \dfrac{K_2}{m_2} - \omega^2 \\ \dfrac{K_1 + K_2}{m_1} - \omega^2 & -\dfrac{K_2}{m_1} \end{vmatrix} = 0 \quad (3.20)$$

从而得特征方程

$$m_1m_2\omega^4 - (m_2K_1 + m_1K_2 + m_2K_2)\omega^2 + K_1K_2 = 0 \quad (3.21)$$

并由此得

$$\omega_1 = \sqrt{\dfrac{g}{f_1 + f_2}} = \sqrt{\dfrac{g}{f}} \quad (3.22)$$

$$\omega_{\mathrm{II}} = \sqrt{\frac{f_1 + f_2}{f_1 \cdot f_2}\left(1 + \frac{m_2}{m_1}\right)g} \qquad (3.23)$$

式中，ω_{I} 为系统的第一固有频率，是低频；ω_{II} 为系统的第二固有频率，是高频。

可见，在车体和构架的浮沉振动中包含两阶固有频率，其中较低的频率仅与总静挠度有关，而与两系静挠度的分配无关，而较高的频率不仅与总静挠度有关，而且还与两系静挠度的分配和车体与转向架的质量比有关。通常认为，对于一系弹簧装置，静挠度数值（以 mm 计）应该大约等于车辆的最大速度（以 km/h 计），对于最大速度为 120 km/h 以上的车辆，应采用两系弹簧装置，其总静挠度一般取 160~200 mm。此时，轴箱弹簧静挠度应设计为总静挠度的 1/3 左右，效果最好。

研究振动对人体器官的影响表明，振动频率有 3 个有害范围。第一个频率范围是小于 1 Hz 的各种振动，会使人头晕，在设计弹簧时，应设法避开。第二个频率范围是 4~8 Hz，在人的大脑内产生共振现象，结果使人迅速疲劳，所以要尽量避免在常用速度范围内出现。第三个频率范围是 16~32 Hz 的高频振动（如柴油机工作时所产生的振动），也对人体器官有不良影响，因此需要设法减振。车体振动就在有害的频率范围内，但此时车体的振幅比转向架振幅小得多，高频振动会迅速衰减，因此在动力学试验时，车体高频振动很弱。

将 ω_{I} 和 ω_{II} 分别代入式（3.19），可得

$$\frac{A_1}{B_1} = \frac{\dfrac{K_2}{m_1}}{\dfrac{K_1+K_2}{m_1}-\omega_{\mathrm{I}}^2} = \frac{\dfrac{K_2}{m_1}}{\dfrac{(m_1+m_2)g/f}{m_1}-\dfrac{g}{f}} = \frac{\dfrac{K_2}{m_1}}{\dfrac{m_2}{m_1}\cdot\dfrac{g}{f}} > 0 \qquad (3.24)$$

$$\frac{A_2}{B_2} = \frac{\dfrac{K_2}{m_1}}{\dfrac{K_1+K_2}{m_1}-\omega_{\mathrm{II}}^2} = \frac{\dfrac{K_2}{m_1}}{\left(1+\dfrac{m_2}{m_1}\right)\left(1-\dfrac{(f_1+f_2)^2}{f_1 f_2}\right)\dfrac{g}{f}} < 0 \qquad (3.25)$$

可见，自振频率较低的振动分量中车体和构架的位移同向；自振频率较高的振动分量中车体和构架的位移反向。

3.2.5 具有两系弹簧的有阻尼车轮荷重系统的受迫振动

上节研究固有振动的目的是求得两个固有频率。车辆运行时，由于受到线路的周期性激扰而产生受迫振动，其振动频率即为激扰频率。但是，车体及转向架的振幅、振动加速度以及动载荷，不仅和激扰的强度有关，而且和激扰频率与固有频率的比值有关，还和弹簧装置的总挠度及在两系间的分配以及两系中的阻尼大小有关。当激扰频率与一个固有频率相同时，就产生共振，共振时的振幅及加速度又与系统的阻尼有关。

本节就是要研究怎样选择弹簧悬挂参数——两系弹簧装置中各系的刚度及阻尼，使车辆无论在低速或高速，均有良好的垂向动力性能。

讨论具有两系簧的有阻尼车轮荷重系统的受迫振动（见图 3.17）。

以 q_1 表示与第一系簧并联的液压减振器的阻尼系数，q_2 表示与第二系簧并联的液压减振

器的阻尼系数，并取波形线路公式为 $z_k = a\sin pt$。由图 3.17 可得列车辆车体和两转向架构架的运动方程式如下

$$\begin{cases} m_2\ddot{z}_2 + K_2(z_2 - z_1) + q_2(\dot{z}_2 - \dot{z}_1) = 0 \\ m_1\ddot{z}_1 + K_1 z_1 - K_2(z_2 - z_1) + q_2(\dot{z}_1 - \dot{z}_2) + q_2(\dot{z}_1 - \dot{z}_k) = 0 \end{cases} \quad (3.26)$$

解联立方程，得车体无因次加速度幅 $\Gamma = \dfrac{b_2}{a}$ 的表达式。Γ 为车辆振动性能的主要指标。

下面分析激扰频率（即车辆速度）、减振器阻尼及弹簧静挠度对 Γ 的影响。按减振器在两系弹簧中可能布置的 4 种方案进行讨论。

1. 一系及二系均无减振器（即 $q_1 = q_2 = 0$）

$$|\Gamma| = \frac{\omega_I^2 \omega_{II}^2 p^2}{(p^2 - \omega_I^2)(p^2 - \omega_{II}^2)} \quad (3.27)$$

上式的图形如图 3.18 所示。可以看到，在系统无阻尼的情况下，当激扰频率 p 与固有频率 ω_I 或 ω_{II} 一致时，产生共振，出现 $|\Gamma|$ 的极大值。这是不允许的，因而这种方案是不可行的。

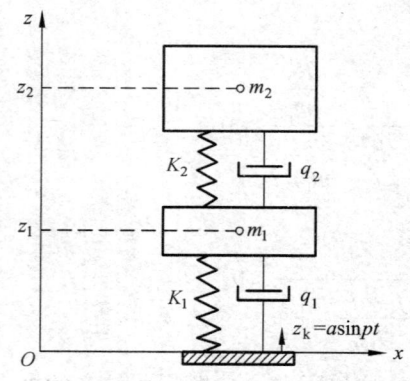
图 3.17　二系有阻尼受迫振动模型

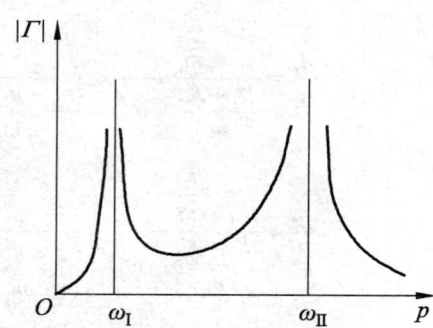
图 3.18　二系均无阻尼时的 $|\Gamma|$

2. 一系及二系均设减振器

$$\Gamma^2 = p^4 \frac{(m_1 m_2 \omega_I^2 \omega_{II}^2 - p^2 q_1 q_2)^2 +}{[m_1 m_2 (p^2 - \omega_I^2)(p^2 - \omega_{II}^2) - q_1 q_2 p^2]^2 +} \rightarrow$$

$$\leftarrow \frac{p^2 \left[q_1 \dfrac{g}{f_2} m_2 + q_2 \dfrac{g}{f_1}(m_1 + m_2) \right]^2}{p^2 \left[q_1 \dfrac{g}{f_2} m_2 + q_2 \dfrac{g}{f_1}(m_1 + m_2) - p^2(q_1 m_2 + q_2 m_1 + q_2 m_2) \right]^2} \quad (3.28)$$

分析式（3.28）可以看到，两系都有减振器，当激扰频率为系统的第一固有频率时，"Γ"值较小，这是有利的；随着激扰频率的增高（车速增高），"Γ"值将迅速增高，车体振动显著加剧，如图 3.19 所示。不同的 q_1 和 q_2 值，有不同的曲线。由此可见，在两系簧内均设减振器，对于高速运行，不一定总有优越性，必须选择恰当的阻尼值。

3. 一系无减振器、二系有减振器（即 $q_1=0$，$q_2 \neq 0$）

当 $q_1=0$，$q_2 = 0 \sim \infty$ 时，$|\Gamma|$ 曲线通过 0、p_{I}、p_{II}、p_{III} 4 点，并在 $q_2=0$ 和 $q_2=\infty$ 时的 $|\Gamma|$ 曲线之间（见图 3.20），最佳的 q_2 使得车辆在低速至最高速范围内的 $|\Gamma|$ 均具有最小值。当 m_1/n_2 及 f_1/f_2（K_1、K_2）变化时，p_{I}、p_{II}、p_{III} 的位置也改变，而且 $|\Gamma|=f(p,q_2)$ 的曲线形状也改变。设计弹簧装置时，m_1/m_2 已经一定，设计师能够选择的参数是 f_1/f_2 及 q_2。用减小 f_1/f_2 比值的方法（即减小 f_1、增大 f_2），可以减小低速时的 $|\Gamma|$ 值，却使高速时的 $|\Gamma|$ 值增大。此外，过小的 f_1 会使转向架的振动加速度增大。车辆转向架的质量较大，为了减少它对钢轨的动力作用，要避免不适当地减小一系簧的静挠度。通常 f_1 不得小于 60 mm，弹簧装置总静挠度不超过 160~180 mm。必要时，一系簧可适当增加阻尼（可考虑用摩擦减振器）以控制转向架点头振幅。

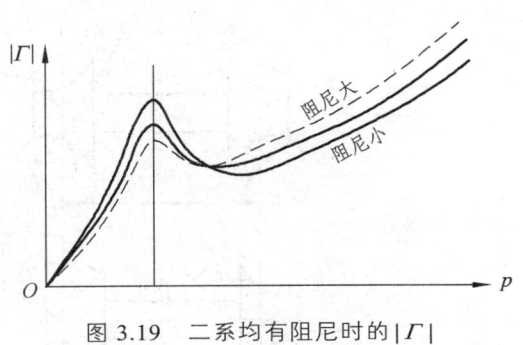

图 3.19　二系均有阻尼时的 $|\Gamma|$

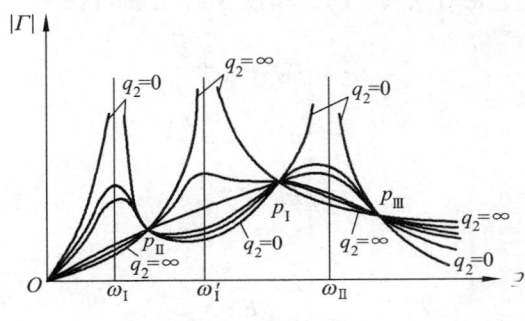

图 3.20　$q_1=0$ 时的 $|\Gamma|=f(p,q_2)$ 曲线

4. 一系有减振器、一系无减振器

在 $f_2 > f_1$ 的情况下。若只在一系簧中设置减振器，则会在 ω_1 附近（通过第一共振速度时）产生过大的 $|\Gamma|$ 值。显然，这是不可取的。为减少轴重转移，在速度不很高的货运车辆上，把二系簧设计得很硬、一系簧较软。此时，$f_1 > f_2$，毫无疑问，减振器应该设在一系簧中。

3.3　车辆横向稳定性分析

由于车轮踏面为锥形，和轮缘与钢轨间存在间隙，当轮对中心在行进中偶尔偏离直线轨道的中心时，两轮便以不同直径的滚动圆在钢轨上滚动，使轮对在行进中一面做横向摆动，一面围绕经其重心的垂轴来回摇动，做一种被称为蛇行运动的波形运动。这种运动是铁路车辆特有的运动。剧烈的蛇行不仅破坏车辆运行的平稳性，而且还破坏线路，甚至引起脱轨事故，严重妨碍列车速度的提高。这个问题很早就引起了许多铁路工作者的重视，现在基本上摸清了问题的实质，采取了措施，使列车稳定运行的速度达到了 350 km/h 以上。

3.3.1　轮轨接触几何学

轮轨接触几何学对轮对运动有重大影响。轮轨接触几何学主要研究轮轨之间的几何关系及参数。它从几何学角度,探讨影响车辆动力学性能以及轮对与钢轨使用寿命的因素。其研究结果可以用于横向稳定性计算、随机响应计算及动态曲线通过计算等,还可用于轨道几何参数和轮轨外形的合理选择。此外,对轮轨接触区的应力分析和轮轨磨耗的研究等也都有实际的应用价值。

与轮轨接触几何学有关的主要参数是轮与轨的接触角,踏面等效斜率。相关概念包括:
(1)左右两轮上距轮缘内侧 70 mm 处的圆周,即车轮名义滚动圆。
(2)当轮对中心向右偏离轨道中心线 y_w 时,车轴中心线与轨顶平面间的夹角称为轮对侧滚角 φ_w。
(3)左右两轮与钢轨接触面的切面与水平面之间的夹角,即接触角,分别以 $\delta_左$ 和 $\delta_右$ 表示。此时,左右两轮与钢轨接触点处的滚动圆半径即左右轮实际滚动圆半径,分别以 $r_左$ 和 $r_右$ 表示。

轮对横移 y 时,由图 3.21 分析可得

$$\begin{cases} \delta_左 = \delta_0 + \dfrac{\varepsilon y}{s} \\ \delta_右 = \delta_0 - \dfrac{\varepsilon y}{s} \\ r_左 = r + j_e y \\ r_右 = r - j_e y \\ \varepsilon \approx \dfrac{s}{R - R'} \\ j_e = \dfrac{r_左 - r_右}{2y} \\ \varphi \approx \dfrac{\delta_0}{1 - r\delta_0/s} \cdot \dfrac{y}{s} \end{cases} \quad (3.29)$$

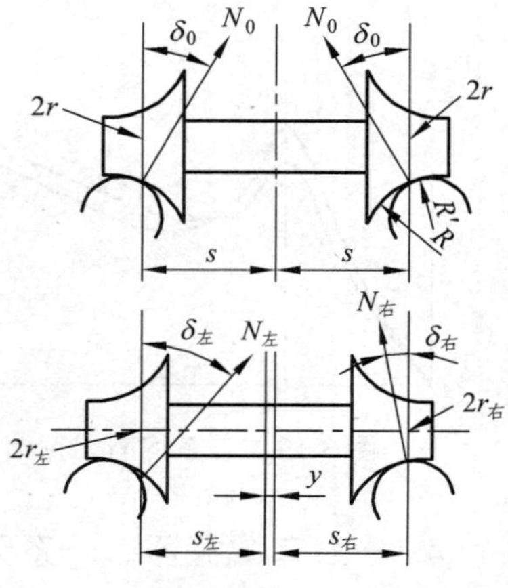

图 3.21 磨耗型踏面与轨顶面的几何关系

式中,R 为踏面曲率半径;R' 为轨顶面曲率半径;ε 为接触角参数,表示接触面斜率对于轮对横移量的变化率;s 为左右两滚动圆间距离的一半;φ 为轮对横移 y 时,由于左右轮接触半径不同,形成轮对的侧滚角;j_e 为等效斜率,表示左右轮滚动半径差对 r 轮对横移量的变化率。

采用磨耗形踏面时,因为轮对横向移动,左右轮与轨的接触角发生变化,在横向铅垂面内,轮轨间的法向作用力的方向有了变化(见图 3.22)。因轮荷重很大,法向力作用方向的微量改变,也能产生一种颇大的横向力阻止轮对横移,向中央位置复原横向力,该横向力通常称为复原力。左右法向力的横向分力之和为 $F_重$

$$F_重 = -(N_左 \delta_左 - N_右 \delta_右) = -P(\xi \delta_0 + \varepsilon)\dfrac{y}{s} \quad (3.30)$$

$F_重$ 的作用方向与轮对的横移方向 y 相反,故冠以负号。显然,$F_重$ 有使轮对恢复至中央位置的作用。由轨作用于轮对的横向力 $F_重$ 与横移量的比值称为重力刚度 K_y

$$K_y = \dfrac{F_重}{y} = \dfrac{P(\xi \delta_0 + \varepsilon)}{s} \quad (3.31)$$

当轮对逆时针方向偏转 θ 角时,$F_左$ 和 $F_右$ 形成逆时针方向的回转力矩 $M_重$

$$M_{重} = F_{左}AA' - F_{右}BB' = Ps\delta_0\theta \tag{3.32}$$

力矩 $M_{重}$ 是因轮对偏转角 θ 而产生的，其大小与 θ 成正比，方向与 θ 的方向相同，即有使偏转角 θ 增大的作用。力矩 $M_{重}$ 与轮对偏转角 θ 的比值称为重力角刚度 K_θ。

$$K_\theta = \frac{M_{重}}{\theta} = Ps\delta_0 \tag{3.33}$$

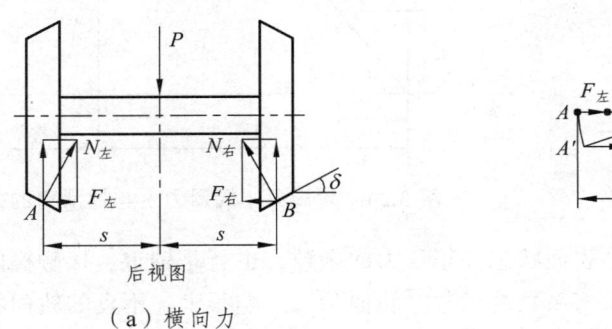

（a）横向力 　　　　　　　　　（b）力矩

图 3.22　重力产生的横向力和力矩

计算表明，当轮对为 1/20～1/40 锥形踏面，分析横向稳定性时，重力刚度和重力角刚度的效应很小，可以略去不计；当采用磨耗形踏面时，重力刚度和重力角刚度的影响较大，必须计及。

3.3.2　车辆滚动理论

1. 蠕滑机理

如图 3.23 所示，对两个弹性体间滚动接触问题的研究表明，当转动力矩 M 作用于滚动轮时，在轮轨接触面上产生轨作用于轮周的反力 F_x 和弹性变形，使轮轨间产生相对位移，由于轮轨间产生相对位移，车轮实际行进速度 $v < \omega \cdot r$。转矩大，则轮轨表面变形量大，因而速度差也大。称这种现象为蠕滑，并用蠕滑率进行评价。蠕滑率定义为

$$\varepsilon_x = \frac{v - \omega \cdot r}{v} = \frac{v_x}{v} \tag{3.34}$$

式中，v 为车轮行进速度；r 为车轮滚动圆半径；ω 为车轮回转角速度。

蠕滑也称弹性滑动，是纯滚动与纯滑动之间的中间形式。根据试验，在不太大的轮周力的作用下（蠕滑率不大于 1.5%），轮周力与蠕滑率呈线性关系（见图 3.24），即

$$F_x = -\xi_x \varepsilon_x \tag{3.35}$$

式中，F_x 为轮周力，即蠕滑力；ξ_x 为纵向蠕滑力系数，也称纵向蠕滑系数；ε_x 为纵向蠕滑率。负号表示蠕滑方向与轮周力的方向相反。

蠕滑力的极限值就是库仑摩擦力。当轮周力为零时，蠕滑率为零，这是纯滚动状态。当轮周力增大时，蠕滑率增大。轮周力达库仑摩擦力时，就产生空转（或滑行），轮轨接触由蠕滑状态变为纯滑动状态。故蠕滑是介于纯滚动与纯滑动之间的中间状态。

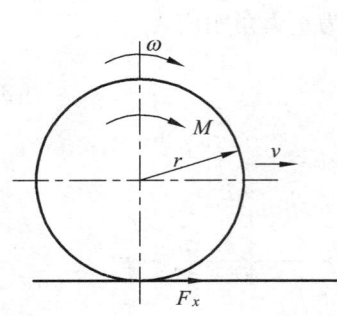 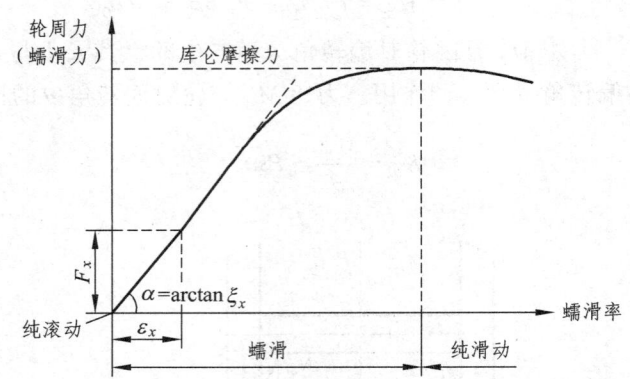

图 3.23 车轮受牵引力矩图　　　图 3.24 轮周力（蠕滑力）与蠕滑率的关系

蠕滑系数是轮轨弹性接触、表面状态和正压力的函数，也就是轴重、接触椭圆的长短轴比、泊松比、弹性模数、库仑摩擦系数的函数。轨面状态影响很大，不良的轨面状态（脏、油、湿、冰膜）能使蠕滑力系数下降一半以上。

上面讨论的蠕滑是轮对沿钢轨滚动时纵向（沿钢轨方向）的蠕滑。现在再来讨论横向蠕滑。假定车轮静止地放在钢轨上，如果要使车轮在钢轨上产生横向位移，那么作用在车轮上的横向力必须大于轮轨间的摩擦力。但是，如果车轮在钢轨上滚动前进时，即使作用于车轮的横向力很小，车轮沿横向力的方向也会产生不断的微量位移，横向位移量与车轮走行距离成正比。这种现象称为横向蠕滑。在不太大的横向力的作用下，横向力与横向蠕滑率呈线性关系，在数值上，横向蠕滑力系数与纵向蠕滑力系数是有差异的。

此外，在滚动前进的车轮上，在轮轨接触面的法线方向作用一不大的回转力矩时，就产生回旋蠕滑。由于回旋蠕滑率在一般情况下不大，纵向蠕滑力系数与横向蠕滑力系数相差不大，为了简化起见，不考虑回旋蠕滑，并近似地取横向蠕滑系数等于纵向蠕滑力系数。

2. 蠕滑力和蠕滑力矩

如图 3.25 所示，运动过程中，轮对中心偏离线路中心 y 并有横向速度 $\dot{y}$，同时轮对摇头角 θ 并有摇头角速度 $\dot{\theta}$。此时，左右两轮发生纵向及横向蠕滑，由此产生如图 3.26 所示的纵向及横向力，其大小为

$$F_{x,左} = -F_{x,右} = -\xi\left(\frac{jy}{r} + \frac{s\dot{\theta}}{r\omega}\right), \quad F_{y,左} = F_{y,右} = -\xi\left(\frac{\dot{y}}{r\omega} - \theta\right) \tag{3.36}$$

在左右两轮的纵向及横向蠕滑力的作用下，在整个轮对上产生如图 3.27 所示的横向蠕滑力偶矩和横向蠕滑力，其大小为

$$\begin{cases} M = -2\xi\left(\dfrac{jy}{r} + \dfrac{s\dot{\theta}}{r\omega}\right)s \\ F_y = -2\xi\left(\dfrac{\dot{y}}{r\omega} - \theta\right) \end{cases} \tag{3.37}$$

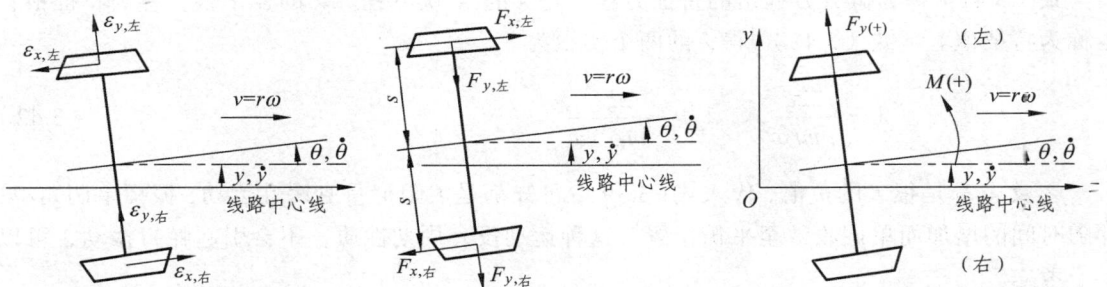

图 3.25　左右轮的蠕滑率　　　图 3.26　左右轮的蠕滑力　　　图 3.27　轮对的蠕滑力和蠕滑力矩

3.3.3　轮对横向动力学

1. 自由轮对的蛇行运动

现在分析自由轮对在直线轨道上的蛇行运动。设轮对前进速度 $v=r\omega$，假定无牵引力或动力作用，则在水平面内作用于轮对的力只有来自轨的作用力：蠕滑力以及重力刚度和重力刚度所引起的作用力，如图 3.28 所示。

轮轨之间的作用力引起轮对蛇行运动，而这些作用力又是因为轮对蛇行引起的，所以这种运动称为自激蛇行运动。可写出轮对的运动方程式

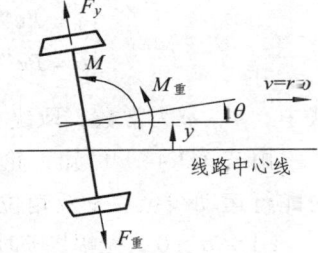

图 3.28　轮对蛇行时所受的力和力矩

$$\begin{cases} m\ddot{y} + 2\xi\left(\dfrac{\dot{y}}{r\omega} - \theta\right) + \dfrac{P}{s}(\xi\delta_0 + \varepsilon)y = 0 \\ m\rho_z^2\ddot{\theta} + 2\xi\left(\dfrac{sj_e y}{r} + \dfrac{s^2\dot{\theta}}{r\omega}\right) - Ps\delta_0\theta = 0 \end{cases} \quad (3.38)$$

式中，m 为轮对质量；ρ_z 为轮对对 z 轴的回转半径；j_e 为等效斜率。

上述方程组的解为

$$\begin{aligned} y &= Ae^{\lambda t} \\ \theta &= Be^{\lambda t} \end{aligned} \quad (3.39)$$

将式（3.39）代入式（3.38），得

$$\begin{cases} \left[m\lambda^2 + \dfrac{2\xi}{r\omega}\lambda + \dfrac{P}{s}(\xi\delta_0 + \varepsilon)\right]A - 2\xi B = 0 \\ 2\xi\dfrac{sj}{r}A + \left(m\rho_z^2\lambda^2 + 2\xi\dfrac{s^2}{r\omega}\lambda - Ps\delta_0\right)B = 0 \end{cases} \quad (3.40)$$

在上述方程组中，A、B 有非零解的条件为其系数行列式等于零

$$\begin{vmatrix} m\lambda^2 + \dfrac{2\xi}{r\omega}\lambda + \dfrac{P}{s}(\xi\delta_0 + \varepsilon) & -2\xi \\ 2\xi\dfrac{sj}{r} & m\rho_z^2\lambda^2 + 2\xi\dfrac{s^2}{r\omega}\lambda - Ps\delta_0 \end{vmatrix} = 0 \quad (3.41)$$

式（3.41）称为微分方程组的特征方程，是 λ 的 4 次方程。λ 的 4 个根，称为特征根，也称为特征值。解式（3.41），得 λ 的两个实根为

$$\lambda_1 = -\frac{2\xi}{mr\omega}, \quad \lambda_2 = -\frac{2\xi s^2}{m\rho_z^2 r\omega} \tag{3.42}$$

λ_1 及 λ_2 都是很大的负值，代入式（3.39），可知都是大阻尼重衰竭性运动，振幅单调缩小，即随时间的增加而单调收敛至平衡位置。这种运动没有周期性质，不会引起蛇行振动，可以不予考虑。

λ 的另两个根是一对共轭复根

$$\lambda_{3,4} = \alpha \pm i\beta \tag{3.43}$$

式中

$$\alpha = -\frac{r\omega}{4\xi s^2}[Ps(\xi\delta_0 + \varepsilon - \delta_0) - \frac{j_e(r\omega)^2}{rs}(m\rho_z^2 + ms^2)], \quad \beta = r\omega\sqrt{\frac{j_e}{rs}}$$

此时，微分方程组的解为

$$\begin{cases} y = Ae^{\lambda\alpha}\sin(\beta t + \varphi) \\ \theta = Be^{\lambda\alpha}\sin(\beta t + \varphi') \end{cases} \tag{3.44}$$

式中，A、φ 为常数，取决于初始条件；B、φ' 分别与 A、φ 之间有一定的关系。

由式（3.44）可知，轮对蛇行运动是周期性的，其圆频率为 β，即为特征值的虚部。轮对蛇行运动线位移 y 及角位移 θ 的振幅不是常数，视 $e^{\alpha t}$，即视特征值的实部而定。

（1）$\alpha > 0$，振幅将随时间 t 的延续而不断扩大，这时系统是失稳的，直至轮缘与钢轨相碰撞。

（2）$\alpha < 0$，振幅随时间 t 的延续而衰减，运动是稳定的。

（3）$\alpha = 0$，振幅为定值。通常轮对运行速度较低时，α 为负值，随着速度的增加，α 由负变为正。当 $\alpha = 0$ 时，为临界状态，振幅不扩大也不衰减，对应的速度称为临界速度。

因此，判别轮对蛇行运动稳定性的方法是视其特征值的实部是正值还是负值。分析可知，α 表达式的方括号中第一项为重力刚度及重力角刚度效应，第二项为踏面斜度及轮对惯性力的效应，当轮对运行速度 $v = r\omega$ 增大时，第二项迅速增大，α 就由负值变为正值，运动失稳。α 的正负，与运行速度密切相关。令 $\alpha = 0$ 时，得自由轮对的临界速度 v_c 为

$$v_c^2 = \frac{P(\xi\delta_0 + \varepsilon - \delta_0)rs^2}{j_e(m\rho_z^2 + ms^2)} \tag{3.45}$$

由上式可知，减小踏面等效斜率 j_e 及减轻轮对质量 m，能提高轮对蛇行运动稳定性。当 $j_e = 0$ 时，即用圆柱形踏面时，$v_c \to \infty$，即不会产生蛇行运动。磨耗形踏面轮对的临界速度比锥形踏面轮对低，这是因为虽然磨耗形踏面的重力刚度较大，有利于稳定性，但其等效斜率也较大，增加了失稳作用；两者相比，后者的效应大得多。

如果只计踏面的斜率 j_e，不计接触角变化时重力刚度的作用，即在式（3.45）中取 $\xi = 1$，$\varepsilon = 0$，则分子为零，$v_c = 0$，即自由轮对蛇行运动是不稳定的。通常，自由轮对的 v_c 确实是很低的。

2. 弹性定位轮对的蛇行运动

假定轮对弹性定位于等速直线运动的构架（见图 3.29），轮对每侧的纵向定位刚度为 K_x，横向定位刚度为 K_y。构架以速度 $v = r\omega$ 沿直线轨道中心线行进。此时作用于轮对上的力，除轮轨之间的作用力外，还有定位弹簧力。作用于轮对的定位弹簧力仅是轮对位移的函数，它们和重力刚度所产生的复原力一样，对轮对的运动起稳定的作用。弹性定位轮对的运动方程式为

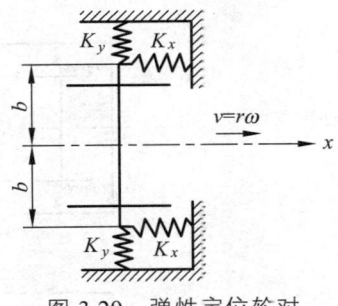

图 3.29 弹性定位轮对

$$\begin{cases} m\ddot{y} + 2\xi\left(\dfrac{\dot{y}}{r\omega} - \theta\right) + \dfrac{P}{s}(\xi\delta_0 + \varepsilon)y + 2K_y y = 0 \\ m\rho_z^2 \ddot{\theta} + 2\xi\left(\dfrac{sjy}{r} + \dfrac{s^2\dot{\theta}}{r\omega}\right) - Ps\delta_0\theta + 2b^2 K_x \theta = 0 \end{cases} \quad (3.46)$$

式中，b 为左右两定位弹簧间距离的一半。

与处理自由轮对的方法相同，求上述微分方程组的特征方程，求特征根，其中有一对共轭复根 $\alpha \pm \mathrm{i}\beta$。$\alpha$ 为负时，运动是稳定的。随着速度的增加，α 由负变正，运动就失稳。当 $\alpha = 0$ 时的速度就是临界速度 v_c。求得临界速度 v_c 为

$$v_c^2 = \dfrac{rs[P(\xi\delta_0 + \varepsilon - \delta_0)s + 2K_y s^2 + 2K_x b^2]}{j_e(m\rho_z^2 + ms^2)} \quad (3.47)$$

因为 K_x 和 K_y 的存在，弹性定位轮对的临界速度要比自由轮对高得多。式（3.47）说明，减小踏面等效斜率 j_e 及轮对质量，增大轮对定位刚度 K_x、K_y 及重力刚度，对稳定有利，即可增大临界速度 v_c。

3.3.4 二轴转向架横向动力学

1. 运动方程、特征方程、特征根

讨论二轴车或二轴转向架在直线轨道上的自激蛇行运动，假定轮对定位于一个有限质量的二轴车或二轴转向架。对于转向架车，还假定其车体为无限质量并以刚度接近零的横向弹性装置与转向架相连。在这种情况下，可以认为转向架就独立于进行直线运动的车体，二轴转向架的运动性质与二轴车的运动性质相同。

图 3.30 表示二轴转向架中的两根轴及构架的坐标。二轴转向架横向振动有 7 个自由度：第一轴横移 y_1；第一轴回转角 θ_1；第二轴横移 y_2；第二轴回转角 θ_2；转向架构架横移 y_t；转向架构架回转角 θ_t；转向架构架侧滚角 ϕ_t。

可以分别对 7 个自由度列出 7 个运动方程。注意：列轮对运动方程时，轮对受到的作用力有轮轨之间的作用力及轮对定位弹簧力。轮轨间的作用力包括蠕滑力、蠕滑力矩以及重力刚度和重力角刚度所产生的作用力。列构架的运动方程时，构架受到的作用力只有来自轮对的定位弹簧力。作用于轮对及构架的轮对定位弹簧力大小相等、方向相反，该力取决于轮对与构架间的相对位移。设一系悬挂无减振器阻尼，列 7 个运动方程如下：

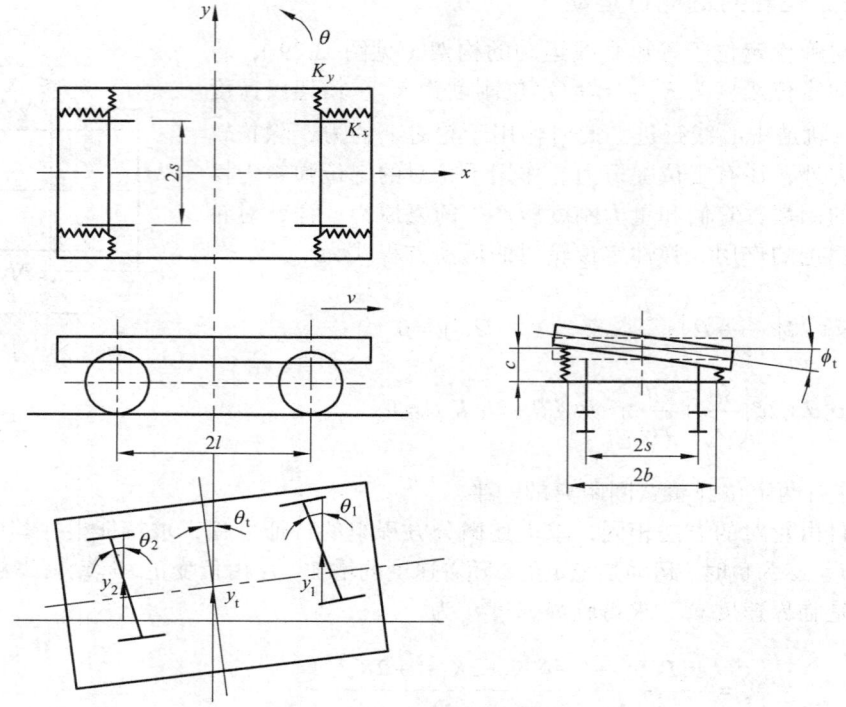

图 3.30 二轴转向架蛇行运动

$$\begin{cases}
\text{第一轴横移：} m\ddot{y}_1 + 2K_y(y_1 - y_t - l\theta_t + c\phi_t) = -2\xi\left(\dfrac{\dot{y}_1}{r\omega} - \theta_1\right) - \dfrac{P}{s}(\zeta\delta_0 + \varepsilon)y_1 \\
\text{第一轴回转：} m\rho_z^2\ddot{\theta}_1 + 2b^2K_x(\theta_1 - \theta_t) - 2\xi\left(\dfrac{s\dot{\theta}_1}{r\omega} + \dfrac{j_e y_1}{r}\right)s + Ps\delta_0\theta_1 \\
\text{第二轴横移：} m\ddot{y}_2 + 2K_y(y_2 - y_t - l\theta_t + c\phi_t) = -2\xi\left(\dfrac{\dot{y}_2}{r\omega} - \theta_2\right) - \dfrac{P}{s}(\zeta\delta_0 + \varepsilon)y_2 \\
\text{第二轴回转：} m\rho_z^2\ddot{\theta}_2 + 2b^2K_x(\theta_2 - \theta_t) - 2\xi\left(\dfrac{s\dot{\theta}_2}{r\omega} + \dfrac{j_e y_2}{r}\right)s + Ps\delta_0\theta_2 \\
\text{构架横移：} m_t\ddot{y}_2 + 2K_y(2y_t - y_1 - y_2 - 2c\phi_t) = 0 \\
\text{构架回转：} m_t\rho_{z,t}^2\ddot{\theta}_t + 2K_xl(2l\theta_t - y_1 + y_2) + 2K_xb^2(2\theta_t - \theta_1 - \theta_2) = 0 \\
\text{构架侧滚：} m_t\rho_{x,t}^2\ddot{\phi}_t + 2K_yc(2c\phi_t + y_1 + y_2 - 2y_t) + 4b^2K_z\phi_t = 0
\end{cases}$$

(3.48)

式中，m 为轮对质量；m_t 为转向架构架的质量；ρ_z 为轮对的回转半径；$\rho_{z,t}$ 为转向架构架对垂轴的回转半径；$\rho_{x,t}$ 为转向架构架对纵轴的回转半径；K_x 为轮对每侧的纵向定位刚度；K_y 为轮对每侧的横向定位刚度；K_z 为轮对每侧的荷重簧刚度；b 为左右轴箱间距离之半；c 为转向架构架重心至车轴中心线的距离；l 为轴距的一半。

式（3.48）的特征方程，是一个 λ 的 14 次代数方程。特征方程的 14 个根称为特征根或特征值。在自由度数目较大时，就必须用计算机求解。分别对不同运行速度求 14 个特征值。

在这里,这些特征值可能是 7 对共轭复数 $\lambda_k = \alpha_k + i\beta_k$,也可能有几个是负的实数,其余为共轭复数,视转向架结构参数和运行速度而定。

λ 为负的实数表示大阻尼的重衰竭性运动,不会产生周期性振动,可以不予考虑。λ 为复数表示振幅变化的周期性振动。实部 α 为负时,振幅越来越小,运动稳定;α 为正时,振幅越来越大,运动失稳;$\alpha = 0$ 时,振幅不变,称为临界状态,对应的运行速度为临界速度 v_c。λ 的虚部 β 表示振动的圆频率。

图 3.31 所示为某转向架的特征值中 3 对共轭复数的实部和虚部随速度变化的曲线。

首先看 λ_1。当速度由零增至 v_{c1} 时,α_1 由负变为 0,v_{c1} 为其临界速度。v 再继续增加,α_1 为正值,表示运动失稳;其失稳程度达最大值后逐渐减小,当 v 增至某值后又恢复到稳定区。

然后看 λ_2。$\alpha_2 = 0$ 时的临界速度为 v_{c2},速度再继续增大,失稳程度逐渐增大达最高值后又逐渐减小,但始终是失稳的,没有再恢复到稳定区来。如果改变有关结构参数,α_1 和 α_2 的变化规律也将改变,可能出现各种不同的情况。

最后看 λ_3。$\alpha_3 = 0$ 时的临界速度为 v_{c3},速度再继续增大,α_3 为正值且不断增大,失稳程度不断增加。轮对蛇行失稳总有这样的特性。

图 3.31 中有 3 个临界速度,但转向架运行速度受最低临界速度 v_{c1} 的限制,因为只要 $v > v_{c1}$,由于一种振动的失稳,将导致整个转向架的失稳。故在设计中取转向架的临界速度 $v = v_{c1}$。

在稳定状态下,转向架横向振动轻微:侧摆很少超过 ±3 mm,摇头很少超过 ±2‰ 弧度,横向加速度不超过 $0.3g \sim 0.5g$。失稳后,转向架横向振动加剧,直到轮缘与钢轨侧面相碰,受到钢轨对轮缘的反作用

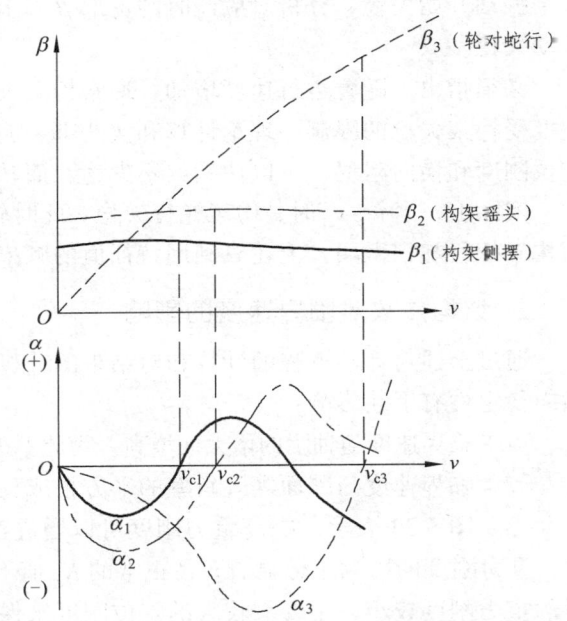

图 3.31 某二轴转向架的 3 对特征值与速度的关系

力,使转向架趋于稳定,此时侧摆振幅达 6 mm 以上,摇头振幅达 8‰弧度以上,横向加速度达 $2g \sim 3g$。

至此,还有一个问题未解决。当 $\alpha_1 = 0$ 时,临界速度为 v_{c1};当速度增加时,则 $\alpha_1 > 0$,运动失稳。究竟是哪一个振动开始失稳?在设计中必须判明。此外,当 $\alpha_2 = 0$ 时,也要分别判别是哪个振动开始失稳。如果能判别在某速度下哪个振动失稳,就可以针对它采取一些措施,如改变一些与之有关的结构参数,设法增大其临界速度,直至超出最高运行速度之外。

已知在某速度时,某个特征值 $\lambda = \alpha + i\beta$ 的 $\alpha = 0$,要判别此时是哪个振动开始失稳,有两种方法:① 频率判别法;② 振型判别法。

频率判别法。例如,观察由计算机得到的 $\lambda_1 = \alpha_1 + i\beta_1$ 中的 α_1、β_1 随速度 v 的变化曲线(见图 3.31),其中 α_1 表示阻尼,β_1 表示振动圆频率,$\dfrac{\beta_1}{2\pi}$ 为频率(Hz)。从图上可以看出 β_1 随 v 的

变化曲线几乎是常数，与构架在簧上的侧摆固有频率很接近。因为自激振动频率就是固有频率，因此可以判别对应 λ_1 的振动是构架侧摆。$v>v_{c1}$ 时，构架侧摆振动先失稳，导致整个转向架失稳。

再观察 $\lambda_2=\alpha_2+\mathrm{i}\beta_2$ 中的 α_2、β_2 随速度的变化曲线，也几乎是常数，与构架在簧上的摇头固有频率很接近。因此可以判别对应 λ_2 的振动是构架摇头。

再观察 $\lambda_3=\alpha_3+\mathrm{i}\beta_3$ 中的 α_3、β_3 随速度 v 的变化曲线，β_3 与轮对的蛇行运动学频率很接近，因此可以判别对应 λ_3 的振动是轮对蛇行，$v>v_{c3}$ 时，轮对蛇行失稳。

简单说来，频率判别法的计算步骤如下：

（1）计算构架的侧摆、摇头、侧滚等振动的固有频率及轮对蛇行运动学频率，备用。

（2）根据计算机求得的各复数特征值的实部与虚部随 v 的变化规律，当实部 $\alpha=0$ 时，有一个振动开始失稳，分析对应此时的虚部 β 与上述备用的哪个固有频率比较接近，就是那个振动失稳。

必须指出，随着运行速度增加，通常构架失稳在先，轮对失稳在后，亦即转向架的运行速度受构架失稳的限制。理论计算和实践都表明，改变有关的结构参数，如选取恰当的轮对定位刚度和横向阻尼，可以使构架不失稳，而转向架的临界速度仅受轮对失稳的限制。

实际上，当 $v>v_{c1}$ 时，构架蛇行失稳，此时轮对的蛇行较小；当 $v>v_{c3}$ 时，轮对剧烈蛇行而构架蛇行却很微弱。上述只利用特征值的频率判别法，并不能反映这一情况。

2. 结构参数对临界速度的影响

通过上述对运动方程的计算和对结果的分析，可以得知，转向架的结构参数对转向架的横向稳定性有下述影响：

（1）临界速度随轴距的增大而增高。为此不少高速二轴转向架车辆的轴距长达 2.8～3.0 m。

（2）临界速度与踏面等效斜率的平方根成反比（见图 3.32）。

（3）图 3.33 表示，提高重力刚度可以增进稳定。当轮对纵向定位刚度 K_x 很小或等于零时，重力刚度的影响十分显著；在正常的 K_x 值下，重力刚度的影响则大为减小。锥形踏面轮对的重力刚度较小，主要靠较大的定位刚度来保证其稳定性。

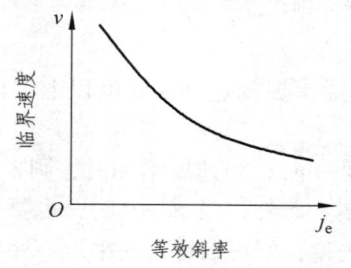

图 3.32 临界速度与踏面等效斜率的关系

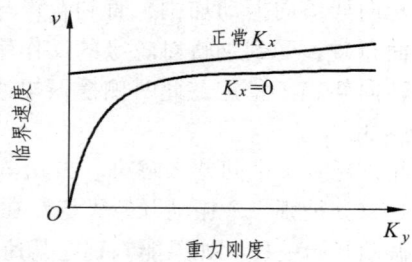

图 3.33 临界速度与重力刚度的关系

（4）随着轮对走行里程的增加，踏面磨耗增加，踏面曲率增大，使等效斜率和重力刚度增大。如果纵向定位刚度较大，则重力刚度的影响较小，临界速度会随着踏面磨耗使等效斜率增大而降低（见图 3.34）。采用磨耗形踏面的好处，在于在较长的走行里程内踏面形状变化较小，从而使车辆能在较长时期里保持比较稳定的运行品质。

（5）构架质量大，则构架侧摆的稳定性下降。为了提高稳定性而增大轴距时，要注意不使构架质量和回转半径显著增大。临界速度大致与转向架整个质量的平方根成反比（见图3.35）。

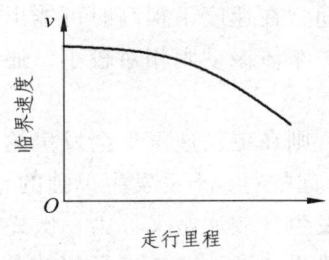
图3.34 踏面磨耗对临界速度的影响

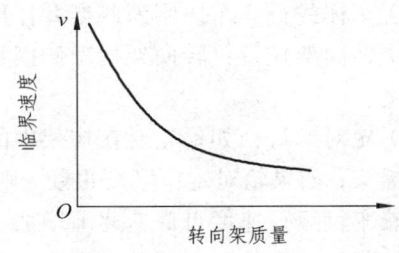
图3.35 转向架质量对临界速度的影响

（6）设计转向架时，结构参数中比较容易变更的是轮对定位刚度，而轮对定位刚度对于直线运行稳定性和曲线通过都有很大的影响，所以合理选取定位刚度对于转向架设计甚为重要。

图3.36所示为同时变更轮对纵向定位刚度和横向定位刚度对于二轴转向架临界速度的影响。在小的定位刚度下，最低临界速度出现在轮对运动学频率接近构架在弹簧支悬上的固有频率。这时出现的是构架失稳。随着 K_x 及 K_y 的增大，构架失稳的现象消失，转向架的临界速度只受轮对蛇行失稳的限制。因为轮对失稳的临界速度较高，故转向架具有较高的临界速度。如果轮对纵向及横向定位刚度极大，则构架和轮对一起蛇行失稳，仿佛它们是刚体一样，即所谓转向架蛇行失稳，临界速度急剧下降。由此可见，就提高稳定性而言，轮对定位刚度也不是越大越好，定位刚度值中间偏大时，临界速度达最大值。因此，设计高速转向架的一种方法是，选用适当偏大的定位刚度（如较大的纵向定位刚度、中等的横向定位刚度），严格限制车轴与轴承的轴向游隙，并采用小斜率踏面。而这和利于曲线通过所要求采用较小的纵向定位刚度和较大斜率的踏面是相矛盾的。

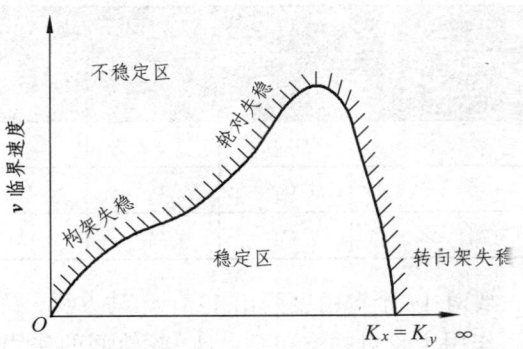
图3.36 同时变更纵向定位刚度和横向定位刚度对二轴转向架横向稳定性的影响

对于车辆来说，轴箱定位装置要传递牵引力，纵向定位刚度必须足够大，但可以采用等效斜率较大的磨耗形踏面，以减小踏面和轮缘的磨耗率，同时在转向架与车体之间装用抗蛇行减振器，来达到较高的蛇行临界速度。

3.3.5 二轴转向架车辆横向动力学

1. 概 述

对转向架的横向动力学了解之后，再研究整车的横向动力学就比较方便了，因为运动方程的列出及其处理方法都是相同的，对方程处理所得结果的分析方法也是相同的。本小节将介绍振型（特征向量）分析法的概念、用途及其优点。

假定车体与转向架连接的二系悬挂装置中有横动装置，即允许车体相对转向架构架横移，蛇行运动可分为如下几种：

（1）车体蛇行：车体剧烈侧摆并伴以摇头、侧滚，通常在速度不很高时可能出现。

（2）转向架蛇行：转向架构架侧摆和摇头振动很大，车体振动则相对较小，通常发生于较高速度。

（3）轮对蛇行：如果轮对在构架中的定位刚度较软，则在更高速度下会发生轮对的剧烈侧摆和摇头；如果轮对定位刚度很硬，则轮对和转向架一起蛇行，不易发生单独的轮对蛇行。

随着车辆运行速度自低速逐渐增加，车体蛇行首先发生，故通常又称为一次蛇行，而称转向架蛇行为二次蛇行。开始出现剧烈蛇行的速度称为临界速度。改变走行部的参数，临界速度就有变化。设计走行部参数时，必须使一次蛇行不发生，并使二次蛇行的临界速度超出车辆最高速度，并具有足够的余量。

2. 运动方程、特征值、特征向量

分析横向振动时，考虑横摆、摇头、侧滚 3 种振动形式。整台车的横向振动，共有 17 个自由度，见表 3.1。

表 3.1　整台车横向振动的自由度

自由度	部件						
	车体	前转向架构架	后转向架构架	轮对 1	轮对 2	轮对 3	轮对 4
横摆	y_B	y_{t1}	y_{t2}	y_1	y_2	y_3	y_4
摇头	θ_B	θ_{t1}	θ_{t2}	θ_1	θ_2	θ_3	θ_4
侧滚	φ_B	φ_{t1}	φ_{t2}				

要对 17 个自由度列出 17 个运动方程，需要先写出作用于各振动部件的力和力矩。

作用于轮对的力包括：① 轮轨间的作用力——蠕滑力、重力刚度及角刚度引起的作用力；② 一系悬挂（轮对定位弹簧及阻尼）的作用力，为此需求得轮对和构架之间的相对位移。作用于转向架构架的力包括：① 一系悬挂的作用力；② 二系悬挂作用于构架的力，包括弹簧力及减振器的阻尼力，为此需求得车体与转向架之间的相对位移。

像上节分析转向架横向动力学一样，现在对整车要列出 4 个轮对、前后转向架构架及车体的运动方程。轮对的运动方程形式与上节完全相同。转向架构架的运动方程要考虑加上来自二系悬挂的作用力。车体的运动方程比较简单，因为它只受到二系悬挂的作用力。对 17 个振动形式列出 17 个运动方程，组成一个二阶线性齐次微分方程组。每个方程中的各项都是坐标的一次项。把这个二阶线性齐次微分方程组写成矩阵的形式为

$$\underset{(17\times17)}{M}\ddot{y} + \underset{(17\times17)}{R}\dot{y} + \underset{(17\times17)}{K}\underset{(17\times1)}{y} = 0 \quad (3.49)$$

式中，M 为惯性矩阵；R 为阻尼矩阵；K 为刚度矩阵；y 为位移向量（列矩阵）。

其中阻尼矩阵 R 除包含液压减振器黏滞性阻力和阻力矩外，还含有与位移对时间的一次

导数成正比的蠕滑力和力矩；刚度矩阵 K 除包含悬挂系统的弹性力和力矩外，还包含有重力刚度和重力角刚度的力和力矩以及与位移成正比的蠕滑力和力矩。当走行部参数及车速一定时，M、R、K 都是常量矩阵。

当二系悬挂中使用摩擦旁承和横向摩擦减振器时，阻尼力为常数，而不像液压减振器那样阻尼力与振动速度成正比。做近似计算时，对这种非线性摩擦力，可按振动一周消耗能量相等的原则，把它转换为等效黏滞性阻尼来处理。

为确定式（3.49）的振动特性，可以如同上节一样，推导出特征方程，它是 λ 的 34 次代数方程。求解特征方程的特征根，最多可以得到 17 对共轭复根。按照特征根实部的正负，判别在该速度下是失稳或稳定，其虚部就是此时的振动频率。分析方法和过去一样，只不过自由度多些而已。

3. 判别运动失稳时的振型

当走行部参数一定时，特征值随运行速度而变化。当 λ 的实部为负值时，表示振动衰减，负值越大，衰减越快，也即相对阻尼率越大。λ 的实部为正时表示运动失稳；实部为零时的速度称为临界速度。λ 的虚部表示振动频率。

对于多自由度系统，任意一个坐标失稳，则整个系统失稳。所以通常以最先出现的失稳临界速度作为系统失稳的标志。因此，为确定车辆失稳临界速度，只要逐渐增大车辆速度，计算此时的 34 个特征值。当有一对共轭复数特征值的实部由负变为零时，表示运动即将开始失稳，虽然其他特征值的实部都是负值，却因一个坐标失稳而导致整车失稳。这时的速度就是车辆的临界速度。

当一个特征值 λ 的实部为零时，表示运动失稳。可以用特征值虚部所表示的振动圆频率来判别是什么坐标开始失稳。但由于自由度数目很大，频率判别法的整理工作不是一件轻而易举的事。如果利用计算机计算得到对应该特征值的特征向量（振型），就可判别其中模为 1 的分量所代表的坐标振幅最大，最先开始失稳，同时还能知道其他坐标的振幅比及相位差，应用十分方便。

4. 走行部参数对横向稳定性的影响

对横向稳定性进行理论研究的目的就在于分析走行部参数对蛇行临界速度的影响，从而在设计或改造车辆时，可能选择最合理的参数。必须指出，走行部参数很多，彼此之间又相互影响，不可能分别准确阐明各参数的影响，而只能根据具体计算结果为准。在不同的情况下各参数对稳定性影响的程度可能有相当大的出入，因此，下述各项只作为一般的分析，具体应用于某车辆，则不一定每一项都完全适用。

（1）踏面等效斜率 j_e 是影响横向稳定性最显著的因素之一。增加等效斜率，易使轮对及转向架蛇行失稳。临界速度约与踏面等效斜率的平方根成反比。但等效斜率对车体蛇行的影响很小，因此为控制车体蛇行（一次蛇行），采取减小踏面斜度的措施是没有作用的。锥形踏面在运用过程中磨耗后，等效斜率增加，临界速度下降。此外，由于等效斜率增加，导致转向架蛇行频率增加、相对阻尼率减小，对稳定性也不利。

（2）增大一系轮对定位横向刚度对轮对及转向架的稳定性均有利；增大一系纵向刚度能显著改善轮对的蛇行稳定性，但对曲线通过不利。

（3）一系横向阻尼对转向架及轮对的稳定性有利，但作用不显著。

（4）减小二系横向刚度对转向架、车体及轮对的蛇行稳定性都是有利的。因此，现代速度较高的车辆都无例外地采用低的二系横向刚度。

（5）增大二系回转刚度（复原力矩）有利于提高转向架的摇头稳定性，但易使车体的摇头振型失稳。

（6）增大二系回转阻尼能使车体摇头失稳消失，对控制转向架摇头失稳也有较好的作用。

简而言之，车体蛇行失稳主要可以用二系悬挂中的阻尼和横向刚度来控制，使车体蛇行消除。转向架蛇行不可避免，但可以选择恰当的悬挂参数，使其临界速度超出车辆最高速度。减小踏面斜度、增大一系纵向及横向刚度、增大二系回转刚度及回转阻尼能使转向架蛇行临界速度增高，但对曲线通过不利。这就要按照具体情况，兼顾两方面的要求来选择悬挂参数。

3.4 车辆曲线通过性能分析

3.4.1 概述

在我国，约 1/3 的铁路线是曲线，而其中半径在 600 m 及以下的曲线又约占一半。单就轮轨磨损而言，情况严重的区段，走行数万千米后轮缘就磨耗到极限，钢轨每二三年就须更新。因此，设法改善曲线通过条件，对于我国铁路具有特殊意义。

曲线通过有两个相互联系的研究内容：几何曲线通过和动力曲线通过。几何曲线通过研究车辆与线路的几何关系和自身有关部分在曲线上的相互几何关系，研究几何曲线通过，也为研究动力曲线通过提供有关数据。动力曲线通过研究以不同速度通过曲线时与线路的相互作用，探讨安全通过曲线的条件和措施并为车辆和线路的强度计算以及轮缘磨耗提供有关数据。

3.4.2 几何曲线通过分析

1. 几何曲线通过分析模型

关于转向架通过曲线时的转心位置、轮对所需横动量、车辆所能通过的曲线的最小半径、车辆车体与转向架的相互位置、车辆与建筑限界的接近程度等一系列的问题都可用几何法求解。几何法有分析法和图解法两种。分析法比较准确，但易出错；用图解法所得的结果一目了然，但有一定的误差。为了准确而又便于核对，往往两种方法并用。

为便于在研究转向架与曲线的几何关系时绘图，我们规定将左右两轮缘的外侧距 $B+2t$ 缩为零，以半径为 $R_{外}=R+\sigma/2$ 的圆弧表示外轨内侧面，以 $R_{内}=R-\sigma/2-\Delta$ 的圆弧表示内轨外侧面，也就是用轮缘与钢轨在曲线上的全间隙 $\sigma+\Delta$ 来表示外轨内侧面与内轨外侧面的距离（见图 3.37）。于是在图 3.37 上，转向架构架就可用一条直线来表示，而轮对则用这条直线上的点来代表。如果代表某轮对的点不在两圆弧之间，则这点至邻弧的距离就表示为使转向架几何通过，这一轮对所需的横动量。

在一般情况下，转向架以任何速度通过曲线，其第一轮对的外轮总是靠紧外轨的（见图 3.38），而其余轮对的位置则视速度而异。低速时，后轮对的内轮可能贴靠内轨，转向架在曲线上的这一位置称为转向架的最大偏斜位置。速度稍高时，后轮对的内轮不贴靠内轨，其外轮也不贴靠外轨，转向架在曲线上的这类位置称为自由位置。当速度高到一定值时，即离心力大到一定值时，后轮的外轮就贴靠外轨，这个位置称为转向架的最大外移位置。速度再高，转向架也仍处于这个位置。

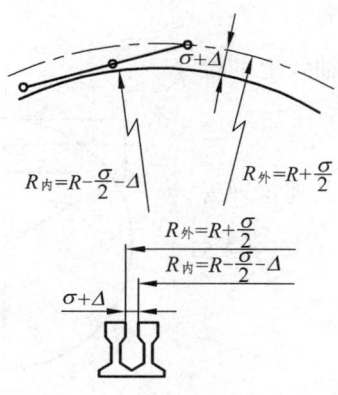

图 3.37　几何曲线通过分析模型

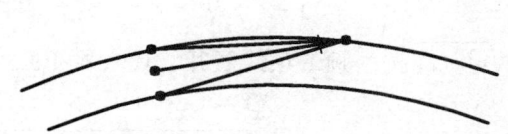

图 3.38　转向架通过曲线时的可能位置

2. 几何曲线通过分析

下面用分析法求转心距、轮对对于外轨的偏移量、能通过的最小曲线半径、前后转向架对于车体的转角和转向架对外轨的冲角等。

（1）转向架转心的位置。

以转向架纵轴线为横轴，由曲线中心引向转向架纵轴线的垂线为纵轴，两线之间交点 Ω（转心）为坐标中心（见图 3.39），并取坐标中心的右和上为正值，则第一轮对至转心的距离——第一轮对的转心距 X_1 可表示如下

$$X_1^2 = \overline{B_1O}^2 - \overline{OP}^2$$

$$\overline{OP}^2 = \overline{OE_1}^2 - \overline{PE_1}^2$$

$$\overline{B_1O} = R_\text{外} \approx R \text{（曲线半径）}$$

$$\overline{OE_1} \approx R - \overline{Y_3} - \overline{Y_1}$$

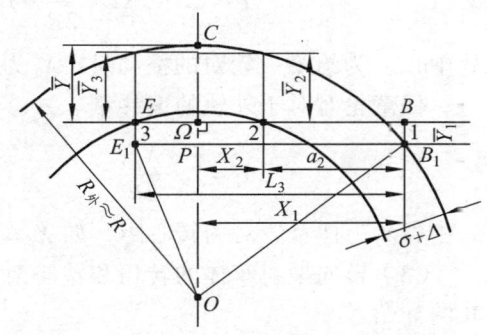

图 3.39　三轴转向架的几何曲线通过
（分析法）

式中，$\overline{Y_1}$ 为第一轮对对于外轨的偏移量，为负值；$\overline{Y_3}$ 为决定转向架位置的另一轮对对于外轨的偏移量（图中第三轮对贴靠内轨）。

$$\overline{PE_1} = \overline{BE} - \overline{B\Omega} = L_3 - X_1$$

于是

$$X_1^2 = R^2 - [R - (\overline{Y_3} - \overline{Y_1})]^2 + (L_3 - X_1)^2$$

从而得

$$X_1 = \frac{L_3}{2} + \frac{R(\overline{Y_3} - \overline{Y_1})}{L_3} - \frac{(\overline{Y_3} - \overline{Y_1})^2}{2L_3}$$

略去微值 $\dfrac{(\overline{Y_3}-\overline{Y_1})^2}{2L_3}$ 不计，得

$$X_1 = \dfrac{L_3}{2} + \dfrac{R(\overline{Y_3}-\overline{Y_1})}{L_3} \qquad (3.50)$$

求得第一轮对的转心距 X_1 也就是求得了转心在纵轴线上的位置，由此不难求得其他轮对的转心距。

（2）轮对对于外轨的偏移量。

先求解弦长为 $2x$ 的弦 $\overline{AB}$ 矢高 y（见图 3.40）。依据几何定理得

$$y = r - \sqrt{r^2 - x^2} \qquad (3.51)$$

将 $\sqrt{r^2-x^2}$ 按牛顿二项式展开，代入式（3.59）得

$$y = \dfrac{x^2}{2r} + \dfrac{x^4}{2^3 \times r^3} + \dfrac{x^6}{2^4 \times r^5} + \cdots$$

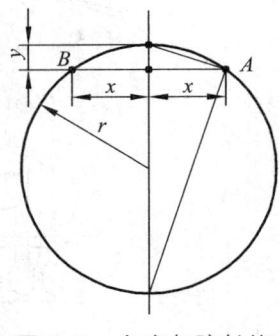

图 3.40　矢高与弦长的关系

略去微值 $\dfrac{x^4}{2^3 \times r^3}$ 等项，得

$$y = \dfrac{x^2}{2r} \qquad (3.52)$$

利用这种矢高与弦长的关系，由图 3.39 求出转向架转心对于外轨的偏移量

$$\overline{Y} = \overline{CP} - \overline{P\Omega} = \dfrac{X_1^2}{2R} + \overline{Y_1} \qquad (3.53)$$

式中，$\overline{Y_1}$ 为给第一轮对的横动量；X_1 为第一轮对的转心距；R 为曲线半径。

任意轮对对于外轨的偏移量

$$\overline{Y_i} = \overline{Y} - \dfrac{X_i^2}{2R} \qquad (3.54)$$

式中，X_i 为任意轮对的转心距，如 $X_2 = X_1 - a_2$。

（3）转向架对车体的转角和转向架对外轨的冲角。

已知转向架在曲线上的位置以及连接转向架和车体的心盘的位置，就不难求得转向架对于车体的转角——转向架纵轴线与车体纵轴线的夹角（见图 3.41）。

设三轴转向架车辆的转向架全轴距为 $2l$，前后转向架的转心分别为 $\Omega_{前}$ 和 $\Omega_{后}$，则依图 3.41 近似得

前转向架对车体的转角

$$\theta_{前} \approx \dfrac{S_1 + l - X_1}{R} \qquad (3.55)$$

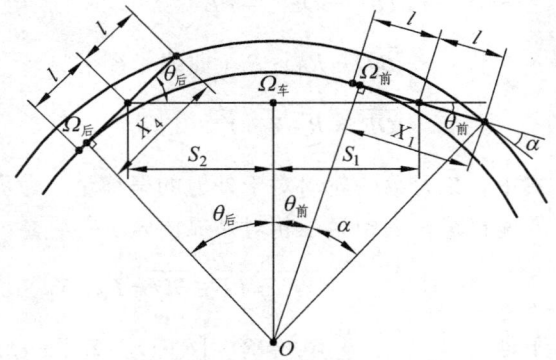

图 3.41　转向架对车体的转角和转向架对外轨的冲角

后转向架对车体的转角

$$\theta_{后} \approx \frac{S_2 - l + X_4}{R} \tag{3.56}$$

式中，S_1、S_2分别为前心盘和后心盘至车体转心的距离；X_1、X_4分别为第一轮对和第四轮对的转心距。

这些公式也可用来校验在半径为$R_{\min}$的曲线上，车体下部与转向架是否抵触。

转向架纵轴线与轨道的夹角称为冲角。按照图3.41，转向架对外轨的冲角，亦即第一轮对的外轮对外轨的冲角

$$\alpha \approx \frac{X_1}{R} \tag{3.57}$$

（4）能通过的最小曲线半径。

转向架式车辆能通过的最小曲线半径，受限于转向架在构造上容许的最大转角。当车辆在直线上时，转向架与车体同一纵轴线，转角为零。当车辆通过曲线时，转向架相对车体产生转角；曲线半径越小，转角越大。

图3.42表示车辆通过最小曲线半径$R_{\min}$时的情况。此时，两转向架各自的端轴用尽了横动量之后，各转向架以外端轴贴靠外轨，内端轴贴靠内轨（此时转向架的转角θ最小）。为了简便，假定各轴均无横动量，根据几何关系得最小曲线半径为

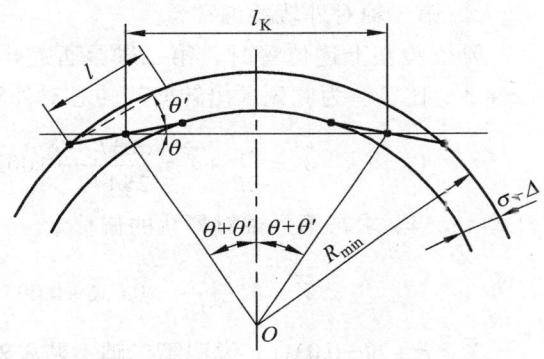

图3.42 通过最小曲线半径$R_{\min}$时的情况

$$R_{\min} = \frac{L_K}{2\sin(\theta + \theta')} \tag{3.58}$$

式中，L_K为两转向架心盘间距离；θ为转向架构造上允许的最大转角；$\theta' = \arcsin\dfrac{\sigma + \Delta}{l}$，其中$\sigma + \Delta$为轮缘与钢轨的总间隙、$l$为转向架轴距。

（5）例题。

已知某车辆的有关尺寸如图3.43所示，各轴的横动量为$\pm(3\text{-}14\text{-}3)$ mm。计算其在$R = 145$ m曲线上的几何通过。

① 转向架转心的位置。

设转向架占最大偏斜位置（见图3.44），第一轴贴靠外轨，第三轴贴靠内轨。由式（3.50），求得第一轴的转心距

$$X_1 = \frac{L_3}{2} + \frac{R(\overline{Y}_3 - \overline{Y}_1)}{L_3}$$

已知$L_3 = 2 \times 2.1 = 4.2$ (m)，$R = 145$ (m)，

$\overline{Y}_3 = (\sigma + \Delta) + 3$ mm $= 0.031 + 0.003 = 0.034$ (m)；$\overline{Y}_1 = -0.003$ (m)

代入得

$$X_1 = \frac{4.2}{2} + \frac{145 \times (0.034 + 0.003)}{4.2} = 2.1 + 1.27 = 3.37 \text{ (m)}$$

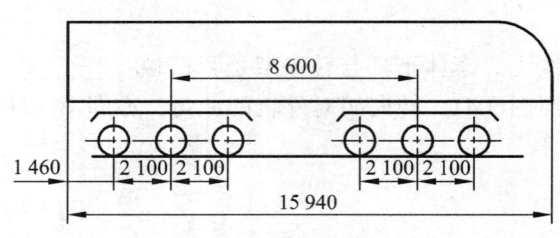

图 3.43 某车辆有关尺寸

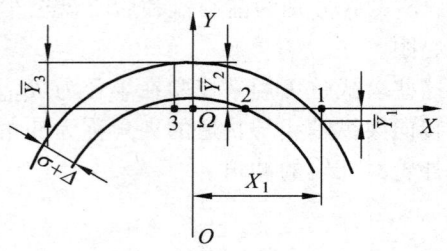

图 3.44 转向架占最大偏斜位置

② 第二轴对外轨的偏移量。

要校验在上述位置时，第二轴是否越出轨道，只要求得第二轴对外轨的偏移量，再与 ($\sigma + \Delta$) 比较。为此先求出转向架转心对外轨的偏移量 $\overline{Y}$。由式（3.53）知

$$\overline{Y} = \frac{X_1^2}{2R} + \overline{Y_1} = \frac{3.37^2}{2 \times 145} - 0.003 = 0.039 - 0.003 = 0.036 \text{ (m)}$$

由式（3.54）求得第二轴对外轨的偏移量

$$\overline{Y_2} = \overline{Y} - \frac{X_2^2}{2R} = 0.036 - 0.005\ 6 = 0.03 \text{ (m)}$$

$\overline{Y_2} < \sigma + \Delta (= 0.031)$，说明第二轴不贴靠外轨也不贴靠内轨。

③ 转向架对车体的转角和转向架对外轨的冲角。

当前、后转向架均处于最大外移位置时，前转向架转角 θ 最大。此时两转向架对车体的转角 θ 相等。

$$\theta \approx \frac{L_K}{2R} = \frac{8.6}{2 \times 145} = 0.029\ 6 \text{ rad} = 1°42'$$

$$\theta_{\text{前}} = \frac{4.3 + 2.1 - 3.37}{145} = \frac{3.03}{145} = 0.020\ 8 \text{ rad} = 1°11'$$

$$\theta_{\text{后}} = \frac{4.3 - 2.1 + 3.37}{145} = \frac{5.57}{145} = 0.038\ 4 \text{ rad} = 2°12'$$

当前转向架处于最大偏斜位置时，第一轴外轮对外轨的冲角为

$$\alpha \approx \frac{X_1}{R} = \frac{3.37}{145} = 0.023\ 2 \text{ rad} = 1°20'$$

3. 曲线通过校验

有必要为半径为 $R_{\min}$ 的曲线校验车体较长的车辆的中部是否在曲线内侧，以及车辆的端部是否在曲线外侧与建筑限界相抵触。校验的方法如下：将两转向架皆置于最大外移位置以校验车辆端部是否能通过限界（见图 3.45）；将两转向架皆置于最大偏斜位置以校验车辆中部是否能过限界（见图 3.46）。

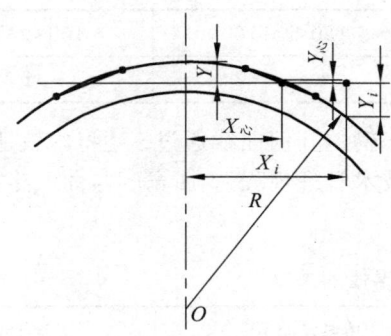
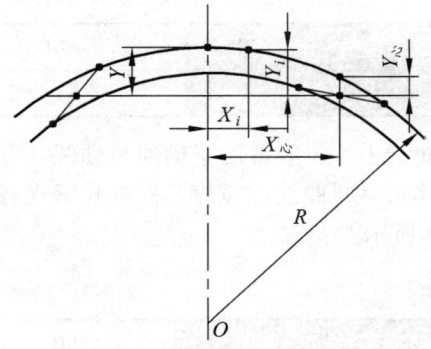

图 3.45 车体的偏移量　　　　　　图 3.46 车体的偏移量
（两转向架都在最大外移位置）　　（两转向架都在最大偏斜位置）

计算方法是先求出车体转心对外轨的偏移量（在图 3.44 和图 3.45 中，以车体转心为坐标中心，坐标中心之上为正值）

$$\overline{Y} = \frac{X_{心}^2}{2R} + \overline{Y}_{心} \tag{3.59}$$

式中，$X_{心}$ 为车体转心至转向架心盘的距离；$\overline{Y}_{心}$ 为转向架心盘对外轨的偏移量；R 为曲线半径。

然后求出车体纵轴线上指定点对外轨的偏移量

$$\overline{Y}_i = \overline{Y} - \frac{X_i^2}{2R} \tag{3.60}$$

式中，X_i 为车体纵轴线上指定点至车体转心的距离。

若指定点在外轨外侧（如车体端部），则 $Y_i + \frac{\sigma}{2}$ 加上一半车体宽度应小于一半限界宽度。

若指定点在内轨内侧（如车体中部），则 $Y_i - \frac{\sigma}{2}$ 加上一半车体宽度应小于一半限界宽度。

4. 便利几何曲线通过的措施

从几何关系方面，为便利车辆通过曲线采取的措施主要有加宽曲线的轨距，给轮对以横动量，进行曲线通过校验。

（1）曲线加宽度。

为了保证车辆在曲线上顺利行进，轨距与轮缘外侧之间应保有一定的间隙（见图 3.47）

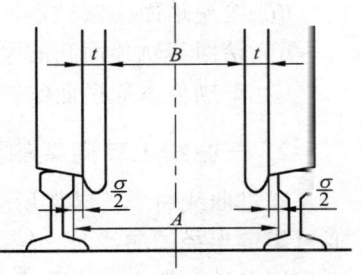

图 3.47 钢轨与轮缘的间隙

$$\sigma = A - (B + 2t) \tag{3.61}$$

根据现行《铁路技术管理规程》：A 为直线上的轨距，$A = 1\,435$ mm；B 为轮对的轮缘内侧距，$B = (1\,353 \pm 3)$ mm；t 为在离轮缘顶点 18 mm 处的轮缘厚度，$t = 33^{+0}_{-10}$ mm；σ 为直线上钢轨内侧与轮缘外侧的全间隙（mm）。

轨距的容许偏差与线路速度等级的关系见表 3.2。

表 3.2　轨距的容许偏差与线路速度等级的关系

线路速度等级/（km/h）	$v \leqslant 120$	$120 < v \leqslant 160$	$160 < v \leqslant 200$
轨距容许偏差/mm	+6，-2	+4，-2	±2

在曲线上，σ 能帮助车辆通过曲线。为更便于车辆的几何曲线通过，还将内轨适当内移。内轨内移量 Δ 叫曲线加宽度。根据我国现行《铁路技术管理规程》，加宽度与曲线半径的关系如表 3.3 所示。

表 3.3　加宽度与曲线半径的关系

曲线半径 R/m	<300	$300 \leqslant R < 350$	$\geqslant 350$
加宽度 Δ/mm	15	5	0

（2）轮对横动量。

除了轮缘与钢轨的间隙外，为使轴距较长的三轴及四轴转向架能够纳入曲线，还给轮对以横动量，即允许轮对相对于轴箱和轴箱相对于转向架构架适当横动。

3.4.3　动力曲线通过分析

1. 概　述

本节讨论车辆以不同速度通过曲线时，轮轨之间的作用力及其对车辆通过曲线速度的限制。为使问题简化，可在基本反映实际情况的条件下做如下假设：

① 不考虑轨道横向变形。
② 所有的水平力都作用在轨顶面内。
③ 不考虑左右轮荷重的变化。
④ 不计牵引力的影响。
⑤ 轮箍踏面为圆柱形，即不计踏面斜率的影响。
⑥ 踏面与轨顶面间的摩擦系数 μ 各轮相同，取 $\mu = 0.25$。
⑦ 车辆稳态通过曲线，即车辆与曲线的相对位置不变。

2. 在曲线上转向架的受力情况

通过曲线时，转向架所受作用力如图 3.48 所示。以两轴转向架为例，先设车辆以某速度通过指定半径的曲线时，转向架占最大偏斜位置（是否占偏斜位置，计算结束后即可判断），则作用在转向架上的力和力矩如图 3.48 所示，其中只有 F_1 和 F_2 是未知数。转向架的平衡方程式

$$\begin{cases} \sum F_Y = F_2 - F_1 + C + 2\sum u_i = 0 \\ \sum M_0 = F_1 l_1 + F_2 l_2 - M_{复} - M_{摩} - 2S\sum H_i - 2\sum u_i l_i = 0 \end{cases} \quad (3.62)$$

式中，F_1、F_2 分别为第一轴和第二轴的轮缘力；l_1、l_2 分别为第一轴和第二轴至心盘 O 的距离；$M_{复}$、$M_{摩}$ 分别为转向架的复原力矩和摩擦力矩；u_i、H_i 分别为钢轨作用于各轮踏面摩擦力的横向分力和纵向分力。

用方程组（3.62）求得两个未知数 F_1 和 F_2。F_2 为内轨作用于第二轴的轮缘力，若在所设的速度下求得的 F_2 为正值，则表明此时转向架确实占最大偏斜位置；若求得的 F_2 为负值，则说明在此速度下，车辆转向架不可能以最大偏斜位置通过该指定曲线，此时就需假定转向架在该曲线上占自由位置或最大外移位置，重新列出平衡方程式进行计算。

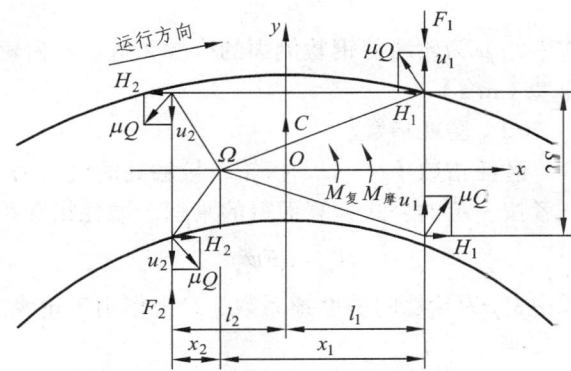

图 3.48 二轴转向架通过曲线时的受力分析
（最大偏斜位置）

3. 改善动力曲线通过的措施

改善动力曲线通过的目的在于在行车速度较高的多弯道线路上，为尽量缩短全线的运行时间，在不显著增加侧压力或恶化运行舒适度的条件下，提高车辆通过曲线的速度；在曲线半径较小的线路上，为减少轮轨磨耗，设法降低轮缘磨耗因数。

为了减小侧压力和保证舒适度，在快速线路上要尽量放大曲线半径。

减少在小半径曲线上的轮缘磨耗在于减小轮缘与钢轨侧面的摩擦系数值；提高轮缘的耐磨性；减小轮缘力；降低轮缘与钢轨侧面的摩擦速度。为降低轮缘与钢轨侧面的摩擦系数，可以采用钢轨侧面润滑或轮缘润滑或二者兼施的方法。用这种方法可以使轮缘磨耗减少至一半到几分之一。目前润滑形式繁多，结构繁简不等，但多有因保养或使用不善而引起黏着恶化的缺点，往往不为乘务员所欢迎，而有待于认真总结和提高。并且，采取润滑这种方法，无助于减少轮轨的相互作用力和冲角。

减少轮缘力和降低轮缘与钢轨侧面的摩擦速度是减少在小半径曲线上的轮缘磨耗的基本途径。这方面有许多措施，如在导向轮对的轴端设弹性横动装置或采用轴箱弹性定位；在车体和转向架间设横动装置；用抗蛇行的液压减振器代替摩擦旁承来控制转向架蛇行；给三轴转向架中间轮对以大的自由横动量；采用磨耗形踏面；两转向架横向弹性相连。

4. 曲线通过性能的评价指标

具有良好曲线通过性能的机车车辆，在通过曲线时轮轨间的相互作用力小，这就能减轻车轮与钢轨的磨耗，作用在机车车辆各部件上的力也较小。机车车辆在曲线上的运行阻力也会随之下降，由此减少了机车的牵引力，降低了能耗。对线路来说，过大的侧向力将导致轨距扩宽、轨排横移或钢轨翻转，使线路的维修工作量大大增加，甚至危及行车安全。此外，还可能扩大线路的横向不平顺，从而影响机车车辆的运行平稳性。车轮上较大的侧向力与较小的垂向载荷联合作用时，将使机车车辆的抗脱轨安全性下降。

机车车辆通过曲线时所产生的车轮踏面、轮缘和钢轨的磨耗是评价机车车辆技术经济指标的一项重要内容，通常采用轮缘摩擦功或磨耗指数来衡量。

（1）轮缘摩擦功。

轮缘摩擦功定义为轮缘与轨侧接触处的法向力、轮缘摩擦速度及轮缘与轨侧面摩擦系数三者的乘积。轮缘摩擦功实际上是轮缘摩擦功率（W），它标志着轮缘磨耗的快慢。计算公式为

$$W = \mu F v \tag{3.63}$$

式中，μ 为轮缘与钢轨侧面的摩擦系数；F 为轮缘与轨侧接触的法向力（N）；v 为轮缘摩擦速度（m/s）。

（2）磨耗指数。

磨耗指数（N·m）指轮轨接触处的法向力、轮轨间的摩擦系数及车轮冲角（或轮缘角）三者按一定的公式计算而得的乘积。磨耗指数用来衡量轮轨的磨耗程度。计算公式如下

$$W_1 = \mu F \psi \tag{3.64}$$

式中，μ 为轮轨间的摩擦系数；F 为作用于轮缘上的法向力（N）；ψ 为车轮冲角（rad）。

3.4.4 径向转向架

1. 蠕滑效应导向

车辆良好的曲线通过性能意味着轮轨之间的相互作用力要小，一方面使作用在车辆上的轮对、构架（侧架）、车体等各部件的力可以降低，改善其受力状态，减少轮轨之间的磨耗、延长车辆和钢轨的使用寿命，提高通过曲线的运行速度；另一方面，线路若存在过大的侧压力，会发生轨距扩宽、轨排横移或钢轨翻转、道床破坏等现象，危及行车安全，增加线路维修工作量，并且线路质量的下降，会影响车辆运行平稳性，同时，也降低了车辆的抗脱轨安全性。还有，较小的轮轨之间的互相作用力，也意味着较小的运行阻力，节约能源。所以，具有良好曲线通过性能的车辆才能满足铁路运输的需要，提高铁路运输能力。

（1）通过曲线时自由轮对的纯滚线。

具有锥形踏面的自由轮对在通过曲线时，为了实现纯滚动，其一是外侧车轮滚过的距离必须大于内侧车轮滚过的距离。为此需要轮对产生偏离曲线中心线的横向外移，形成内侧车轮以小半径滚动、外侧车轮以大半径滚动，使之与曲线外轨半径大、内轨半径小相适应。其二是轮对轴向中心线应处于曲线径向位置。只有这样，才能实现轮对纯滚动。因此，轮对具有锥形踏面是轮对在曲线上实现纯滚动的必要条件。对于各型磨耗形踏面的轮对，同样具有这种特性。

轮对做纯滚动时，轮对中心所走过的轨迹在轨道平面内的铅垂投影称为纯滚线。纯滚线总是位于中心线的外侧。

在研究曲线通过时，以纯滚线和与之相垂直的径向线建立坐标系统。当曲线半径、车轮滚动半径、车轮踏面斜度各参数值确定时，这个坐标系统也是确定的。同时，又因为最理想的曲线通过是轮对中心所经过的轨迹应该与纯滚线相一致，而车轴轴向中心线处于曲线径向位置，故用纯滚线与径向线为坐标系统，便于分析轮对、构架和车体的线位移和角位移，便于分析车辆在曲线上运行时的各作用力及建立运动方程式。这也是评价车辆曲线通过性能的标志。

纯滚线总是处于曲线线路中心线外侧，其偏移距离 y_0 与曲线半径 R、车轮踏面斜度 λ、车轮平均半径 r_0 及轮对左右两车轮滚动圆间的横向距离 $2b$ 等参数有关。

由图 3.49 中的几何关系可确定纯滚线距离线路中心线的距离 y_0 为

$$y_0 = -\frac{r_0 b}{\lambda_e R} \tag{3.65}$$

式中的负号表明纯滚线位于线路中心线的外侧。可见,等效斜度 λ_e 值高,曲线的曲率半径 R 大,车轮半径 r_0 小,则纯滚线距离线路中心线的距离 y_0 小,即更易于实现纯滚动。

（2）通过曲线时作用在轮对上的蠕滑力。

具有弹性的钢质车轮在弹性的钢轨上以一定的速度滚动时,轮轨之间出现蠕滑。根据前面轮轨滚动接触理论,可由图 3.50 计算出轮对所受的蠕滑力和蠕滑力矩。

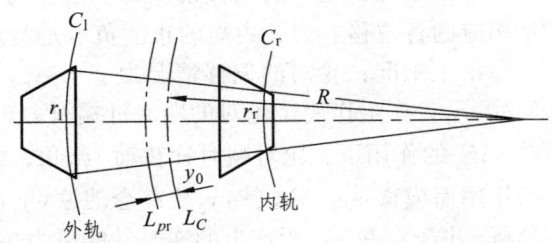

图 3.49　纯滚线、曲线中心线与轮轨参数的关系

$$T_y = 2\zeta\psi$$
$$M_z = -2\xi\frac{\lambda b}{r_0}(y - y_0) \quad (3.66)$$

可见,横向蠕滑力 T_y 是由轮对的摇头角位移 ψ 所产生的,其大小与方向完全取决于 ψ。蠕滑力矩 M_z 则由轮对横移 y'（$y' = y - y_0$）引起的,因此其大小与方向不仅与轮对相对线路中心线的横向位移 y 有关,而且还受纯滚线与线路中心线之间距离 y_0 的影响。若轮对处于 $y' = \psi = 0$,则作用在轮对上的蠕滑力为零。而轮对处于该状态正是前述的理想的曲线通过。所以,可以这样说,轮对所受的蠕滑力为零时,车辆具有最好的曲线通过性能。

（3）蠕滑效应的导向。

如前所述,轮轨之间作用着蠕滑力和蠕滑力矩,为了说明这样的蠕滑效应会怎样影响车辆在曲线上的运行,首先分析 4 种基本的简单工况,如图 3.51 所示。轮对的初始条件是轮对轴线同于曲线径向线方向,轮对中心在曲线纯滚线上。

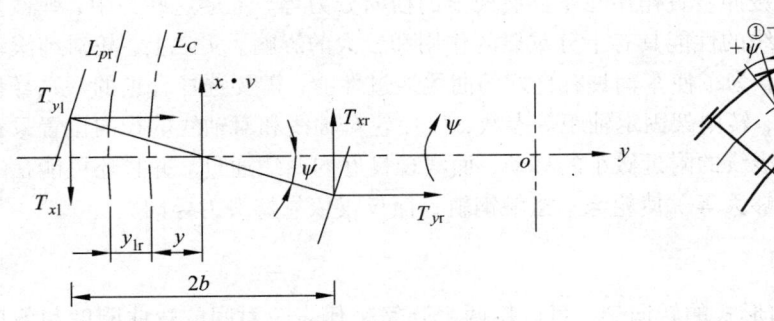

图 3.50　作用在轮对上的蠕滑力

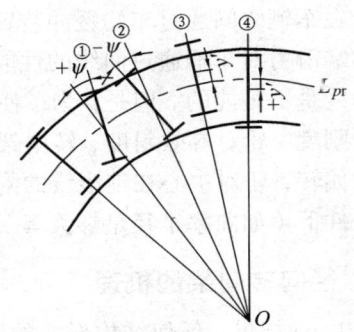

图 3.51　轮对在曲线上的 4 种情况

第一工况：轮对通过曲线时,假定由于某种原因,使轮对轴线偏离其径向位置 $+\psi$（顺时针）,而 $y' = 0$,可根据式（3.64）进行分析,由于轮对存在偏转 $+\psi_1$ 角,产生作用于轮对的横向蠕滑力 T_{y1},其方向指向曲线内侧。该瞬时作用在轮对上的蠕滑力矩 $M_z = 0$；在 T_{y1} 作用下,轮对向曲线内侧横移 $+y_1$,由于 $+y_1$ 的存在,使轮对受到 $-M_z$（逆时针）蠕滑力矩的作用,并相应产生逆时针的转角 $-\psi_2$,这个 $-\psi_2$ 角会使原 $+\psi_1$ 的角度减小,使轮对轴线趋向径向位置；同理可以继续分析,由于存在 $-\psi_2$ 角所产生的 $-T_{y2}$ 力,使轮对横移 $-y_2$,$-y_2$ 使原 $+y$ 减小,即使轮对趋向纯滚移动；依次作用下去,直至 $y' = \psi = 0$,调整位置的过程结束。上述过程都是微小的、自动的、同时进行的,过程结束时轮轨之间的蠕滑力均为零。

第二工况：轮对的偏移情况为 $y=0$，$\psi=-\psi_1$。可按第一工况相同的方法分析，只是注意相应的各位移、力、力矩的正、负号是与之相反即可。

第三工况：轮对的偏移情况为 $y'=-y_1$，$\psi=0$。根据式（3.66）来分析，由于轮对存在偏移 $-y_1$，产生作用于轮对的顺时针蠕滑力矩 $+M_{z1}$，该瞬时作用在轮对上的横向蠕滑力 T_{y1}。在 $+M_{z1}$ 的作用下，轮对顺时针转动 $+\psi_1$ 角，由于 $+\psi_1$ 的存在，轮对产生 $+T_{y2}$（指向曲线内侧）的作用而横移 $+y_2$。这个 $+y_2$ 位移会使原 $-y_1$ 的横移位减小，使轮对趋向纯滚线运动；同理可分析，出于存在 $+y_2$ 所产生的逆时针蠕滑力矩 $-M_{z2}$，会使轮对逆时针转动 $-\psi_2$ 角，这个 $-\psi_2$ 角位移会使原 $+\psi$ 角位移的值减小，即使轮对轴线趋向径向位置；轮对微小地调整位置的过程直至 $y'=0$、$\psi=0$ 时为止。此时，轮轨之间的蠕滑力均为零。

第四工况：轮对的偏移情况为 $y'=+y_1$，$\psi=0$。可仿照第三工况进行分析，过程结束时，仍是 $y'=0$、$\psi=0$ 时为止。此时，轮轨之间的蠕滑力均为零。

对于轮对偏移情况为 $y'\neq0$，$\psi\neq0$。各种工况可以同样进行分析。

从上述的分析过程及结果可以看出：

① 车辆通过曲线时，蠕滑效应总是趋于使轮对中心沿纯滚线、轮对轴线方向维持径向线的方向运行的。也就是说，轮轨间蠕滑力起着导向作用，有利于车辆曲线通过。

② 如果只考虑蠕滑力的作用，不考虑其他作用力的影响，理论意义上的稳态运动通过曲线，对于自由轮对则必然是占纯滚线，轮对运动是以该固定形态在圆曲线上做匀速圆周运动；否则就不可能是稳态运动通过曲线。

③ 实际上，由于车辆结构中，影响车辆曲线通过的作用力主要有在轮轨之间作用在轮对上的蠕滑力、由于重力刚度和重力角刚度产生的力和力矩、轮缘与钢轨接触时的轮缘力；在车辆悬挂系统中作用的弹性复原力；在车辆上作用有离心力、风力和由于曲线外轨超高引起的分力以及在车辆之间通过车钩缓冲装置作用在车辆底架上的横向分力等。上述这些力中，弹性复原力和蠕滑力对车辆通过曲线的性能具有十分重要的作用和较大的影响。实际上，轮对纯滚动通过曲线是不可能的。但是，为了使车辆具有良好的曲线通过性能，需要选择合理的一系悬挂装置的刚度、轮对等效斜度、转向架固定轴距等参数，以使轮对轴线和对轴线的径向位置只存在小的偏转，轮对中心在纯滚线的附近做小的移动，而实现良好的曲线通过。并且还可能在一定的条件下（如曲率半径足够大等）使轮缘不接触钢轨，而仅仅依靠蠕滑力导向。

2. 径向转向架的机理

Wikens 指出，任何结构形式的转向架，可以用两个弹簧来代表轮对间的弯曲刚度和剪切刚度。例如，一台两系悬挂的三大件式转向架可按静力学观点把它等效于两个相互弹性约束的轮对。以弹簧悬挂装置在水平面内的特性不变为前提，该弹性约束可用等效剪切刚度 K_s 为等效弯曲刚度 K_b 的两个弹簧来代换，如图 3.52 所示。

等效剪切刚度 K_s 的定义是，前轮对做横向位移时，后轮对作用有弹性复原力，该单位位移所产生的力称为两轮对之间的等效剪切刚度。等效弯曲刚度 K_b 的定义依此类推。

K_s、K_b 的值可由实际转向架与等效模型两者的静力平衡方程求得。对于图 3.52（a）所示的转向架，有 7 个自由度：前轮对的横移为 y_{w1} 和摇头 ψ_{w1}；后轮对的横移为 y_{w2} 和摇头 ψ_{w2}；侧架和摇枕的整体横移为 y_k 和摇头 ψ_k；左右两片侧架的异向前后错动角为 φ 称为侧架的菱形变形。实际转向架系统的作用力为

前导轮对上的横向力　　　$F_1 = K_{1y}(y_{w1} - y_b - l_1\psi)$

后随轮对上的横向力　　　$F_2 = K_{1y}(y_{w2} - y_b - l_1\psi)$

前导轮对上的力矩　　　　$M_1 = K_{1x}b_1^2(\psi_{w1} - \psi_b - \varphi)$

后随轮对上的力矩　　　　$M_2 = K_{1x}b_1^2(\psi_{w2} - \psi_b - \varphi)$

侧架菱形变形力矩　　　　$l_1 F_1 - l_1 F_2 = -2K_1\varphi$

式中，K_{1y} 和 K_{1x} 分别为轮对一系悬挂的横向刚度和纵向刚度；K_1 为两片侧架的抗菱形刚度；b_1 为一系悬挂弹簧的横向间距的一半。

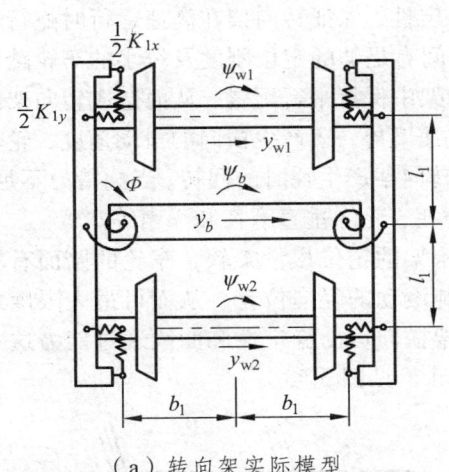 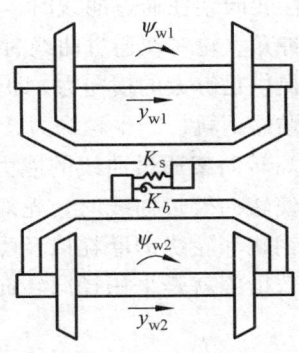

（a）转向架实际模型　　　　　　（b）转向架等效模型

图 3.52　二系悬挂三大件式转向架模型

对于等效模型，有 4 个自由度：前轮对的横移为 y_{w1} 和摇头 ψ_{w1}；后轮对的横移为 y_{w2} 和摇头 ψ_{w2}。实际转向架系统的作用力为

前导轮对上的横向力　　　$F_1 = K_s(y_{w1} - l_1\psi_{w1} - y_{w2} - l_1\psi_{w2})$

后随轮对上的横向力　　　$F_2 = K_s(y_{w2} + l_1\psi_{w1} - y_{w1} - l_1\psi_{w2})$

前导轮对上的力矩　　　　$M_1 = l_1 K_s(l_1\psi_{w1} - y_{w1} + y_{w2} + l_1\psi_{w2}) + K_b(\psi_{w1} - \psi_{w2})$

后随轮对上的力矩　　　　$M_2 = l_1 K_s(l_1\psi_{w1} + y_{w2} - y_{w1} + l_1\psi_{w2}) + K_b(\psi_{w2} - \psi_{w1})$

两个系统都有平衡方程

$$\begin{aligned} F_1 - F_2 &= 0 \\ M_1 + M_2 + F_1 l_1 - F_2 l_1 &= 0 \end{aligned} \quad (3.67)$$

为了使两系统一致，令 $y_b = 0$、$\psi_b = 0$。由以上各式推导可得

$$K_s = \cfrac{1}{2l_1^2\left(\cfrac{1}{K_{1\psi}} + \cfrac{1}{K_1}\right) + \cfrac{2}{K_{1y}}} \quad (3.68)$$

$$K_b = \frac{1}{2}b_1^2 K_{1x}$$

式中，$K_{1\psi}$ 为每个轮对的轮对摇头角刚度，$K_{1\psi} = 2K_b$。

分析式（3.68）可知，转向架的等效剪切刚度 K_s 由 3 部分刚度组成，即前后两个轮对的摇头角刚度；摇枕两个端部的抗菱形角刚度；前后两个轮对的横向刚度。其值类似是 3 部分的 6 个弹簧串联的效果。而转向架的等效弯曲刚度 K_b 是前后两个轮对摇头角刚度 $K_{1\psi}$ 的串联当量刚度。

研究表明，要提高转向架蛇行运动临界速度，就要增加 K_b，但 K_b 提高后会恶化曲线通过性能。最有效的措施是设计一种新型转向架——径向转向架。

3. 径向转向架类型

在一般转向架设计中，为提高转向架横向运动稳定性，保证转向架在高速运行时蛇行运动的稳定性，要求转向架的轮对与轮对间、轮对与构架间有足够的定位刚度及较小的车轮踏面斜度。这种刚性转向架在通过曲线时，由于两轮对在构架中保持平行配置，从而造成转向架的前位轮对的大冲角，轮对在通过曲线时除纯滚动的前进速度外，还产生横向的滑动速度，轮轨的接触面上要提供足够大的横向力，即所谓蠕滑力，使转向架产生瞬时的回转。当蠕滑力不足时，势必使轮缘贴靠钢轨，产生轮缘力，加剧曲线钢轨磨耗、轮缘垂直磨耗和噪声等。

为了提高转向架通过曲线的能力，要求轮对与构架的定位尽量柔软，车轮的踏面有较大的斜率，以使转向架过曲线时，轮对能处于或接近纯滚动的径向位置，从而可最大限度地降低过曲线时钢轨和轮缘的磨耗以及噪声。解决转向架横向运动稳定性和曲线通过能力这一对矛盾的最有效措施就是采用径向转向架（Radial Truck，见图 3.53）。

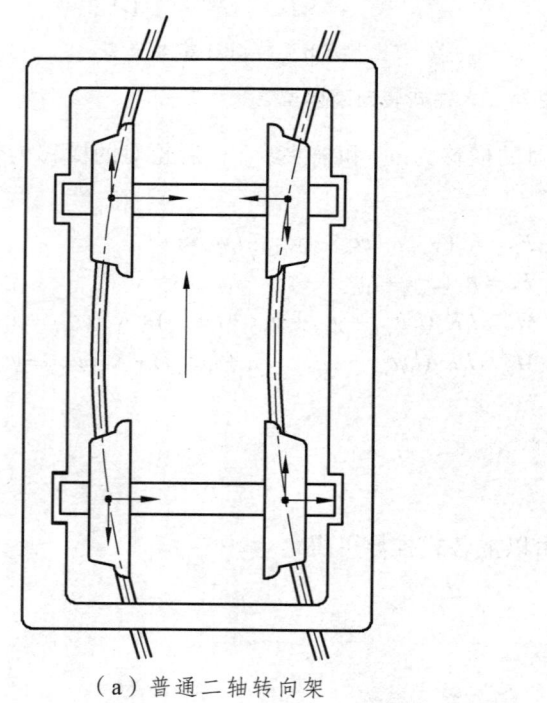 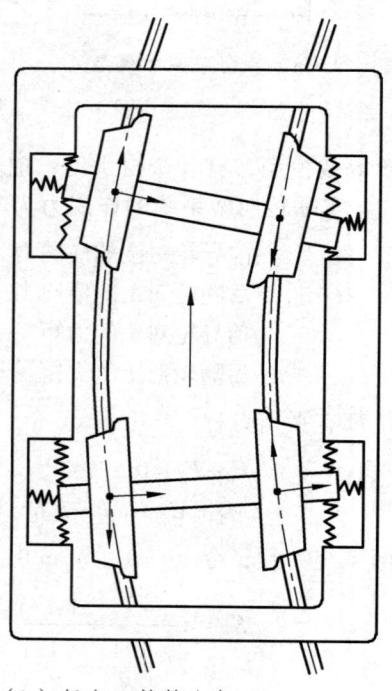

（a）普通二轴转向架　　　　（b）径向二轴转向架

图 3.53　二轴转向架通过曲线的情况

径向转向架能保证具有足够的直线运动稳定性的同时减少过曲线时的轮对冲角，使轮对的轴线尽量指向曲线的半径方向,减少轮缘和钢轨的磨耗以及侧向力,降低动力消耗和过曲线时轮轨的摩擦噪声,特别适宜于小半径曲线上车辆运行的要求,具有较大的技术经济意义。径向转向架可分为自导向转向架(self-steering truck)和迫导向转向架(force-steering truck)。

4. 自导向的径向转向架

自导向径向转向架是依靠轮轨间的蠕滑力进行导向的,它利用进入曲线时轮对间产生的蠕滑力,通过转向架自身导向机构的作用,使轮对"自动"进入曲线的径向位置。从转向架曲线运行的动力学分析可知,由于轮对的车轮支点所产生的滑动速度分量 W_i 必将在其反方向产生一个滑动摩擦阻力,即蠕滑力,从而使转向架受到一个与曲线运行方向相反的摩擦力矩 M_R 的作用(见图 3.54)。

$$\begin{cases} \phi_i = \mu \cdot Q \\ q_i = \sqrt{X_i^2 + S^2} \\ M_R = \sum (\phi_i \cdot q_i) \end{cases} \tag{3.69}$$

式中,Q 为车轮支反力;μ 为轮轨接触点的蠕滑系数;q_i 为回转中心至车轮支点的距离。

"卡滞-滑动"效应所引起的该滑动摩擦力矩使后轮对相对曲线中心的角偏移减少,使前轮对相对曲线中心的角偏移增大,从而使后轮对总是比前轮对更接近于曲线的径向位置。曲线运行时,作用在转向架车轮上的滑动摩擦力 Φ_i 可分解为纵向分量 Φ_{xi} 和横向分量 Φ_{yi}(见图 3.55)。显然,纵向分量所产生的后轮对上的径向回转摩擦力矩 $M_{R2} = \sum (\Phi_{x2} S)$,其值必大于作用于前轮对上的反径向回转力矩 $M_{R1} = \sum (\Phi_{x1} S)$。而横向分量 Φ_{yi} 被钢轨对轮缘的力 H_{yi} 所平衡,后轮对这个正的过剩力矩可由对角斜撑连接元件传递至前轮对,驱使前轮对也向着曲线的中心。这就是自导向径向转向架的作用原理。

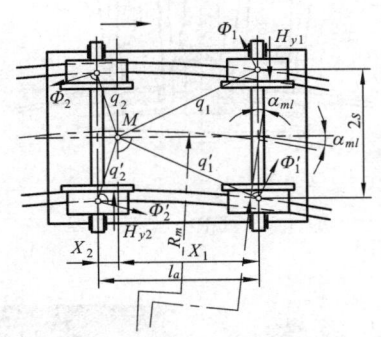 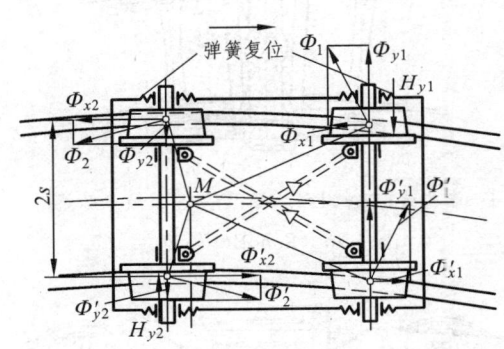

图 3.54 曲线运行摩擦力矩对轮对倾角的影响　　图 3.55 对角斜撑自导向转向架作用原理

自导向转向架区别于常规转向架的两个根本特点如下:

(1)两轮对间可以直接传递作用力,使轮对蛇行与车体转向架蛇行解耦,有利于车体的横向稳定性,临界速度可提高 10%~30%。

(2)可以任意加大轮对间的相对剪切刚度而不影响曲线通过性能,这可以降低冲角,减轻轮缘磨耗。

对于运行速度较低,横向运动稳定性要求不高的情况,最简单的自导向转向架方案为采用一系柔性悬挂，降低轮对横移及摇头刚度，由于轮对车轮踏面锥度的存在，在过曲线时轮对就能自动趋于径向位置。

最先取得成功并已得到普遍应用的轮对自导向转向架是南非铁路的对角斜撑转向架，发明者是南非铁路工程师 Herbert Scheffel，所以也称 Scheffel 转向架（见图 3.56），这种转向架采用对角斜撑以确保直线运行时两轮对的可靠定位，而在曲线运行时轮对能沿曲线半径方向自由通过。其设计特点为采用标准磨耗形踏面，等效斜率为 0.22，以比较小的水平回转约束将轮对弹性悬挂于构架，这是通过附加的橡胶垫来实现的，在轴箱承载鞍上有两块剪切刚度较小（0.17 MN/m）的橡胶垫，用来支承侧架并允许轮对作较小的横向位移；采用两根斜撑连接斜对角的轴箱承载鞍，允许轮对做径向或八字形位移，但限制菱形位移，这样就相当程度地提高了系统的稳定性。试验和运用情况表明，这种转向架有较好的曲线通过性能，轮缘磨耗很小，运行品质也得到显著改进，最高运行速度可达 120 km/h。该转向架上安装于侧架和轴箱承载鞍之间的橡胶元件起到了第一系悬挂的作用，有效地降低了簧下质量。

美国铁路工程协会 List 设计的 DR-1 型转向架是利用自导向径向转向架原理对现有三大件式转向架进行"径向改造"的一个例子。这种转向架的导向臂是由 Dresser 公司提供的。所以称为 DR-1 型转向架（见图 3.57），其基本结构为两个弓形导向臂分别固定于每一个车轴处的两个承载鞍上，并通过摇枕上的一个孔连接起来，以提供轮对间的对角控制，起稳定和导向作用。在承载鞍与转向架侧架间安装橡胶垫，提供第一系弹性悬挂并给轮对以较大的纵向自由度，允许其进入曲线的径向位置。

另外，客车自导向径向转向架和车辆三轴自导向径向转向架的结构如图 3.58 和图 3.59 所示。

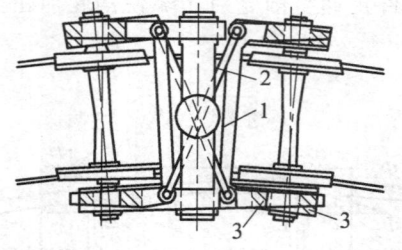

1—副构架；2—对角斜撑；3—承载鞍橡胶垫。

图 3.56　Scheffel 转向架

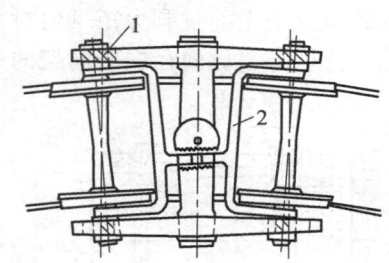

1—承载鞍橡胶垫；2—导向臂。

图 3.57　DR-1 型转向架

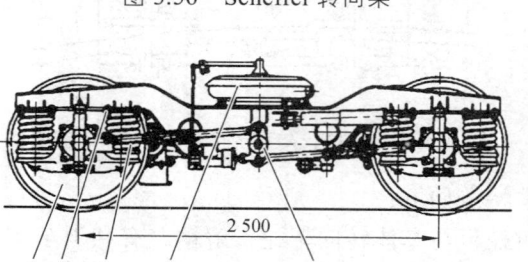

1—轮对；2—构架；3—轴箱悬挂装置；
4—中央悬挂装置；5—自导向机构。

图 3.58　客车自导向径向转向架

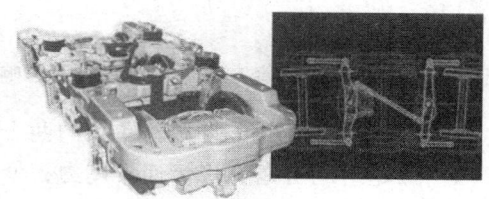

图 3.59　三轴径向转向架

5. 迫导向的径向转向架

自导向径向转向架有一定的局限性，它完全借助于蠕滑力导向，只有在曲线半径大于 1 000 m 时才能实现。在其他情况下自导向只能部分地改善曲线通过性能，并受横向稳定性的制约。

迫导向转向架是利用进入曲线轨道时，车体与转向架之间的相对回转运动，通过专门的导向机构迫使轮对处于曲线的径向位置，或其他最佳位置。在某一曲线半径时，刚悜转向架的冲角与曲线半径有关，跟车体与转向架之间的夹角成一定的比例关系，如为 1∶6 左右。所以，通过导向机构的不同设计，可以使轮对在任意曲线半径上均处于所要求的冲角，从正冲角到 0（完全径向），直至负冲角。

另外，计算表明，通过曲线时，车体与转向架间横向位移是超高不足度的函数，也可以通过车体与转向架的导向机构，使轮对得到一个可以抵消超高不足度的横向力，这同样有利于曲线通过。

所以，迫导向转向架的特点是实现了由车体加于轮对的导向力或力矩的控制，轮对冲角或横移量的这种无源控制，显示了迫导向转向架的巨大优越性，尤其对于地下铁道、城市轻轨、城郊和山区铁路等小半径曲线线路，更能发挥自导向转向架所不能起到的作用。

由英国 Scales 发明设计，美国匹兹堡 Devine 公司制造的 Devine-Scales 转向架（见图 3.60）是迫导向径向转向架的一个例子。该转向架采用高强度低合金钢焊接而成的刚性构架、标准 AAR 轴箱弹簧和摩擦减振器，在转向架构架四角的框架中各安装一个副构架，轴箱承载鞍、弹簧减振系统都位于副构架中，并且副构架可以在低摩擦系数的支承垫上做纵向滑动。转向架每侧的导向杠杆系统将副构架与车体连接起来。车辆进入曲线时，由于车体与转向架间的相对回转运动，导向杠杆系统使曲线外侧的轴距扩大，使曲线内侧的轴距缩小，从而使轮对处于径向位置；而在直线轨道上，刚性构架和导向杠杆系统使轮对保持在与轨道垂直的位置，增加横向稳定性，抑制转向架的蛇行运动。

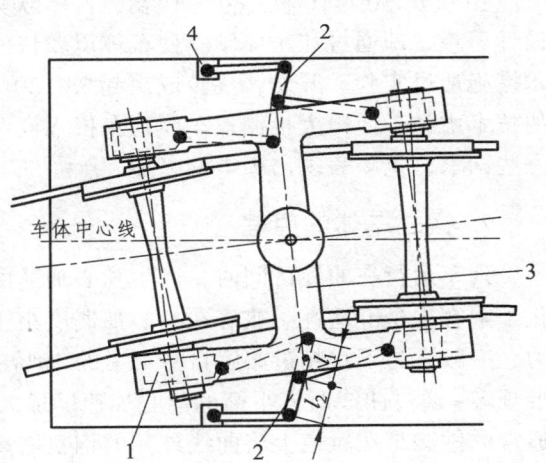

1—副构架及一系弹簧悬挂；2—导向杠杆系统；
3—刚性构架；4—车体支点。

图 3.60 Devine-Scales 转向架

3.4.5 曲线限速与摆式列车

1. 摆式列车的发展

列车以高速通过曲线时产生的离心力，会出现以下 4 方面的问题：

（1）乘坐舒适性恶化。

（2）线路外侧受到偏离力的作用，导致线路位置失常。

（3）列车容易在曲线外侧脱轨。

（4）列车有在曲线内侧翻车危险。

上述问题中，（1）是乘坐舒适性的问题，（2）、（3）、（4）是有关安全的问题。到底何种制约起支配作用还不能一概而论，像日本那样虽然采用窄轨但车体宽度较大的情况，由于第（1）个问题的制约，普遍都要降低行车速度。换言之，即使在安全性方面还有富余，也要从乘车舒适性方面考虑，将行车速度控制得较低。

根据上述情况，在改善（1）乘车舒适性的条件下，如果再针对（2）使车辆做到轻型化并强化轨道的话，则在（3）、（4）的富裕范围内，就能较为容易地实现曲线区间的高速化。最根本的解决办法就是将线路改建成没有曲线或者使曲线半径很大，但改建新线还需挖通隧道，往往经济效益很低。在这种条件下，提出了以改良车辆的方法实现高速化，即采用摆式车体车辆。

世界上最早开行高速列车的国家是日本，它也是最早研究摆式车体的国家。日本现在的干线铁路多数都是在使用蒸汽车辆时期修建的。由于当时的动力装置功率不足，因而尽量做到了线路的坡道较小，而对缓和曲线的问题很少考虑。在这样的线路上运行现代化车辆，实现高速化是有困难的。

20世纪50年代末、60年代初，许多欧美发达国家的铁路部门都相继采取了摆式车体的设计思想，即通过让车体倾斜使车体以较快的速度通过曲线而不影响旅客的舒适度。这类技术措施通过实验、开发，逐步成熟起来。20世纪80年代末，这个设计思想演变成了实用化的技术措施，使得大批摆式车体列车投入商业运行，也使得原来已经放弃和终止试验研究的一些国家，重新表现出极大的兴趣。

2. 摆式车体的原理

列车运行在曲线区间时，产生离心加速度，车上乘客均受到了向曲线外侧的作用力，恶化了乘客乘坐舒适性。旅客在离心加速度小于 $0.04g$ 时一般不易察觉，而旅客能忍受的离心力，一般认为不宜超过旅客自身重力的 10%，即离心加速度不能超过 $0.1g$。我国铁路设计标准规定：通过曲线时未平衡的离心加速度最大不能超过 $0.077g$。为了减小离心加速度的影响，通常的做法是在轨道上将曲线外侧的钢轨增高，设置外轨超高是为了使车体向曲线内侧倾斜，利用重力分量使列车产生一个向心力，用来平衡列车在曲线段运行时产生的离心力。当向心力小于离心力时则产生欠超高问题，而欠超高过大，会使旅客感到不舒适；当向心力大于离心力时则会产生过超高问题，过超高将导致轮轨的磨耗加剧。在客运专线或货运专线上，外轨超高值的设置通常较为简单。而在客货混跑的既有线上，为了使运行速度较低的货物列车在通过曲线段时不出现大的过超高，需要减小外轨超高，但同时应避免旅客列车高速通过曲线段时出现较大的欠超高，解决这一问题的传统途径是加大曲线半径或规定旅客列车在曲线段限速运行。

列车在曲线段运行时的允许最高速度与曲线半径、最小外轨超高、允许欠超高、允许过超高等参数有关。设未平衡离心加速度为 g_c，则

$$g_c = \frac{v^2}{R} - g\frac{h_\text{实}}{s} \quad \text{或} \quad h_\text{欠} = \frac{g_c s}{g} = \frac{sv^2}{gR} - h_\text{实} \tag{3.70}$$

式中，v 为运行速度；R 为曲线半径；g 为重力加速度；$h_{实}$ 为曲线外轨超高；s 为左右车轮滚动圆间距离。

一般情况下，列车在曲线上运行允许有一定的未平衡离心力存在，即可以有一定的超高不足。国外：$g_c < 0.05g$（较好线路），$g_c < 0.077g$（山区和提速线），$g_{cmax} < 0.1g$；国内：$h_欠 < 70$ mm（等级线路），$h_欠 < 90$ mm（一般线路），$h_欠 < 110$ mm（提速线）。此时允许的曲线通过速度为

$$v_{限} = \sqrt{Rg\frac{h_{实} + h_{欠}}{s}} \tag{3.71}$$

习惯上速度以 km/h 为单位符号，外轨超高以 mm 为单位符号，并将 $g = 9.8$ m/s² 及准轨线路的 $s = 1\,493$ mm 代入上式得

$$v_{限} = \sqrt{\frac{R(h_{实} + h_{欠})}{11.8}} \quad (\text{km/h}) \tag{3.72}$$

可见，增大外轨超高，可以提高列车的曲线限速。但是，为了兼顾货物列车运行及旅客列车低速通过曲线，外轨超高应该受到限制。我国铁路规定曲线上的最大超高不能超过 110 mm。如果曲线外轨超高过大，最严重的情况是列车在曲线上停车时向内侧倾覆。在既有线上，如列车速度越高，离心加速度就越大，仅仅利用曲线外轨超高使车体倾斜就不够了，因此最常见的做法是限制列车通过曲线段时的速度，但如能使车体向曲线内侧倾斜，也可以弥补外轨超高的不足，这就是摆式车体得以发展的原因。

摆式客车在曲线段运行时自动向曲线内侧倾斜，倾斜角 3°～10°，摆式车体客车的倾斜量相当于加了一个附加的外轨超高量 $h_{附加}$（见图 3.61），使横向加速度减小，解决了列车通过曲线段时限速以及因欠超高过大而引起的乘坐不舒适问题。其曲线限速为

$$v_{限} = \sqrt{\frac{R(h_{实} + h_{欠} + h_{附加})}{11.8}} \quad (\text{km/h}) \tag{3.73}$$

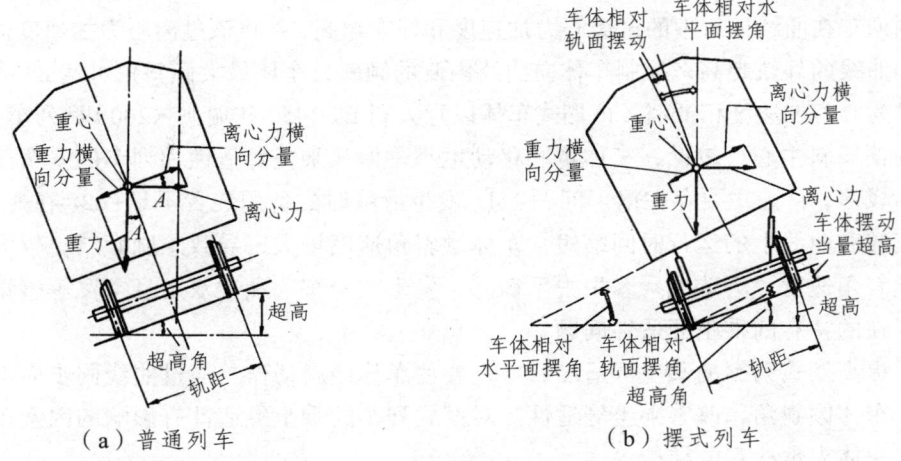

(a) 普通列车　　　　　　　(b) 摆式列车

图 3.61　列车通过曲线时的横向力

可见，要想进一步提高曲线通过速度，可以增加 $h_{附加}$，即通过增加摆式车体倾角得以实现。但实际上，车体倾角也是受到限制的，其理由如下：

（1）自然摆式车体内倾角不可以过大，一般只能达 3.5°～5°；而另一些摆式车体，如主动摆式车体，虽然从技术上可较大地增加倾角，但在极短的时间内使车体达到所要求的倾角，会加大车体倾斜角速度、倾斜角加速度，当超过 5°/s 时，乘客将感到不适。

（2）列车通过曲线时，若车体倾摆角过大，乘客在车厢内走动或站立时会感到不稳，在通过连续的 S 形曲线时，乘客会有头晕和恶心的感觉。

（3）车体倾角过大，会加大轮轨之间的动力作用。

研究表明，摆式车体列车有助于提高速度，但无益于改善轮轨之间的动力作用。因此，从列车、线路等整个系统来分析，完美的摆式车体列车必须辅以径向转向架、独立车轮及低轴重等措施，以降低轮轨之间的动力作用，但这将增大造价。

3. 摆式车体的分类

为了改善列车通过曲线时的乘坐舒适性，本着既要控制对轨道的投资，又要实现铁路高速化的目的，在 1970 年前后各国竞相开发了各种摆式车体列车。

按摆式车体倾斜方式的不同，摆式车体可分为下面两种：

（1）自然倾斜式，又称为被动倾斜式。自然摆是利用通过曲线时产生的离心力使车体自然地向曲线内侧倾斜，车体倾斜角可达到 3.5°～5°。该摆式车体以西班牙的 Talgo 和日本的 381 系电动车组为代表。

自然摆倾斜装置的阻力大，在进入曲线或驶出曲线时，存在车体倾斜滞后现象，导致乘坐舒适性恶化，因而需要将倾斜中心调整到一定高度，使倾斜装置的阻力适当。但由于在乘坐舒适性方面不断地出现问题，考虑到如果采用增加缓和曲线长度的解决办法，需追加投资，对线路的投资就会大大超过原先的计划，这将意味着采用自然摆方式是不成功的。为了解决这个问题，日本采用在倾斜机构中加装控制风缸的办法，辅助强制车体倾斜。

（2）强制倾斜式，又称为主动倾斜式，是用油缸等使车体倾斜，利用振动加速度计和回转仪来检测列车在曲线运行中的过离心力加速度和外轨超高，并将该过离心力加速度作为零或者跟踪缓和曲线的外轨超高来控制车体向曲线内侧的倾斜，车体最大倾斜角可达 8°～10°，能大体上与过离心力加速度相抵消。该摆式车体以意大利 ETR450 和瑞典 X2000 型列车为代表。

强制摆倾斜中心可较低，车体重心移动也小。但从乘坐舒适性和列车的安全性看，所发生的故障较多，目前主要存在以下问题：① 发生故障时的备用装置不足；② 在速度提高时，强制摆在缓和曲线上的运行时间缩短，车体倾斜角速度增大，导致急剧倾斜。较大的车体倾斜角和倾斜角速度，会造成乘客失去平衡感，发生"晕车"和"双足悬空"等感觉，这是摆式车体存在的特有的乘坐舒适性问题。

为了提高摆式列车的乘坐舒适度，一是要使车体倾斜动作与通过曲线同步而不滞后，二是要减少车体倾斜角，改善乘坐舒适性。对摆式列车的乘坐舒适性有影响的因素还有车体倾斜装置和车体支承枕簧的结构等。

车体支撑枕簧结构有簧间摆和簧上摆之分。簧上摆是将枕簧设置在车体倾斜装置下面的结构。采用簧间摆结构时，当通过曲线时，枕簧与车体一起，随着车体倾斜装置向内侧倾斜，受过离心力加速度的影响较小，乘坐舒适性好。簧间摆是指将枕簧设置在连杆和滚轮等上方的车体倾斜装置结构。簧上摆的枕簧与车体倾斜装置的倾斜无关，在高速通过曲线时，与一般车辆一样，要承受过离心力，导致乘坐舒适性变差。比较之下，采用簧间摆的结构能充分发挥摆式车体的优点，对改善高速通过曲线时的乘坐舒适性有利。

4. 西班牙的 Talgo 型摆式列车

在欧洲，意大利和瑞典成功地采用了强制车体倾斜控制装置，瑞士也采用了独特的强制车体倾斜控制。只有西班牙的 Talgo 高速列车使用自然摆倾斜装置，其轮对位于两车辆之间，因而易于抬高悬挂装置支承面。如图 3.62 和图 3.63 所示，带两根立柱的 U 形梁，将两个自由轮装在一起，形成 Talgo 轮对。空气弹簧固定在这两根缸柱的上端，悬挂装置大大高于重心，这样便得到了适当的倾摆力矩。

 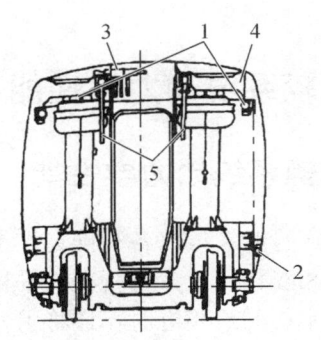

1—两套垂直减振器；2—附装的两套横向减振器；3—电磁阀；
4—车辆中间车上所示的盆形支承结构；5—支承结构上悬吊的杆件。

图 3.62　减振器各部分

5. X2000 型摆式列车

X2000 型摆式列车的动车和拖车均采用自导向转向架。动车转向架上装有牵引电机和传动齿轮箱，不装倾摆装置。主控微处理机安装在动车和带驾驶室的拖车上，供司机操纵。受控微处理机安装在每辆拖车上，以接受主控微处理机的指令进行工作。倾摆机构置于转向架上、下摇枕之间，由 2 个油压作动器和 4 根斜吊杆（见图 3.64）组成。在列车两端的自导向转向架上（即动车和带驾驶室拖车转向架），装有两个加速度仪。传感器将进入弯道时测得的横向加速度信号传输到主控微处理机。主控微处理机将测得的加速度值、列车运行速度和各拖车所处位置等数值进行处理，得出车体倾斜最佳控制量，然后向每辆拖车受控微处理机发出指令。在数据修正后受控微处理机再按车辆进入曲线的先后顺序，依次启动各辆拖车的液压缸，使之适量伸长或缩短，从而使车体和上摇枕一道，在列车进入曲线后，根据曲线半径和运行速度的需要，使车体倾摆适当角度。车体摆动最大倾斜角为 8°，最大有效倾角为 6.5°，摆动角速度为 4°/s。通过曲线时，车体可以抵消 70% 的离心力，提高了旅客的舒适度，改善了旅行环境。反之，在导向转向架驶离曲线时，受控微处理机按设定程序指令，再使每辆拖车体依次恢复到原来状态。

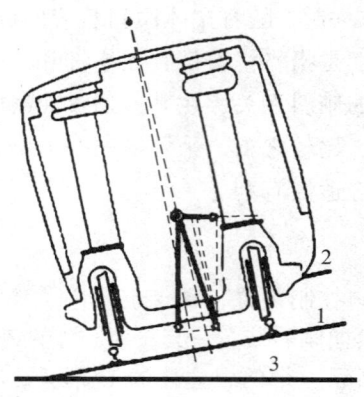 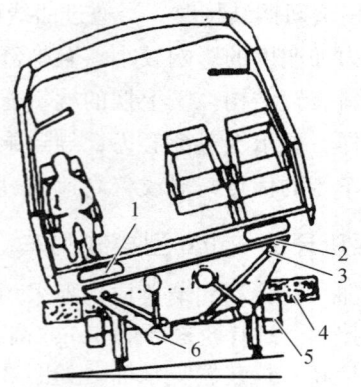

1—轨面；2—地板面；3—水平面。

图 3.63 西班牙 Talgo 摆式车倾摆原理

1—空气弹簧；2—上（摆）摇枕；3—液压缸；4—下摇枕；5—转向架；6—吊杆。

图 3.64 瑞典 X2000 摆式车倾摆原理

3.5 车辆系统动力学性能及其评价指标

3.5.1 车辆系统动力学性能

当列车高速运行时，线路各种确定性不平顺、非确定性不平顺和动力不平顺等，都会加剧轮轨间的动力相互作用，影响行车的平稳性、舒适性和安全性。尤其是当车辆的激振频率与桥梁的固有频率相同或相近时，还将引发车桥共振，严重影响行车安全。因此，高速铁路动态安全性和行车舒适性的评价标准将直接影响线路结构设计的安全性。

车辆的动力学性能主要包括运行稳定性（安全性）、平稳性以及曲线通过能力等 3 个方面。衡量这些性能的主要指标如表 3.4 所示。本小节在给出运行安全性指标定义基础上，介绍目前国内外常用的安全性指标评估值及不同的评估方法。

表 3.4 车辆动力学性能及其主要评价指标

动力性能	平稳性	稳定性（安全性）	曲线通过能力
涉及内容	旅客乘坐舒适性；装运货物的完整性	防止蛇行运动稳定性；防止脱轨稳定性；防止车辆倾覆稳定性	防止脱轨稳定性；防止车辆倾覆稳定性；磨耗性能
评价指标	乘坐指标（Sperling 指标、ISO 标准、车体振动加速度等）	临界速度、脱轨系数、减载率、倾覆系数、轮轨横向力、轮轴横向力、磨耗指数	

3.5.2 车辆运行稳定性评价

1. 运行稳定性的定义及其评价目的

车辆在线路上运行时受到各种力的作用，在最不利的组合情况下，这些力会破坏车辆的正常运行条件，使轮轨脱离接触，造成车辆脱轨或倾覆事故，这种情况下车辆稳定性被破坏，称为车辆失去运行安全性。影响车辆运行安全的有车体簧上倾覆、车辆倾覆和车轮脱轨等事故。为了保证车辆在线路上运行安全,不发生任何倾覆和脱轨等重大事故,在车辆设计、制造、维修运用工作中,应采取各种措施保证轮轨之间正常接触,使车辆上所受的力保持在安全范围之内。运行安全性评价的目的是通过理论分析和试验研究查明影响车辆脱轨和倾覆的主要因素,制订安全评定指标及其允许限度,提出改善措施,确保行车安全。

2. 抗脱轨稳定性

(1)定义与分类。

当车辆进入曲线时,由于各种横向力,如风力、离心力等作用,使前轮对外侧车轮的轮缘贴靠钢轨侧面,车轮给钢轨的横向作用力为 Q,将钢轨给车轮的横向反力称为导向力。在导向力作用下轮对连同转向架顺着曲线方向前进,在某特定条件下,车轮给钢轨的横向力 Q 很大,而车轮给钢轨的垂向力 P 很小,导致车轮在转动过程中新的接触点逐渐移向轮缘顶部,车轮逐渐升高。如果轮缘接触点的位置到达轮缘圆弧面上的拐点,即轮缘根部与中部圆弧连接处轮缘倾角最大的一点时,就到达爬轨的临界点。如果在到达临界点以前 Q 减小或 P 增大,则轮对仍可能向下滑动,恢复到原来稳定位。如果接触点超过临界点以后 Q、P 的变化不大,由于轮缘倾角变小,车轮有可能逐渐爬上钢轨,直到轮缘顶部达到钢轨顶面而脱轨,这种脱轨方式称为爬轨,一般发生在车辆低速情况。另一种脱轨方式发生在高速情况,由于轮轨之间的冲击力造成车轮跳上钢轨,这种脱轨方式称跳轨。此外,当轮轨之间的横向力过大,使轨距扩大,车轮落入轨道内侧而脱轨,这种脱轨方式称掉道。评定抗脱轨安全性的指标很多,从转向架设计角度考虑主要有两项指标:脱轨系数、轮重减载率。

(2)脱轨系数。

评定防止车轮脱轨稳定性用的脱轨系数,为某一时刻作用在车轮上的横向力 Q 和垂向力 P 的比值 Q/P。

最初,由法国科学家 Nadal 根据爬轨侧车轮在脱轨临界状态时轮轨接触点上力的稳定条件,推导出了脱轨系数的表达式,其后被世界各国铁路部门所采用。

假设车轮与钢轨接触点位于轮对中心线的垂直平面内,则有图 3.65(a)所示的车轮处于脱轨临界状念时的轮轨受力关系,接触斑处车轮受力情况如图 3.65(b)所示,各作用力分别向轮轨接触点 A 的切线方向和法线方向投影可得

$$\begin{cases} N = P\cos\alpha + Q\sin\alpha \\ T = P\sin\alpha - Q\cos\alpha \end{cases} \tag{3.74}$$

式中,Q 为作用于轮线上的横向力;P 为作用于车轮上的垂向;N 为钢轨对车轮的法向反力;T 为钢轨对车轮的切向反力;α 为车轮的轮缘角。

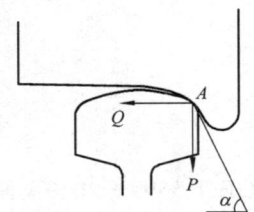
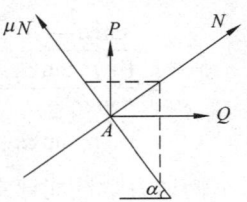

(a)临界状态轮轨作用　　　　(b)接触斑作用力分解

图 3.65 车轮脱轨临界状态作用力关系

轮与轨道是在所谓的"滚动接触"状态下相互接触的。车轮与轨道间的作用力被称为"蠕滑力"。根据蠕滑理论，该力的大小不会超过摩擦力。在切向力 T 达到摩擦力 μN 大小时，必须取最小值。即是说，在该极限状态下，$T = \mu N$。由此可得脱轨系数的临界值为[由式（3.74）得]

$$\frac{Q}{P} = \frac{\tan\alpha - (T/N)}{1 + (T/N)\tan\alpha} = \frac{\tan\alpha - \mu}{1 + \mu\tan\alpha} \tag{3.75}$$

为了便于测量，通常用轮对和轴箱之间的横向力进行脱轨系数的表达，即

$$\frac{H + \mu P_2}{P_1} = \frac{Q_1}{P_1} = \frac{\tan\alpha - \mu}{1 + \mu\tan\alpha} \tag{3.76}$$

我国《机车车辆动力学性能评定和试验鉴定规范》（GB/T 5599—2019）制定的脱轨系数标准为第一限度不大于 1.2，为合格标准；第二限度不大于 1.0，安全裕度的标准。

（3）跳轨安全系数。

在日本标准中，还考虑了轮轨间发生冲击时车轮的脱轨安全性问题。前面规定的脱轨系数标准限定值为 0.8，其基本思路是认为横向力作用时间大于 0.05 s 以上，当横向力作用时间小于 0.05 s 时，用 0.04 s 计算所得的值作为标准值。即 $Q/P = 0.04/t$，t 为横向力 Q 的作用时间。

（4）轮重减载率。

对于脱轨安全性指标来说最基本的就是脱轨系数。但是，仅依靠脱轨系数来判定安全性，却并不充分。其主要原因如下：

① 轮重较小时，与其对应的横向力也就较小，计算脱轨系数时受到轮重和横向力测量误差的影响就较大，因此要获得正确的脱轨系数比较困难。

② 一方面，垂向力较小时，使用该垂向力和与其对应的横向力得到的脱轨系数很容易达到脱轨限界值。另一方面，单侧车轮的轮重减少时，另一侧车轮轮重一般就会增大，此时极小的轮对冲角变化会导致较大的横向力，从而加大了脱轨的危险性。

③ 根据多次线路试验来看，与其说脱轨系数值较大容易导致列车脱轨，还不如说轮重减少得越多越容易导致列车脱轨。

因此，除了脱轨系数以外，还有必要对显示轮重减少程度的指标进行限定，并以此来判断车辆/动车组脱轨的安全性问题，该指标称为轮重减载率。

轮重减载率为评定车辆在轮对横向力为零或接近于零的条件下，因一侧车轮严重减载而脱轨的安全性指标。定义轮重减载率为轮重减载量 $\Delta P = (P_2 - P_1)/2$ 与左右轮平均轮重 $P = (P_1 + P_2)/2$ 之比 $\Delta P/P$。

令轮对横向力 $H = 0$，将其代入脱轨系数公式得

$$\frac{\Delta P}{P} = \frac{\dfrac{\tan\alpha_1 - \mu_1}{1 + \mu_1\tan\alpha_1} - \dfrac{\tan\alpha_2 + \mu_2}{1 - \mu_2\tan\alpha_2}}{\dfrac{\tan\alpha_1 - \mu_1}{1 + \mu_1\tan\alpha_1} + \dfrac{\tan\alpha_2 + \mu_2}{1 - \mu_2\tan\alpha_2}} \tag{3.77}$$

我国《机车车辆动力学性能评定和试验鉴定规范》（GB/T 5599—2019）制定的轮重减载率的第一限度不大于 0.65；第二限度不大于 0.60。

需要指出的是，脱轨系数和轮重减载率分别是在轮对横向力 $H > 0$ 和 $H = 0$ 的条件下，根据车轮垂向力和横向力的平衡条件得出的，是在两种不同情况下评价车轮脱轨的指标。不能

单靠轮重减载率来确保安全性，只有在脱轨系数和轮重减载率一起使用的前提下，该数值才能够充分地确保车辆运行安全性。

（5）轮轨横向力。

铁路轨道结构在垂直方向具有相当的强度储备，而在横向基本上是在保证线形圆滑的前提下凭经验来保证轨道有一个适当的强度。但是，当线路状态恶化时，过大的轮轨横向力可能导致扣件破损、轨道不平顺出现，甚至出现钢轨转动引发列车脱轨。轮轨横向力的限值主要根据木枕线路道钉所能承受的横向力极限、钢轨弹性和扣件的横向设计载荷来确定。木枕钩头道钉轨道在过大的轮轨横向力作用下，表现为道钉被挤出引起轨距扩大、道钉上拔引起钢轨转动（挤翻钢轨）两种破坏形式。日本对此进行详细研究后，提出了道钉挤压横向力 $Q \leq 29+0.30P$（kN，屈服极限），$Q \leq 19+0.30P$（kN，弹性极限），拔起的横向力极限 $Q \leq 17.3+0.30P$（kN）。

随着高速动车组运行速度的提高，轮轨间的动力作用相应增加。过大的轮轨垂向力和横向力不仅对钢轨、扣件、轨枕等部件产生损伤和破坏，而且可能导致轨道不平顺的急剧增加，影响线路的养护、维修工作量及其费用，严重时还将危及行车安全。因此必须对轮轨间的动力作用加以限制。

通常轮轨横向力的限值主要根据木轨枕线路道钉所能承受的横向力极限、钢轨弹性和扣件的横向设计载荷来确定。木轨枕道钉在过大的轮轨横向力作用下，表现为道钉被挤出引起轨距扩大、道钉拔起而引起钢轨转动（挤翻钢轨）两种破坏形式。

如果线路采用弹性扣件，轮轨横向力应小于扣件的横向设计载荷。借鉴国外的试验结果和相关经验，一般取 0.4 倍轴重作为轮轨横向力的限值。

此外，由于目前越来越多的线路采用无缝线路技术，尤其是高速动车组运行的高速线路，由于其高平顺性和高精度等要求，更是采用了超长无缝线路。此时过大的轮轴横向力是导致轨排横移、无缝线路动态失稳产生胀轨跑道现象的主要因素，因此除了保证线路的纵向和横向阻力外，限制轮对作用于线路上的最大轮轴横向力 H 也是应该考虑的重要方面。

3. 车辆抗倾覆安全性评价

倾覆系数用于评价车辆在侧向风力、离心力等最不利组合下是否会导致车辆向一侧倾覆。设车辆外轨侧的轮轨压力为 P_2，内轨侧的轮轨压力为 P_1，定义倾覆系数 D 为

$$D = \frac{P_2 - P_1}{P_2 + P_1} \tag{3.78}$$

当车辆一侧车轮轮重减载至零时（$P_1 = 0$），车辆达到倾覆的临界状态。此时，$D = 1$。因此，为防止车辆倾覆，必须满足 $D<1$ 条件。我国《机车车辆动力学性能评定和试验鉴定规范》（GB/T 5599—2019）、《高速试验列车强度及动力学性能规范》[95J01-L（M）] 中规定 $D<0.8$。

4. 车体抗倾覆安全性评价

车体抗倾覆的稳定性条件为

$$\frac{b_2^2}{f_2} - h_1 > 2 \text{ (m)} \tag{3.79}$$

式中，b_2 为中央弹簧横向间距的一半；f_2 为中央弹簧的静挠度；h_1 为车体中心到中央弹簧上支撑面的距离。

3.5.3　车辆运行平稳性评价

车辆的振动水平在怎样的范围内才可以被接受呢？这应当针对旅客、乘务人员、货物以及车辆本身等不同的对象，分别提出相应的要求。

"乘坐舒适度"这一用语的含义非常广泛。对于狭义的乘坐舒适度来说，仅限于与轨道状态有关的车辆振动引起的人体感受，并将这种狭义的乘坐舒适度简称为"乘坐舒适度"。

评价车辆乘坐舒适性最直接的指标就是车体振动加速度。为了更准确地对舒适区进行评价，不仅要考虑加速度的大小，还要考虑加速度振动频率的影响。当采用考虑频率的车体加速度来评定舒适度时，世界各国有着不同的评价指标，在不同时期，曾采用过多种不同的评估方法和标准。其中较典型的有 Sperling 的"平稳性指标"和 SNCF 的"疲劳时间"。近来则一般都倾向靠拢国际标准 ISO 2631—1997。我国铁路对车辆运行的平稳性（旅客乘坐的舒适性）分别按平稳性指标和车体振动加速度来评定。

（1）Sperling 平稳性指标。

用平稳性指标来评价车辆运行性能的方法在国际上获得广泛的应用。Sperling 基于大量实验而制定的平稳性指标用于车辆本身的运行品质和旅客乘坐舒适度，运行品质由车辆本身来衡量，而舒适度则还与旅客对振动环境的敏感度有关。Sperling 平稳性指标（ride index）的实质是通过单一的判据以评估车辆的"走行品质"（ride quality）和"舒适度"（comfort）。前者的对象是车辆本身，后者的对象是人，是人体对机械振动的反映。

平稳性指标 W 由式（3.80）和式（3.81）表示。

用于运行品质的评价

$$W = 0.896 \sqrt[10]{\frac{a^3}{f}} \tag{3.80}$$

用于舒适度的评价

$$W = 0.896 \sqrt[10]{\frac{a^3}{f} F(f)} \tag{3.81}$$

式中，a 为振动加速度幅值；f 是振动频率（Hz）；$F(f)$ 是与振动频率有关的修正系数。

以上是根据单一频率的等幅振动得到的。$F(f)$ 的引入是考虑到人体对各种振动频率的敏感度不同，在常用的频率范围内，垂向和横向的 $F(f)$ 值是不同的。研究表明：就垂向振动而言，人对频率为 4~8 Hz 的振动最敏感；就水平向而言，则对频率在 2 Hz 以内的振动最敏感。在 3.5 Hz 以内，人对水平向振动的敏感性高于对垂向振动的敏感性；在 3.15 Hz 以上时则相反。

Sperling 平稳性指标等级一般分为 5 级，Sperling 乘坐舒适度指标一般分为 4 级。但在两等级之间可按要求进一步细化。根据 W 值来评定平稳性的等级见表 3.5。

我国《机车车辆动力学性能评定和试验鉴定规范》（GB/T 5599—2019），规定采用 Sperling 平稳性指标法对客车以及货车的走行品质进行定量的评估。只是在对指标的分级上做了简化，仅分为"优""良好"和"合格"三级，见表 3.6。

表 3.5　车辆运行平稳性及舒适度指标与等级

W 值	运行品质	W 值	乘坐舒适度
1	很好	1	刚能感觉
2	好	2	明显感觉
3	满意	2.5	更明显，但无不快
4	可以运行	3	强烈，不正常，但还能忍受
4.5	运行不合格	3.25	很不正常
5	危险	3.5	极不正常，烦恼，不能长时忍受
		4	极烦恼，长期忍受有害

表 3.6　车辆运行平稳性指标与等级

平稳性等级	评定	平稳性指标与等级		
		客车	车辆	货车
1	优	<2.5	<2.75	<3.5
2	良好	2.5~2.75	2.75~3.10	3.5~4.0
3	合格	2.75~3.0	3.10~3.45	4.0~4.25

（2）疲劳时间。

当人体连续受到机械振动时，经一段时间后便因疲劳而使工作效能下降。至于疲劳到何种程度使工作效能下降则取决于众多因素，如振动的加速幅值、振动的频率等，且因人而异。国际标准化组织（ISO）在综合大量有关人体振动研究工作的基础上，制订了国际标准《人体承受全身振动的评价指南》（ISO 2631—1997）。该标准把振动对人体的影响用疲劳时间来表示，疲劳时间是指人们在旅途中从乘车到开始疲劳所经历的时间。目前，英法等欧洲国家以此作为评价客车平稳性的依据。从维持工作效能、健康和舒适度出发，相应提出了下列 3 种限度：工效下降限度（令人感到疲倦的限度）、承受限度和舒适度下降限度。

图 3.66 表明工效下降时间限度与振动加速度和频率间的关系，这是根据对飞行员和汽车驾驶员进行了大量测试研究而得到的。图中曲线表明了人体全身暴露在不同频率振动环境中能够保持持续工作时间的振动强度限界。

人体疲劳试验表明，人体对于振动的敏感度随振动形式的不同而变化，一般是对纵向振动的敏感度大于对垂直振动的敏感度，对横向振动的敏感度最大。由两图可见，就水平向振动而言，人对频率在 2 Hz 以下的振动最敏感；就垂向振动而言，人对频率在 4~8 Hz 的振动最敏感。因此，如果振动频率较低，那么人体对水平振动的敏感性大于对垂直振动的敏感性；如果振动频率升高，则这一趋势呈相反状态。

实际应用时，通过对频率在 1~80 Hz 每一频带内振动加速度的功率谱密度进行频率加权后，再确定经过加权后整个振动信号总的均方根值。由此获得加权后总的均方根加速度，并由图中查得与工效下降限度相对应的感受时间。

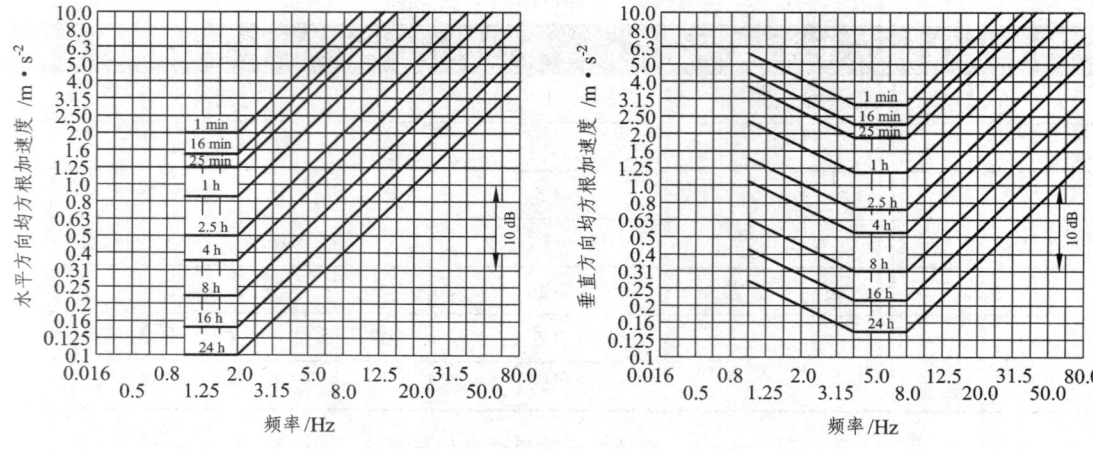

(a) ISO 疲劳时间与水平振动的关系　　(b) ISO 疲劳时间与垂直振动的关系

图 3.66　ISO 疲劳时间与振动的关系

另外两种限度曲线都与工效下降限度曲线的形状相同,将工效下降曲线的振动加速度乘以 2(即提高 6 dB),可得承受限度曲线。超过这一曲线范围,将会对人体健康产生危害。将工效下降曲线的加速度除以 3.15 [即降低 10 dB(振动强度降低 70%)],可得舒适度下降限度曲线。超过这一曲线范围,就会影响人体的舒适性。平稳性指标与疲劳时间的对应关系见表 3.7。此外,还有其他各种评价车辆运行性能的方法,如法国的疲劳时间法、英国的平稳性指数法和日本的等舒适度曲线法等。

表 3.7　平稳性指标与疲劳时间的对应关系

平稳性指标	评价等级	疲劳时间
1	优	
2	良好	24
2.5	接近良好	12~13
3	客车合格	5~6
3.25		4
3.5	客车接近合格	2.8
4		1.5
4.5	客车不合格	1.08

3.5.4　曲线通过性能

高速动车组通过曲线时所产生的车轮踏面、轮缘和钢轨的磨耗是评价动车组技术经济指标的一项重要内容。美国、加拿大等国家常用下列"磨耗指数"来衡量轮轨的磨耗程度。

$$W_{t1} = \mu F \phi$$
$$W_{t2} = \nu F \sqrt{\left(\frac{a}{R}\right)^2 + (\phi \cdot \tan \alpha)^2} \tag{3.82}$$

式中，W_{t1}用于踏面与轨面接触工况；W_{t2}用于轮缘和踏面同时与钢轨两点接触的工况；μ为轮轨间的摩擦系数；F为作用在轮轨接触间的法向力（两点接触时按轮缘处的法向力）；ϕ、α分别为车轮冲角和轮缘角；a为轮缘与钢轨侧面接触点至车轮踏面间的垂直距离；R为车轮半径。

此外，也有用"磨耗数W"来衡量轮轨磨耗程度的。

$$W = \frac{\mu}{0.6} \cdot \frac{T_x v_x + T_y v_y}{S_c} \tag{3.83}$$

式中，T_x、T_y分别为轮轨接触斑处的纵向和横向蠕滑力；v_x、v_y分别为轮轨接触斑处的纵向和横向蠕滑率；S_c为轮轨接触斑的面积。

3.6 动车组动力学仿真分析

3.6.1 转向架综合性能研究方法

高速转向架是列车高速运行最重要的基础条件之一，在保证列车高速稳定运行时承担列车的减振降噪作用；作为承载结构，高速转向架在各种振动工况下确保结构的强度安全可靠性。研究铁路高速转向架技术的目的在于：

（1）确定列车在线路上各种运用工况下的安全运行条件。

（2）研究列车悬挂装置的结构、参数和性能对振动和动载荷传递的影响，并为这些装置提供设计依据，以保证列车高速、安全、平稳的运行。

（3）确定动载荷特征，为分析列车及其部件的动作用力提供依据。

高速转向架技术的研究方法可以分为采用数字样机分析、试验测试研究和综合性能研究3种方法。这3种研究分别对应产品研发的不同阶段。数字样机分析侧重产品的开发阶段，以列车系统动力学理论、模态分析和强度分析理论为基础，对转向架的性能特性进行预测；试验测试研究侧重产品的验证与验收阶段，以测试和辨识技术为基础，对转向架的性能特性进行评估。而转向架综合性能研究方法则是将上述停留在相互独立层面上的两个环节结合起来，运用实测试验数据对理论模型进行验证分析，并再次利用验证后的系统分析模型指导转向架的研究和设计。研究内容和相互关系见图3.67。

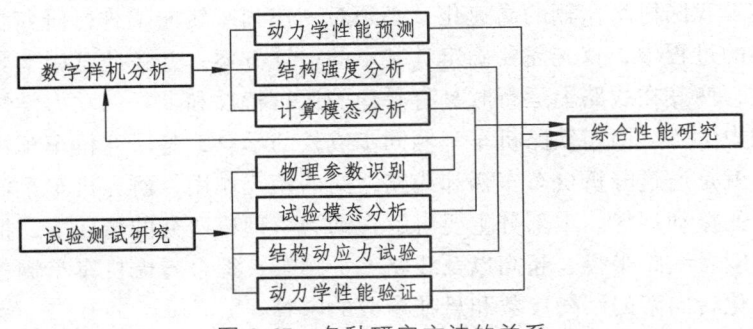

图 3.67 各种研究方法的关系

数字样机分析事实上与产品设计过程相同，也应该是个闭环的、逐步修正完善的过程，以转向架动力学理论模型为例，闭环过程为理论建模（数字样机）→动力学性能预测→产品样机（真实样机）→动力学性能在线或实验室试验→研究、修正理论模型→动力学性能预测。

3.6.2 动力学仿真分析基础

随着列车运行速度的提高，为确保设计出来的动车组的运行品质而提高设计、研发的可靠性，降低新产品开发的成本，缩短研制周期，大量的虚拟样机技术在高速动车组的开发研制过程中得到了广泛的应用。动车组系统动力学仿真分析就是其中的一个重要环节：动车组系统动力学仿真分析就是利用计算机仿真技术，对前述各节描述的动车组动力学问题进行求解并得出各动力学性能指标的一项技术。该技术以高速动车组的动力学问题为研究背景，以考虑动车组高速运行时与线路（包括路桥、接触网等固定设施）和周围气流等的相互耦合作用为重点，以高速轮轨接触仿真分析为基础，建立全服役环境下的仿真分析。

1. 动力学仿真分析的内容

目前，高速动车组动力学仿真分析具体包括以下几项仿真分析内容：
（1）动车组蛇行运动的临界速度求解。
（2）动车组脱轨安全性分析。
（3）动车组横向和垂向振动的响应分析。
（4）动车组运行平稳性和舒适性指标分析。
（5）动车组曲线通过性能分析。
（6）动车组悬挂参数优化分析。
（7）动车组弓网耦合动力学分析。
（8）动车组空气动力学性能分析。
（9）动车组车-桥-线路耦合动力学分析等。

不管具体的仿真分析内容是什么，都必须将动车组的物理模型转化为仿真分析用的数学模型，然后利用相关的动力学仿真分析软件进行动力学性能的仿真分析。

2. 动车组系统动力学仿真分析模型

高速列车转向架作为高速列车的关键部件之一，对列车的安全性、可靠性和舒适性有较大影响，为了实现我国机车车辆的高速化，必须对高速列车转向架进行研究和开发。在研制开发高速转向架的过程中，首先需要确定其基本的设计方案，并在此基础上合理选择其悬挂参数和结构参数，使其在线路上运行时具有平稳的运行特性和良好的动力学性能。

机车车辆动力学是一门与铁路机车车辆同步成长的学科，是研究机车车辆运动规律的科学。其主要任务就是通过分析机车车辆和线路之间的相互作用，研究机车车辆在各种速度时不同线路条件下的振动规律。本部分主要讲解在动力学理论研究的指导下，根据实际应用条件，包括运行速度、线路半径、超高以及线路不平顺等，综合考虑机车车辆各方面的动力学性能，协调后优化转向架的结构参数和悬挂参数的内容。

动车组系统动力学研究的内容很多，在进行各种不同目的的仿真分析时，仿真分析的模型可以不尽相同。但是不管哪种情况，都要求仿真分析的模型尽可能全面反映所要研究的动车组动力学性能的真实情况。例如，研究动车组车辆横向和垂向随机激扰响应的仿真分析模型和研究动车组空气动力学的仿真分析模型就可以不一样，但是都要能够反映动车组的基本性能和结构形式。

建立动车组系统动力学仿真分析的模型通常基于以下原则：

（1）根据分析目的，忽略影响程度较小的次要因素。

高速动车组是一个非常复杂的系统，哪怕是把线路和气流等排除在外，单纯的动车组车辆系统也是一个复杂的机电复合、刚柔复合的繁杂系统。如果不加思考地将所有因素都考虑在仿真分析模型中，将不能突出研究的重点，甚至可能由于次要因素的影响导致仿真分析出现很大的偏差。例如，在进行悬挂参数的优化分析时，由于车体、构架、轮对等结构的刚度较悬挂系统的刚度大很多，其弹性的影响较悬挂系统元件的影响可以忽略不计，因此可以把车体、构架和轮对等结构当作刚体进行考虑，而忽略其弹性影响。

（2）适当采用线性化模型。

如前所述，动车组系统中存在大量的非线性因素，如橡胶弹性悬挂元件的刚度、液压减振器的阻尼特性、各种弹性止挡等。如果全部按非线性进行考虑的话，会导致动力学系统方程非常复杂，求解困难。因此通常对某些元件和特征采用适当的线性化，从而在不影响问题本质的情况下，简化求解过程。例如，在考虑常规车辆系统动力学性能的仿真分析时，通常将线路等轨道方面的非线性因素排除在外。

线性化模型的方法较多，前面也有所说明。但是当系统的某些元件非线性很强时，采用简单线性化方法可能会使整个系统的仿真分析结果失真。此时就必须采用非线性模型。例如，在分析车辆曲线通过性能的时候，可以近似线性地把线路曲线半径的变化、超高角度的变化等采用线性化处理，但是其轮轨几何接触关系和轮轨蠕滑力和蠕滑率之间的关系就必须采用非线性修正才能得到比较符合实际情况的结论。

（3）选择合适的自由度。

动车组系统中有若干零部件，如果每个零部件都按空间6个自由度进行考虑的话，会导致系统方程数量过大，从而影响问题的求解。因此需要根据仿真分析的目的，对动车组系统中的零部件数目进行简化，同时根据问题主要研究垂向、横向还是纵向等，将各物体的自由度也进行分别处理。

图3.68就是某型动车组车辆进行参数优化仿真分析时所采用的模型。在该模型中，将动车组考虑为轮对、转向架构架、车体三刚体，各刚体之间采用弹性悬挂系统元件进行连接。由于不考虑纵向运动的影响，因此其自由度中均不考虑伸缩自由度。同时考虑轮对不允许脱离钢轨，因此忽略轮对的浮沉自由度。

3. 动车组系统动力学的数值仿真基本流程

不管是采用什么样的动车组系统动力学仿真软件，其基本的流程都一样，如图3.69所示，具体包括以下内容：

（1）根据需要进行分析的动车组研究对象，建立动车组系统的数学模型，主要是确定动车组的几何结构参数、悬挂系统参数、各部件之间的相互连接位置等。

（2）建立合适的轮轨接触模型，包括车轮踏面外形、钢轨轨头外形、轨底坡等。

（3）构建合适的线路模型，针对不同的分析任务，设计不同的线路数据，如选择直线、曲线或者道岔模型，设定线路的不平顺形式及其等级等。

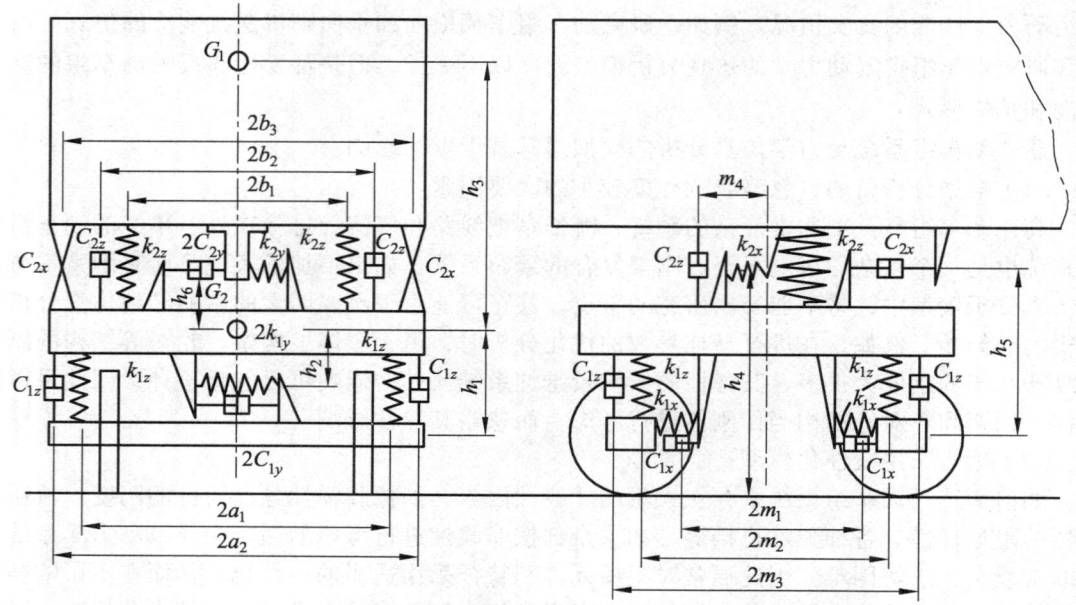

图 3.68 动车组车辆系统动力学模型示意

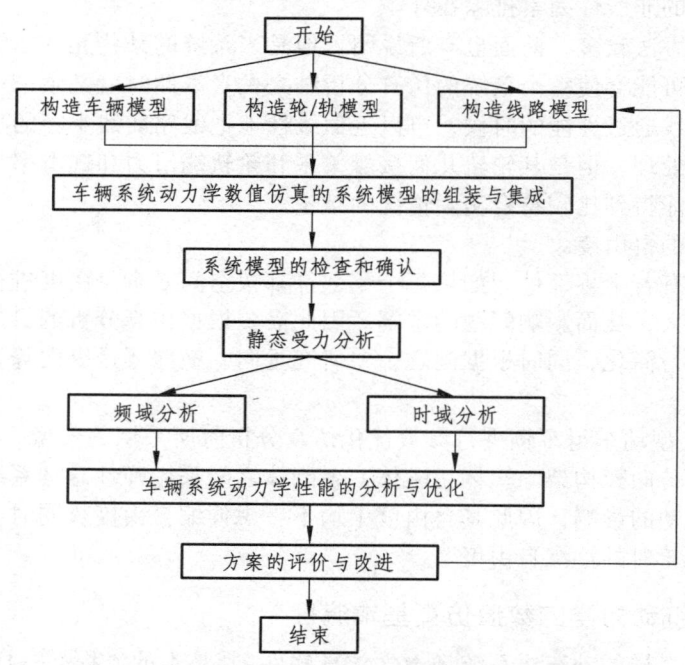

图 3.69 车辆系统动力学数值仿真的基本流程

（4）将车辆模型、轮轨接触模型和线路模型进行集成，形成可供分析的整车（或整列）组合模型。

（5）进行静力平衡分析，确定各参数的平衡点，同时检验模型静态是否稳定。

（6）进行车辆系统运动学或动力学各项分析及其数值结果的后处理分析，得出需要的运动学和动力学性能指标。

（7）进行车辆系统动力学性能的分析与评价，确定车辆结构参数、悬挂系统参数等的优化方案，进行优化分析。

（8）车辆整体系统的评价与改进。

4. 车辆系统动力学的数值仿真基本过程

进行车辆系统动力学数值仿真需要构造动车组车辆系统动力学的数值仿真模型。如前所述，车辆系统动力学的数值仿真模型主要由车辆模型、轮轨接触模型和线路模型3部分组成。

（1）建模。

车辆动力学模拟分析首先需要建立车辆系统力学模型及其数学描述，称之为"建模"。

（2）提供分析时的系统参数（主要包括几何、质量和悬挂参数）。

① 几何参数：车轮直径、转向架轴距、转向架中心距。

② 质量参数：电机、车体、构架、齿轮箱、轮对及轴箱等部件的质量和转动惯量。

③ 悬挂参数：一系、二系定位刚度和悬挂刚度；一系、二系的阻尼特性曲线。

④ 其他参数：轮/轨接触几何状态、接触点锥度及其变化曲线。

（3）提供线路轨道激励。

分析时需要输入的外加激励按线路条件确定。

（4）输出数据。

相对每一组系统参数和一种线路不平顺激扰可以求解出列车在不同速度下的下列数据：

① 各车轮的轮/轨相互作用力 Y、Q。

② 轮/轨垂向力及其变化，轮轨最大载荷和减载率，最大脱轨系数。

③ 车体 x、y、z 三个方向的振动加速度。

④ 振动平稳性指数（统计值）。

⑤ 转向架构架的振动加速度。

⑥ 轮/轨磨耗指数。

3.6.3 常用车辆系统动力学仿真软件

1. 车辆系统动力学仿真软件的基本功能

数字化时代的知识创新呈现出许多新的技术特点，数值仿真技术是数字化时代发展最为迅速、影响最为广泛的新技术之一。随着社会的发展，产品日趋精细化、生产管理日趋精确化、成本也日趋节约化，越来越多的领域充分借鉴虚拟样机技术，从产品的概念设计开始，就将数字仿真技术贯穿于整个产品寿命的各个阶段，如三维研发设计、结构受力分析、性能仿真分析、虚拟试验及虚拟服役环境仿真，等等。将数值仿真技术应用在现代轨道车辆发展领域，可以使经验的、定性的、静态的传统设计方法变为定量的、动态的、优化的现代设计模式。动车组系统动力学仿真分析就是在轨道车辆工程、多体计算动力学和计算机仿真理论等多学科基础上发展起来的新的交叉学科。

随着机车车辆系统动力学仿真分析的深入、铁路事业的发展和科学技术的进步，在各国从事车辆动力学研究的科技工作者倾力研究下，出现了一些较为成熟的仿真软件。

目前已发展了许多大型通用性商业化软件可供选择，它们各具特色。可针对不同的分析目的和载荷（激励）条件选择不同的软件。可供选择，并已经证明应用有效的软件如下：

（1）NUCARS，由美国 AAR 研究开发的铁道车辆与轨道动力学分析软件。

（2）MEDYNA，由德国研制的基于多刚体动力学车辆动力学分析软件。

（3）ADAMS/Rail，是通用动力学软件 AIIAMS 吸收了 MDYNA 中轮/轨关系部分而开发的用于铁道车辆与轨道动力学分析的专用软件包。

（4）VAMPIRE 是英国铁道研究中心开发的用于铁道车辆动力学及车体模态分析软件。

（5）SIMPACK 是由德国研制的基于多体（包含柔体）车辆系统动力学分析软件。

此外，各国还自主开发了各种专用软件，也都较成功地用于高速车辆设计。

2. ADAMS/Rail 简介

（1）ADAMS/Rail 的发展。

ADAMS/Rail 是目前世界上最流行的铁道车辆系统动力学数值仿真软件之一。1993 年，MDI 与荷兰铁路技术咨询公司合作，将基于现代轮轨理论的计算方法加入 ADAMS。1995 年，ADAMS/Rail 开始进入铁道车辆动力学仿真计算领域。1996 年，MDI 与德国 Argecare 公司合作，在 ADAMS/Rail 中采用 MEDYNA 软件的轮/轨接触单元。2002 年，MDI 与英国 AEA 铁道技术公司达成战略合作关系，进一步增强了 ADAMS/Rail 的轮/轨计算能力。2002 年，MSC.Software 公司收购了 MDI。之后，MSC 不断改进 ADAMS 的功能，使 ADAMS 融入 MSC.Software 的软件系统。

（2）使用 ADAMS/Rail 的作用。

使用 ADAMS/Rail 进行新型车辆的虚拟样机设计，有以下优点：

① 设计更快捷。在研制和测试物理样机前，预计新样机的设计性能，深化设计细节研究。

② 成本更经济。相对于物理样机研制，虚拟样机技术以低成本和高效率进行设计参数变化对车辆动力学性能的影响研究。

③ 试验更方便。相对于物理样机对不同车辆试验工况下测试仪器、试验设备和试验过程的准备要求而言，虚拟样机技术在不同的分析之间进行变化可以更快，并更简单。

④ 工作更安全。不用担心线路或车辆的不利状况造成的危险，不用担心仪器的失效而丢失试验数据，不用担心因天气原因而错过试验时机。

（3）ADAMS/Rail 模块的构成。

ADAMS/Rail 是基于模板的专用于铁道车辆动力学仿真的软件包。包括 3 个最基本的解题程序模块：ADAMS/Rail（界面模块）、ADAMS/Rail（求解器）和 ADAMS/ Postprocessor（后处理器）。

ADAMS/Rail（界面模块）含有各种预设模板，提供了一个直接面向用户的基本操作对话环境和进行动力学分析的前处理功能。它提供了标准界面和模板建立器两种界面，来满足不同权限的使用者。在标准界面 ADAMS/Rail（界面模块）提供了丰富的零部件数据库，帮助用户快捷地建立参数化的零部件模型，如弹簧、阻尼器和车轮等。模板建立器界面则是用来创建模板的几何拓扑结构，就是创建一系列元件，如轮对、构架、车体、悬挂元件、空气弹簧、阻尼器，以及定义子系统需要的参数。ADAMS/Rail 利用模块和分析工具箱，快速建立和分析铁路车辆动力学系统的仿真模型。

ADAMS/Rail（求解器）是求解机械系统运动学和动力学问题的程序。完成模型分析的准备工作以后，ADAMS/Rail（界面模块）程序可以自动地调用 ADAMS/Rail（求解器）模块，求解系统的静力学、运动学和动力学问题，完成仿真分析以后再自动返回 ADAMS/Rail（界面模块）的操作界面。

ADAMS/Postprocessor（后处理器）模块具有非常强大的后处理功能，它可以回放仿真结果、绘制各种分析曲线、对曲线的显示形式进行编辑。ADAMS/Postprocessor（后处理器）还可以对仿真分析曲线进行一些数学计算和统计计算，可以输入试验数据绘制试验曲线，并与仿真结果进行比较等。

（4）ADAMS/Rail 的功能。

ADAMS/Rail 通过对车辆系统进行装配的方法建立动力学系统的集成模型。铁道车辆的子系统主要包括前、后转向架（包括轮对、构架、悬挂系统和抗侧滚扭杆等）和车体。ADAMS/Rail 提供了通用的铁道车辆转向架和车体的标准模板。具有专家用户（expert-user）权限的用户，可以利用 ADAMS/Rail 模板建立器创建用户自己的模板，并在此基础上建立自己的子系统。当用户对铁道车辆系统动力学的集成模型进行分析时，ADAMS/Rail 根据用户指定的输入参数和分析方式进行相应的仿真计算。

利用 ADAMS/Rail 可以快速地建立铁路车辆系统动力学模型，并且通过对动力学模型进行仿真计算分析其性能。ADAMS/Rail 可以完成如下数值仿真计算任务：

① 预载计算、线性分析、稳定性分析和动态分析。
② 车辆舒适性和曲线通过能力分析。
③ 列车牵引和制动计算。
④ 车辆悬挂系统设计。
⑤ 钩缓装置设计。
⑥ 牵引传动装置设计。
⑦ 动态轮/轨接触分析，轮轨蠕滑与磨耗计算。
⑧ 车辆脱轨和倾覆分析。

3. ADAMS/Rail 实例

ADAMS/Rail 模块是利用模板来定义、组成需要的子系统，一些子系统装配起来形成集成模型。模板可以是系统自带的，也可以是用户根据需要创建的。但两者在一些具体内容上是不同的，下面举例说明 ADAMS/Rail 的用法。

本实例将装配一个铁路车辆动力学系统模型，并且对其进行线性分析和动态分析。进行分析前，必须建立前后转向架和车体的子系统。完成整车系统的集成模型（见图 3.70），执行预载分析。最后，对该模型进行动力学仿真计算分析。

本实例通过调用现有模板创建铁路车辆子系统、装配集成模型，并且进行仿真计算分析的过程，帮助用户了解和熟悉 ADAMS/Rail 的标准界面。内容如下：

（1）启动 ADAMS/Rail 标准界面口和熟悉 ADAMS/Rail 窗口。
（2）创建子系统。
（3）创建整车系统集成模型。
（4）执行预载分析。
（5）执行线性化分析。

（6）执行动态分析。

（7）执行稳定性分析。

从"开始"菜单选择"程序"→"MSC.ADAMS**"→"ARail"→"MSC.ADAMS/Rail（View）"。MSC.ADAMS/Rail 就会显示欢迎对话框，单击"OK"按钮，在已经配置好的标准界面模式下运行。

利用标准模板 Erri_Bogie 建立前、后转向架子系统。不需要每次都建立新的子系统，当第一次建好后应予以保存，以后只需要打开现有的子系统即可。建立前、后转向架和车体子系统后，就可以进行整个铁路车辆系统模型的装配工作。建立子系统的时候，可以把它保存在 MSC.ADAMS/Rail 的数据库中。保存一个子系统时，MSC.ADAMS/Rail 把它存放在默认的数据库中。开始的时候，"mdids：//private database"是缺省的可写数据库，用户可以根据需要改变默认的可写数据库。当确信模板设计已经完成或者准备用来预览的时候，可以让数据库管理员把文件保存在共享数据库中，或允许从个人数据库中得到它。

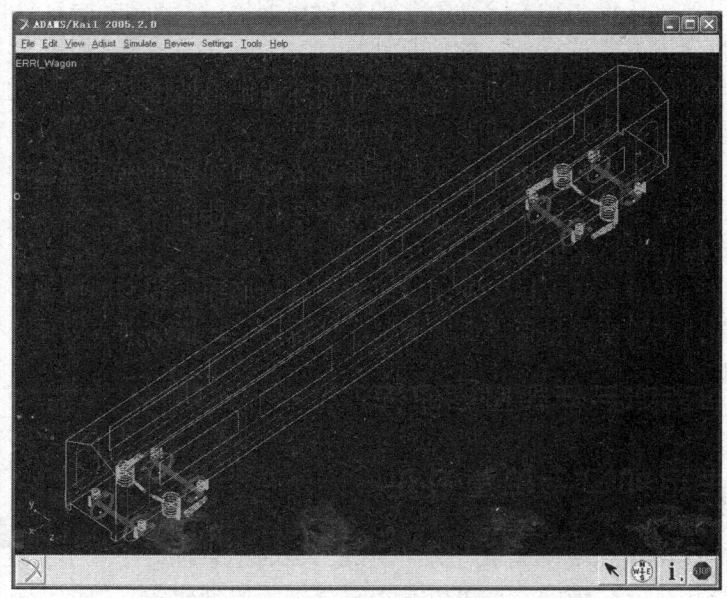

图 3.70 装配好的车辆系统集成模型

（1）建立前转向架子系统。

① 建立前转向架子系统。基于保存 Erri_bogie.tpl 标准模板库中的 Erri_bogie 模板来建立前转向架子系统，并且保存它。建立前转向架子系统的步骤如下：

从"File"菜单选择"New"，然后选择"Subsystem"新建子系统对话框，就会出现如图 3.71 所示界面。在"Subsystem Name"文本框，输入"Erri_Front_bogie"。把"Miner Role"

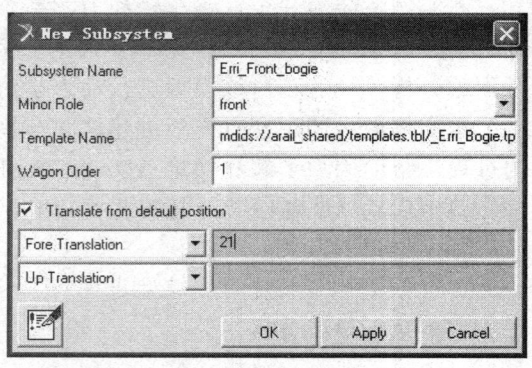

图 3.71 前转向架参数

设为"Front",Minor Role 定义了子系统的函数和在集成模型中的位置（例如,"front"或者"rear"）。这里选择"front"是因为要创建一个前转向架。右击"Template Name"文本框,指向"Search",然后选择"shared database",选择文件对话框就会出现。双击"Erri_Bogie.tpl","Template Name"文本框现在包含了文件"Erri_Bogie.tpl"和它的路径。把"Wagon Order"设为"1"。使用"Wagon order"选项以便对多个车辆使用同一个模板（转向架、附属机构、车体）。确定"Translate from default position"被选中。把"Fore Translation"值设为"21",选择"OK"按钮,MSC.ADAMS/Rail 利用模板中缺省的数据来创建悬架子系统,如图 3.72 所示。

② 保存前转向架子系统。保存前转向架子系统的步骤如下：从"File"菜单选择"Save as",然后选择"Subsystem",保存子系统对话框就会出现。"Erri_Front_Bogie"子系统应该一直显示在子系统名字的文本框中,因为它是当前打开的唯一的子系统。确信"Close subsystem after save"被选中,以便于 MSC.ADAMS/Rail 在存盘后能关闭该子系统。单击"OK"按钮,MSC. ADAMS/Rail 把该子系统保存在缺省可写数据库中。

（2）建立后转向架子系统。

① 建立后转向架子系统。基于保存在 Erri_Bogie.tpl 标准模板中的 Erri_Bogie 模板来建立后转向架子系统,并且保存它。建立后转向架子系统的步骤如下：

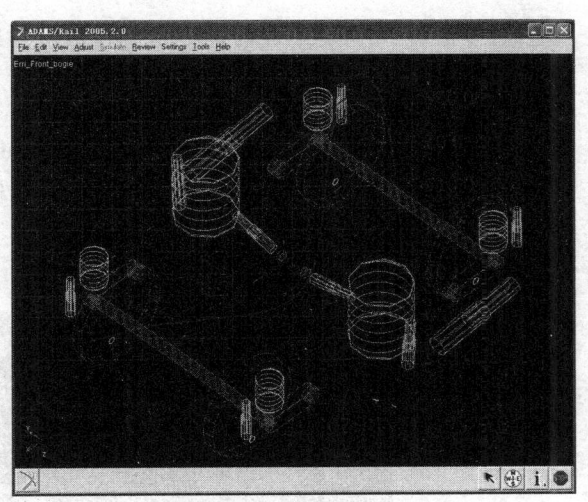

图 3.72 前转向架模型

从"File"菜单选择"New",然后选择"Subsystem"。新建子系统对话框就会出现（见图 3.73）。在"Subsystem Name"文本框输入"Erri_Rear_Bogie",把"Minor Role"设为"rear"。这里选择"rear",是因为要创建一个后转向架。右击"Template Name"文本框,指向"Search",然后选择"shared databases"选择文件对话框就会出现。双击"Erri_Bagie.tpl","Template Name"文本框现在包含了文件"Erri_Bogie.tpl"和它的路径。把"Wagon Order"设为"1"。确定"Translate from default position"被选中。选择"OK"按钮。

② 移动抗蛇行阻尼器硬点。通过移动抗蛇行阻尼器硬点的方法来旋转后转向架的两个抗蛇行阻尼器,修改后转向架的抗蛇行阻尼器。

从"Adjust"菜单选择"Hardpoint",然后选择"Modified",修改硬点位置的对话框就会出现（见图 3.74）。右击"Hardpoint"文本框,指向"Hardpoint",然后选择"Browse",数据库导航器就会出现。选中".Erri_Rear_Bogie.ground"中的".hpl_att_YD_body",并单击"OK"按钮,硬点文本框就会包含有".Erri_Rear_Bogie.ground.hpl_att_YD_body"。在"Location"文本框,输入"1.106,－1.41,－0.63",确信"Symmetric"被设为"Yes",选择"Apply"按钮。

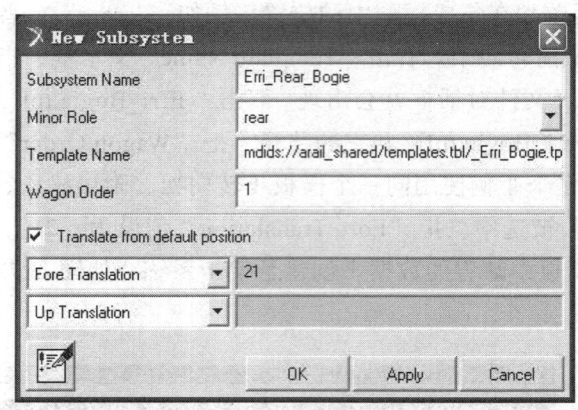
图 3.73 后转向架模型

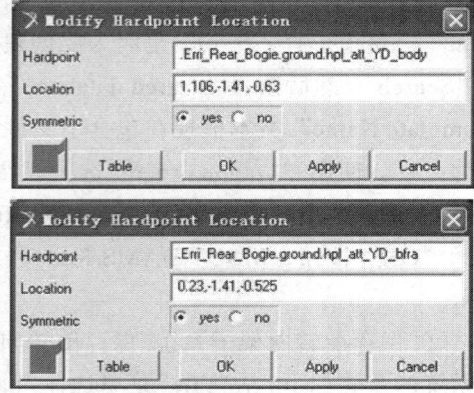
图 3.74 后转向架模型

右击"Hardpoint"文本框,指向"Browse",数据库导航器就会出现。选中".Erri_Rear_Bogie.ground.hpl_att_YD_bfra",硬点文本框就会包含有".Erri_Rear_Bogie.ground.hpl_att_YD_ bfra"在"Location"文本框,输入"0.23,-1.41,-0.525",确信"Symmetric"被设为"Yes",单击"OK"按钮。修改后的子系统如图 3.75 所示。

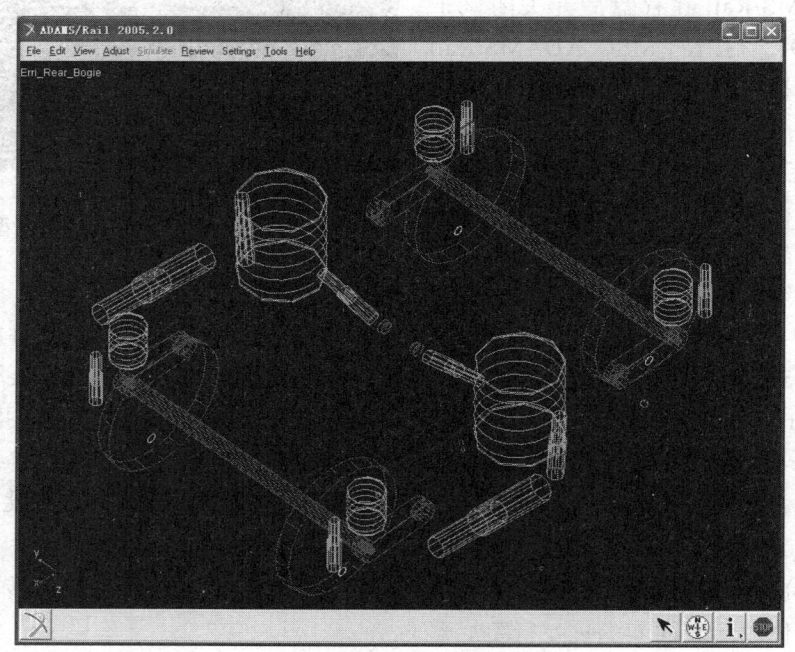
图 3.75 后转向架模型

③ 移动后转向架子系统。如图 3.76 所示,移动后转向架子系统步骤如下:从"Adjust"菜单选择"Shift",把"Fore Translation"设为"2",单击"OK"按钮。

④ 保存后转向架子系统。保存后转向架子系统的步骤如下:从"File"菜单选择"Save as",然后选择"Subsystem",保存子系统对话框就会出现。"Erri_Rear_Bogie"子系统应该一直显示在子系统名字的文本框中,因为它是当前打开的唯一的子系统。确信"Close subsystem after save"被选中,以便于 MSC.ADAMS/Rail 在存盘后能关闭该子系统。单击"OK"按钮,MSC.ADAMS/Rail 把该子系统保存在缺省可写数据库中。

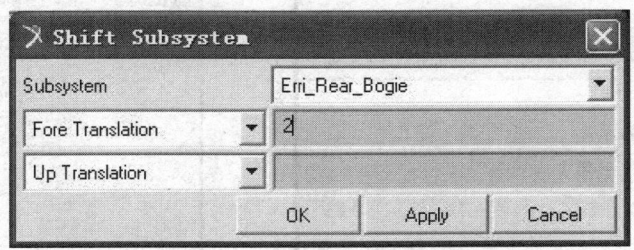

图 3.76 移动后转向架子系统

(3)创建车体子系统。

① 创建车体子系统。利用存储在标准模板"Erri_Car_Body.tpl"中的"Erri Carbody"模板来创建车体子系统,并且存储它。创建车体子系统步骤如下:从菜单"File"选择"New",选择"Subsystem","a New Subsystem"对话框就会出现(见图 3.77)。在"Subsystem Name"文本框,输入"Erri_Car_Body"。把"Minor Role"设为"any",在本例中,因为将建立一个车体,所以要选择"any"。

右击"Template Name"文本框,指向"Search",然后选择"shared database"。文件选择对话框就会出现,双击"Erri_Car_Body.tpl"模板名字文本框就会包含有文件"Erri_Car_Body.tpl"和它的路径。把"Wagon Oder"设为"1"。确信"Translate from default position"被选中。把"Fore Translation"设为"11.5",单击"OK"按钮,MSC.ADAMS/Rail 利用模板中缺省的数据来创建车体子系统。

② 保存车体子系统。保存车体子系统的步骤如下:从菜单"File"选择"Save",选择"Subsystem","Erri_Care_Body"子系统应该一直显示在子系统名字的文本框中,因为它是当前打开的唯一的子系统。确信"Close subsystem after"没有被选中,以便 MSC.ADAMS/Rail 在保存子系统之后不把它关闭。单击"OK"按钮,MSC. ADAMS/Rail 把子系统保存在缺省的可写数据库中。

(4)创建整车系统集成模型。

MSC.ADAMS/Rail 可以把分散的前、后转向架和车体子系统组装为一个车辆系统集成模型。这个装配过程简化了子系统的打开和存盘。装配整个铁路车辆系统集成模型的步骤如下:从菜单"File"选择"New",选择"Wagon Assembly","New Wagon Assembly"对话框就会出现(见图 3.78)。在"Assembly Name"文本框,输入"ERRI_Wagon"。选择"Body Subsystem"下的文件夹图标,新创建的车体子系统的名字就会出现"ERRI_Car_Body"。右击"Other Subsystems"文本框,指向"Search",接着选择"mdids://Private"数据库,选择一个或多个文件的对话框就会出现。选中"Erri_Front_Bogie.sub"和"Erri_Rear_Bogie.sub",单击"Open","Other Subsystem"文本框现在包含了"Erri_Front_Bogie.sub"和"Erri_Rear_Bogie.sub"和它们的路径。单击"OK"按钮,信息窗口就会出现,提示创建集成模型时 MSC.ADAMS/Rail 采用的步骤。最后 MSC.ADAMS/Rail 在主窗口显示整个铁路车辆的集成模型,如图 3.78 所示。

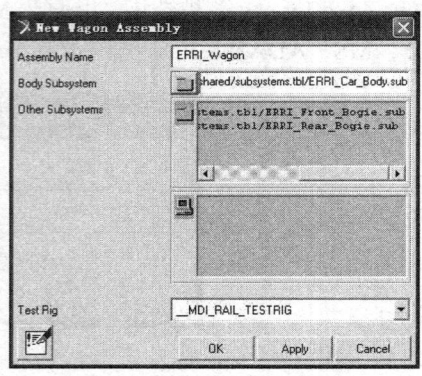

图 3.77　创建车体子系统对话框　　　　图 3.78　装配车辆对话框

（5）执行预载分析。

① 执行预载分析的步骤。

从"Simulation"菜单单击"Preload Analysis"，然后选择"Submit"，"Rail Analysis Preload Submit"对话框就会出现。"Erri_Wagon"应该出现在集成模型文本框内，因为它是当前打开的唯一集成模型。在"Analysis Name"文本框输入"Erri_Wagon"。为了计算模型中所有悬挂单元的预载值，把"Analysis Name"下的可选菜单设为"All Suspensions Elements"。选择"Apply The Preloads Automatically"，单击"OK"按钮，MSC.ADAMS/Rail 计算预载值并且把结果写入文件名为"[Analysis name]_Preload.pre"文件中。然后 MSC.ADAMS/Rail 自动把计算后的预载值加在选定的悬架上，信息窗口会出现并且显示计算的预载值。关闭信息窗口。

② 保存车辆系统集成模型的步骤。

从菜单"File"单击"Save as"，选择"Assembly"，确信"Close Assembly after save"没有被选中，以便 MSC.ADAMS/Rail 在保存后不把集成模型关闭。确信"Save modified subsystems"被选中，以便被修改后的包含有预载值的转向架子系统和整个集成模型一起被存入缺省的数据库中。单击"OK"按钮，在保存装配和子装配前，MSC.ADAMS/Rail 会提示是否对文件进行备份。单击"NO"按钮，MSC.ADAMS/Rail 覆盖集成模型和子系统文件，并且把文件写入可写的缺省数据库中。

（6）执行线性化分析。

MSC.ADAMS/Rail 可以对铁路车辆集成模型执行模态分析。通过计算车辆模型的特征值和特征向量，可以对系统的固有频率和振型有一个更好的了解。执行完线性化分析后，可以检查系统的特征值并且对模态进行动画显示。

① 进行线性化分析。

进行线性化分析的步骤：从"Simulate"菜单单击"Linear Analysis"，"Rail Analysis Linear Submit"对话框就会出现（见图 3.79），在"Analysis Name"文本框，输入"Erri_Wagon"，单击

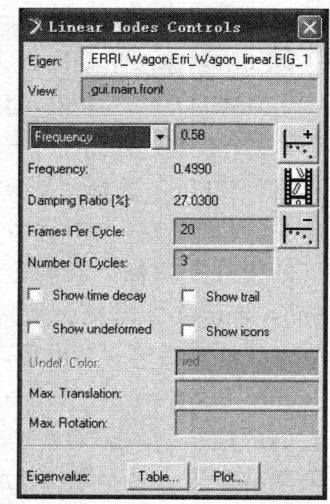

图 3.79　Linear Modes Controls 对话框

"OK"按钮,信息窗口就会出现,提示执行分析时 MSC.ADAMS/Rail 采用的步骤。单击"Close"。

② 浏览线性化分析结果。

浏览线性化分析结果的步骤:从"Review"菜单选择"Linear Modes Controls","Linear Modes Controls"对话框就会出现。从对话框的底部,选择"Table",信息窗口就会出现,并且显示计算的模态。

为动画选择车辆模态对应的非零频率值,如大约"0.58 Hz"频率的模态对应的车体的下心侧滚。为了动画显示模态,选择"Animate"工具 。

③ 执行动态分析。

a. 进行动态分析。

进行动态分析的步骤:从"Simulate"菜单单击"Dynamic Analysis","Rail Analysis Dynamics Submit"对话框就会出现(见图 3.80)。在"Analysis Name"文本框,输入"Erri_Wagon_Curve",在"End Time"文本框,输入"5",在"Number of Steps"文本框,输入"250",右击"Track Property File"文本框,指向"Search",然后选择"shared database"。双击"mdi_track_curve.trk","Track Property File"对话框现在出现了文件"mdi_track_curve.trk"和它的路径。这个文件包含了对路径的描述。右击"Contact Configuration File"文本框,指向"Search"。然后选择"shared database",双击"mdi_contacte_tab.ccf","Track Property File"对话框现在出现了文件"mdi_contacte_tab.ccf"和它的路径。这个文件包含了对车辆激路接触模型的描述。在"Initial Velocity"对话框,输入"20",单击"OK"按钮,信息窗口就会出现,提示当执行分析时 MSC.ADAMS/Rail 采用的步骤。当分析完成的时候,可以在 MSC.ADAMS Postprocessor 对结果进行绘图表示。

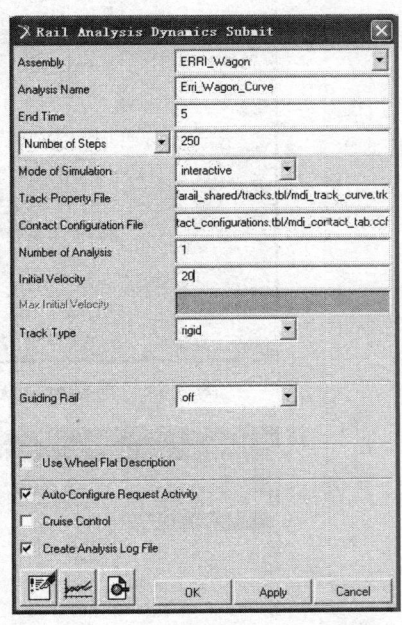

图 3.80 Dynamics Submit 对话框

b. 显示动态分析结果。

显示动态分析结果的步骤:从"Review"菜单选择"Postprocessor Window",MSC.ADAMS Postprocessor 就会出现,利用 MSC.ADAMS Postprocessor 对结果信息进行图形处理,完成对结果的分析后,按 F8 键可以回到 MSC.ADAMS/Rail。

如图 3.81 所示,依次在"Simulation"列表框中选"Erri_Wagon_Curve_dyn",在"Filter"列表框中选"User_defined",在"Request"列表框中选"User_PVD_Front1_data",在"Component"列表框中选择"displacement_front"选项,然后单击"Add Curves",分析前垂向减振器的位移与时间的关系。同理,在"Component"列表框中选择"force_front"选项,然后单击"Add Curves",分析前垂向减振器受力随时间的关系。

为了更加清楚地分析位移与受力之间的关系,用户可以建立这两者之间的关系图,方法是在"Component"列表框中选择"displacement_front"选项,然后选中"Independent Axis"

选项区域中的"Data"单击按钮,弹出独立坐标轴对话框(见图 3.82),选择"force_front"作为另外一个坐标轴,单击"OK"按钮,最后单击"Add Curves"按钮,显示位移与受力之间的关系图,如图 3.83 所示。从图中可以看出前竖向阻尼器在 0.4 与 0.42 之间上下跳动。

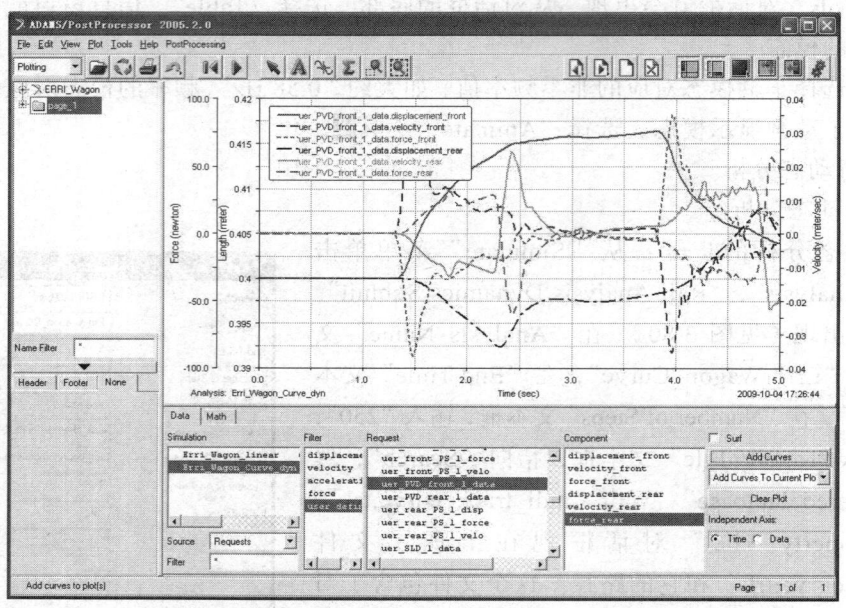

图 3.81 前垂向减振器位移、速度及受力与时间之间的关系曲线

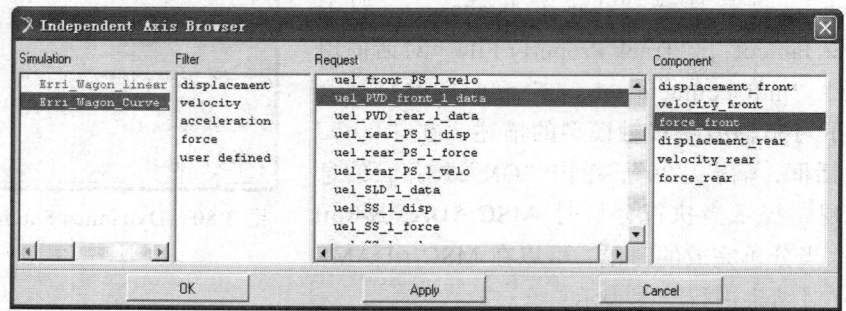

图 3.82 独立坐标轴对话框

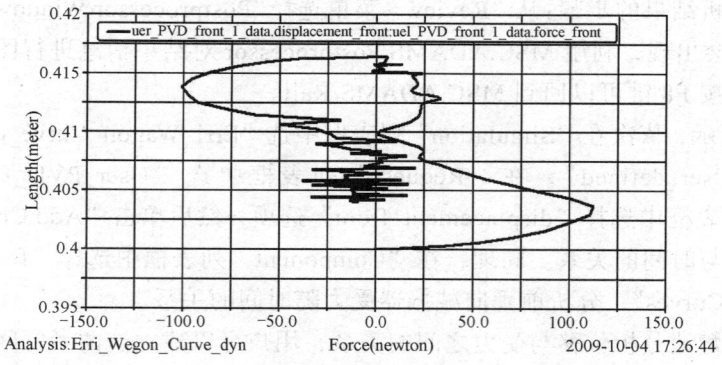

图 3.83 位移与受力之间的关系

（7）执行稳定性分析。

① 执行稳定性分析的步骤。

从"Simulate"菜单选择"Stability Analysis"，接着选择"Open Loop"，"Rail Analysis Stability Open Loop Submit"对话框就会出现（见图3.84）。在"Analysis Name"文本框输入"Erri_wagon"，右击"Contact Configuration File"文本框，指向"Search"。然后选择"shared database"，"Select File"对话框就会出现，双击"mdi_contact qlt.ccf"，对话框就会包含文件"mdi_contact qlt.ccf"和它的路径。该文件包含了对车轮/轨道接触模型的描述。在"Number of Analyses"文本框输入"10"；在"Initial Velocity"对话框输入"40"；在"Final Velocity"文本框输入"130"。单击"OK"按钮。

② 查看稳定性分析结果图形的步骤。

从"Review"菜单选择"Postprocessor Window"，启动MSC.ADAMS Postprocessor，从"Postprocessor"菜单单击"Stability Toolkit"，并且选择"Stability Plots"，右击"Analysis Name"文本框，指向"Analysis"，指向"Guesses"，然后选择"Erri_Wagon-stability"，在"Plot Subtitle"文本框输入"Stability Map with Shared CCF File"（见图3.85）。在"Min Frequency"文本框输入"0.1"，在"Max Frequency"文本框输入"30"，单击"OK"按钮。"MSC.ADAMS/Rail"为该分析绘制稳定性分析结果的图谱，利用该稳定性图谱可以分析在轮轨接触属性文件mdi_contact_qlt.ccf对应的情况下，车辆模型的临界速度。

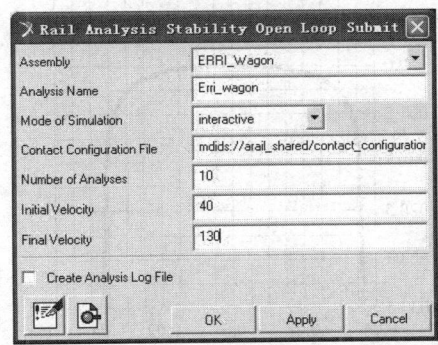

图3.84 稳定性分析对话框

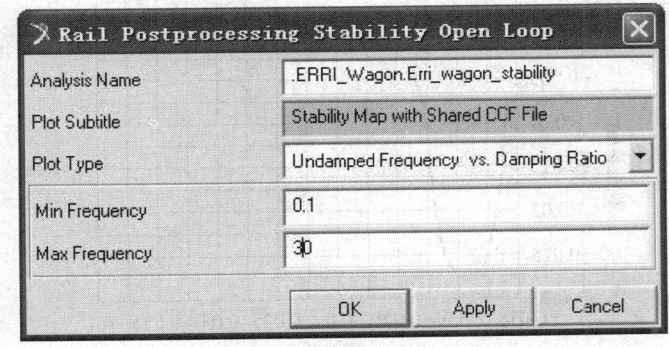

图3.85 稳定性分析后处理设置对话框

3.6.4　200 km/h 动车组动力学性能仿真

目前，车辆系统动力学的仿真计算大多采用单车模型。实际上，铁道车辆是以列车编组方式运行的，而且高速列车的车辆间越来越多地安装了各种减振连接装置。因此，建立可靠实用的多车模型是当前铁道车辆系统动力学仿真研究的重要工作。

中国铁道科学研究院（CARS）和日本铁道综合技术研究所（RTRI）在1999—2003年进行了"高速车辆运行仿真"的合作研究，中国浦镇车辆厂和唐山车辆厂参加了该项目的工作。在合作研究中，CARS 和 RTRI 对建立车辆系统动力学仿真模型的基本理论和建模方法进行了充分交流和讨论。在确认单车动力学模型的基础上，CARS 采用 MSC.ADAMS 和 NUCARS 程序，RTRI 采用自行研发的程序，以 200 km/h 客车转向架的实际运用为目的，采用完全相同的车辆参数和实测的线路几何不平顺数据,各自完成了 6 辆车的多车模型动力学仿真计算。2002 年 12 月在北京环形道,CARS 和 RTRI 项目合作成员进行了装有 CARS200 转向架双层客车的动力学试验。根据样机的实际结构数据和实测的北京环形线线路数据,2003 年 CARS 和 RTRI 再次分别进行仿真计算,并与试验结果进行比较分析。

1. 车辆和轨道模型

仿真计算模型以 200 km/h 拖车转向架为实例(以下简称 CARS200,各模型见图 3.86～图 3.91)。该转向架装有抗侧滚扭杆、带阻尼孔的空气弹簧、无摇枕形式。计算采用中国铁路的 LMa 车轮踏面,T60 轨道。线路几何不平顺来自铁科院北京环行试验线实测数据。轮轨摩擦系数 0.35,其他参数见表 3.8 和表 3.9。

图 3.86 CARS200 转向架 CAD 模型

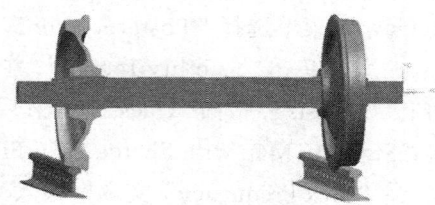

图 3.87 CARS200 的车轮和钢轨的 CAD 模型

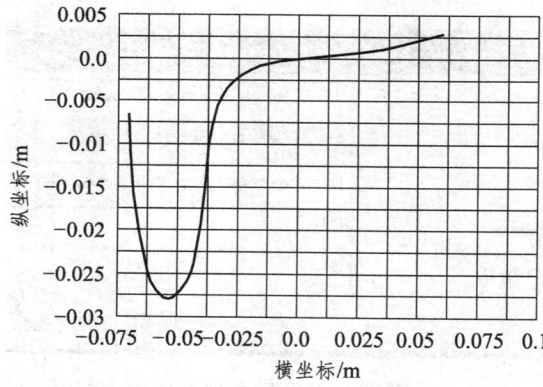

图 3.88 CARS200 的车轮踏面(LMA)

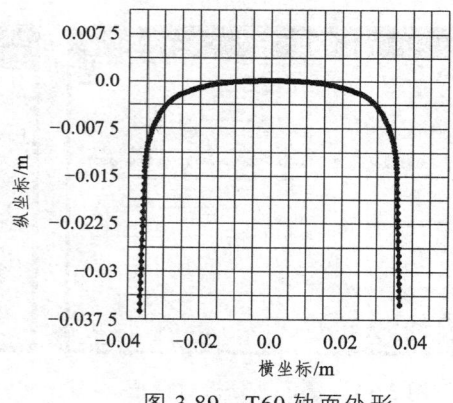

图 3.89 T60 轨面外形

图 3.90 CARS200 的 MSC.ADAMS/Rail 模板模型

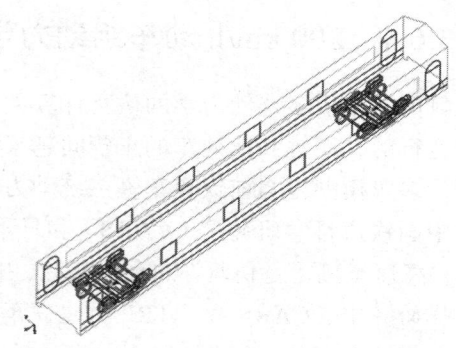

图 3.91 CARS200 单车装配模型

2. 单车模型主要计算结果

CARS200 和 RTRI 对速度 160 km/h 和 240 km/h 的计算结果进行了比较，如图 3.92 和图 3.93 及表 3.10 所示。双方计算的车体加速度、轮轨力、脱轨系数基本一致，个别振动波形和细部存在差异。

表 3.8　CARS200 主要部件的质量、惯量和重心高

部　件	质量/kg	惯量/(kg·m²)			距轨面重心高/mm
		侧　滚	点　头	摇　头	
车　体	51 000	$1.282\,7\times10^5$	3.564×10^6	3.565×10^6	2 200
转向架	2 063	1 148	1 236	2 286	668
轮　对	1 812	993	129	987	453.5

表 3.9　RTRI 建议的轨道结构力学参数

轨道结构力参数	刚度/(MN/m)	阻尼/(kN·s/m)
垂　向	58.8	92.0
横　向	29.4	65.0

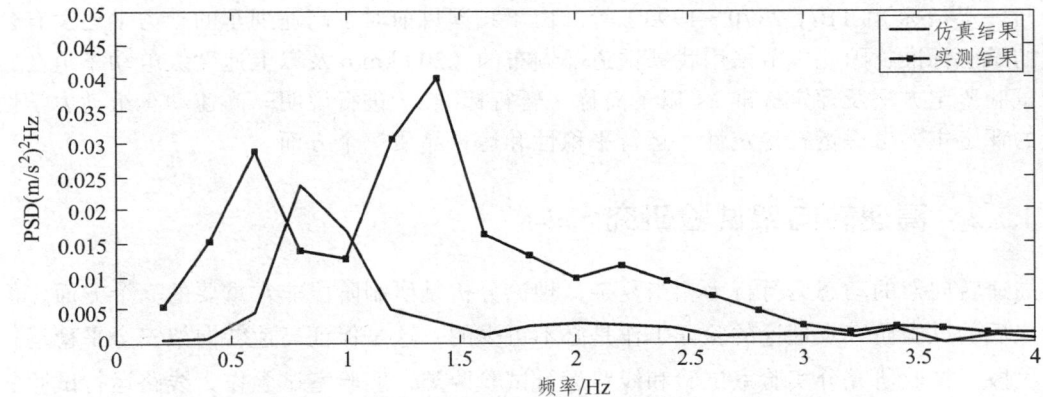

图 3.92　车体横向加速度 PSD 的计算与试验结果的比较

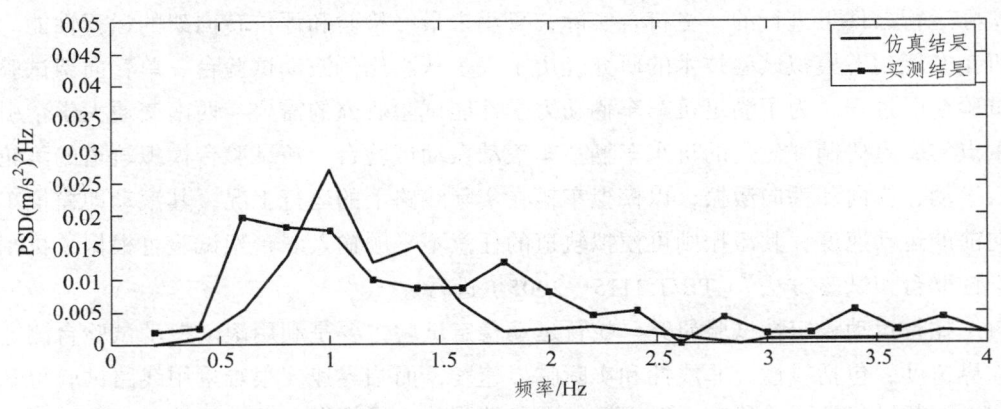

图 3.93　车体垂向加速度 PSD 的计算与试验结果的比较

表 3.10 分析结果与试验结果的比较

项目	车体加速度				轮轨横向力	
	RMS		SD		RSM	
	垂向	横向	垂向	横向	内侧	外侧
试验值	0.232 2	1.054 54	0.177 2	0.222 8	4 380.1	16 588
MSC.ADAMS	0.181 1	0.809 5	0.160 4	0.174 6	4 096.9	16 592

3.7 动车组动力学性能试验

3.7.1 动车组动力学性能试验标准

各国对于铁道机车车辆的动力学性能均有自己的试验标准，我国对于常规铁道机车车辆的动力学性能采用的标准为《机车车辆动力学性能评定和试验鉴定规范》(GB/T 5599—2019)、《铁道特种车辆和轨行机械动力学性能评定及试验方法》(GB/T 17426—1998)、《铁道机车动力学性能试验鉴定方法及评定标准》(TB/T 2360—1993)和《铁路旅客列车纵向动力学试验方法与评定指标》(TB/T 2370—1993)等。由于我国目前对于高速列车的动力学还没有公布正式的试验标准，因此本节采用我国铁道部颁布的《200 km/h 及以上速度级电动车组动力学性能试验鉴定方法及评定标准》(以下简称《暂行标准》)进行说明。高速动车组动力学性能试验的评定主要考虑运行稳定性、运行平稳性和运行品质三个方面。

3.7.2 高速转向架试验研究

高速转向架的动态运行行为相当复杂，理论分析是研制阶段非常重要的一个方面，但样机完成后的试验研究及理论的验证工作是必不可少的，这是保证高速转向架安全平稳运行的重要手段。试验研究分实验室试验和线路运行试验两类，实验室试验作为线路运行试验的前期工作，具有成本低、便于多方案比较、易发现问题、可模拟极端工况等特点。而线路试验是在实际运行条件下进行的，更符合实际，可用来最终检验和评价转向架的运行性能。

机车车辆动态模拟试验技术的研究经历了一个从小比例滚动试验台、单转向架试验台到整车试验台的过程，为了满足机车车辆动力学性能试验研究的需要，西南交通大学牵引动力国家重点实验室研制了先进的机车车辆整车滚动振动试验台，该试验台模拟轨道的滚轮可同时进行滚动、横向和垂向激振，以模拟车辆在实际线路上的运行工况，其滚动即模拟车辆沿轨道向前的运动速度，其激振则可模拟轨道的任意不平顺输入。台架试验可根据《机车车辆动力学性能台架试验方法》(TB/T 3115—2005)进行。

（1）蛇行运动稳定性试验研究。蛇行运动稳定试验主要是利用滚动振动试验台测定转向架的临界速度，包括线性、非线性和实际临界速度，而临界速度很难采用线路试验得到。

（2）运行平稳性试验研究。对于运行平稳性试验，可根据车辆的设计要求和运行条件采用不同等级的线路谱或实测的线路谱来进行，试验台的各滚轮（模拟轨道）可单独横向和垂向激振来模拟轨道 4 个方向的不平顺，即垂向不平顺、水平不平顺、方向不平顺和轨距不平顺。可在车体、构架、轴箱、电机、齿轮箱等部件相应位置布置加速度或位移传感器来测量需要的振动加速度或绝对和相对位移采样时间、信号的采样和滤波频率等可根据需要确定。试验速度等级、每一速度级的通过信号的采集、处理和分析。

（3）悬挂系统自振特性试验。车辆系统是一个多自由度系统，根据多自由度振动系统的特性，作为质量体的车体、构架应具有振型和自振频率，一般称之为悬挂自振特性。根据车体和构架的运动自由度，对相应自由度进行强迫激振，便可测出相应的自振频率。根据激振信号的不同，对车辆悬挂自振频率的测定采用变频扫描法或随机激振法。变频扫描法是通过连续改变正弦激振的频率，记录连续变化的响应曲线，根据车体和构架的最大振动响应点的振动频率，确定该振型下的自振频率。而随机激振法是采用白噪声随机信号对轮对进行激振，测定车体和构架的响应，计算出响应振型下的传递频响函数，则对应的峰值响应的频率点即为自振频率。

（4）结构振动模态试验。通过模态试验可获取车体或构架结构模态参数（模态频率、模态振型），检验其动态设计状态，可为车辆整车动态性能设计提供依据。

下面以构架为例说明其模态试验的方法。

构架模态特性试验分析系统由激振系统、测量系统、数据采集与分析系统组成。构架模态试验的加速度传感器的测点布置、支撑位置和激振位置如图 3.94 所示，采用 4 点激振。测得构架的前几阶模态频率如下：一阶扭转为 33.44 Hz，阻尼比为 0.11；一阶弯曲为 68.77 Hz，阻尼比为 0.18。

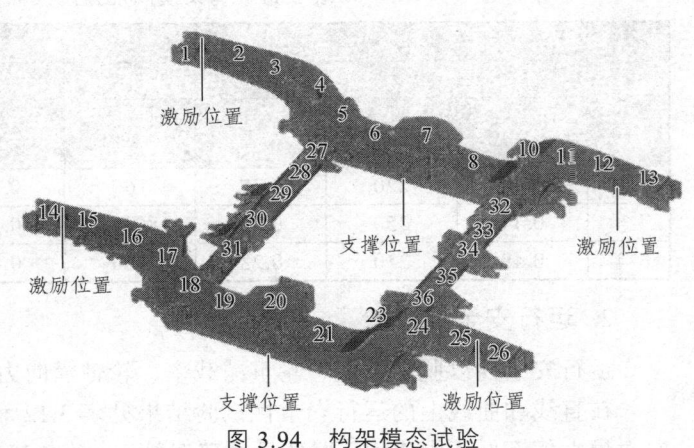

图 3.94　构架模态试验

3.7.3　线路动力学性能试验

通过进行动车组线路动力学性能试验，可以确定其在运用线路条件下（包括直线、道岔、曲线及缓和曲线）的横向运动稳定性、运行平稳性和安全性等动力学性能。

下面以动车组 CRH 为例介绍其动力学性能试验情况。

线路动力学性能试验是在胶济线娄山至蔡家庄区间进行的，由铁道科学研究院主持完成，最高试验速度级为 250 km/h，实际最高试验速度为 252.9 km/h。被试动车组由 2 个动力单元组成，每个动力单元包括 2 辆动车和 2 辆拖车，被试车辆为动车组中的 5 号车、7 号车和 8 号车，如图 3.95 所示。试验测试系统为基于计算机网络的集散式测试系统，各被试车的测点通过屏蔽信号线连接到分散在各被试车的数据采集系统上，数据采集系统通过网络线与集中的试验控制计算机相连。

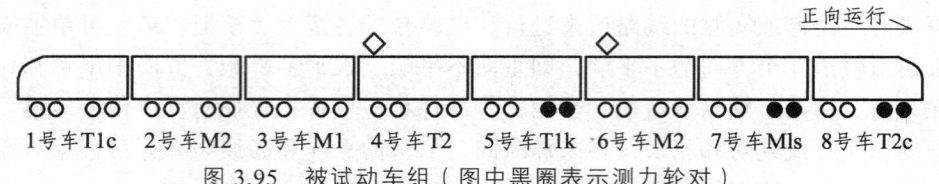

图 3.95 被试动车组(图中黑圈表示测力轮对)

1. 运动稳定性试验

因为在实际线路上车辆系统的振动是随机的,即使出现蛇行失稳也较难观察到像在台架上出现的等幅极限环运动,尤其是当存在小幅度的蛇行失稳时,其会被由轨道激扰引起的随机响应信号所淹没。因此,在线路运行时可采用构架横向振动加速度来判定是否出现蛇行失稳。构架加速度滤波 10 Hz,当加速度峰值有连续振动 6 次以上达到或超过极限值 8~10 m/s² 时,即判定转向架失稳,这样就必须停止继续提速。

表 3.11 所示为测得的在直线和曲线上的构架横向加速度最大值,其值均小于 0.8,说明被试车辆在所试验的速度范围内都没有出现横向失稳现象。

表 3.11 构架横向加速度最大值试验结果

车号	工况							
	直线		R 2 200 m 曲线		R 2 800 m 曲线		R 6 000 m 曲线	
	最大值/g	速度/(km/h)	最大值/g	速度/(km/h)	最大值/g	速度/(km/h)	最大值/g	速度/(km/h)
5 车	0.44	220	0.27	160	0.32	200	0.50	250
7 车	0.44	250	0.23	180/195	0.32	220	0.55	230
8 车	0.48	230	0.23	180	0.45	210	0.63	220

2. 运行安全性试验

运行安全性以脱轨系数、轮重减载率、轮轴横向力等指标来判断。

在直线和曲线上的运行安全性试验结果见表 3.12 和表 3.13。在直线上,被试车的轮轴横向力最大值都低于限度值,脱轨系数普遍较小;在 160 km/h 速度级,轮重减载率最大值都未超过 0.65,超过 180 km/h 后,最大值仍普遍小于 0.80,有少量超过 0.90。

表 3.12 直线上的运行安全性试验结果(5 车)

轴号	运行稳定性	直线	
		最大值	速度/(km/h)
3 轴	脱轨系数	0.39	210
	轮重减载率	0.89	230
	轮轴横向力/kN	21.68	240
	垂直力/kN	146.53	250
4 轴	脱轨系数	0.81	220
	轮重减载率	0.87	230
	轮轴横向力/kN	36.21	220
	垂直力/kN	145.03	240

表 3.13 曲线上的运行安全性试验结果（5 车）

轴号	运行稳定性	R 6 000 m	
		最大值	速度/（km/h）
3 轴	脱轨系数	0.46	240
	轮重减载率	0.85	220
	轮轴横向力/kN	22.32	240
	垂直力/kN	125.84	220
4 轴	脱轨系数	0.58	200
	轮重减载率	0.88	230
	轮轴横向力/kN	24.73	240
	垂直力/kN	143.00	240

在所试验的速度范围内，被试车辆通过 R 2 200 m，R 2 800 m 和 R 6 000 m 曲线时脱轨系数和轮轴横向力最大值都低于允许限度。

3. 运行平稳性试验

（1）舒适度指标。

舒适度指标以连续 5 min 采样数据为一段进行计算，对应的速度是指 5 min 内的平均试验速度。如表 3.14 所示，试验速度在 200 km/h 以下，5 车各测点舒适度指标的平均值都低于 2.0。试验速度超过 200 km/h 之后，只一位端和二位端车体舒适度指标的最大值略高于 2.0，但低于 2.5。

表 3.14 舒适度指标试验结果（5 车）

平均速度/（km/h）		160	200	220	240
车体一位	最大	1.83	1.84	1.97	2.04
	平均	1.29	1.58	1.84	1.95
车体中部	最大	1.43	1.54	1.59	1.86
	平均	1.13	1.30	1.49	1.75
车体二位	最大	1.66	1.76	2.08	2.07
	平均	1.27	1.51	1.85	1.97

（2）平稳性指标。

在胶济线直线、直岔和曲线区段，在所试验的速度范围内，三辆被试车辆的横向平稳性和垂向平稳性指标的最大平均值都小于 2.50（见表 3.15 和表 3.16）。

表 3.15　在直线和直岔上的平稳性指标（5 车）

平稳性指标 W		直线		直岔	
		最大平均值	速度/(km/h)	最大平均值	速度/(km/h)
车体一位	横向	2.16	250	2.24	240
	垂向	2.17	250	2.28	230
车体二位	横向	2.06	250	2.13	250
	垂向	2.26	250	2.33	250

表 3.16　曲线上的平稳性指标

平稳性指标 W		R 2 200 m		R 6 000 m	
		最大平均值	速度/(km/h)	最大平均值	速度/(km/h)
车体一位	横向	2.16	180	2.22	240
	垂向	1.89	195	2.25	250
车体二位	横向	2.16	195	2.18	250
	垂向	2.12	195	2.30	250

4. 模态试验

为了获得车辆的刚体模态参数和车体结构模态参数，由同济大学负责对 CRH_2 型动车组 4 号车进行了在线测试与分析，试验线路为胶济线。整备状态下被试车的模态参数的测试结果见表 3.17。由表 3.17 可知，除了车体的下心滚摆振动的阻尼比以外，几次的测试结果接近，测试的重复性较好。车体的点头和下心滚摆振动有较大的阻尼比，而车体垂向一阶弯曲振动也有足够的自振频率（大于 12 Hz）。

表 3.17　车体模态参数试验结果

车体振型	第一次		第二次		平均值	
	频率/Hz	阻尼比/%	频率/Hz	阻尼比/%	频率/Hz	阻尼比/%
点头	1.06	11.41	1.071	11.88	1.065	11.64
下心滚摆	0.744	9.14	0.743	8.72	0.743	8.93

复习思考题

1. 车辆动力性能包括什么？请简述车辆动力学研究的内容及目的。
2. 车辆的基本振动包括哪几种？耦合振动有哪几种？车辆激振的原因有哪些？
3. 一、二系悬挂车辆的垂向振动有何特点？
4. 研究蛇行运动的目的是什么？影响车辆蛇行运动的因素有哪些？
5. 曲线通过校验的内容有哪些？简述蠕滑力导向的机理。简述曲线限速的原因及其控制指标。为了便利曲线通过，应采取哪些措施？

6. 简述径向转向架和摆式转向架的类型与作用原理。

7. 危及车辆运行的恶性事故有哪些？简述车辆动力性能评价指标及允许限度。

8. ADAMS/Rail 包括哪几个最基本的解题程序模块？各模块的适用场合是什么？

9. 简述高速动车组动力学试验的目的和特点。

10. 动车组动力学性能试验一般有哪 3 种形式？各自的技术特点是什么？

11. 高速动车组动力学性能试验中的评定标准有哪些？其具体的评定限度值是多少？

12. 简述车辆动力性能分析的内容。

13. 简述高速转向架技术的研究方法（可以分为采用数字样机分析、试验测试研究和综合性能研究 3 种方法）。

14. 试用 UM 或 ADAMS/Rail 等车辆系统动力学仿真工具中自带的模板建立整车系统的集成模型，并对模型进行车辆动力学仿真分析。

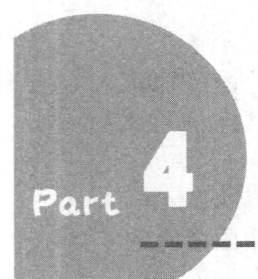

Part 4 动车组车辆结构强度分析基础

近几年来，随着我国铁路的多次提速，铁道机车车辆结构故障（含事故）数量呈现较大的上升趋势，尤其是转向架承载构件连续发生因疲劳引发的裂纹扩展问题。这些情况说明，为保证产品的安全性和可靠性，对车辆必须进行强度设计，并把疲劳强度等性能作为产品设计的一项重要技术指标。

本章主要介绍动车组车辆受力分析、应力计算和强度评价的过程与方法，重点介绍了疲劳强度设计、损伤容限设计、可靠性设计及优化设计等结构强度分析基础理论，CAD/CAE应力计算技术和强度设计规范的作用。

4.1 概 述

4.1.1 车辆结构强度分析的意义

为了缓解铁路运能的紧张情况，我国从20世纪90年代开始，对铁路运输进行了全面提速，相继在全国主要铁路干线开通了准高速列车和重载列车。自2005年起，我国陆续引进了日本川崎公司、法国阿尔斯通公司、加拿大庞巴迪公司和德国西门子公司的运行速度为200 km/h 和 300 km/h 高速列车的关键技术。随着列车运行速度和载重的不断提高，为了改善车辆动力学性能、提高旅客乘坐舒适性、降低铁路线路维修成本、减小列车运行阻力、降低承载结构的工作载荷和振动冲击能量，车辆承载结构相继采用了轻量化技术设计，高速列车承载结构疲劳破坏事件的屡屡发生，其结构的疲劳可靠性的研究就显得越来越重要了。

在现有世界各国商业运营的高速列车中，1998年6月4日德国第一代ICE高速列车客车转向架弹性车轮的轮箍在铁路桥上发生疲劳断裂，在世界各国引起巨大震动。在我国，近年来投入运营的重载列车、准高速和高速列车中，也时有影响列车安全运行的关键承载部件发生疲劳破坏的情形，给我国车辆制造产业及铁路运输带来巨大损失。

随着国内外重载列车和提速、准高速和高速列车承载结构疲劳破坏事件的发生，加强铁道车辆承载结构动力学性能和疲劳强度可靠性的研究就显得越来越重要了。近年来，以重载列车和提速、准高速和高速列车承载结构的轻量化设计、疲劳强度可靠性和列车系统动力学的研究为主题的科技文献也比比皆是。

4.1.2 车辆承载件强度分析现状

从20世纪80年代开始，日本学者对高速列车轻量化承载结构疲劳强度和可靠性问题进行了广泛的理论、实验室试验和线路试验研究，提出了承载结构疲劳设计的工程方法和延长其使用寿命的理论方法。在工程上，对于设计阶段的车辆承载结构，主要依据 JIS 标准规定的载荷工况及载荷组合，利用 Haigh 形式的 Goodman 曲线对整体结构进行静强度和疲劳强度分析。对焊接结构细节根据日本钢结构协会疲劳设计指南给出的疲劳设计曲线（即 S-N 曲线）进一步考核。同时进行概率设计或按疲劳损伤理论计算当量应力实施评估。

在欧洲，通过大量的车辆线路运行试验，国际铁路联盟（UIC）和欧洲标准（EN）试验中心专家委员会发布了大量车辆承载结构设计载荷、载荷工况组合和强度试验的研究报告，制订出相关的设计和试验标准。在车辆承载结构设计阶段，在上述相关标准的基础上，各国结合自身实际情况对承载结构进行强度考核。

我国在高速列车关键技术预研究阶段，由于结构强度设计和试验标准滞后于车辆技术发展，在承载结构设计时，主要根据服役环境和现有相关设计标准对设计产品进行静强度和疲劳强度分析。

4.1.3 车辆强度分析的目的和内容

车辆强度分析的目的是确定车辆承载结构在运用载荷作用下具有的承载能力，保证其在使用期间内的安全性和可靠性；同时应尽可能减小车辆及其部件的结构自重，充分发挥结构的整体承载能力。强度分析的目的如下：

1. 进行结构参数设计，确定最优方案

在进行结构设计时，可以通过对可能的结构方案进行有限单元法计算。根据对方案计算结果的分析和比较，按强度、刚度和稳定性要求，对原方案进行修改补充，得到较合理的应力、变形分布，从而获得较好的结构设计方案。

2. 分析结构损坏原因，寻找改进途径

当结构件在工作中发生故障，如裂纹、断裂、磨损过大等时，可应用有限单元法进行计算，研究结构损坏的原因，找出危险区域和部位，提出改进设计的方案，并进行相应的计算分析，直至找到合理的结构为止。

强度计算步骤通常为：分析机车车辆在运用中零部件所承受的载荷，包括在机车车辆运用中各种不同载荷的随机叠加；采用不同的计算方法，确定上述载荷在零部件上所产生的应力大小和性质；确定零部件在安全性和耐久性条件下运用时所允许产生的最大应力和最大变形，判断零部件能否满足设计要求。其主要内容包括：

（1）确定载荷工况：根据相关的结构强度设计和试验鉴定标准，确定车辆在运行中承载结构所承担的各种载荷的大小、作用方式、作用位置以及各种载荷的组合情况等。

（2）强度和刚度计算：计算载荷作用下产生的应力和变形状态，必要时，还应校核其稳定性。

（3）计算结果评定：确定结构在保证运输安全及耐久的条件下，许用应力、刚度和疲劳评估方法。

4.2 车辆结构件计算载荷确定

车辆强度计算时包括的载荷有① 静载荷，静止状态下零部件所承受的力；② 动载荷，由于振动而产生的力；③ 附加载荷，由于其他部件的运动而产生的力；④ 冲击载荷，零部件之间的相互冲击引起的力。

4.2.1 载荷分类

车辆在各种运行条件下，其主要承载零部件承受多种载荷的作用。作用在车辆上的载荷按其作用性质一般可分为静载荷和动载荷两大类。

静载荷在运用中具有确定不变的数值和作用方向。例如，车辆在整个使用过程中一直受到本身重力的作用，车辆本身重力称为自重。车辆在装载和卸载之间的时期内，受到所装运的货物或旅客重力的作用，即车辆的载重。

动载荷是指在运用中其数值和作用方向均随时间而变化的载荷，包括：由于列车起动、变速、制动和调车作业所引起作用在牵引缓冲装置和车辆有关零部件上的力；车辆在运用中由于轮轨接触状态不良引起钢轨对车轮的垂直冲击和车辆簧上部分的振动，从而造成作用在车辆零部件上的垂直动载荷；车辆通过曲线时产生的离心力和轮轨之间的相互作用力；自然的风力以及车辆制造和修理工艺而造成的作用在有关零部件上的力等。其中，包括幅值不随时间而变的恒幅载荷、幅值随时间而变的变幅载荷和载荷的幅值大小、作用频率都是随时间变化不能用确定函数表示的随机载荷。对承受随机载荷作用的部件进行疲劳强度计算或对其疲劳寿命进行评估时，必须首先确定部件上关键危险部位的应力时间历程，通过统计计数法，编制载荷谱。

上述所列作用载荷（或力）可归结为下列几种主要计算作用方式：垂向方式、纵向方式、侧向方式和自相平衡的一些力组[由于线路和车辆构件的名义尺寸存在偏差（在允许限度内），以及某些其他原因（通过缓和曲线区段等），整个车辆或其某些部件可能承受一组自相平衡的力系的作用，如扭转载荷及斜对称载荷就属于这种力系]。除自相平衡的力组外，3种计算作用方式中，垂向和纵向是主要的，即垂向总载荷和纵向力是考察车辆结构强度的主载荷，通常垂向和纵向作用方式所产生的应力可占整个应力总成的90%以上。

除了上述车辆及其零部件在运行中受到的各种静、动载荷之外，在车辆制造（组装、焊接等过程）和维修（如用千斤顶顶起车体）时，车辆及其部件还要受到由于修造工艺所引起的作用力。

在进行车辆结构强度设计时，一般情况下均应考虑以下作用载荷（或力）：① 垂向静载荷，包括结构自重、载重和整备质量；② 垂向动载荷；③ 侧向力，包括离心惯性力和风力；④ 纵向冲击力及由它所产生的纵向惯性力；⑤ 制动时产生的力，包括制动系统中的力和制动时产生的惯性力；⑥ 车辆通过曲线时所受的钢轨横向作用力；⑦ 修理时加于车辆上的载荷；⑧ 扭转载荷及垂直斜对称载荷。

4.2.2 作用在车体上的载荷

1. 垂向静载荷

作用在车体上的垂向静载荷 P_{st} 包括车体自重、车辆载重和整备质量

$$P_{st} = （车体自重 + 整备质量 + 车辆载重） \tag{4.1}$$

在进行强度计算时，车体自重包括车体钢结构、木结构的质量以及固定安装在车体上的车辆其他零部件的质量；车辆载重包括旅客及其自带行李的质量以及乘务人员的质量等。按沿地板面均布，车辆载重 = 定员数 × 每个定员折算质量，每定员标准质量按相关规范取值，一般 60 kg（城轨）、90 kg（干线），定员数 = 座位数 + 地板自由面积 × 单位面积人数（6～9 人/m²），地板自由面积不包括座椅及其边缘起 200 mm 内的面积；整备质量包括水、取暖用的煤（或油）以及餐车的燃料、水和餐料的质量，其数值以装满备足的情况考虑。

2. 垂向动载荷

垂向动载荷 P_d 是由于轨面不平、钢轨接缝等线路原因以及由于车辆本身状态不良等因素，引起轮轨间冲击和车辆簧上振动而产生的。由于上述因素变化复杂，垂向动载荷很难从理论分析得到，通常可由垂向静载荷 P_{st} 乘以从动力学试验测得的垂向动载荷系数 K_{dy} 得到，即

$$P_d = K_{dy} P_{st} \tag{4.2}$$

垂向动载荷系数 K_{dy} 与车辆的运行速度、转向架弹簧装置的静挠度以及所要计算的零部件在弹簧悬挂系统中的位置等因素有关，一般根据有关规范取值。

3. 垂向总载荷

垂向静载荷和垂向动载荷之和称为垂向总载荷，由下式计算

$$P = P_{st} + P_d = (1 + K_{dy}) P_{st} \tag{4.3}$$

4. 侧向力

作用在车体上的侧向力包括风力与离心力。车辆运行时受到自然界风力的作用。当风从车辆侧面吹来并垂直于车体侧壁，而车辆又运行在线路的曲线区段时，车体所受的侧向力为风力与离心力之和。

（1）风力。风力按风压力乘以车体侧向投影面积计算。我国风压力取值是根据建筑界有关全国风压分布图的研究而得的，风压力取为 550 Pa，风力的合力作用于车体侧向投影面积的形心上。

（2）离心力。车辆运行在线路的曲线区段时，将承受离心惯性力（俗称离心力）的作用，整个车辆的离心力作用在车辆的重心上，其方向沿径向指向曲线外侧。为了减小离心力 H_1 对车辆的作用，在线路的曲线区段上外轨铺设得比内轨高出一个 h 值，h 通常称为外轨超高，就使得车辆内倾。这样，车体垂向静载荷 P_{st}（包括车体自重、载重等）就会在与离心力 H_1 相反的方向上产生一个分力 H_2，它可以抵消一部分离心力的作用。考虑到外轨超高影响后，在曲线区段车体仍承受着未抵消的离心作用，把 H_1、H_2 力沿着垂直于车体侧壁的方向（即 H_2 的方向）投影，两者之差为

$$H = H_1 + H_2 = P_{st}\left(\frac{v^2}{12.96gR} - \frac{h}{2b_1}\right) \quad (4.4)$$

式中，P_{st} 为车体垂向静载荷；g 为重力加速度，通常取 10 m/s²；R 为曲线半径（m）；v 为通过曲线时车辆最大允许速度（km/h）；h 为曲线区段的外轨超高量（mm），它与曲线半径 R 以及通过曲线时列车的平均速度有关；$2b_1$ 为轮对两滚动圆之间的距离（mm），其值为 1 493 mm。

由于离心力和风力均属空间力，且风压力是一种分布面力，故要精确计算（或试验）出它们对车体零部件应力的影响。为了简化计算，通常在评定车体侧壁的强度时，把由垂直静载荷 P_{st} 产生的应力增大一定数值（如10%）作为考虑侧向力的影响。

5. 扭转载荷

车辆制造的几何误差，线路不平顺等，即使是静止的重载车体也可以形成扭转。在运动过程中，蛇行运动、车辆进出曲线或道岔侧线均可以使车体扭转。例如，由于车体重心距心盘面有一定的高度，当第一个转向架进入缓和曲线，而后面转向架仍处于平直道，或当第一个转向架驶出曲线，而后面的转向架仍处于缓和曲线时，都将使车体产生扭转。《铁道车辆强度设计及试验鉴定规范》（TB/T 1335—1996）规定扭转载荷 M 取值为 40 kN·m，此扭矩作用在车体枕梁所在垂直平面内。

6. 纵向力

当列车运动状态发生变化时，车辆牵引缓冲装置上，因相邻车辆间发生速度差，就会导致纵向拉伸或压缩作用力的产生，它经由车辆底架的前后从板座作用于车体，使其产生偏心拉伸（或压缩）变形。

纵向动力的作用性质相当复杂，不仅不同工况下其作用力的大小与性质不同，即使同一工况也不是都有统一的特性可言。尤其应当指出的是，不管哪一种工况下发生的纵向动力，其沿列车长度方向的分布都是不均匀的，即当列车发生纵向冲击时，车辆所处位置不同，其所受力的大小是不等的。

为了计算车辆强度，在 TB/T 1335—1996 中规定了 3 种计算工况：第一种工况纵向力取为 2.5 MN，适用于客车受压，货车既受压又受拉的情况，它是在列车起动、使车辆退行或低速制动时出现的，与该工况纵向力相组合的载荷仅为垂直总静载荷；第二种工况取纵向拉伸力为 1.5 MN，它用来反映客车混编入货物列车中运行的情况，与本工况纵向力相组合的载荷为垂直静载荷（仅为自重，不包括载重）和运行速度为 14 m/s 时的垂直动载荷；第三种工况纵向拉伸和压缩力均取为 1.0 MN，它体现了列车以最高允许速度运行的运用条件，本工况的纵向力应考虑与垂直总静载荷、垂直动载荷、侧向载荷相组合。

7. 特种载荷

所谓特种载荷，指的是在特定条件下出现的载荷。主要包括敞车承受的散粒货物动侧压力、罐车罐体的内压力、车辆在机械化装卸时所受的载荷和高速客车上承受的气密性载荷等。

4.2.3 作用在转向架上的载荷

用于计算转向架零件的载荷有垂直静载荷、垂直动载荷、由于车辆通过曲线时出现的离心力和风力作用所引起的侧向载荷、惯性力、制动载荷和斜对称载荷。

1. 垂直静载荷

垂直静载荷包括车辆自重、载重和整备重量,如图 4.1 所示。

(1) 作用在心盘上的垂直静载荷 P_j。

车体的自重、载重和整备重量通过下心盘作用在转向架上,其数值通常用两种方法计方法。

对于专用的客、货车转向架,作用在转向架心盘上的垂直静载荷 P_j 是按照车体的实际质量来考虑(俗称"自上而下"的计算方法)的,即

$$P_j = (车体自重 + 载重 + 整备质量)/2 \tag{4.5}$$

对于通用型客、货车转向架,作用在转向架心盘上的垂直静载荷是按照转向架所用轮对压于钢轨上的允许载荷(轴重)来考虑(俗称"自下而上"的计算方法)的,即

$$P_j = nP_R - P_T \tag{4.6}$$

式中,P_R 为一个轮对压于钢轨上的允许载荷(轴重);P_T 为转向架自重;n 为转向架轴数。

(2) 作用在转向架任一构件上的垂直静载荷 P_{ji}。

求得了作用在转向架心盘上的垂直静载荷 P_j,就可根据转向架的具体结构形式(见图 4.1)按下列通式计算作用在转向架任一构件上的垂直静载荷 P_{ji}。

$$P_{ji} = (P_j + P_{Ti})/m \tag{4.7}$$

式中,P_{Ti} 为垂直静载荷自心盘传递至要计算的构件所经过的所有构件的自重之和(包括计算构件本身的自重);m 为一台转向架中平行受力的同名计算构件的数目。

按式(4.7)计算时,计算构件的自重已包括在垂直静载荷之中,并以集中力表示而不取分布载荷形式,这样将使计算简化,对计算结果影响也不大,而且是偏于安全的。

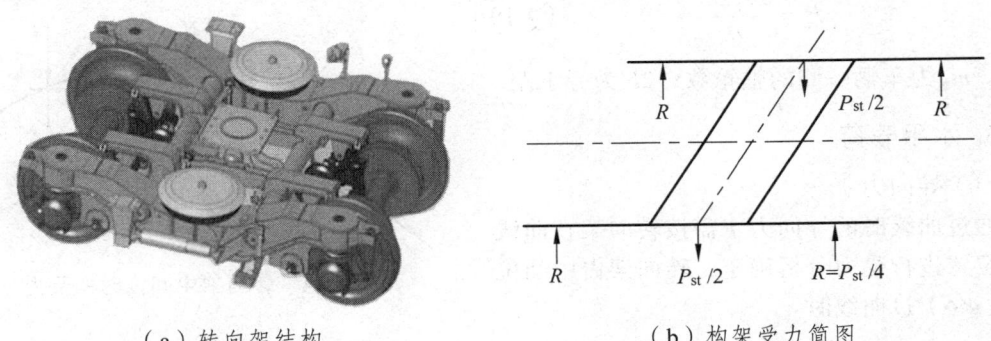

(a) 转向架结构　　　　　　　　(b) 构架受力简图

图 4.1 构架受力分析

2. 垂直动载荷

转向架上的垂直动载荷仍按垂直静载荷乘以相应位置的动载荷系数计算。

3. 侧向力

图 4.2 所示为车辆车体承受侧向力的情况。H_k 表示作用在车体上的侧向力;$2H_z$ 表示两台转向架的离心力,则每台转向架上承受的侧向力为

$$H = H_k/2 + H_z \quad (4.8)$$

为了简化计算,TB/T 1335—1996 中规定转向架的未平衡离心力取为垂向静载荷的 7.5%。高速客车取为垂向静载荷的 10%。

4. 侧向力引起的垂直附加载荷

由于车体侧向力和转向架的支反力不在同一水平面内,故将引起垂直附加载荷,见图 4.2 和图 4.3。

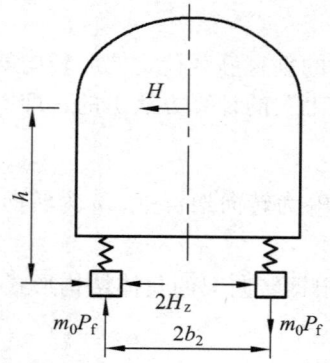

图 4.2 侧向力引起的轴箱垂向增减载荷

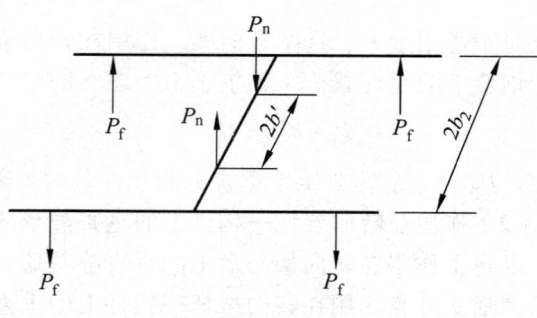

图 4.3 侧向力引起的构架垂向增减载荷

由图 4.2 得一个轴箱上垂直附加载荷 P_f,由图 4.3 得构架上侧向力引起的垂直附加载荷 P_n。

$$P_f = \frac{H_k h}{m_0 2b_2} \quad (4.9)$$

$$P_n = \frac{2P_f 2b_2}{2b'} \quad (4.10)$$

式中,m_0 为车辆一侧的轴箱数;$2b'$ 为旁承距。

5. 水平载荷

(1) 导向力 Y。

通过曲线时的导向力 Y 需按转向架在曲线上的位置进行受力分析确定,转向架占中间位(见图 4.4)过曲线时

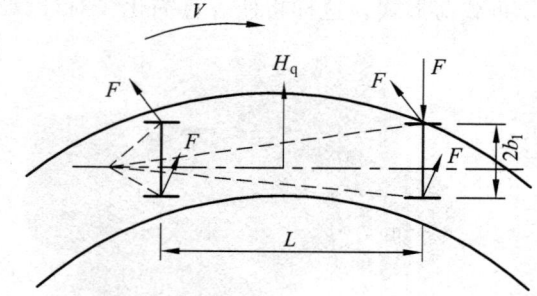

图 4.4 转向架中间位时的受力

$$\begin{cases} H_q + 2F(\cos\alpha_1 + \cos\alpha_2) - Y = 0 \\ H_q L/2 + 2F\cos\alpha_2 L - F(\sin\alpha_1 + \sin\alpha_2) = 0 \end{cases} \quad (4.11)$$

式中,F 为通过曲线时的转向架摩擦力,$F = \mu G/2$;μ 为轮轨间的摩擦系数,取 $\mu = 0.25$;H_q 为转向架所受侧向力;L 为固定轴距;α_1 和 α_2 分别为摩擦力与侧向力 H_q 的夹角。

联立上述两式得回转极距 α 和导向力 Y。

（2）由轮轨作用力引起的水平载荷 H。

前轮对：$H_1 = Y - 2F\cos\alpha_1$；后轮对：$H_2 = 2F\cos\alpha_2$。

6. 垂向斜对称载荷

因线路及转向架的缺陷等原因引起构架上的 4 个轴箱支反力不相等。其中，弹簧高度误差引起的垂向斜对称载荷如图 4.5 所示。

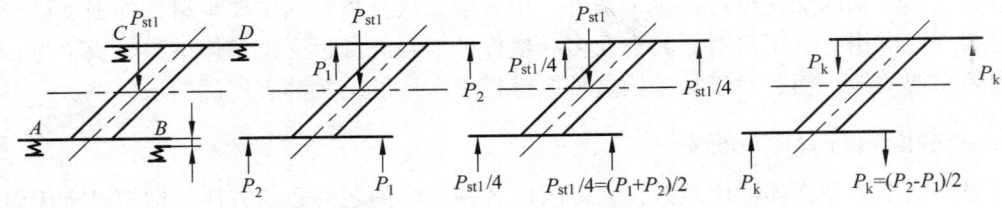

图 4.5　垂直斜对称载荷的产生

由于影响 P_k 的因素众多，很难一一考虑，为了求得 P_k 的数值，根据实践经验，通常把上述诸因素的综合影响当量看成转向架上某一车轮在轨道上升起或下沉一个 z 值，而其他因素均认为是正常的。经过分析推导，得到垂向斜对称载荷 P_k 的计算公式

$$P_k = \frac{1}{4}\left(\frac{2b_2 z}{2b_1}\right)\frac{K_1 K_2}{K_1 + K_2}\text{(N)} \tag{4.12}$$

式中，K_1 为一个轴箱上弹簧的总刚度；K_2 为构架抵抗垂向斜对称载荷的刚度（构架的抗扭刚度）（N/cm），其值为 $K_2 = \frac{1}{\delta}$；δ 为构架在一组 $P_k = 19$ (N) 的力的作用下，构架上 P_k 力的作用点沿 P_k 力的作用方向的位移（cm）；$2b_2$ 为轮对两轴径中心线之间的水平距离（cm）；$2b_1$ 为轮对滚动圆之间的距离（cm）。

实际计算时，推荐取 $z = 1.6$ cm。

4.3　车辆零部件应力计算

4.3.1　车辆零部件应力计算方法

应力计算方法有：① 解析法，根据零部件的受力，采用材料力学方法或弹性力学方法，对零部件进行应力求解；② 有限元法，对零部件的结构进行离散化（计算模型），进行边界条件和载荷处理并求解，最后进行结果处理。

目前，车辆承载结构强度分析方法主要采用经典的力学方法和有限元法进行静态分析、固有特性分析和动态分析，对工程实际问题的分析已从原来的静态分析为主转到要求以模态分析和动态分析为主。对于结构形状简单的零部件（如车轴、弹簧），用材料力学和结构力学为基础进行疲劳强度的分析；对于结构复杂的零部件（如车辆车体结构、构架、摇枕、侧架、车轮和轴箱等）用商业有限元软件进行分析计算，这种方法在现代车辆承载结构设计中已得到广泛应用。通过对车辆的受力分析，可对车体和转向架的主要受力件进行强度计算。机车车辆强度计算是针对机车车辆零部件在受力后所产生的应力大小和变形的大小,并根据该零部件在运用时所允许产生的最大应力和最大变形确定其安全性和耐久性的计算技术。

4.3.2 车辆结构有限元分析原理与应用

随着计算技术的发展和电子计算机的广泛应用,以有限元法为理论基础的结构电算法,为大型结构的强度分析开辟了广阔的前景。这种方法不仅有计算速度快、精确性高的优点,而且也为车辆结构的优化设计提供了条件。用有限元法分析车辆主要承载件的强度已经在国内外得到广泛应用,它不仅对于具有众多纵横杆件加强的薄板壳型车体结构、板梁组合的车底架和转向架构架,而且对于如车钩这种厚壁近于实体的结构都有广泛的适应性。

1. 变截面直杆有限元分析

有限元法是一种将连续体离散化,以求解各种力学问题的数值方法,即把具有无限个自由度的连续体理想化为只有有限个自由度的单元集合体,用结构分析的方法求其数值解的过程。有限元法可分为以节点位移为基本未知数的位移法,以节点力为基本未知数的力法,以节点位移和节点力为基本未知数的混合法。在诸如飞机、轨道车辆等这些大型结构中大多用有限元位移法。下面通过分析载荷作用下的变截面直杆来说明有限元法的分析步骤。

如图 4.6 所示,受静载荷作用的变截面直杆,杆的长度 $L = 100$ mm,顶端截面积 $A_1 = 25$ mm × 5 mm,底端截面积 $A_2 = 5$ mm × 5 mm。弹性模量 $E = 2.06 \times 10^5$ MPa,杆端载荷 $P = 1\ 000$ N,试求杆端位移。

(1)结构离散。

将直杆划分成有限的 n 段,当 n 足够多时,第 i 段可近似为等截面直杆进行求解。在此为简化分析,如图 4.7 所示,将直杆分成 2 段。各段之间通过一个铰接点连接。称两段之间的连接点为节点,称每段为单元。

(2)单元分析。

如图 4.8 所示,由于第 i 单元近似为等截面直杆,由材料力学知

$$\Delta l = \frac{FL_e}{EA_e} = u_i - u_j \Rightarrow F = \frac{EA_e}{L_e}(u_i - u_j) = k_e(u_i - u_j) \tag{4.13}$$

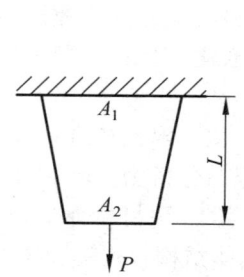 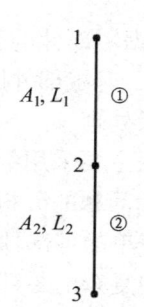 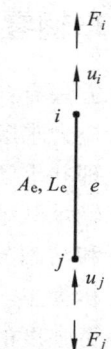

图 4.6 受载变截面直杆　　图 4.7 离散后的直杆　　图 4.8 单元

则有

$$\Rightarrow \begin{cases} F_i = k_e(u_i - u_j) \\ F_j = k_e(-u_i + u_j) \end{cases} \Rightarrow \begin{Bmatrix} F_i \\ F_j \end{Bmatrix} = \begin{bmatrix} k_e & -k_e \\ -k_e & k_e \end{bmatrix} \begin{Bmatrix} u_i \\ u_j \end{Bmatrix} \Rightarrow \{F\}^e = [K]^e \{u\}^e \quad (4.14)$$

单元1:$\begin{cases} F_1^1 = k_1(u_1^1 - u_2^1) \\ F_2^1 = k_1(-u_1^1 + u_2^1) \end{cases}$, 单元2:$\begin{cases} F_2^2 = k_2(u_2^2 - u_3^2) \\ F_3^2 = k_2(-u_2^2 + u_3^2) \end{cases}$

（3）整体分析。

利用3个节点处的静力平衡条件$\sum\{\tilde{F}\}^e = \{P\}$和变形谐调条件$\{\tilde{\delta}\}^e = \{\delta\}$，可得

$$\begin{cases} F_1^1 = P_1 \\ F_2^1 + F_2^2 = P_2 \\ F_3^2 = P_3 \end{cases} \Rightarrow \begin{cases} k_1(u_1^1 - u_2^1) = P_1 \\ k_1(-u_1^1 + u_2^1) + k_2(u_2^2 - u_3^2) = P_2 \\ k_2(-u_2^2 + u_3^2) = P_3 \end{cases}$$

$$\Rightarrow \begin{cases} k_1(u_1 - u_2) = P_1 \\ k_1(-u_1 + u_2) + k_2(u_2 - u_3) = P_2 \\ k_2(-u_2 + u_3) = P_3 \end{cases}$$

$$\Rightarrow \begin{cases} k_1 u_1 - k_1 u_2 = P_1 \\ -k_1 u_1 + (k_1 + k_2) u_2 - k_2 u_3 = P_2 \\ -k_2 u_2 + k_2 u_3 = P_3 \end{cases}$$

$$\Rightarrow \begin{bmatrix} k_1 & -k_1 & 0 \\ -k_1 & k_1 + k_2 & -k_2 \\ 0 & -k_2 & k_2 \end{bmatrix} \begin{Bmatrix} u_1 \\ u_2 \\ u_3 \end{Bmatrix} = \begin{Bmatrix} P_1 \\ P_2 \\ P_3 \end{Bmatrix} \Rightarrow [K]\{u\} = \{P\} \quad (4.15)$$

（4）约束处理。

由实际结构的分析可知：节点1的位移为零，节点2的载荷为零，节点3的载荷为P。即$u_1 = 0$、$P_2 = 0$、$P_3 = P$。将其代入式（4.15），可得

$$\begin{cases} k_1(0 - u_2) = P_1 \\ k_1(0 + u_2) + k_2(u_2 - u_3) = 0 \\ k_2(-u_2 + u_3) = P \end{cases} \quad (4.16)$$

（5）求解。

由式（4.16）解得

$$u_3 = \left(\frac{1}{k_1} + \frac{1}{k_2}\right)P = \left(\frac{1}{0.412 \times 10^5} + \frac{1}{0.206 \times 10^5}\right) \times 1\,000 = 0.007\,28\,(\text{mm})$$

2. 有限元法理论分析的步骤

由以上引例分析可见，在完成了计算简图的确定，引入边界条件和确定载荷工况等3方面的工作之后即可在"化整为零，积零为整"的有限元法的基本思想指导下，按以下几个主要步骤进行分析。

（1）结构离散化。

所谓离散化就是在分析实际结构的几何特点及受力特性的基础上，将实际结构这样一个连续体离散为若干种及若干个简单形状的单元组合而成的等效组合体，这些单元仅在有限个节点相连，这样就把一个无限个自由度的问题简化为有限个自由度的问题。

（2）单元分析。

单元分析是以各个离散的单元为研究对象，列出单元刚度方程组，得到单元节点力和节点位移的关系。

（3）整体分析。

离散的各个单元靠节点联系在一起，外载荷也是通过节点来传递的。因此单元分析之后要通过节点把它们联系起来，进行整体分析。整体分析的着眼点是整个结构，但其方法是以每个节点为研究对象，根据节点的位移连续条件及力的平衡条件列出总体刚度方程组，得到节点载荷和节点位移之间的关系。

（4）约束处理。

约束处理就是引入位移边界条件。边界条件包括整个结构的外部支承约束，对于对称结构（结构的几何形状、支承情况及所承受的载荷对其纵向中心平面或横向中心平面具有对称性的结构）在取其 1/2 或 1/4 作为研究对象时，此时在对称截面上的边界条件要按照结构力学对称性原则引入，以考虑切去的部分对它的影响。

（5）求解位移分量。

经整体分析后所得到的整体刚度方程组实际上是一个以各个节点的位移分量为求解向量的多元一次线性方程组，用它来解出各节点的未知位移。

（6）求解应力。

解出各单元节点位移相量后，根据弹性力学公式可求单元任一点的应力分量。

3. 大型通用有限元软件的分析步骤

有限元分析离不开计算机软件的支持，有限元思想、矩阵理论和计算机软件是三位一体的。目前的有限元软件有 ANSYS、Marc 等多种专门的大型通用软件，Pro/E、SolidWorks 等 CAD 软件中也都带有各自的有限元分析模块。下面以变截面杆在 SolidWorks Simulation 的分析过程说明有限元软件的工程应用步骤。

步骤 1，建立几何模型。

在 SolidWorks 中以前视基准面为草图平面建立变截面直杆。

步骤 2，建立新算例。

在"CommandManager"中的 Simulation 卡下选择"算例" 中的"新建算例"。如图 4.9 所示，在算例对话框的"名称"下面键入"快速入门"，在类型下单击"static"（静态结构分析），单击 ✓。

步骤 3，指定材料。

在"CommandManager"中的 Simulation 卡下选择"应用材料"，如图 4.10 所示，在材料对话框中选中"自库文件"，选"Steel（30）"中的"1023"材料，单击"确定"按钮。

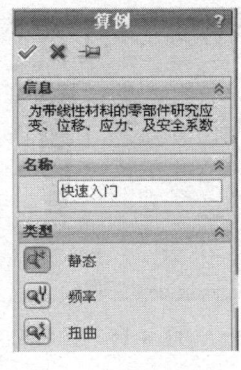

图 4.9　算例设置

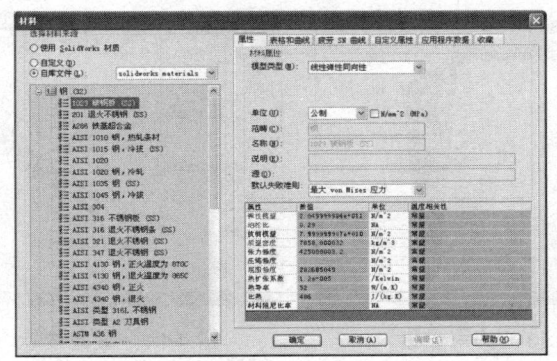

图 4.10　材料设置

步骤 4，划分网格。

在"CommandManager"中的 Simulation 卡下选择"运行" 中的"网格" ，如图 4.11 所示，在网格对话框拖动网格参数滑杆设置的元素尺寸及公差值，单击 ，完成网格划分，如图 4.12 所示。

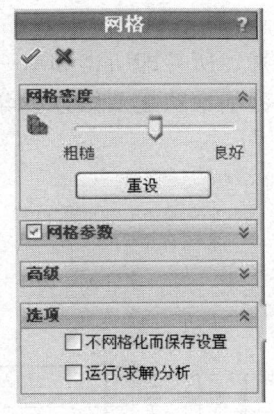

图 4.11　网格设置

图 4.12　离散模型

步骤 5，添加约束。

在"CommandManager"中的 Simulation 卡单击"夹具" 中的"固定几何体"，如图 4.13 所示，选择模型顶面，单击 。

步骤 6，施加载荷。

在"CommandManager"中的 Simulation 卡单击"外部载荷" 中的"力"，如图 4.14 所示，选择模型底，设置力值为 1 000 N，单击 。

步骤 7，执行分析。

在"CommandManager"中的 Simulation 卡下单击"运行" 。

步骤 8，结果显示。

双击"Simulation"设计树中的"位移"文件夹，则在图形区中显示模型中的位移分布，如图 4.15 所示。最大位移产生在模型底面，大小为 0.007 923 mm，该值与理论分析结果接近。

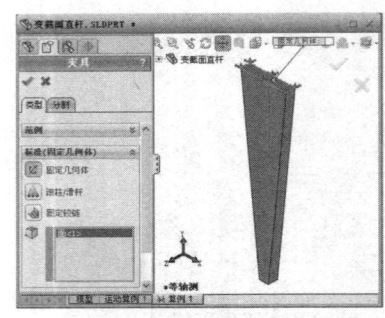 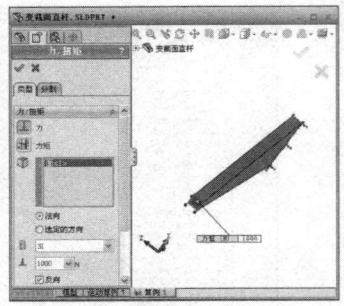 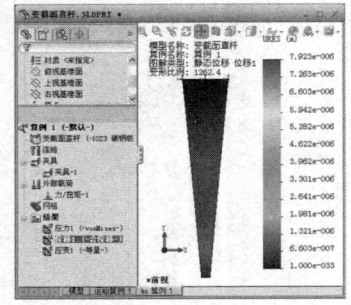

图 4.13　约束设置　　　　图 4.14　载荷设置　　　　图 4.15　位移分布

由以上实例分析可以看出，由大型有限元分析软件进行强度分析主要包括前处理、求结果及后处理三大步。具体内容如下：

（1）前处理：定类型、画模型、设属性、分网格。
（2）求结果：添约束、加载荷、查错误、求结果。
（3）后处理：列结果、绘图形、显动画、下结论。

4. CAD 建模原理

SolidWorks 等三维 CAD 软件具有"机械制造仿真、所见即所得和牵一发动全身"的特点，且一般都拥有"造零件、装机械、出图纸"的三种基本功能及做分析等扩展功能。各种基本功能的操作步骤总结为：

（1）造零件的过程：画草图、造特征、制零件。
（2）装机械的过程：插地基、添零件、设配合。
（3）出图纸的过程：选格式、投视图、添注解。

图 4.16 所示阶梯轴的建模过程充分反映了上述特点。

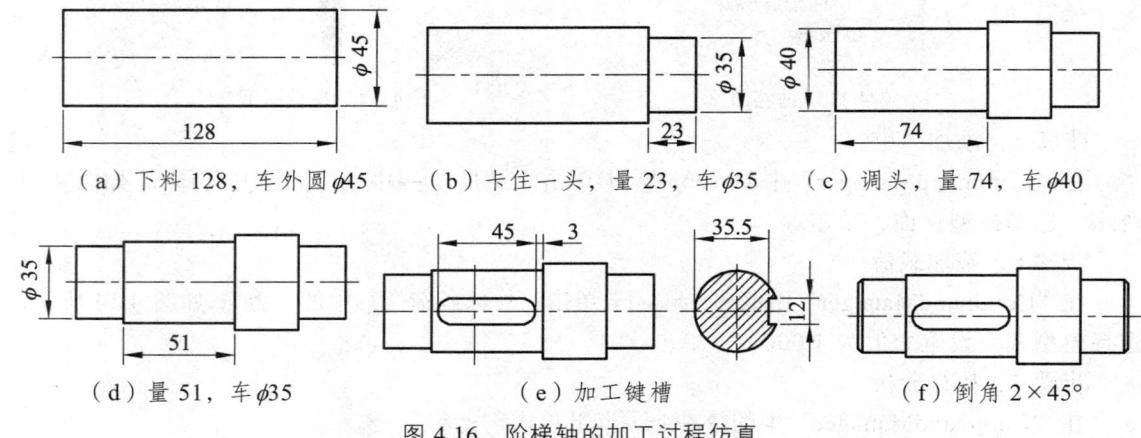

图 4.16　阶梯轴的加工过程仿真

5. 车辆按有限元法计算时应考虑的主要问题

应用有限元法借助电子计算机对车辆结构进行强度分析时，首先必须合理地确定计算程序（它包括结构几何图形的确定、结构对称性的利用、结构的离散化、载荷处理以及边界约束的设置等），其次是正确选用或编制合适的结构分析程序，然后上机运算。

（1）合理地确定计算模型。

所谓计算模型就是在对实际结构物的构造和受力特性等进行分析的基础上，给出适合于有限元法的计算简图。由于实际结构物的构造和受力往往是很复杂的，且不适合直接采用有限元法进行计算（如边界支承和载荷条件不适合等），这就要求在建立计算模型的过程中，进行种种必要的简化，也就是说，计算模型与实物相比在不同程度上都具有一定的近似性。一般说来，由于这种近似性所造成的计算误差，要比有限元法理论本身的计算误差大得多，故结构计算模型选择得合理与否，是直接影响计算结果精度的首要因素。因此，在选择计算模型时既要力求最大限度地符合实际结构及其受力特点，又要有利于计算（在保证足够精度情况下适当简化）和节省上机时间。

（2）正确选用结构分析软件。

有限元法是现代结构分析中一种获得广泛应用的先进计算方法，但是这种方法必须以计算机作为工具。正确选用结构分析程序则是完成计算，并保证计算结果正确可靠的关键。

随着有限元法的广泛应用，国内外不断出现了各种各样的有限元结构分析程序，其中包括前后处理及计算功能较好的微机程序。因此，一般有限元计算均采用现成的结构分析程序。选用程序时，首先应考虑该程序的计算结果是否正确可靠，这可以通过一些考题（包括多种单元及其组合的大型实际题目）验证，验证的依据是试验结果。当然，也可以与其他公认的程序计算结果对比，间接验证。其次，应考虑该程序的解题范围、规模、速度以及前后处理功能、与其他软件的连接等。前者是选用程序时必须要考虑的，后者则应根据具体条件灵活考虑。

（3）计算结果的整理。

对于车辆主要零部件来说，计算后经整理所得到的结果至少应包括车体主要梁件（底架的中梁、侧梁，敞车侧立柱和上端梁等）和转向架主要部件（侧架和构架等）的挠度曲线，车体主要横截面上的应力分布曲线；计算构件中若干个（一般可取 10 个）绝对值最大的应力值及其发生部位。

4.4 车辆结构强度评定

机械强度评价包括静刚度评价、静强度评价、疲劳强度评价、断裂强度评价 4 部分内容。

（1）静刚度评价包括等直杆件扭转刚度评价、受弯梁的弯曲强度评价、薄板受弯曲载荷作用静刚度评价、薄壳变形计算。

（2）静强度评价包括常规设计静强度评价、极限设计静强度评价、热应力强度评价。

（3）疲劳强度评价包括名义应力无限寿命设计、名义应力有限寿命设计、名义应力疲劳寿命估算、局部应力-应变法疲劳寿命估算。

（4）断裂强度评价包括线弹性断裂强度评价、弹塑性断裂强度评价、裂纹扩展寿命估算。

车辆承载结构强度评定分为静强度和疲劳强度评定。

4.4.1 静强度评定方法

车辆承载结构在相关标准规定的载荷作用下，其静强度满足设计和运行的条件如下：

（1）在正常运行载荷作用下，其最大应力不大于制造材料的许用应力，即 $\sigma_{\max} \leq [\sigma]$。

（2）在运行中最大载荷（发生行车事故时承担的载荷）作用下，其最大应力不大于制造材料的屈服极限，即 $\sigma_{\max} \leq \sigma_s$。

4.4.2 疲劳强度评定方法

1. 疲劳分析原理

根据国外的统计，机械零件的破坏 50% ~ 90% 为疲劳破坏。如轴、连杆、齿轮、弹簧、螺栓、汽轮机叶片和焊接结构等，很多机械零部件和结构件的主要破坏形式都是疲劳。特别是近 30 年来，随着机械向高温、高速和大型方向发展，使用条件越来越恶劣，机械的应力越来越高，疲劳破坏事故更是层出不穷。因此，许多发达国家越来越重视疲劳强度校验工作。

疲劳是指结构在低于静态强度极限的载荷重复作用下出现疲劳断裂的现象。如一根能够承受 300 kN 拉力的杆，在 100 kN 的循环载荷下，经历 1 000 000 次循环后可能出现破坏。疲劳破坏的主要因素为：载荷循环次数、每个循环应力幅值和平均应力、局部应力集中。尽管疲劳载荷有各种类型，但它们都有一些共同的特点：第一，断裂时并无明显的宏观塑性变形，断裂前没有明显的预兆，而是突然的破坏。第二，引起疲劳断裂的应力很低，常常低于静载时的屈服强度。第三，疲劳破坏能清楚地显示出裂纹的发生、扩展和最后断裂三个组成部分。

使用较早寿命估算方法是名义应力法，其设计思想是从材料的 S-N 曲线出发，再考虑各种因素的影响，得出零件的 S-N 曲线，并根据零件的 S-N 曲线在已知应力水平时可以估计寿命，若给定了设计寿命则可估计可以使用的应力水平。

（1）材料的 S-N 曲线。

材料的疲劳性能通常用外加应力水平 S 和标准试样疲劳寿命 N 之间关系的曲线，即材料的 S-N 曲线描述。用一组标准试件（通常为 7 ~ 10 件）在给定的应力比下（通常取 $R = -1$）进行疲劳试验方法即可测得材料的 S-N 曲线（见图 4.17）。描述材料 S-N 曲线的最常用形式是幂函数形式，即

$$S^m N = C \tag{4.17}$$

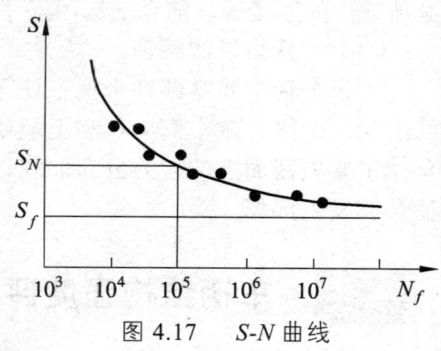

图 4.17　S-N 曲线

式中，m 与 C 是与材料、应力比、加载方式等有关的参数。

（2）零件的 S-N 曲线。

材料的 S-N 曲线，只能代表标准光滑试样的疲劳性能。实际零件的尺寸、形状和表面状况等都与标准试样有很大差别，因此其疲劳强度和寿命也与标准试样有很大差别。影响机械零件疲劳强度的因素很多，其中主要的有形状、尺寸、表面状况、平均应力、复合应力、加载频率、应力波形、腐蚀介质和温度等。为了反映形状，尺寸，表面状况的影响一般采取在材料的疲劳极限和 S-N 曲线的基础上考虑一个疲劳强度降低系数 $K_{\sigma D}$，以获得零件的疲劳极限和 S-N 曲线。

$$K_{\sigma D} = \frac{K_\sigma}{\varepsilon \beta} \quad (4.18)$$

式中，K_σ、ε、β 分别为零件的理论应力集中系数、尺寸系数和表面加工系数。

（3）平均应力的影响。

通常载荷可以分为两类：恒幅载荷和变幅载荷。如图 4.18 所示，疲劳事件参数包括应力幅值 σ_a、平均应力 σ_m、最大应力 σ_{max}、最小应力 σ_{min}，应力比率 r（对称循环 $r = -1$，脉动循环 $r = 0$）及周期。

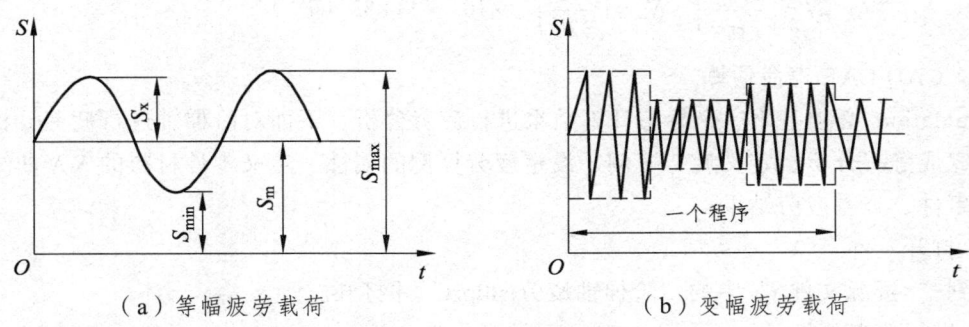

（a）等幅疲劳载荷　　　　　　　（b）变幅疲劳载荷

图 4.18　疲劳载荷参数

对于平均应力的影响，通常使用材料的 Goodman 方程将非对称循环等效为对称循环进行分析。等效应力为

$$\sigma_a = \sigma_{-1}\left(1 - \frac{\sigma_m}{\sigma_b}\right) \quad (4.19)$$

式中，σ_a、σ_m 为零件工作载荷下的应力幅值和平均应力；σ_b、σ_{-1} 为材料的强度极限和疲劳极限。

例　轴的寿命估算

图 4.19 为一中部带缺口的轴，受四点弯曲对称循环载荷 157 kN，材料为合金钢。其疲劳极限为 210 MPa，强度极限为 724 MPa，试估算其寿命。

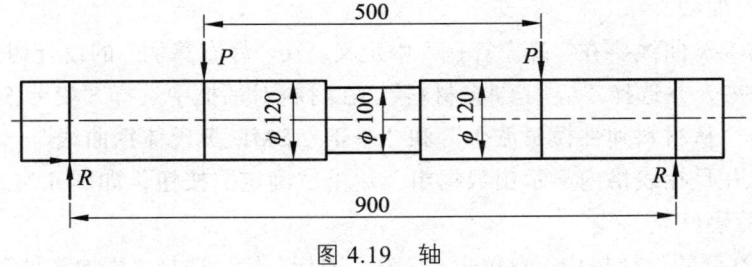

图 4.19　轴

（1）确定危险截面的应力。分析可知中部缺口为危险截面，其应力为

$$\sigma = \frac{PL}{\frac{\pi}{32}d^3} = \frac{157 \times 10^3 \times 200}{\frac{\pi}{32} \times 100^3} = 320 \text{ MPa}$$

（2）确定 S-N 曲线。从相关文献查得 $K_\sigma = 1.18$，$\varepsilon = \beta = 1$，则 $K_{\sigma D} = 1.18$，由经验数据知：$N_0 = 10^6$ 时，$\sigma_{-1D} = \dfrac{\sigma_{-1}}{K_{\sigma D}} = \dfrac{210}{1.18} = 178 \text{ MPa}$；$N_3 = 10^3$ 时，$\sigma_3 = 0.9\sigma_b = 651 \text{ MPa}$。得：

$$m = \frac{3}{\lg \sigma_3 - \lg \sigma_{-1D}} = 5.33$$

（3）估算疲劳寿命。

$$N = \left(\frac{\sigma_{-1D}}{\sigma}\right)^m \cdot N_0 = \left(\frac{178}{320}\right)^{5.33} \times 10^6 = 43\,882 \text{（次）}$$

（4）CAD/CAE 寿命估算。

Simulation 必须基于一个静态计算结果进行疲劳分析。下面对阶梯轴进行疲劳分析。内容包括完成静态分析、定义疲劳算例、设定疲劳算例的属性、定义零件材料的 S-N 曲线、定义疲劳事件、查看疲劳结果。

① 打开零件。

找到 "<资源文件>" 中的 "阶梯轴疲劳.sldprt" 并打开。

② 进行静态分析。

在 Simulation 设计树中，右单击 "静态分析图标"，然后选择 "运行"，完成文件中原来设置好的静态分析。

③ 生成疲劳算例。

在 "CommandManager" 中的 Simulation 卡下选择 "算例" 中的 "新算例"。在 "PropertyManager" 的名称下面键入 "疲劳"；在 "类型" 下单击疲劳。最后，单击 "确定" 按钮。

④ 设置算例属性。

在 Simulation 设计树中，右单击 "疲劳" 图标，然后选择 "属性"。疲劳对话框出现。在计算交替应力的手段选项内，单击对等应力（vonMises）。在疲劳强度缩减因子（Kf）框内，键入 "1.0"。单击 "确定"，如图 4.20 所示。

⑤ 定义 S-N 曲线。

材料零件的 S-N 曲线要在 "静态算例" 中定义。在 "静态算例" 的设计树中，右单击 "阶梯轴疲劳" 文件夹，并选择 "应用/编辑材料"。在材料对话框中选择 "疲劳 S-N 曲线" 标签。在源框中，单击 "从材料弹性模量派生" 和 "基于 ASME 奥氏体钢曲线"。该曲线图形将出现在预览区域，并且在表格内显示出数据组，单击 "确定" 按钮，如图 4.21 所示。

⑥ 定义疲劳事件。

在 "疲劳" 算例的设计树中，右单击 "负载" 图标，然后选择 "添加事件"。添加事件（恒定）"PropertyManager" 出现。将循环数设定为 "1 000"。设定负载类型为 "完全反转（LR = -1）"，在算例框内选择 "静态分析"，单击 "确定" 按钮，如图 4.22 所示。

⑦ 运行疲劳研究。

在 Simulation 设计树中，右单击 "疲劳" 图标，然后选择 "运行"。

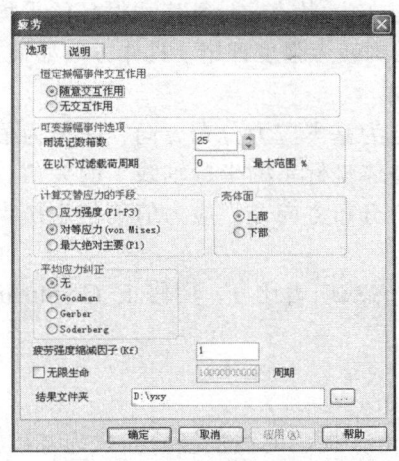

图 4.20 设置算例属性　　　　图 4.21 定义 S-N 曲线

⑧ 查看生命图解。

在 Simulation 设计树的"结果"文件夹中,双击"结果 2(-生命-)"图标,将显示生命图解,如图 4.23 所示。由生命图解可见,阶梯轴中部寿命最短,其值为"45 340",该值与理论计算结果(43 882)接近。

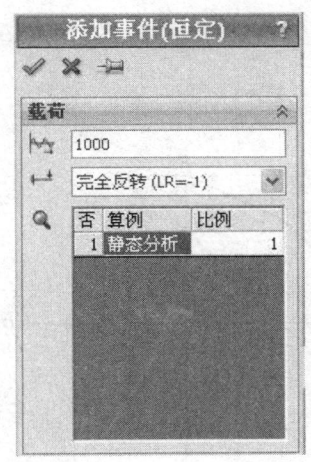
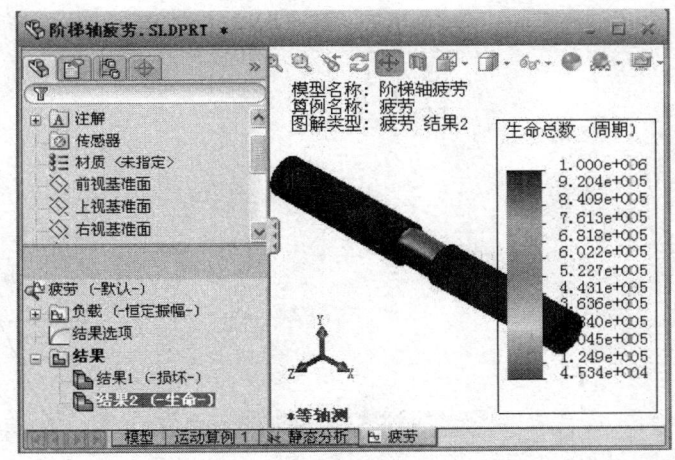

图 4.22 定义疲劳事件　　　　图 4.23 生命图解

2. 车辆的承载结构疲劳强度评定的具体方法

众所周知,疲劳破坏也是车辆的承载结构失效的主要原因。早在 19 世纪 30 年代,铁路在欧洲迅速发展时,铁道车辆车轴的轴肩就经常发生疲劳破坏。目前,铁路技术发达国家(如日本、德国和法国等)均已采用根据材料的 Goodman 疲劳曲线图设计或校核车辆承载结构的强度问题,既能保证承载结构在任何载荷循环下的强度安全性,又能充分发挥材料的潜力、降低承载结构的结构质量。

车辆承载件通常在三向应力状态下工作,国际铁路联盟试验研究中心的研究报告 ORE B12/RP17 和结构的疲劳文献指出,结构产生疲劳裂纹的方向与最大主应力方向相互垂直,根据结构疲劳破坏的这个显著特点，将三向应力状态转化为单向应力状态，计算应力循环的平均应力和应力幅值，根据制造材料的修正 Goodman 曲线进行结构疲劳强度评定。具体方法如下：

（1）确定结构在不同载荷工况作用下的主应力值和方向。

（2）将所有载荷工况作用下结构的最大主应力方向确定为基本应力分布方向，其值为最大计算主应力 σ_{max}，计算其与结构基准线（或计算模型的整体坐标系的坐标轴线）的夹角。

（3）将在其他载荷工况作用下的主应力投影到基本应力分布方向上，应力值确定为最小主应力 σ_{min}。

（4）由最大和最小主应力值计算平均应力 σ_m 和应力幅 σ_d 或应力比 r，用修正 Goodman 疲劳曲线评定结构的疲劳强度。

3. 修正 Goodman 曲线的形式

修正 Goodman 曲线是指以屈服极限为限界、并以 Goodman 提出的线性经验公式为基础，用直线替代疲劳极限后，得到的一种简化的疲劳极限图。这里"修正"是指为体现最大应力不应超过材料屈服极限的原则，用屈服极限作为应力极限对实际疲劳极限线图进行线性修正。

修正 Goodman 曲线一般分为 Haigh 图形式（以平均应力为横坐标、应力幅为纵坐标，见图 4.24）或 Smith 图形式（以平均应力为横坐标，最大、最小应力为纵坐标，见图 4.25）。由于 Smith 图形式修正的 Goodman 疲劳极限线图具有形式简单和图示信息量大的特点，能够清晰地显示出疲劳极限的上、下应力极限，直观地反映平均应力对疲劳极限的上、下极限应力以及应力幅的影响，使用方便，因此被广泛应用。

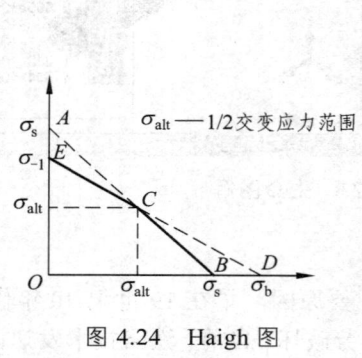

图 4.24 Haigh 图

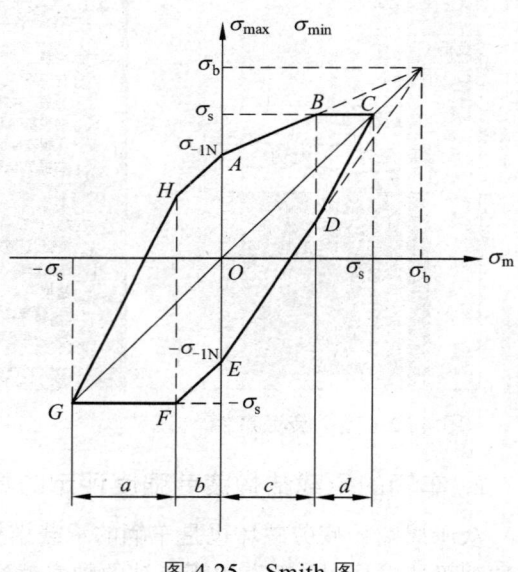

图 4.25 Smith 图

4. Smith 图的绘制方法

以 Smith 形式给出的修正的 Goodman 曲线的具体绘制方法如下：

（1）建立一个直角坐标系，横坐标轴表示平均应力 σ_m，纵坐标轴表示疲劳极限的上、下应力极限 σ_{max}、σ_{min}。

（2）作一条过原点平分上述坐标系Ⅰ、Ⅲ象限的斜线 GC。

（3）假设压缩屈服极限与拉伸屈服极限大小相等，在纵坐标轴上标出强度极限点 $(0,\sigma_b)$，正、负屈服极限点 $(0,\sigma_s)$、$(0,-\sigma_s)$ 和正、负疲劳极限点 $(0,\sigma_{-1N})$、$(0,-\sigma_{-1N})$。

（4）过点 $(0,\sigma_b)$ 作横坐标的平行线与斜线 GC 相交，将该交点分别与正、负疲劳极限点即 A 点和 E 点相连，得斜线 AB 和 ED。

（5）过点 $(0,\sigma_s)$ 作横坐标轴的平行线，交斜线 AB 于 B，交斜线 GC 于 C。

（6）过 B 点作纵坐标轴的平行线，交斜线 ED 于 D，连接 CD，半封闭曲线 ABCD 即为修正 Goodman 曲线平均应力为正的部分。

（7）假设压缩屈服前，负平均应力不影响疲劳极限的应力幅，分别过正、负疲劳极限点 A，E 作与斜线 GC 平行的斜线 AH 和 EF。

（8）过点 $(0,-\sigma_s)$ 作横坐标轴的平行线，交斜线 EF 于 F 点，交斜线 GC 于 G 点。

（9）过 F 点作纵坐标轴的平行线，交斜线 AH 于 H。

（10）连接 GH 点，则封闭曲线 ABCDEFGHA 即为修正的 Goodman 疲劳极限线图。

5. 修正的 Goodman 曲线的应用

修正的 Goodman 疲劳极限图实际上是一种疲劳破坏包络线，如图 4.25 所示。任何应力点如果处于封闭曲线 ABCDEFGHA 之外，表示在指定循环 N 次疲劳之后，材料都将发生断裂。因此，图 4.25 给出了经过 N 次循环发生疲劳破坏的应力极限，只有位于封闭曲线内的点才是安全的。根据修正的 Goodman 曲线，可以得出不同平均应力下材料的失效方程。

6. 焊接结构疲劳设计

疲劳破坏是焊接结构的主要破坏形式之一。其中由疲劳裂纹引起的断裂失效达 70%~80%，有时甚至高达 90%。影响焊接结构疲劳强度的因素有焊接缺陷、接头应力集中、材料应力集中敏感性、残余应力和不合理结构设计等。其中，焊接缺陷（裂纹、夹渣、气孔、根部未焊透和咬边等）、接头应力集中、材料应力集中敏感性和残余应力是影响焊接接头疲劳寿命的主要因素，也是产生疲劳裂纹的根源。

焊接接头的裂纹萌生常常在无宏观焊接缺陷（在无损探伤精度可探缺陷）的情况下，在焊趾和焊缝根部起裂。而这个部位是焊接接头韧性最低的部位（包括熔合区和焊缝），又是残余应力峰值存在的区域，对低碳钢和低强度钢甚至达到材料的屈服极限，该区域实际上已无应力增加的余地，只有塑性应变增加的可能。当塑性应变达到极限，则开始形成裂纹，因此，这个区域的塑性和韧性变得特别重要。

（1）焊接结构疲劳失效的原因。

焊接接头焊趾处存在焊接缺陷、应力集中和残余拉伸应力等，使其疲劳强度大幅度低于基体金属的疲劳强度，所以焊接结构的疲劳强度取决于焊接接头的疲劳性能。为了保证焊接结构的可靠性，在设计承受交变动载荷的焊接结构时，设计规范规定以焊接接头的疲劳强度作为整体结构的疲劳强度。即使如此，在接头处局部应力集中作用下，仍然会发生整体结构的过早疲劳失效。为了使焊接结构很好地满足工程上对其提出的承受动载的要求，能够采取的措施主要有两点：一方面精心设计结构形式及接头形式，使所设计的焊接结构更合理，具有更高的疲劳强度；另一方面提高和严格控制焊接质量，防止和减少焊接缺陷的产生。

（2）影响焊接结构疲劳强度的因素。

焊接接头是机车车辆焊接结构的寿命薄弱环节。当结构承受较低水平动应力（该应力水平远低于静强度应力水平）时，它们将首先被疲劳破坏。另外，在考虑材料因素、热影响区的前提下，焊接接头疲劳破坏的主要原因是局部应力集中：① 结构设计不合理导致应力集中；② 接头形式导致应力集中；③ 焊接缺陷（裂纹、未焊透、未熔合、咬边、气孔、夹渣）导致应力集中；④ 焊接残余应力加剧应力集中。

① 焊接缺陷的影响。焊接接头中的工艺缺陷，包括裂纹、夹渣、气孔、咬边、未熔合及未焊透均能引起相当程度的应力集中。当气孔、夹渣与未焊透等焊接缺陷尺寸较小时，对于焊接接头的静载塑性强度影响不大，但对于结构的疲劳强度影响很大，在交变载荷作用下，缺陷往往会引发疲劳裂纹。

焊接缺陷大体上可分作两类：面状缺陷（如裂纹、未熔合等）和体积型缺陷（气孔、夹渣等），它们的影响程度是不同的，同时焊接缺陷对接头疲劳强度的影响与缺陷的种类、方向和位置有关。

a. 裂纹：焊接中的裂纹，如冷、热裂纹，是严重的应力集中源，它可大幅度降低结构或接头的疲劳强度。能够被检测出来的裂纹，在大多数标准中是被禁止的。

b. 未焊透：未焊透缺陷有时为表面缺陷（单面焊缝），有时为内部缺陷（双面焊缝），它可以是局部性质的，也可以是整体性质的，其主要影响是削弱截面积和引起应力集中。

c. 未熔合：由于试样难以制备，至今有关研究极其稀少，但是无可置疑，未熔合属于平面缺陷，因而不容忽视，一般将其和未焊透等同对待。

d. 咬边：表征咬边的主要参量有咬边长度 L、咬边深度 h、咬边宽度 w。影响疲劳强度的主要参量是咬边深度 h，一般可用深度 h 或深度与板厚比值（h/B）作为参量评定其对接头疲劳强度的影响。

e. 气孔：为体积缺陷，疲劳强度下降主要是由气孔减少了截面积尺寸而造成的。但是一些研究表明，当采用机加工方法加工试样表面，使气孔处于表面上时，或刚好位于表面下方时，气孔的不利影响会加大，它将作为应力集中源起作用，而成为疲劳裂纹的起裂点。

f. 夹渣：作为体积型缺陷，夹渣比气孔对接头疲劳强度影响要大。

焊接缺陷对接头疲劳强度的影响，不但与缺陷尺寸有关，而且还与其他因素有关，如表面缺陷比内部缺陷影响大，与作用力方向垂直的面状缺陷的影响比其他方向的大；位于残余拉应力区内的缺陷的影响比在残余压应力区的大；位于应力集中区的缺陷（如焊缝趾部）比在均匀应力场中同样缺陷影响大。

② 材料强度对焊接结构疲劳强度的影响。焊接接头的疲劳强度与母材强度、热影响区的组织性能以及焊缝金属强度匹配没有多大的关系。也就是说，只要焊接接头的细节一样，高强钢和低碳钢的疲劳强度是一样的，具有同样的 S-N 曲线，这个规律适合对接接头、角接接头和焊接梁等各种接头形式。在设计承受交变载荷的焊接结构时，试图通过选用较高强度的钢种来满足工程需要是没有意义的。

③ 接头类型的影响。焊接接头的形式主要有对接接头、十字接头、T形接头和搭接接头，在接头部位由于传力线受到干扰，因而发生应力集中现象。对接接头的传力线干扰较小，因而应力集中系数较小，其疲劳强度也将高于其他接头形式。在机车车辆焊接结构中，焊缝分

为承载焊缝和非承载焊缝。在承载焊缝中主要采用对接焊缝与角焊缝。两者的主要区别在于所传递力流的偏转和导致的疲劳缺口效应。

(3) 焊接接头 S-N 曲线细节及其特殊性。

这些焊接接头的 S-N 曲线全部由试验室获得，因而包括了以下事实和影响：焊缝形状所引起的局部应力集中、一定范围的焊缝尺寸和形状偏差、应力方向、残余应力、冶金状焊接过程和随后的焊缝改善处理。

由于焊缝及其附近存有达到或接近达到屈服点的应力。英国钢结构疲劳设计与评估使用标准及国际焊接学会标准（IIW）评定焊接接头疲劳特性时，用应力范围来表述 S-N 曲线。美国 AAR 货车结构疲劳设计标准则用通常的等效应力表述 S-N 曲线。比较而言，IIW 和 Bs 标准更适合焊接结构的疲劳寿命预测，原因是决定焊接结构疲劳寿命的是动应力的变化幅值而不是平均值，① 焊接过程中，焊缝及其附近存有达到或接近达到母材屈服点的残余应力；② 由于残余应力的存在，不管外加动应力的循环特性如何，焊缝附近的实际循环应力是从母材的屈服应力向下摆动。

(4) 国际焊接学会标准（IIW）焊接疲劳寿命估算过程。

① 指定具体待评点的位置。
② 如果有动应力实测数据，通过编谱而获得该点的应力幅值谱，转到第⑤步。
③ 如果没有动应力实测数据，有载荷谱，那么创建有限元模型。
④ 根据载荷谱及有限元模型获得该点的应力幅值谱。
⑤ 根据该点所在焊接接头类型细节及承载方向，在 IIW 中选择对应的用于建立 S-N 曲线的疲劳级别（FAT）及相关参数。
⑥ 根据损伤比计算公式，计算损伤比累计。
⑦ 根据载荷谱或动应力谱所对应的里程数，由 Minner 公式求出寿命（里程）。

(5) 焊接结构疲劳设计准则。

焊接结构及其构件的设计时，在满足焊缝必须能够看见和容易实现的情况下，合理选择焊缝质量等级，应做到既能满足所需的疲劳强度、使用寿命和安全性，又能使所需费用尽可能降低。

疲劳强度设计是指按照规定的目标（如焊缝质量等级、应力水平和制造成本指标等），对强度、寿命和安全性进行优化并使组成结构的各构件都具有相同的疲劳强度、疲劳寿命和安全性的一种设计方法。

焊接结构设计包含形状设计和焊接接头设计。形状设计包括整体结构及其构件的形状设计（整体结构设计）以及焊接接头的位置与形状设计（局部结构设计），是疲劳强度设计的首要问题。

在焊接结构中，结构应力峰值出现在整体结构中的不连续处，如焊缝、转角、加强劲板及开口（或切口）等处；缺口应力峰值出现在局部结构中的不连续处，即横截面发生变化的部分、焊趾、焊缝根部、焊缝端部、焊波、间隙、裂缝、焊点熔合边缘、焊接缺陷和裂纹等处。整体结构由设计图纸中的尺寸确定，局部结构则仅需确定焊缝的形式、位置和厚度。

结构整体设计完全由设计师掌握，局部结构设计则由设计师和工艺师共同负责。

焊接结构的疲劳强度设计准则如下：

① 在保证结构疲劳强度、使用寿命和安全性的条件下，尽可能降低焊缝质量要求，以降低生产制造成本。

② 必须避免焊接处留有尖锐的棱角和明显的横断面凹凸变化，力流应该尽量不受影响，必须避免焊缝堆积物。如果不可能消除这些因素的影响，就要采取特殊的措施（焊接顺序、热处理、较高的质量要求），在特定情况下，应把具有较高断裂韧性的焊接添加剂作为基本的生产原料。

③ 在以下情况下，只有选择的材料符合机车车辆焊接结构的要求时，才可以在冷压加工成型区域包括5倍钢板厚度的邻接面进行焊接。

④ 对于要求高安全性的结构，不允许把螺栓头和螺母的焊接作为防止松动的安全措施。

⑤ 如果采用对接焊缝，钢板的厚度和宽度不相等时，就应根据应力状况确定过渡段，以保证合理的力流分布。

⑥ 承受拉伸、弯曲和扭转的构件应采用长而圆滑的过渡结构以减小刚度突变。

⑦ 优先选用对接焊缝、单边V形焊缝和K形焊缝，尽可能不用不开坡口的角焊缝。

⑧ 采用不开坡口的角焊缝时最好用双面焊缝，避免单面焊缝。

⑨ 采用带有搭接板的搭接接头和弯曲搭接接头，尽可能不用偏心连接。

⑩ 使焊缝（特别是焊趾、焊缝根部和焊缝端部）位于低应力区（例如，弯曲时的中性层区域、承受小弯矩的部分区域、孔边缘上使缺口应力为零的区域、过渡段和转角以外的部位），避免不同因素引起的缺口效应的叠加。

⑪ 在焊趾缺口、焊缝根部缺口和焊缝端部缺口之前或之后（处于力流之中），设置一些缓冲缺口以消除或降低缺口区域的应力。

⑫ 避免能扰乱力流的开口（或切口），但与力流垂直的加强筋板须切角。

⑬ 避免焊缝布置在同一截面。

⑭ 承受拉伸与弯曲的构件如需加强，则加强件的长度要小，以减少加强件对构件变形的约束。

⑮ 承受横向弯曲的构件应缩短支承间距以减小弯矩。

⑯ 横向力应作用于剪切中心之上以减小扭矩。

⑰ 承受扭转的构件，为避免横截面翘曲受阻，可采用切除翼缘端部、翼缘端部斜接等形式以及采用横截面不产生翘曲的型材。

⑱ 使焊缝能包围较大面积或局部增加构件壁厚，以减轻外力作用于薄壁构件上时引起的局部弯曲。

⑲ 在薄板范围内合理布置焊缝以减轻弯曲变形。

⑳ 在特别危险的部位以螺栓接头或铆接接头、锻造连接件或铸造连接件代替焊接接头（尤其当这样做更便于装配时）。

㉑ 消除能引起腐蚀的根部间隙。

㉒ 角焊缝一般来说是等腰的。

（6）EN15085规定的设计要求。

欧洲《轨道车辆及其部件的焊接》EN 15085系列标准，2008年4月起在德国正式开始执行，并逐渐替代原德国的DIN 6700系列标准，为了我国的轨道车辆企业更好地与国际接轨，只有通过德方认证机构认证通过的企业的产品才能进入对方国，所以焊接企业国际认证 EN 15085 标准是企业和产品必须具备的条件。

① EN 15085 的由来及 EN 15085 – 1～5 概述。

② EN 15085—1 轨道应用 – 轨道车辆及其部件焊接 – 第一部分：总则。

③ EN 15085—2 轨道应用 – 轨道车辆及其部件焊接 – 第二部分：焊接企业质量要求及认证。

④ EN 15085—3 轨道应用 – 轨道车辆及其部件焊接 – 第三部分：设计要求。

⑤ EN 15085—4 轨道应用 – 轨道车辆及其部件焊接 – 第四部分：生产要求。

⑥ EN 15085—5 轨道应用 – 轨道车辆及其部件焊接 – 第五部分：检验、试验和文件。

EN 15085—3：2007《铁路上的应用 – 铁路车辆及其部件的焊接 – 第 3 部分：设计规定》适用于铁路车辆及其零件的制造和维护中金属材料的焊接。这一部分规定了制造和维护铁路车辆及其零件适用的设计和分类规则。根据与客户达成的协议，在本欧洲标准出版前发行的图纸可能也需要使用本欧洲标准的规定。

（7）接头尺寸的确定。

关于将铁路车辆零部件形成一个整体的焊接问题，除项目框架范围内和产品规格中制订的特定规定外，设计和要求的定义如下：

① 接头静态尺寸的确定。测量应力应小于或等于规格中或制造商建议并经验收部门验收合格的所指组件的容许强度。

② 接头疲劳尺寸的确定。接头应根据应力等级和安全等级进行设计。根据标准、规范、方法、指导准则或根据应力/周期图定义的容许疲劳强度是在规格中规定的或由制造商提出的，应当经过验收部门或负责的国家安全部门验收合格后使用。参考曲线图不论是规格中规定的，还是制造商提出、客户同意的，通常都适用于一定类型的接头（对接焊缝、角焊焊缝等）。

③ 应力等级和应力因数。应力等级是由应力因数确定的。应力因数是接头类型的计算疲劳应力与经过适当安全因数调节的容许疲劳应力之比。

此外，容许疲劳应力可以通过典型接头试样的疲劳试验得出。可以根据与国家安全部门达成一致的标准或准则进行疲劳试验的统计学评定。关于铁路车辆结构要求的欧洲标准，如 EN 12663 也可以采用。除此之外，也可以采用国家标准。

4.4.3 损伤容限设计

损伤容限（damage tolerance）是一种较新的结构设计理论。该理论假设，任何结构材料内部都有来自加工及使用过程的缺陷，而设计者的任务是利用各种损伤理论（如断裂力学）以及给定的外载荷，确定这些缺陷的扩展速度以及结构的剩余强度。

对于经受变化载荷的结构，如飞机、轮船、车辆等，损伤容限设计要结合无损探伤技术和疲劳理论，提供结构检验期限，以保证结构中存在的裂纹在该期限内不会扩展为临界裂纹。

疲劳裂纹扩展速率 da/dN 是应力强度因子范围 ΔK 的函数，da/dN 与 ΔK 的关系在双对数坐标系中是一条 S 形曲线，如图 4.26 所示。该曲线可以划分为 3 个区：

Ⅰ区为不扩展区，这时 $\Delta K < \Delta K_{th}$，ΔK_{th} 为门槛值。

Ⅱ区为裂纹扩展区，da/dN 与 ΔK 的关系用 Paris 公式表示：

$$\frac{da}{dN} = C \cdot \Delta K^m \quad (4.20)$$

式中，C，m 为材料常数。

Ⅲ区为快速扩展区，由于扩展速率很高，因此该区裂纹扩展寿命很短，可以忽略不计。

由式（4.70）可得裂纹扩展寿命为

$$N = \frac{a_c^{\left(1-\frac{m}{2}\right)} - a_0^{\left(1-\frac{m}{2}\right)}}{\left(1-\frac{m}{2}\right)C(\Delta\sigma)^m \pi^{\frac{m}{2}} F^m} \quad (4.21)$$

例 有一车轴如图 4.27（a）所示，轴的材料为 40Cr，调制状态，$K_{1c} = 1\,960\,\text{N}\cdot\text{mm}^{-3/2}$，轴身有一条径向表面裂纹，裂纹长度 $2c = 20\,\text{mm}$，深度 $a = 3\,\text{mm}$，裂纹处的弯曲应力为 $\pm 100\,\text{MPa}$，试估算其裂纹扩展寿命。

解 （1）确定 ΔK 的表达式。

图 4.26 da/dN 与 ΔK 的关系

因为裂纹深度比长度和轴径小得多，因此设想用两个相邻的径向截面从车轴上切下一个如图 4.27（b）所示的平板，此平板可以看作是一个具有边切口且处于平面应变条件下的受弯平板，由于裂纹深度较板宽小得多，所以可以按具有穿透边裂纹的半无限大受拉平板的 K_1 表达式来近似计算，其表达式为

$$K_1 = 1.12\sigma\sqrt{\pi a} \quad (4.22)$$

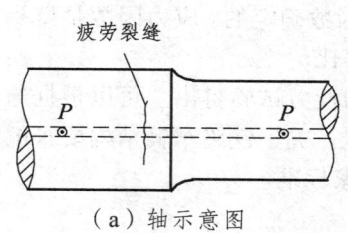
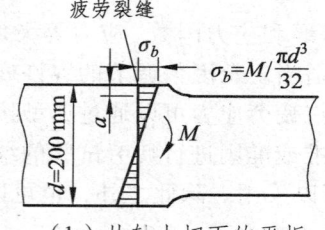

（a）轴示意图　　　　　　（b）从轴上切下的平板

图 4.27 带裂纹的车轴

（2）确定裂纹扩展速率表达式。

轴的材料 40Cr 为低合金钢，其材料参数为 $m = 3.3$，$C = 8.16 \times 10^{-14}$。

（3）初始裂纹尺寸 a_0。

题中已经给出 $a_0 = 3\,\text{mm}$。

（4）临界裂纹尺寸 a_c。

题中已经给出 $K_{1c} = 1\,960\,\text{N}\cdot\text{mm}^{-3/2}$，由 K_1 的表达式可得

$$a_c = \left(\frac{K_{1c}}{1.12\sigma}\right)^2 \cdot \frac{1}{\pi} = \left(\frac{1\,960}{1.12 \times 100}\right)^2 \cdot \frac{1}{\pi} = 98\,(\text{mm})$$

（5）裂纹扩展寿命估算。

对于 $R = -1$ 的对称循环，$\Delta\sigma$ 只取正值，由式（4.21）可得

$$N = \frac{a_c^{\left(1-\frac{m}{2}\right)} - a_0^{\left(1-\frac{m}{2}\right)}}{\left(1-\frac{m}{2}\right)C(\Delta\sigma)^m \pi^{\frac{m}{2}} F^m} = \frac{98^{\left(1-\frac{3.3}{2}\right)} - 3^{\left(1-\frac{3.3}{2}\right)}}{\left(1-\frac{3.3}{2}\right) \times 8.16 \times 10^{-14} \times (100)^{3.3} \pi^{\frac{3.3}{2}} 1.12^{3.3}}$$
$$= 2.16 \times 10^5 \text{次}$$

4.4.4 可靠性设计

1. 采用可靠性设计的必要性

在常规的机械强度设计方法中，假设材料为均匀弹性体，首先要分析零部件上所受的载荷，然后用结构力学或材料力学的方法算出零部件所承受的载荷并由这些载荷计算出零部件中的应力分布，确定危险点上的工作应力 σ；再根据经验、失效类型及统计资料确定许用应力 $[\sigma]$，设计时保证最大工作应力不超过许用应力，则强度判据为 $\sigma \leq [\sigma]$。如满足这些强度判据，说明这个零部件保证了强度要求，在工作中不会被破坏。对于静强度设计来说，其许用应力用材料的静强度指标除以相应的安全系数（其中塑性材料用屈服极限，脆性材料用强度极限）。若有动载荷作用于零部件上时，将动载荷换算成静载荷进行计算。对于疲劳强度设计用材料的疲劳极限，这种设计方法虽然对于机械零部件的设计是可行的，但其设计的合理性和有效性并不充分。一是因为设计中所用的载荷及材料性能等数据，无论是取平均值还是取最大或最小值，都没有考虑到数据的分散性，忽略了使设计参数产生变化的随机因素；二是因为缺乏对设计参数统计规律的认识，并且安全系数本身的不确定性，其选取又具有很大的主观性，因人而异。设计的零部件，为保证不失效，常选取很大（远大于1）的安全系数。问题在于，采用较大的安全系数，零部件的可靠度却未必高；相反，将造成材料的浪费和产品性能的降低。所以用常规设计方法设计的零部件，是偏保守的设计，是否仍存在破坏危险或者说，其可靠程度有多高，这些都是很难说明和量化的问题。车辆设计正向着更加精确的方向发展，对车辆的可靠性提出了越来越高的要求，常规的设计方法已不能满足，因而趋向运用可靠性设计方法替代。

2. 可靠性设计原理

可靠性设计又称为概率设计。这种设计方法将各设计参数视为随机变量，即将作用于零部件的真实外载荷及零部件的真实承载能力，以及零部件的实际尺寸等参数，都看成是属于某种概率分布的统计量，设计时虽不可能予以精确的确定，但它服从一定的分布，以此为出发点，应用概率论与数理统计及力学理论，考虑各种随机因素的影响，推导出在给定设计条件下零部件不产生破坏的概率（或可靠度）公式和设计公式，应用这些公式就可以在给定可靠度下求出零部件的尺寸，或由给定其尺寸确定其安全寿命。这样就能够得到与客观实际情况更符合的零部件，用可靠度来确保结构的安全性，从而把失效的发生控制在可接受的水平。概率设计法能够解决两方面的问题：根据设计进行分析计算，以确定产品的可靠度；根据任务提出的可靠性指标，确定零部件的参数。运用可靠性设计方法，可

以充分发挥零部件材料的固有性能，节省材料；可以找出各零部件中的薄弱环节或应力最高的危险点，从而采取相应措施，降低危险点的应力峰值，或采取强化措施使材料的强度提高，达到提高零部件可靠度的目的。可靠性设计可以量化每个零部件是否破坏或产生故障，使设计者和产品的使用者心中有数。当然，提高零部件的可靠度，必须综合考虑其经济效果，做到尽量合理。

车辆零件的可靠性设计是以应力-强度分布干涉理论为基础。零件的强度和工作应力均为随机变量，呈分布状态。这是因为影响零件强度的材料性能、尺寸、表面质量等参数均为随机变量，影响应力的参数如载荷工况、应力集中、工作温度、润滑状态、截面尺寸等也都是随机变量的缘故。通常要求零件的强度高于其工作应力，但由于零件的强度值与应力值的离散性，使应力-强度两概率密度函数曲线在一定的条件下可能相交，这个相交的区域，如图4.28所示，就是产品或零件可能出现故障的区域，称为干涉区。

如果在设计中使零件强度大大高于其工作应力而使两种分布曲线不相交，则该零件在工作初期不会发生故障，但在动载荷、腐蚀、磨损、疲劳载荷的长期作用下，强度也会逐渐衰减，而使应力、强度分布曲线发生干涉而产生不可靠的问题。即使在安全系数大于1的情况下，仍然会存在一定的不可靠度，如零件的强度和工作应力的离散程度增大时，干涉部分就会加大，零件的不可靠度也就增大。所以按传统的设计方法只进行安全系数的计算是不够的，还需进

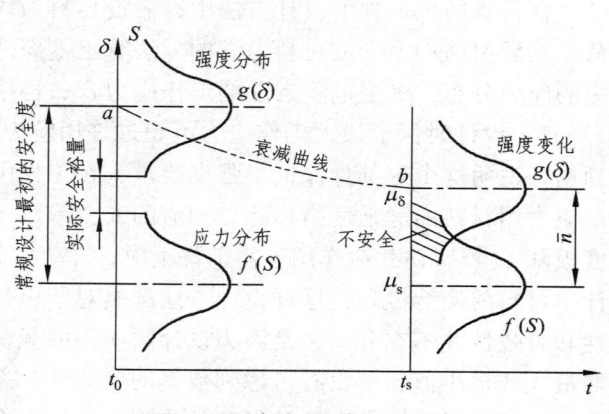

图 4.28 应力-强度干涉模型

行可靠度的计算，这正是可靠性设计有别于传统的常规设计最重要的特点。可靠性设计，就是要搞清楚零件的应力与强度的分布规律，严格控制发生故障的概率，以满足设计要求。图4.29给出了强度可靠性设计的过程。

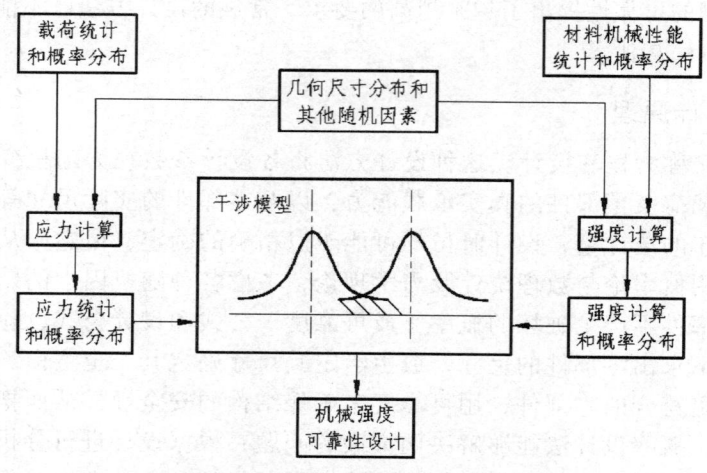

图 4.29 强度可靠性设计的过程

由应力-强度干涉模型可知,就统计学的观点而言,由于干涉的存在,任何设计都存在着故障或失效的概率。设计者能够做到的仅仅是将故障或失效概率限制在某一可以接受的范围而已。

对应力-强度干涉模型的分析可知,零件的可靠度主要取决于应力-强度分布曲线干涉的程度。如果应力与强度的概率分布曲线已知,即可根据其干涉模型计算该零件的应力小于强度的全部概率,即零件的可靠度,并以下式表示

$$R = P(\sigma < S) = P[(\sigma - S) > 0] \tag{4.23}$$

式中,σ 为工作应力;S 为材料强度。

工作应力和材料强度均服从正态分布时,零件的可靠度为

$$R = \phi\left(\frac{\mu_s - \mu_\sigma}{\sqrt{S_s^2 + S_\sigma^2}}\right) \tag{4.24}$$

式中,$\phi(\cdot)$ 为标准正态分布函数;μ_s 和 S_s 为材料强度的均值和标准差;μ_σ 和 S_σ 为工作应力的均值和标准差。

例 一中部带缺口的轴,受四点弯曲对称循环载荷 $(P, S_P) = (72, 4)$ kN,材料的疲劳极限为 $(421.7, 23.6)$ MPa,试计算其可靠度。

解 (1)确定危险截面。

分析可知中部缺口为危险截面。

(2)确定应力分布。

$$\overline{M} = \overline{P}\ \overline{L} = 18\ \text{kN}\cdot\text{m} \qquad S_M = \sqrt{\overline{P}^2 S_L^2 + \overline{L}^2 S_P^2} = 1\ \text{kN}\cdot\text{m}$$

$$\overline{L} = 250\ \text{mm} = 0.25\ \text{m} \qquad S_L = \frac{\Delta}{6} = \frac{1+(1)}{6} = 0.33\ \text{mm} = 3.3\times 10^{-4}\ \text{m}$$

$$\overline{\sigma} = \frac{\overline{M}}{\frac{\pi}{32}\overline{d}^3} = 137.8\ \text{MPa} \qquad S_\sigma = \sqrt{\overline{M}^2 9 S_d^2 + \overline{d}^2 S_M^2} = 7.7\ \text{MPa}$$

(3)确定强度分布。

$$\overline{\sigma}_{-1D} = \frac{\overline{\sigma}_{-1}}{\overline{K}_{\sigma D}} = 170\ \text{MPa} \qquad S_{\sigma_{-1D}} = \sqrt{\overline{\sigma}_{-1}^2 \cdot S_{K_{\sigma D}}^2 + \overline{K}_{\sigma D}^2 \cdot S_{\sigma_{-1}}^2} = 18.6\ \text{MPa}$$

(4)计算可靠度。

$$Z_R = \frac{\overline{x}_s - \overline{x}_l}{\sqrt{S_{x_s}^2 + S_{x_l}^2}} = \frac{170 - 137.8}{\sqrt{18.6^2 + 7.7^2}} = 1.8$$

查正态分布表得 $R = 0.945\ 2$,即轴的可靠度为 94.52%。

4.4.5 优化设计

优化设计是 20 世纪 60 年代初发展起来的一门新兴学科,是从多种方案中选择最佳方案的设计方法。它以数学中的最优化理论为基础,以计算机为手段,根据设计所追求的性能目标,建立目标函数,在满足给定的各种约束条件下,寻求最优的设计方案。优化设计是工程

设计中的一种重要方法，已经广泛应用于航空航天、机械、船舶、交通、电子、通信、建筑、纺织、冶金、石油、管理等各个工程领域，并产生了巨大的经济效益和社会效益，优化设计越来越受到人们广泛的重视，并成为21世纪工程设计人员必须掌握的一种设计方法。

结构优化设计可以根据设计变量的类型分为3个不同的层次，如图4.30所示的机翼前缘肋优化，结构拓扑优化（Topology optimization）决定孔洞的多少；结构形状优化（shape optimization）确定孔洞的形状；结构尺寸优化（sizing optimization）设计孔洞的尺寸。

  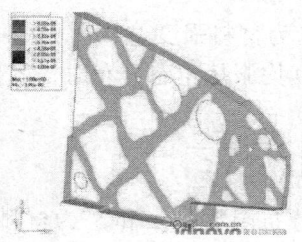 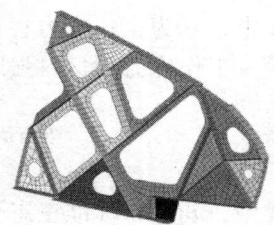

（a）机翼前缘肋　　　　　（b）拓扑优化图　　　　　（c）外形优化和尺寸优化

图4.30　机翼前缘肋优化

拓扑优化是在满足结构的约束情况下减少结构的变形能，相当于提高结构的刚度。其目标是寻找承受单载荷或多载荷的物体的最佳材料分配方案。拓扑优化结果作为尺寸优化和形状优化的最初设计方案。在形状优化过程中，初始的结构和最终的结构是同一拓扑结构。如原来有4个开孔的板经形状优化后，改变的只是开孔的边界形状，开孔数没有增加或减少。

1. 尺寸优化设计原理

（1）问题提出。

什么是优化？下面通过例子进行简要说明。

仔细观察图4.31所示的老式茶杯，会发现此类水杯有一个共同特点：底面直径 D = 水杯高度 H。为什么是这样呢？因为只有满足这个条件，才能在原料耗费最少的情况下使杯子的容积最大。在材料一定的情况下，如果水杯的底面积大，其高度必然就要小；如果高度变大了，底面积又大不了，如何调和这两者之间的矛盾？其实这恰恰就反映了一个完整的优化过程。

 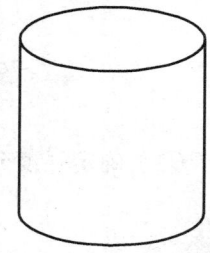

图4.31　水杯模型

在此，水杯的材料是一定的，优化的目标是要使整个水杯的容积最大。由于水杯材料直接与水杯的表面积有关系，假设水杯表面积 S 不能大于10 000，即 $S = \pi DH + \pi D^2/2 \leq 10\,000$，目标是通过选取合理的底面直径 D 和高度 H 使整个水杯容积 $V = \pi D^2 H/4$ 最大。

优化分析时，把这些需要优化的变量叫作设计变量，本例为杯子底面直径 D 和杯子高度 H；优化的目标叫目标函数，本例的目标是要使整个水杯的容积 V 最大；再者，对设计变量的优化有一定的限制条件，如整个杯子的材料不变，这些限制条件在优化中叫约束条件（或状态变量）。该问题的数学模型为

设计变量：底面直径 D 和高度 H

目标函数：$\max V = \pi D^2 H / 4$

约束条件：$S = \pi DH + \pi D^2 / 2 \leqslant 10\,000$

下面通过分析以上例子来说明优化中的一些概念。

（2）优化模型。

对于通用的问题可归纳为在满足一定约束条件下，选取设计变量，使目标函数达到最大（或最小）。其数学模型为

$$\begin{aligned}&\min \quad f(x) x \in \mathbf{R}^n \\ &\text{s.t. } g_u(x) \leqslant 0, u = 1, 2, \cdots, m \\ &\quad h_v(x) = 0 v = 1, 2, \cdots p\end{aligned} \quad (4.25)$$

综上所述，所谓最优设计，指的是一种方案可以满足所有的设计要求，而且所需的支出（如质量、面积、应力、费用等）最小，即最优设计方案就是一个最有效率的方案。可见，优化设计是一种寻找确定最优设计方案的技术，其基本思想就是用最小的代价获得最大收益。

（3）优化设计三要素。

① 设计变量：优化结果的取得就是通过改变设计变量的数值来实现的。每个设计变量都有上下限，它定义了设计变量的变化范围。如引例中的底面直径 D 和高度 H。

② 约束条件：约束条件用来体现优化的边界条件，它们是因变量，是设计变量的函数。如引例中的表面面积 $S = \pi DH + \pi D^2 / 2$。

③ 目标函数：目标函数是最终的优化目的，它必须是设计变量的函数。也就是说，改变设计变量的数值将改变目标函数的数值，如引例中目标函数为 $V = \pi D^2 H / 4$。

（4）优化设计结果。

① 设计序列：设计序列指确定一个特定模型的参数集合，其中也包括不是优化的参数。

② 合理的设计：也叫可行解，指满足所有给定约束条件的设计。如果其中任一约束条件不被满足，设计就被认为是不合理的，也叫不可行解。

③ 最优设计：最优设计指既满足所有的约束条件又能得到最优目标函数值的设计。

（5）优化方法。

目前，优化方法已经比较完善了。求解工具也包括 Matlab 优化工具箱等多种工具。SolidWork Simulation 的优化模块中支持验算点法。

下面以引例的求解过程说明 SolidWork Simulation 优化设计步骤。

（6）SolidWork Simulation 茶杯优化。

① 参数化建模。

为了简化分析不考虑杯子的壁厚。在 SolidWorks 环境建立以设计变量为驱动尺寸的初始设计方案（底面直径 $D = 50$ mm 和高度 $H = 50$ mm），并保存为"茶杯优化.sldprt"。

② 准备约束条件和目标函数。

如图 4.32（a）所示，在特征树中右单击"传感器"选择"添加传感器"。如图 4.32（b）所示在弹出的传感器对话框中选择传感器类型为"测量"。如图 4.32（c）所示，在绘图区中选中模型表面的 3 个面，在"测量"对话框中单击"创建传感器"按钮，在传感器对话框中单击"确定"按钮，完成约束条件——表面积计算。

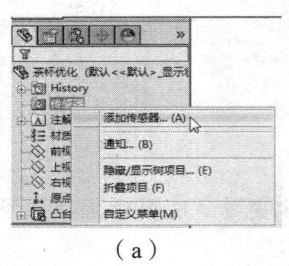
（a）
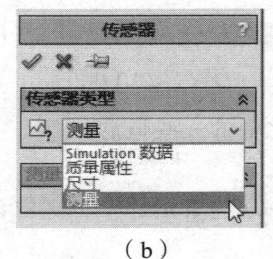
（b）
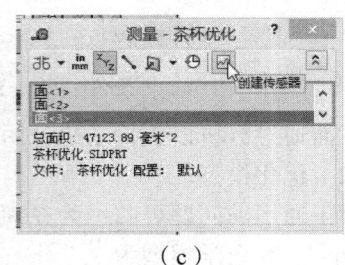
（c）

图 4.32　准备约束条件——表面面积

在特征树中右单击"传感器"选择"添加传感器"，如图 4.33 所示，在弹出的传感器对话框中选择传感器类型为"质量属性"，属性选择"体积"，单击"确定"按钮✓，完成目标函数——体积计算。如图 4.34 所示，在特征树中，将两者更名为"表面积"和"体积"。

③ 生成优化算例。

如图 4.35 所示，右键单击算例标签管理器中的"运动算例 1"，选择"生成新设计算例"。

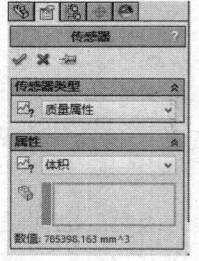

图 4.33　目标函数

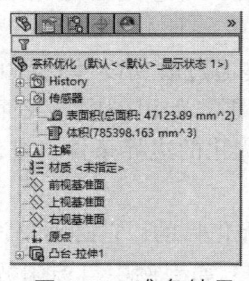

图 4.34　准备结果

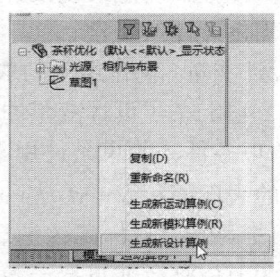

图 4.35　生成优化算例

④ 定义优化三要素。

定义设计变量：右单击 SolidWorks 的"FeatureManager"设计树中的"注释"，选中"显示特征尺寸"，在图形内显示特征尺寸。在优化设计管理器中单击"变量"中的"单击此处添加变量"在图形区域中单击底面直径尺寸，如图 4.36 所示在参数对话框的名称中输入"D"，单击"应用"按钮完成直径 D 设定；重复上述步骤完成高度 H 设定。单击"确定"按钮返回优化设计管理器。如图 4.36 所示，设定两者的变化范围和步长均为[30，60]和 5。

定义约束条件：在优化设计管理器中单击"约束"中的"单击此处添加约束"，选择"表面积"，如图 4.37 所示，设定其小于 10 000 mm²。

定义目标函数：在优化设计管理器中单击"约束"中的"单击此处添加目标"，选择"体积"，如图 4.37 所示，设定为"最大化"。

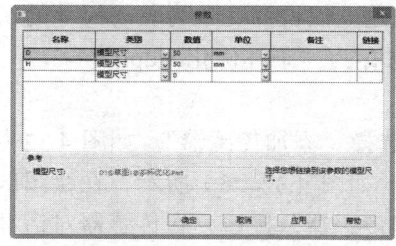

图 4.36　指定设计参数

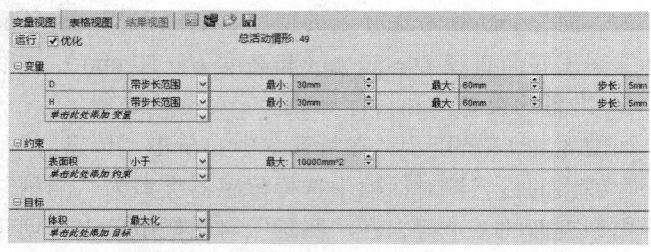

图 4.37　优化三要素设定

⑤ 优化设计结果分析。

在优化设计管理器中单击“运行”按钮，经过 51 个循环之后得到优化设计结果，最优解是 $D = H = 45$ mm，如图 4.38 所示。

变量视图 表格视图 结果视图

51 情形之 51 已成功运行 设计算例质量: 高

		当前	初始	优化 (25)	情形 1	情形 2	情形 3	情形
D		50mm	50mm	45mm	30mm	35mm	40mm	45mm
H		50mm	50mm	45mm	30mm	30mm	30mm	30mm
表面积	< 10000mm^2	11780.97259mm^2	11780.97259mm^2	9542.58814mm^2	4241.14987mm^2	5222.89798mm^2	6283.18544mm^2	7422.0127
体积	最大化	98174.8 mm^3	98174.8 mm^3	71569.4 mm^3	21205.8 mm^3	28863.4 mm^3	37699.1 mm^3	47712.9 m

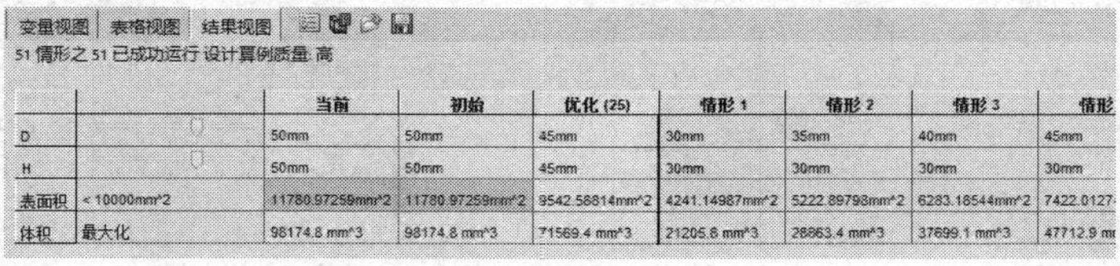

图 4.38 优化结果

（7）SolidWork Simulation 优化设计步骤。

由以上分析过程，可将 SolidWork Simulation 优化设计步骤归结为定目标、选变量、取约束、做优化。

2. 带孔板轻量化设计

（1）问题描述。

带有小圆孔的板，板端受 18 kN 的拉力，设计板宽，使最大应力小于 200 MPa 时质量最小。

（2）分析步骤。

① 打开零件。

浏览到“资源文件”中的“带孔板轻量化.SLDPRT”并将其打开。

② 进行应力分析。

进行优化设计之前，必须完成静态分析以获得应力约束，本例取 1/4 模型计算。生成名称为“应力分析”算例：材料为碳钢板，如图 4.39 所示的三个面上施加“在平面上”的法向约束，在端面上施加法向拉力，大小为 18 000/2 N。vonMises 应力分析结果如图 4.40 所示。

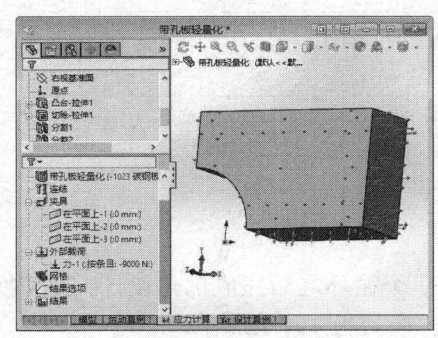

图 4.39 约束条件

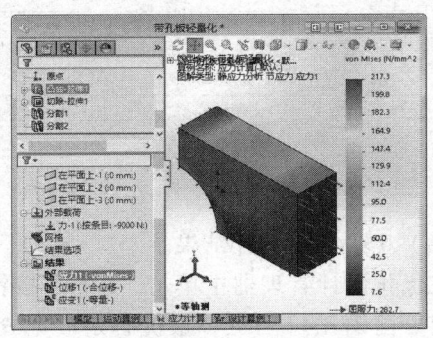

图 4.40 应力分析结果

（3）准备约束条件和目标函数。

如图 4.41 所示，在特征树中右单击“传感器”选择“添加传感器”，在传感器对话框中选择传感器类型为“Simulation 数据”，设数据为“von Mises 应力”，单位符号为 MPa，单击“确定”按钮✔，完成应力约束条件设定。如图 4.42 所示，在特征树中右单击“传感器”选择“添加传感器”，在弹出的传感器对话框中选择传感器类型为“质量属性”，属性选择“质量”，单击“确定”按钮✔，完成目标函数——质量设定。

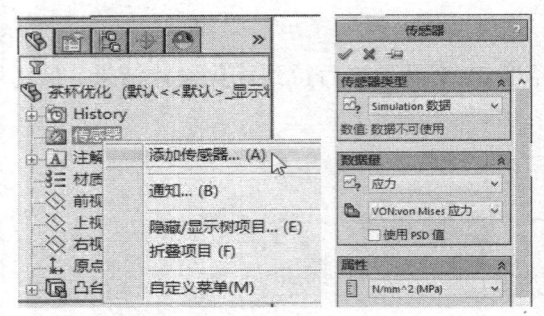

图 4.41 准备约束条件——应力

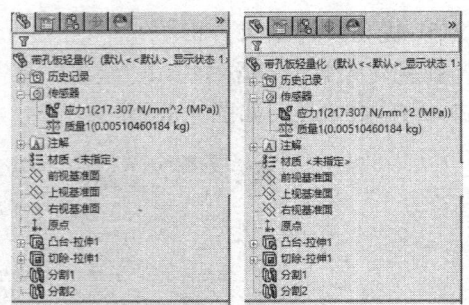

图 4.42 准备质量优化目标

（4）生成优化算例。

右单击算例标签管理器中的"运动算例"，选择"生成新设计算例"，打开优化设计管理器。

（5）定义优化三要素。

① 定义设计变量：在优化设计管理器中单击"变量"中的"单击此处添加变量"在图形区域中单击板厚尺寸，在参数对话框的名称中输入 B，单击"确定"按钮完成板厚 B 设定。如图 4.43 所示，设变化范围为[30，60]，步长为 1 mm。

② 定义约束条件：在优化设计管理器中单击"约束"中的"单击此处添加约束"，选择"应力 1"，如图 4.43 所示，设定其小于 200 N/mm^2。

③ 定义目标函数：在优化设计管理器中单击"约束"中的"单击此处添加目标"，选择"质量 1"，如图 4.43 所示，设定为"最小化"。

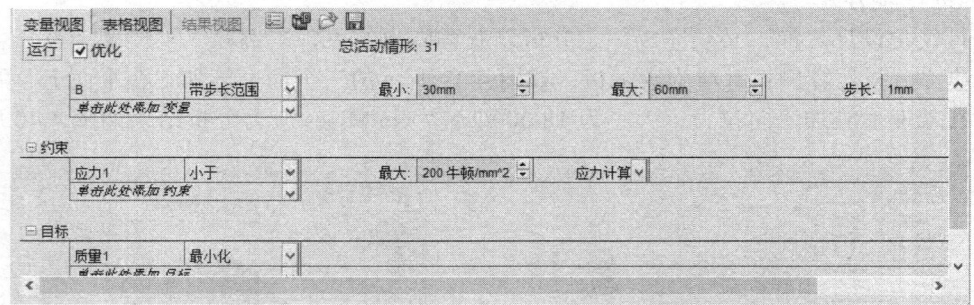

图 4.43 优化三要素设定

（6）观察优化设计结果。

在优化设计管理器中单击"运行"按钮，经过 33 个循环之后完成优化设计，并切换到结果视图。由图 4.44 可见，最优解是板宽 B = 40 mm，应力为 197.72 MPa。

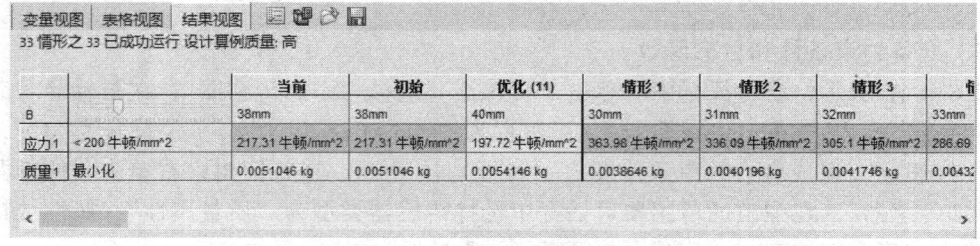

图 4.44 优化结果

4.4.6　车辆结构强度试验

1. 车辆结构试验的重要意义

车辆作为运送旅客和货物的一种高速运动结构物，要求其安全可靠，具有足够的强度和刚度；自重轻，具有一定的使用寿命；结构参数合理，具有优良的动力品质。

车辆不但结构复杂，而且在运用过程中承受着各种载荷的作用，其变形状态和动力过程是相当复杂的，单靠理论分析计算不能完全掌握其各方面的规律性，还须借助专门的试验。因此，车辆设计者和研究者必须把理论分析和试验研究结合起来，同时广泛利用同类结构的运用经验，才能创造出合理的车辆结构。

车辆在运用过程中出现的损坏（裂纹、变形、疲劳、腐蚀、磨耗等）情况，能为车辆结构的合理设计提供一定的经验，但运用积累的经验不能代替专门的试验。因为运用中通常只能发现强度不足的地方，而不能查明强度过剩的部位。同时，车辆构件的耐久性不足常常不能马上暴露，只有经过相当长时间的运用之后，才能发现由于疲劳或其他原因所引起的裂纹和破坏，其周期太长往往会延误工作。而车辆结构试验能够在比较短的时间内很快查明车辆及其零部件的实际强度和耐久性，以便及时采取措施加以改进。

在设计过程中，有时可以借助模型试验测定其强度和动力品质，以选择合理的结构形式、外形尺寸和悬挂系统的特性参数。

试验工作在车辆动力性能的研究中占有很大的比重。可以借助试验来探索和了解车辆的动力品质，为改善车辆的运行性能和正确选择结构参数提供依据。车辆动力性能试验也是评定车辆运行平稳性和稳定性的唯一可靠的手段。

总之，车辆结构试验对改进车辆结构形式和工作性能、减轻车辆自重和保证车辆安全运行起着重要的作用。车辆结构试验能为车辆鉴定提供可靠的依据，车辆强度和动力性能试验报告是鉴定车辆不可缺少的资料之一。

2. 车辆结构试验项目

根据试验的目的和要求不同，车辆结构试验通常可分为3大类：车辆结构强度试验，车辆动力品质试验，车辆结构的可靠性和耐久性试验。每类试验还可分为一些具体的试验项目。

（1）车辆结构强度试验。

车辆结构强度试验主要测定车辆结构在各种载荷作用下的强度、刚度和稳定性，从应力状态和变形的观点来评价车辆结构的合理性。它主要包括车辆静强度试验，车辆动强度试验，车辆纵向冲击强度试验，车辆零部件破坏强度试验。

（2）车辆动力品质试验。

车辆动力品质试验主要测定车辆在运用过程中与线路间的相互作用力，车辆振动特性及车辆的动态特性参数等。它主要包括车辆平稳性试验，车辆脱轨稳定性和倾覆稳定性试验，车辆特性参数测定试验。

（3）车辆结构的可靠性和耐久性试验。

车辆结构的可靠性和耐久性试验的主要目的是，确定车辆可靠性指标的数值，查明出现故障的时间规律性，确定结构的疲劳强度等。它主要包括车辆及其构件的振动疲劳试验，车辆纵向冲击疲劳试验。

3. 车辆强度试验

（1）试验目的及要求。

① 试验目的是鉴定车辆及其主要零部件的强度、刚度和稳定性。

② 试验加载应最大限度地模拟实际运用时的受力状态。

③ 试验载荷应不小于基本作用载荷，但鉴定标准载荷仍须按基本作用载荷换算。

④ 试验对象的制造质量应具有代表性，其技术状态应符合有关图纸和技术文件的规定。

（2）试验大纲。

试验大纲是试验全过程的指导性文件，试验大纲应包括下列主要内容：试验的目的和要求，试验对象的准备工作，试验载荷工况和试验程序，试验载荷的施加方法和施加载荷的必要设备，试验使用的测量仪器仪表，传感器的安装位置、方法和次序，试验数据的分析整理方法；试验结果的评定标准。

在试验之前必须制订好试验大纲，并做好充分的准备。组织一个大型试验要花费大量的人力、物力、财力和时间，任何疏漏都可能造成损失、缺陷，甚至返工。

4.4.7 车辆结构强度规范

强度规范的作用在于保证车辆的运行性能和使用安全，它对车辆结构必须满足的载荷和环境条件以及对设计、制造、试验、维护和使用的要求做出了规定。车辆结构强度规范具有以下三大特点：一是强制性，强度规范是车辆结构设计、强度计算和试验的法律准则；二是适用性，如果按车辆的功能强度规范分为机车的、客车的、货车的和特种车辆的4类；如果按线路轨距分为米轨、准轨和宽轨3类。三是时效性，强度规范多由各国政府的相应机构颁布。制定强度规范时，不仅应针对车辆在发展中不断遇到的新问题，反映解决这些问题的最新科学技术成就，而且应符合本国的技术政策和实际情况。因此，各国的规范不尽相同，并且每隔几年就会修订一次。必须使用现行有效的强度规范开展车辆设计。

车辆强度规范规定了对车辆结构的实际要求、载荷和环境条件以及研制程序。强度规范对车辆结构设计规定为三级载荷：使用载荷、试验载荷和设计载荷。使用载荷或称为限制载荷，是车辆正常运行时可能承受的最大载荷；试验载荷是使用载荷与载荷系数的乘积，它介于使用载荷和设计载荷之间；设计载荷或称为极限载荷，是使用载荷与安全系数的乘积。强度规范对保证操纵系统和控制系统可靠性提出要求，对强度设计程序和结构试验内容与安排做出规定，最后还规定应提供的数据和报告的种类、格式和内容。

我国在车辆行业的标准是中华人民共和国铁道部标准（TB/T）。目前，与铁道车辆技术发达国家相比，我国的车辆强度规范涉及的范围和内容还不完善。特别是在高速铁道车辆领域，强度规范几乎是空白，今后急需进一步加大我国在该行业的强度规范制定力度，完善强度规范内容及范围。随着我国引入 200 km/h 和 300 km/h 动车组技术，车辆承载结构的设计和强度分析与试验规范越来越多地借鉴国际铁路联盟标准（UIC）、欧洲标准（EN）、国际标准（1SO）、德国工业标准（DIN）和日本工业标准（JIS）等。

在车辆强度计算中，目前主要使用的标准和报告有：

（1）TB/T 1335—1996《铁道车辆强度设计及试验鉴定规范》；

（2）TB/T 2368—2005《动力转向架构架强度试验方法》；

（3）TB/T 2395—2018《机车车辆动力车轴设计方法》；

（4）TB/T 2705—2010《铁道车辆非动力车轴设计方法》；

（5）UIC 510-3/1994《货车——二轴和三轴车转向架在试验台上的试验》；

（6）UIC 510-5/2003《整体车轮技术验收》；

（7）UIC 515-4/1993《客车/转向架——走行部/转向架构架强度试验》；

（8）UIC 615-4/2003《动力车/转向架及走行部/转向架构架强度试验》；

（9）UIC 566/1992《客车车体及其零部件装载》；

（10）UIC 515-3/1994《铁道车辆/转向架——走行部/车轴计算方法》；

（11）UIC 615-1/1994《动力车/转向架——走行部/组成部分的一般规定》；

（12）EN 13103/2009《轮对和转向架/4F 动力车轴——设计方法》；

（13）EN 13104/2001《轮对和转向架/动力车轴——设计方法》；

（14）EN 13979-1/2003《铁路应用轮对和转向架车轮技术验收程序》第一部分：锻制和轧制车轮；

（15）EN 12663/2000《铁路应用——铁道车辆车体结构的强度要求》；

（16）DIN 6700-3/2003《铁道车辆和铁路车辆部件的焊接》第三部分：设计准则》；

（17）JIS E 4501—1995《铁道车辆——车轴强度设计方法》；

（18）JIS E 4207—2004《车辆用转向架构架设计通用规则》；

（19）JIS E 4208—1988《铁道车辆用转向架的载荷试验方法》。

复习思考题

1. 简述车辆强度计算的目的和内容。
2. 简要说明车辆主要作用载荷的类型及其产生的原因。
3. 作用在车体和转向架上的载荷分别有哪些？因何引起？简述其三要素。
4. 简述 CAD 建模的基本特点及步骤。
5. 简述有限元分析的基本思路及有限元软件分析三部曲。
6. 简述修正 Goodman 疲劳极限图的绘制方法和应用方法。
7. 简述强度设计方法的类型、强度条件及理论依据。
8. 简述车辆结构试验的类型及其主要试验内容。
9. 简述车辆强度试验的目的和类型。
10. 简述车辆强度规范的作用。简述车辆承载结构的强度评定准则。
11. 以带孔板等零件为例在 SolidWorks 等 CAD/CAE 工具中完成静强度、疲劳强度、模态、拓扑优化和尺寸优化设计。

Part 5 转向架零部件设计

转向架是轨道车辆（铁路机车车辆、动车组、城轨车辆等）最重要的部件之一，它能实现轨道车辆走行功能，其设计是否合理直接关系到车辆运行品质、动力性能和行车安全，可以毫不夸张地说，转向架技术是"靠轮轨接触驱动运行的轨道车辆得以生存发展的核心技术之一"。

本章主要介绍悬挂元件、轮轴、构架、制动零件等转向架零件结构设计的设计内容、设计标准、评价方法与关键部件强度试验。

5.1 转向架基本组成

如图 5.1 和图 5.2 所示，转向架主要由轮对、轴箱、一系弹簧悬挂装置、构架、二系弹簧悬挂装置、驱动装置（仅动力转向架有）和基础制动装置等 7 部分组成。

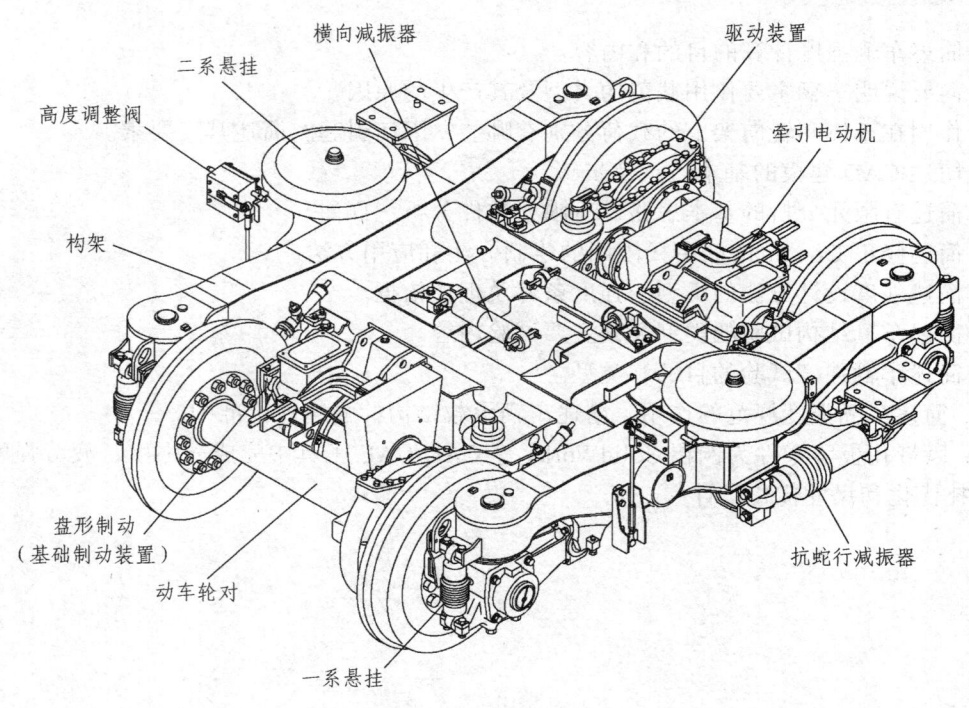

图 5.1 动车转向架

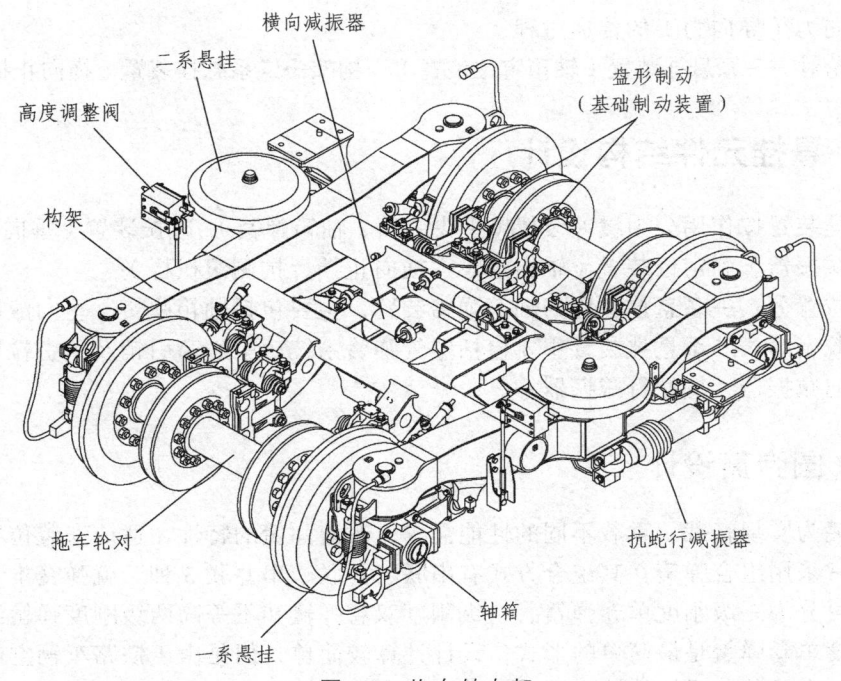

图 5.2 拖车转向架

（1）轮对：轮对直接向钢轨传递车辆重力，通过轮轨间的黏着产生牵引力或制动力，并通过轮对的转动实现车辆在钢轨上的走行和导向。

（2）轴箱：联系构架和轮对的活动关节，它除了保证轮对进行回转运动外，还能使轮对适应线路等条件，相对于构架上下、左右和前后活动。

（3）一系弹簧悬挂装置：用来保证轴重分配均匀，缓和线路不平顺对车辆的冲击，还能使轮对适应线路等条件，相对于构架上下、左右和前后活动。它包括轴箱弹簧装置、轴箱定位装置和轴箱减振装置。

（4）构架：转向架的骨架，用于安装转向架各部件，承受和传递垂向力及水平力。

（5）二系弹簧悬挂装置：也叫车体支撑装置，它是车体和转向架之间的连接装置。其作用是承受车体载荷，传递垂向和横向力，进一步缓和冲击振动，通过曲线时使转向架相对于车体回转，保证车辆的运行平稳性。它包括二系弹簧装置、二系减振装置、抗侧滚装置和牵引装置。

（6）驱动装置：将动力装置的功率最后传递给轮对。包括牵引电机、传动装置和电机悬挂装置。

（7）基础制动装置：将制动缸传来的力增大若干倍后传给执行机构进行制动。

动车转向架力的基本传递过程：

（1）垂向力（车体重力）的传递过程：

车体→二系悬挂装置（二系弹簧）→构架→一系悬挂装置（轴箱弹簧）→轮对→钢轨。

（2）纵向力（牵引电机产生的牵引力或制动装置产生的制动力）的传递过程：

钢轨→轮对→一系悬挂装置（轴箱定位装置）→构架→二系悬挂装置（牵引装置）→车体→车钩。

（3）横向力（导向力）的传递过程：

钢轨→轮对→一系悬挂装置（轴箱定位装置）→构架→二系悬挂装置（横向止挡）→车体。

5.2 悬挂元件结构设计

弹性悬挂装置按作用分为缓冲装置（中央弹簧、轴箱弹簧）、减振装置（垂向、横向、纵向和抗蛇行减振器）和定位装置（轴箱定位、横向止挡、抗侧滚扭杆）。

按安装位置分：一系悬挂也称为轴箱弹簧装置，主要包括轴箱弹簧、垂向液压减振器和转臂定位橡胶套等。二系悬挂装置主要包括空气弹簧系统、中心牵引销及牵引拉杆、横向弹性止挡、横向减振器、抗蛇行减振器等。

5.2.1 圆弹簧设计

铁路车辆为实现轻载、重载不同的性能需求，改善弹簧的特性，适应安装位置及空间大小的需要，常采用组合弹簧，其组合方式有串联、并联、串并联3种。就弹簧本身而言，按其基本结构可分为一级刚度单卷弹簧、一级刚度双卷弹簧和不等高两级刚度弹簧组3类。

一级刚度单卷弹簧是最简单的形式，设计计算较简单，但是由于铁路车辆空间限制，不好布置实现。在承载与弹性特性相同的条件下，为使结构紧凑，减小弹簧占用的空间位置，常采用作用相同的一级刚度双卷弹簧来代替一级刚度单卷弹簧。由于空车和重车簧上质量相差悬殊，如果采用一级刚度的螺旋弹簧组，有可能使空车的弹簧静挠度过小、自振频率过高而使其振动性能恶化。采用不等高两级刚度弹簧组，利用内、外卷弹簧的自由高度差，可使弹簧组有两种刚度特性，空车时选用刚度较小的第一级刚度，重车时选用刚度较大的第二级刚度，从而改善车辆的运行品质。

1. 单卷弹簧结构参数设计

圆柱螺旋压缩弹簧的主要参数有簧条直径 d，弹簧中径 D，有效圈数 n，总圈数 N，弹簧自由高度 H_0，弹簧全压缩高度 $H_{\min}$，弹簧指数 $m = D/d$，弹簧的垂向静挠度 f_v 和垂向刚度 K_v 等。结构如图5.3所示。

主要计算公式如下：

刚度 $\quad K_v = \dfrac{Gd}{8nm^3} = \dfrac{Gd^4}{8nD^3}$ （5.1）

挠度 $\quad f_v = \dfrac{8P_v m^3 n}{Gd} = \dfrac{P_v}{K_v}$ （5.2）

应力 $\quad \tau_{\max} = \dfrac{8P_{\max}DC}{\pi d^3} \leqslant [\tau]$ （5.3）

簧条直径 $d_{计算} = \sqrt{\dfrac{8P_{\max}mC}{\pi[\tau]}}$ （5.4）

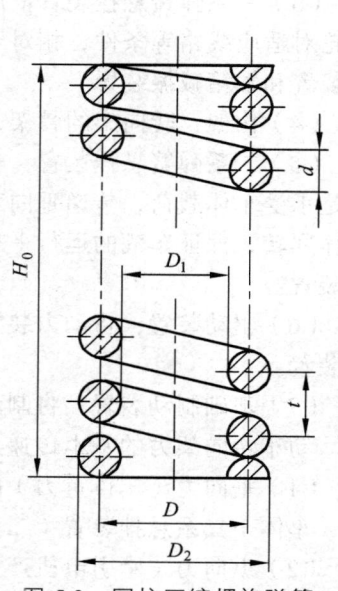

图5.3 圆柱压缩螺旋弹簧

有效圈数 $$n = \frac{Gd}{8K_v m^3}$$ （5.5）

总圈数 $N = n + 1.5$（两端并紧、磨平） （5.6）

弹簧全压缩高度 $H_{\min} = (n+1)d$ （5.7）

弹簧自由高度 $H_0 = H_{\min} + f_{\max}$ （5.8）

弹簧稳定性校核 $H_0 \leqslant 3.5D$ （5.9）

式中，G 为剪切弹性模数，弹簧钢 $G = 80$ GPa；P_v 为作用于弹簧上的垂向静载荷；$P_{\max}$ 为作用于弹簧上的最大垂向载荷，其值为 $P_{\max} = P_v(1 + k_{vd})$；$D$ 为弹簧平均直径，是弹簧内外径的平均值；m 为弹簧指数，其值为 $m = D/d$；C 为应力修正系数，其值为 $C = \frac{4m-1}{4m-4} + \frac{0.615}{m}$；$f_{\max}$ 为最大挠度，其值为 $f_{\max} = f_v(1 + k_{vd})$；$n$ 为弹簧有效圈数；N 为弹簧总圈数，为工作圈数与支持圈圈数之和；$H_{\min}$ 为弹簧圈压缩高度，即弹簧在全压缩状态下的高度；H_0 为弹簧自由高度，为无载荷状态下的高度；k_{vd} 为弹簧挠度裕量系数，是弹簧在静载重作用下各簧圈之间的间隙总合 a（即弹簧最大挠度）与静挠度 f_{st} 之比值。计算时规定取值：在弹簧装置中有减振器并且 f_{st} 较大时，客车取 $k_{vd} \geqslant 0.5$。动车组转向架弹簧装置中有减振器，所以取 $k_{vd} = 0.5$。

铁路车辆弹簧一般取弹簧指数 $m = 4 \sim 7$。根据标准簧丝直径系列，一般来讲，弹簧的簧条直径 d、中径 D、有效圈数 n 及自由高度 H_0 为标准值。但在实际的设计中，在符合许用应力及有关要求下，可不必按一般弹簧的设计要求选取某些参数值，如弹簧有效圈数 n 的尾数值、弹簧中径 D 值和自由高度 H_0 值都可以不按有关的系列值的要求选取。

压缩弹簧的高径比 $b = \frac{H_0}{D}$ 比较大时，若轴向载荷达到一定程度，就会产生侧向弯曲而失去稳定性，为此要控制弹簧的高径比。对于铁路车辆用弹簧，通常要求高径比 $b \leqslant 3.5$。对于高径比 $b \geqslant 3.5$ 的情况，应采取相应措施，以保证弹簧的稳定性。

在设计计算车辆悬挂装置中的弹簧时，为改善振动特性，在结构空间位置、车钩高差等条件允许的情况下，应尽量增大弹簧总静挠度。为此，必须注重刚度 K_v 与静挠度值的选取。在实际的设计中，在符合许用应力及有关要求下，可不必按一般弹簧的设计要求选取某参数值。如果弹簧有效圈数的尾数值、平均直径 D 值和自由高 H_0 值都可以不按有关的系列值的要求选取（见表5.1）。

表5.1 圆截面弹簧材料直径系列　　　　　　单位：mm

第一系列	0.1	0.15	0.2	0.25	0.3	0.35	0.4	0.45	0.5
	0.6	0.8	1.0	1.2	1.6	2	2.5	3	3.5
	4	4.5	5	6	8	10	12	16	20
	25	30	35	40	45	50	60	70	80
第二系列	0.7	0.9	1.4	(1.5)	1.8	2.2	2.8	3.2	3.8
	4.2	5.5	7	9	14	18	22	(27)	28
	32	36	38	42	(55)	65			

注：① 优先采用第一系列；
② 括号内直径只限于不能更换的产品使用。

2. 圆弹簧横向刚度

设圆弹簧受横向力 Q 作用，产生横向挠度 f_L，P 为圆弹簧轴向载荷（见图 5.4），对上下保持平行的圆簧，可按刚度比

$$\frac{K_r}{K_L} = \left[0.295\left(\frac{h}{D}\right)^2 + 0.384\right]\lambda \tag{5.10}$$

其中

$$\lambda = \frac{1}{1-\dfrac{P}{P_\sigma}}, \quad \frac{P}{P_\sigma} = \left\{1.3\left[\sqrt{1+4.29\left(\frac{D}{h}\right)^2}\right]\right\}^{-1}\frac{f_r}{h} \tag{5.11}$$

式中，K_r 为垂向刚度；K_L 为横向刚度；h 为在 P 作用下计算高度 $h = H_0 - f_r - d$；f_r 为垂向挠度（mm），$f_r = \dfrac{P}{K_r}$；K_r 为圆弹簧垂向刚度（N/mm）；λ 为系数，表示垂向载荷对横向挠度的影响；D 为簧圈平均直径（mm）；P_σ 为临界载荷。

例 已知一台转向架的车体载荷为 329 600 N，试求它的二系圆簧的尺寸。

解 设转向架每侧取 4 个圆簧，则每一个圆簧的轴向载荷为

$$P = 329\ 600/8 = 41\ 200\ (\text{N})$$

选取圆簧尺寸如下：

工作圈数：$n = 10$；簧条直径：$d = 45$ mm；簧圈直径：$D = 215$ mm。

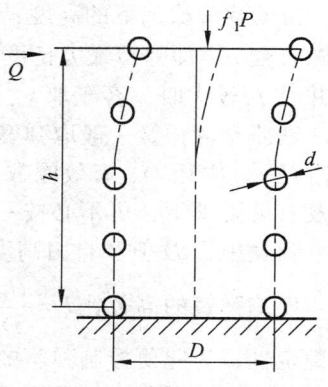

图 5.4 圆簧受力作用

全压缩高度　　　$H_{\min} = (n+1) \times d = (10+1) \times 45 = 495\ (\text{mm})$

簧圈系数　　　$C = \dfrac{D}{d} = \dfrac{215}{45} = 4.78$

修正系数　　　$\alpha = \dfrac{4C-1}{4C-4} + \dfrac{0.615}{C} = \dfrac{4 \times 4.78 - 1}{4 \times 4.78 - 4} + \dfrac{0.615}{4.78} = 1.329$

圆簧全压缩时应力　　　$\tau = \dfrac{16 P_{\max} R \alpha}{\pi d^3} = 750\ (\text{N/mm}^2)$

$$P_{\max} = \dfrac{\pi d^3 \tau}{16 R \alpha} = \dfrac{\pi 45^3 \times 750}{16 \times 107.5 \times 1.329} = 94\ 000\ (\text{N})$$

计算 $f_{\max}$ 得　　　$f_{\max} = \dfrac{64 P_{\max} R^3 n}{G d^4} = \dfrac{64 \times 94\ 000 \times 107.5^3 \times 10}{8 \times 10^4 \times 45^4} = 230\ (\text{mm})$

圆簧自由高度　　　$H_0 = H_{\min} + f_{\max} = 495 + 230 = 725\ (\text{mm})$

计算圆簧横向刚度 K_L：

先计算垂向静挠度 f_r、高度 h 及比值 D/h。

$$f_r = \frac{64PR^3n}{Gd^4} = \frac{64 \times 41\,200 \times 107.5^3 \times 10}{8 \times 10^4 \times 45^4} = 100 \text{ (mm)}$$

$$h = H_0 - f_r - d = 725 - 100 - 45 = 580 \text{ (mm)}$$

$$\frac{D}{h} = \frac{215}{580} = 0.37, \quad \frac{h}{D} = \frac{580}{215} = 2.7$$

$$\frac{P}{P_\sigma} = \left\{1.3\left[\sqrt{1+4.29\left(\frac{D}{h}\right)^2}-1\right]\right\}^{-1}\frac{f_r}{h} = \{1.3 \times [\sqrt{1+4.29 \times 0.37^2}-1]\}^{-1} \times \frac{100}{580} = 0.51$$

$$\lambda = \frac{1}{1-\dfrac{P}{P_\sigma}} = \frac{1}{1-0.51} = 2.04$$

垂向刚度 $\quad K_r = \dfrac{P}{f_r} = \dfrac{41\,200}{100} = 412 \text{ (N/mm)}$

故横向刚度

$$K_1 = \frac{K_r}{\left[0.295\left(\dfrac{h}{D}\right)^2+0.384\right]\lambda} = \frac{412}{(0.295 \times 2.7^2 + 0.384) \times 2.04} \approx 80 \text{ (N/mm)}$$

一台转向架横向刚度

$$8K_1 = 8 \times 80 = 640 \text{ (N/mm)}$$

3. 一级刚度双卷弹簧结构参数设计

在承载与弹性特性相同的条件下，一级刚度双卷弹簧的结构更紧凑，所占的空间小。由于车辆的空间限制，常采用作用相同的一级刚度双卷弹簧来代替一级刚度单卷弹簧。其结构关系及装置如图 5.5 所示。d 为一级刚度单卷弹簧的簧丝直径，D 为一级刚度单卷弹簧的中径，d_1、d_2 分别为承载与弹性特性相同的条件下一级刚度双卷弹簧的外卷、内卷簧丝直径，D_1、D_2 分别为外卷、内卷弹簧的中径。

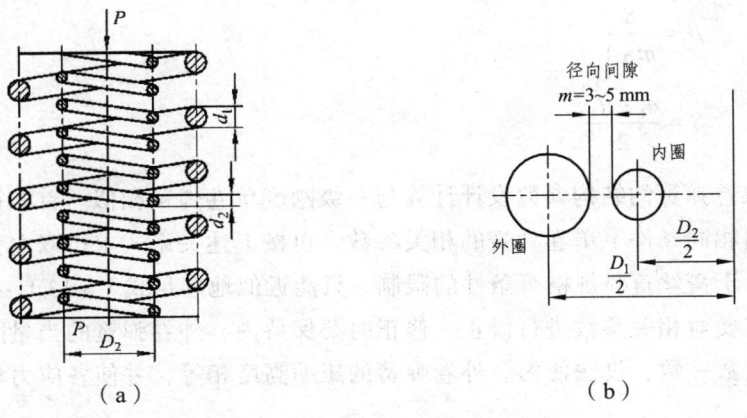

图 5.5 双卷弹簧关系及装置

采用双卷弹簧代替单卷弹簧时，为不改变原弹簧的特性，必须满足以下条件：双卷弹簧的外卷和内卷的弹簧指数 m_1 和 m_2、应力 τ_1 和 τ_2、挠度 f_1 和 f_2 要分别等于单卷弹簧的 m、τ、和 f，即

$$\begin{cases} m = m_1 = m_2 \\ f = f_1 = f_2 \\ \tau = \tau_1 = \tau_2 \end{cases} \quad (5.12)$$

m 相等，说明挠曲程度相同，由挠曲引起的应力修正系数也相同；τ 相等，意味着充分利用了材料的强度；f 相等，保证双卷弹簧与单卷弹簧性能相同。为满足上述 3 个条件，经过推导，弹簧结构参数应满足以下 3 个等式

$$\frac{D}{d} = \frac{D_1}{d_1} = \frac{D_2}{d_2} \quad (5.13)$$

$$d^2 = d_1^2 + d_2^2 \quad (5.14)$$

$$nD = n_1 D_1 + n_2 D_2 \quad (5.15)$$

为了不使内、外卷弹簧相互接触，其间应保持一定的间隙：$S = \dfrac{d_1 - d_2}{2}$，有时为调整内、外卷弹簧的有关参数，使之符合设计要求，可适当加大其值。综上所述，可得到 d_1，d_2 之间的补充关系式

$$d_1 = \frac{d}{\sqrt{1+\alpha^2}} + \frac{2\alpha\beta}{1+\alpha^2} \quad (5.16)$$

$$d_2 = \frac{\alpha d}{\sqrt{1+\alpha^2}} - \frac{2\beta}{1+\alpha^2} \quad (5.17)$$

$$\alpha = \frac{m-1}{m+1} \quad (5.18)$$

$$\beta = \frac{S}{m+1} \quad (5.19)$$

$$S = \frac{d_1 - d_2}{2} \quad (5.20)$$

一级刚度双卷弹簧的结构参数设计计算与一级刚度单卷弹簧相似。首先按照单卷弹簧的设计步骤计算出相同条件下单卷弹簧的相关参数，再按上述关系式求得双卷弹簧的参数。

实际上，由于簧丝直径规格等条件的限制，只能近似地满足式（5.13）~式（5.15）的 3 个条件，因而需要对相关参数进行修正。修正时要保持内、外卷弹簧的当量刚度和挠度值与原单卷弹簧的参数一致，设法使内、外卷弹簧的压缩高度相等，并使各应力均在许用应力范围之内。

在表 5.2 列出了 CRH_5 型动车组转向架双卷弹簧的有关参数值，供设计计算时参考。

表 5.2 CRH$_5$ 型动车组转向架螺旋圆弹簧规格

弹簧名称	d/mm	D/mm	n	H_0/mm
轴箱外侧弹簧（内圈）	20	103	9.15	257.5
轴箱外侧弹簧（外圈）	29.5	163.5	6.75	257.5
轴箱外侧弹簧（内圈）	20	103	8.85	248.5
轴箱外侧弹簧（外圈）	29.5	165.5	6.6	248.5

依据设计任务书提出的具体要求（如自重、载重、挠度、刚度等），参照上述各表中双卷弹簧的参数值，也可分别直接设计计算内、外卷弹簧的各参数及组合当量刚度等。或者，在初步设计计算时，将内、外卷所承受的载荷按 1∶2 的比例进行分配。对于三卷组合弹簧的内、中、外三卷所承受的载荷按 1∶2∶4 的比例进行分配。然后分别进行各单卷弹簧参数、簧卷间隙及组合当量刚度等值的设计计算。并适当给以修正，满足设计要求。因为上述这两种方法简便，在实际中应用较多。

例 CRH$_2$ 型动车组轴箱弹簧结构强度分析。

解 （1）确定每卷弹簧的最大计算载荷。

CR200EMU 动车组当定员 100 人时，定员质量为 56 t。则有

$$P_v = 56.0 \times 1\,000 \times 9.8/8 = 68\,600\ (\text{N})$$

$$P_{\max} = P_v(1+k_{vd}) = 68\,600 \times (1+0.5) = 102\,900\ (\text{N})$$

（2）根据强度条件确定单卷弹簧簧条直径 d 和平均直径 D。

60Si2CrVAT 弹簧钢的最大许用应力 $[\tau_{\max}] = 950$ MPa，许用应力 $[\tau] \leq [\tau_{\max}]$，取 $[\tau] = 850$ MPa。

初取弹簧指数 $m = 5.5$，应力修正系数 $C = \dfrac{4m-1}{4m-4} + \dfrac{0.615}{m} = 1.278$。

$$d_{\text{计算}} = \sqrt{\dfrac{8P_{\max}mC}{\pi[\tau]}} = \sqrt{\dfrac{8 \times 102\,900 \times 5.5 \times 1.278}{3.14 \times 850 \times 10^6}} = 0.046\,6 \approx 47\ (\text{mm})$$

$$D = md = 5.5 \times 47 = 258.5\ (\text{mm})$$

（3）计算弹簧的有效圈数。

由 $P_v = 68\,600$ N，知 $f_v = 55.11$ mm，则刚度为

$$K_v = \dfrac{P_v}{f_v} = \dfrac{68\,600}{55.11} = 1\,244.8\ (\text{N/mm})$$

有效圈数为

$$n = \dfrac{Gd}{8K_v m^3} = \dfrac{80 \times 10^9 \times 47 \times 10^{-6}}{8 \times 1244.8 \times 5.5^3} = 2.3\ (\text{圈})$$

（4）双卷弹簧簧条直径的计算。

初取簧圈间隙 $S = 7.5$ mm，由式（5.16）~式（5.19）确定簧条直径。

$$\alpha = \dfrac{m-1}{m+1} = \dfrac{5.5-1}{5.5+1} = 0.69,\quad \beta = \dfrac{S}{m+1} = \dfrac{7.5}{6.5} = 1.15$$

$$d_1 = \frac{d}{\sqrt{1+\alpha^2}} + \frac{2\alpha\beta}{1+\alpha^2} = \frac{47}{\sqrt{1+\alpha^2}} + \frac{2\times 0.69\times 1.15}{1+0.69^2} = 39.8 \text{ (mm)}$$

查圆截面弹簧材料直径系列，取 $d_1 = 40$ mm。

$$d_2 = \frac{\alpha d}{\sqrt{1+\alpha^2}} - \frac{2\beta}{1+\alpha^2} = \frac{0.69\times 47}{\sqrt{1+0.69^2}} - \frac{2\times 1.15}{1+0.69^2} = 25 \text{ (mm)}$$

查圆截面弹簧材料直径系列，取 $d_2 = 25$ mm。

（5）双卷弹簧中径及圈数。

$$D_1 = md_1 = 5.5\times 40 = 220 \text{ (mm)}$$
$$D_2 = md_2 = 5.5\times 25 = 137.5 \text{ (mm)}$$
$$n_1 = \frac{nD}{D_1} = \frac{2.3\times 258.5}{220} = 2.7 \text{ （圈）}$$
$$n_2 = \frac{nD}{D_2} = \frac{2.3\times 258.5}{137.5} = 4.3 \text{ （圈）}$$

核算内外圈之间的间隙，由图 5.5（a）推导出以下公式

$$S = \frac{D_1 - D_2}{2} - \left(\frac{d_1 + d_2}{2}\right) = \frac{220 - 137.5}{2} - \frac{40 + 25}{2} = 8.75 \text{ (mm)}$$

结果比 7.5 mm 大 1.25 mm，为此将外圈平均直径减少 $2\times 1.25 = 2.5$ mm。

于是外圈中径　　$D_1' = 220 - 2.5 = 217.5$ (mm)

外簧内径　　　　$D_3 = D_1' - d_1 = 217.5 - 40 = 177.5$ (mm)

内簧外径　　　　$D_4 = D_2 + d_2 = 137.5 + 25 = 162.5$ (mm)

加大外簧簧圈直径后，弹簧刚度应保持不变。当 D 变更时，应调整圈数 n 使刚度保持不变。设变更后的有效圈数为 n_1'，则

$$K = \frac{Gd_1^4}{8n_1 D_1} = \frac{Gd_1^4}{8n_1' D_1'}$$

故有
$$n_1 D_1^3 = n_1' D_1'$$

所以
$$n_1' = \frac{n_1 D_1^3}{D_1'^3} = \frac{2.7\times 220^3}{217.5^3} = 2.79 \text{ （圈）}$$

查《弹簧手册》有效圈数标准系列，取 $n_1 = 3$ 圈，$n_2 = 4.5$ 圈。所以总圈数

$$N_1 = n_1 + 1.5 = 3 + 1.5 = 4.5 \text{ （圈）}, \quad N_2 = n_2 + 1.5 = 4.5 + 1.5 = 6 \text{ （圈）}$$

（6）内外圈弹簧刚度的计算。

$$K_1 = \frac{Gd_1^4}{8n_1 D_1'^3} = \frac{80\times 10^9 \times 40^4}{8\times 3\times 217.5^3 \times 10^5} = 829.4 \text{ (N/mm)}$$

$$K_2 = \frac{Gd_2^4}{8n_2D_2^3} = \frac{80 \times 10^9 \times 25^4}{8 \times 4.5 \times 137.5^3 \times 10^5} = 333.9 \text{ (N/mm)}$$

（7）载荷在双卷弹簧中的分配。

作用在双卷弹簧内外圈的载荷分配为

$$P_v = P_1 + P_2 \tag{5.21}$$

由内外卷弹簧变形相等条件有

$$\frac{P_1}{K_1} = \frac{P_2}{K_2} \tag{5.22}$$

而 $P_v = 68\,600$ N，由式（5.21）和式（5.22）解得 $P_1 = 48\,909$ N，$P_2 = 19\,691$ N，因此

$$P_{\max 1} = P_1 \times 1.5 = 73\,363.5 \text{ (N)}, \quad P_{\max 2} = P_2 \times 1.5 = 29\,536.5 \text{ (N)}$$

（8）弹簧自由高的计算。

$$f_{\max} = f_v(1+k_{vd}) = 55.11 \times (1+0.5) = 82.665 \text{ (mm)}$$

$$H_{\min 1} = (n_1'+1)d_1 = (3+1) \times 40 = 160 \text{ (mm)}$$

$$H_{\min 2} = (n_2+1)d_2 = (4.5+1) \times 25 = 137.5 \text{ (mm)}$$

由 $H_0 = H_{\min} + f_{\max}$，得

$$H_{01} = 160 + 82.665 \approx 242.7 \text{ (mm)}$$

$$H_{02} = 137.5 + 82.665 \approx 220.2 \text{ (mm)}$$

查弹簧自由高标准系列表，取 $H_{01} = 240$ mm，$H_{02} = 220$ mm。

（9）弹簧稳定性校核。

$$H_{01} < 3.5D_1 = 3.5 \times 217.5 = 761.25 \text{ (mm)}$$

$$H_{02} < 3.5D_2 = 3.5 \times 137.5 = 481.25 \text{ (mm)}$$

所以满足稳定性条件。

（10）弹簧疲劳强度设计计算。

弹簧指数 $m_1 = \dfrac{D_1}{d_1} = \dfrac{217.5}{40} = 5.438$，$m_2 = \dfrac{D_2}{d_2} = \dfrac{137.5}{25} = 5.5$。应力修正系数 $C = \dfrac{4m-1}{4m-4} + \dfrac{0.615}{m}$，得 $C_1 = 1.282$，$C_2 = 1.278$。试验载荷 $P = P_v \pm KP_v$，对于 CR200EMU 型高速动车组，动载荷系数 $K = 0.25$。外簧最大最小载荷为

$$P_{\max 1} = (1+K)P_{m1} = (1+0.25) \times 48\,909 = 61\,136.25 \text{ (N)}$$

$$P_{\min 1} = (1-K)P_{m1} = (1-0.25) \times 48\,909 = 36\,681.75 \text{ (N)}$$

内簧最大最小载荷为

$$P_{\max 2} = (1+K)P_{m2} = (1+0.25) \times 19\,691 = 24\,613.75 \text{ (N)}$$

$$P_{\min 2} = (1-K)P_{m2} = (1-0.25) \times 19\,691 = 14\,768.25 \text{ (N)}$$

循环特性：$r = P_{\min}/P_{\max} = 0.6$；静挠度：由公式 $f_m = \dfrac{P_m}{K}$，得 $f_{m1} = 59$ mm，$f_{m2} = 59$ mm；静载高度：由公式 $H_m = H_0 - f_m$，得 $H_{m1} = 181$ mm，$H_{m2} = 161$ mm；最大高度：由公式 $H_{\max} = H_0 - P_{\min}/K$，有 $H_{\max 1} = 195.8$ mm，$H_{\max 2} = 175.8$ mm；最小高度：由公式 $H_{\min} = H_0 - P_{\max}/K$，

有 H_{min1} = 166.3 mm，H_{min2} = 146.3 mm；动挠度：由公式 $f_d = H_{max} - H_{min}$，有 f_{d1} = 29.5 mm，f_{d2} = 29.5 mm。

疲劳试验应力分析

$$\tau_{min} = \frac{8P_{min}DC}{\pi d^3} \quad (5.23)$$

$$\tau_m = \frac{\tau_{max} + \tau_{min}}{2} \quad (5.24)$$

$$\tau_a = \frac{\tau_{max} - \tau_{min}}{2} \quad (5.25)$$

$$\tau_{-1d} = \tau_a + \varphi\tau_m \quad (5.26)$$

得最小应力 τ_{min1} = 407.21 MPa，τ_{min2} = 423.32 MPa；最大应力 τ_{max1} = 678.68 MPa，τ_{max2} = 705.53 MPa；平均应力 τ_{m1} = 542.95 MPa，τ_{m2} = 564.43 MPa；应力幅 τ_{a1} = 135.74 MPa，τ_{a2} = 141.11 MPa。

根据静强度设计方法设计的弹簧，有（1+弹簧挠度裕量系数）×平均应力＝许用应力，即 $(1+k_{vd}) \times \tau'_m = [\tau]$，即 $\tau'_m = [\tau]/(1+k_{vd})$。对于材料为 60Si2CrVAT 的弹簧，静强度设计时 $[\tau]$ = 850 MPa，《机车车辆悬挂装置钢制螺旋弹簧》（TB/T 2211—2010）规定疲劳试验动荷系数 k_d = 0.4。取挠度裕量系数 k_{vd} = 0.5，则疲劳试验时的平均应力为 $\tau_m = [\tau]/(1+k_{vd})$ = 850/1.5 = 566.7 MPa，应力幅值为 $\tau'_a = K \times \tau'_m$ = 226.68 MPa，取 ψ = 0.2，则可求出弹簧的疲劳许用应力 $[\tau_{-1N}] = \tau'_a + \psi\tau'_m$ = 226.68+0.2×566.7 = 340 MPa。取 ψ = 0.2，则工作极限应力 τ_{-1d1} = 244.33 MPa ≤ 340 MPa，τ_{-1d2} = 253.99 MPa ≤ 340 MPa。故弹簧满足疲劳强度要求。

4. 组合弹簧的计算

在机车车辆上常采用组合弹簧来提高机车的抗振动性能。常用的弹簧组合形式如下：

（1）并联弹簧。

关于并联弹簧（见图 5.6）的计算，现在假设 3 个弹簧的刚度为 K_1、K_2、K_3，柔度分别为 i_1、i_2、i_3，挠度均为 f，各自的载荷为 P_1、P_2、P_3。

由于 $P = K_c \cdot f$，$P = P_1 + P_2 + P_3 = K_1 f + K_2 f + K_3 f$。故并联后弹簧的刚度

$$K_c = \frac{P}{f} = K_1 + K_2 + K_3 \quad (5.27)$$

（2）串联弹簧。

令图 5.7 中的 3 个弹簧的挠度分别为 f_1、f_2、f_3。总挠度 $f = f_1 + f_2 + f_3 = \frac{P}{K_1} + \frac{P}{K_2} + \frac{P}{K_3}$。

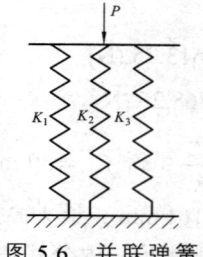

图 5.6 并联弹簧　　　　图 5.7 串联弹簧

因为 $P = P_1 = P_2 = P_3$，所以合成柔度 $i_c = \dfrac{1}{K_1} + \dfrac{1}{K_2} + \dfrac{1}{K_3} = i_1 + i_2 + i_3$。

合成刚度

$$K_c = \frac{P}{f} = \frac{K_1 K_2 K_3}{K_1 K_2 + K_1 K_3 + K_2 K_3} \tag{5.28}$$

综上所述，弹簧串联后合成柔度增大，而合成刚度减小。

5. 弹簧优化设计模型建立

弹簧优化设计，是指在保证满足工作能力要求的前提下，优选一组设计参数，使弹簧的某项或某些技术经济指标达到最优。弹簧的优化设计问题是多变量函数有约束的优化问题。

由于弹簧的应用场合和任务不同，弹簧优化设计的目标函数存在多种可能性，比如"质量最小""承载能力最大"或者是"刚度最大"等。选取什么项目作为最优目标需根据设计目标的要求而定。

（1）确定设计变量。

决定螺旋弹簧性能和结构的主要参数是弹簧钢丝直径 d、弹簧中径 D、弹簧有效圈数 n。故取上述 3 个参数作为设计变量，即 $X = [d\ D\ n]^T$。

（2）建立目标函数。

圆柱螺旋弹簧的质量越轻，经济性越好。当弹簧材料一定时其密度为常数，簧条体积最小时，其质量最小。为此，在满足性能规格要求的前提下，取"圆柱螺旋弹簧的簧条体积最小"作为目标函数，即

$$V = \frac{\pi}{4} d^2 (\pi D) n \tag{5.29}$$

（3）确定约束条件。

圆柱螺旋弹簧能满足性能规格要求的前提条件是该弹簧满足以下约束条件：

弹簧静强度约束：$K_v S_m \leq [S]$

弹簧疲劳强度约束：$(K + 0.2) S_m \leq [S_{-1}]$

弹簧刚度约束：$f \geq [f]$

弹簧无共振约束：$p \geq 13 p_r$

弹簧旋绕比约束：$C = D/d \geq [C]$

弹簧不碰圈约束：$[H_0 - (n + 1.5) d] \geq f_{max}$

弹簧稳定性约束：$[(n + 1.5) d + f_{max}]/D \leq 3.5$

弹簧中径范围：$D_{min} \leq D \leq D_{max}$

弹簧有效圈数范围：$n_{min} \leq n \leq n_{max}$

式中，S_m 为弹簧静应力；K_v 为弹簧裕度系数；K 为弹簧动荷系数；f 为弹簧静挠度；f_{max} 为弹簧最大挠度；p 为弹簧固有频率；C 为弹簧旋绕比；H_0 为弹簧自由高；$[S]$、$[S_{-1}]$、$[f]$、$[C]$、p_r 分别为弹簧的许用应力、疲劳许用应力、许用挠度、许用旋绕比及其工作频率。

6. 弹簧优化设计算例

（1）Matlab 中的分析步骤。

建立优化模型并转成标准格式→生成"优化目标函数"m 文件→生成"优化约束条件" m 文件→生成"优化求解程序"m 文件→执行求解程序。

（2）算例。

已知某机车弹簧的相关参数为 P_{st} = 119.428 kN，$[f_{st}]$ = 106.0 mm，H_0 = 490 mm。材料为 60Si2CrVAT，许用应力$[\tau]$ = 1 050 MPa，疲劳许用应力$[\tau_{-1}]$ = 370 MPa。取机车取弹簧裕度系数 K_{vd} = 0.5，动荷系数 K_d = 0.25。

优化设计的三大文件如下：

① 目标函数 M 文件。

```
%目标函数 M 文件 objfun.m
function f = objfun(x)
f = 0.019*x(1)^2*x(2)*(x(3)+1.5);
```

② 约束条件 M 文件。

```
%约束条件 M 文件 confun.m
function [c, ceq] = confun(x)
% 弹簧参数关系式
K=70e3*x(1)^4/(8*x(3)*x(2)^3);          %刚度
Fst= 119428/K;                           %静挠度
m=x(2)/x(1);
B=(4*m-1)/(4*m-4)+0.615/m;
Tm=8*119428*x(2)*B/(3.14*x(1)^3);        %静应力
Tmax=1.5*Tm ;                            %最大应力
Te=0.45*Tm ;                             %等效应力
F=3.56e5*x(1)/(x(3)*x(2)^2);             %固有频率
% 约束条件关系式
gx1=106-Fst;                             %刚度条件
gx2=Tmax-1050;                           %静强度条件
gx3=Te-370;                              %疲劳强度条件
gx4=490-3.5*x(2);                        %稳定条件
gx5=(x(3)+1.5)*x(1)-(490-1.5*106);       %不并圈约束
gx6=14-F;                                %无共振约束
gx7=4-x(2)/x(1);                         %旋绕比约束 1
gx8=x(2)/x(1)-7;                         %旋绕比约束 2
% 非线性不等式约束
c =[gx1,gx2,gx3,gx4,gx5,gx6,gx7,gx8];
% 非线性等式约束
ceq=[];
```

③ 优化程序 M 文件。

```
%优化程序 M 文件 OPTProg.m
function f = OPTProg()
x0 = [50,220,5];      % 设计变量初始值
options = optimset('LargeScale','on');    % 优化工具选项
[x, fval] =fmincon(@objfun,x0,[],[],[],[],[],[],@confun,options)    % 调用优化工具求解
```

7. 螺旋弹簧 CAD/CAE

螺旋弹簧卷制工艺过程为修正下料→端部加热→锻尖→加热→卷绕（见图 5.8）→淬火→回火→强化处理（喷丸、强压、渗碳）→磨平端面→试验或验收。参照上述工艺过程可确定出在 SolidWorks 中采用三段直线扫描法的造型过程为：先簧条（簧条圆草图）→后卷滚（三段滚子中心线的 3 张草图、沿路径扭转扫描）→再磨圈（矩形草图、完全贯穿反侧切除，所建模型见图 5.9）→配置（配置自由高和工作高两种状态，见图 5.10）。

图 5.8 弹簧热卷过程

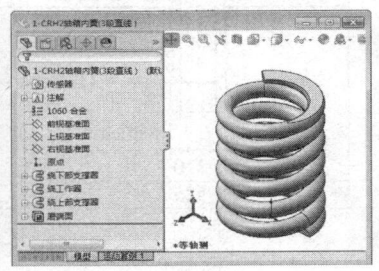

图 5.9 弹簧模型

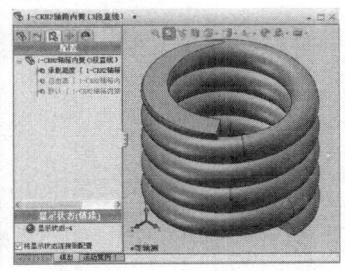

图 5.10 弹簧配置

完成弹簧 CAD 建模后，约束弹簧下端支撑圈，在上端支撑圈端面上沿弹簧轴线方向分别施加单位位移和最大承载位移后进行有限元分析，得到单位位移下的约束反力即是弹簧刚度，最大承载位移下的当量应力即是最大工作应力，如图 5.11 所示。

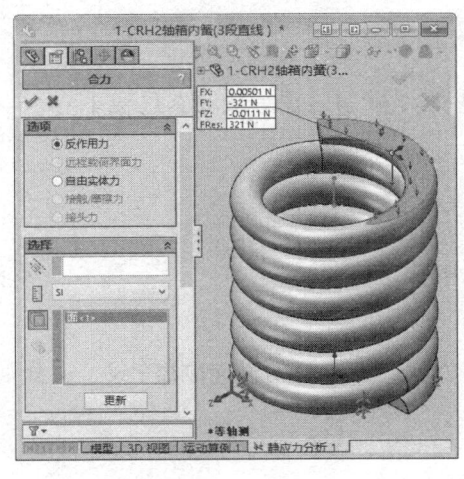

（a）弹簧刚度（$f = 1.0$ mm）

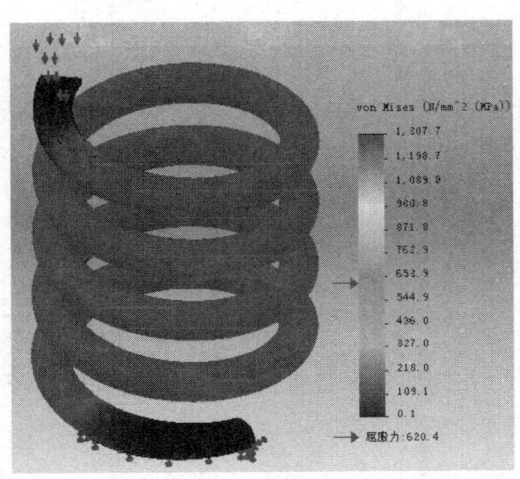

（b）弹簧应力（$f = 47.2$ mm）

图 5.11 弹簧 CAE 分析结果

5.2.2 空气弹簧设计

如图 5.12 所示，空气弹簧由上下盖板、橡胶囊和橡胶垫等组成，空气弹簧的橡胶囊由内、外橡胶层，帘线层和成型钢丝圈组成。其中，空气弹簧的荷载主要由帘线承受，而帘线的材质对空气弹簧的耐压性和耐久性起着决定性作用，故采用高强度人造丝、维尼龙或卡普龙作为帘线。

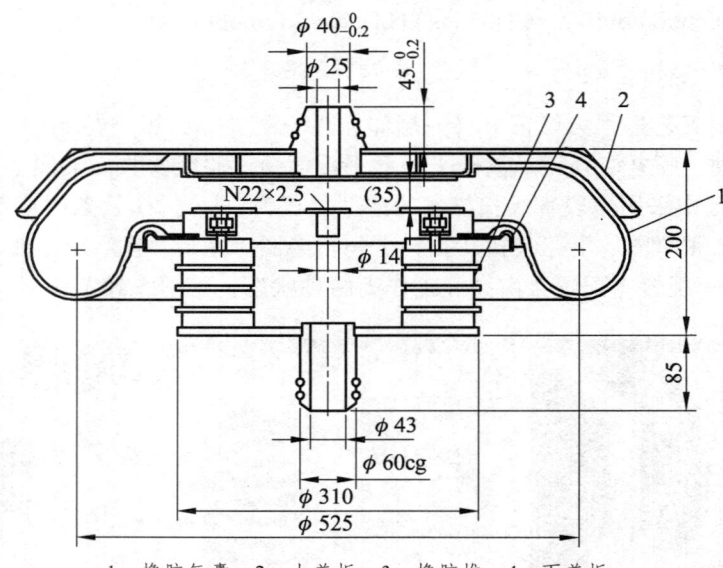

1—橡胶气囊；2—上盖板；3—橡胶堆；4—下盖板。

图 5.12 空气弹簧

1. 空气弹簧的刚度计算

（1）空气弹簧的垂直刚度。

$$k = \chi(p+p_a)\frac{A^2}{V} + p\frac{d_A}{d_x} \tag{5.30}$$
$$F = \pi R^2 p \qquad A = \pi R^2$$

式中，χ 为多变指数，在等温过程 $\chi = 1$，在绝热过程 $\chi = 1.4$，在一般动态过程 $1 < \chi < 1.4$；$d_A/d_x = aA$，A 是垂直形状参数。

（2）空气弹簧的横向刚度。

$$k_y = bPF + K_{y1}$$
$$b = \frac{1}{2R} \cdot \frac{\sin\theta\cos\theta + \theta(\sin^2\theta - \sin^2\psi)}{\sin\theta(\sin\theta - \theta\cos\theta)} \tag{5.31}$$

式中，R 为空气弹簧直径；P 为空气弹簧内压；K_{y1} 为橡胶囊本身的横向刚度；θ、ψ 分别为空气弹簧的侧滚角。

2. 空气弹簧的节流孔的最佳直径

在空气弹簧本体和附加空气室之间装设节流孔，可起到减振阻尼的作用。调整节流孔直

径，可获得最佳阻尼，以代替安装垂向减振器。当已知最佳阻尼时，节流孔的最佳直径可以由下式近似计算

$$d_0 = 0.0185 \left(\frac{A_0}{\mu_0}\right)^{1/3} \left[\frac{(p_0+1)V_1}{M}\right] \quad (5.32)$$

式中，M 为一个空气弹簧的负载质量。

3. 空气弹簧的强度计算

空气弹簧的强度主要取决于橡胶囊的强度。为了判定空气弹簧橡胶囊的强度，需要知道空气弹簧的临界压力。临界内压力的计算公式为

$$p_{cr} = \frac{n\rho N_{cr}}{r} \left(\frac{i}{\cos^2\psi} + \frac{i}{\sin^2\psi}\frac{E_a}{E_\psi}\right)^{-1} \quad (5.33)$$

$$j = \frac{\dfrac{R}{r}+\dfrac{\sin\theta}{\theta}}{\dfrac{R}{r}+1} \frac{\theta(1-\cos\theta)}{\sin\theta-\theta\cos\theta} i \quad (5.34)$$

式中，n 为帘线的层数（一般为偶数）；ρ 为帘线的密度（在与帘线垂直的方向上单位宽度的帘线根数）；r 为橡胶囊圆弧部分的半径；ψ 为帘线角（一般取 10°左右）；N_{cr} 为一根帘线的抗拉强度；E_a 为 α 方向（指橡胶囊的周向）的膜厚度与其弹性模量之积（膜单位宽度的弹性模量）；E_ψ 为 ψ 方向（指橡胶囊圆弧部分的径向）的膜厚度与其弹性模量之积；i 和 j 为与空气弹簧半径 R 和橡胶囊圆弧部分半径 r 有关的系数，一般 $i=0.75\sim1.0$，$\theta=60°\sim120°$。

4. 空气弹簧 CAD/CAE 分析

应用 CAD 技术建立空气弹簧模型，利用 ABAQUS 等非线性有限元分析软件可以计算和研究其各项力学特性。分析时一般用到气体单元、实体单元和多层材料单元，涉及充气过程、装配分析、承载分析 3 个工况，相关模型见图 5.13。

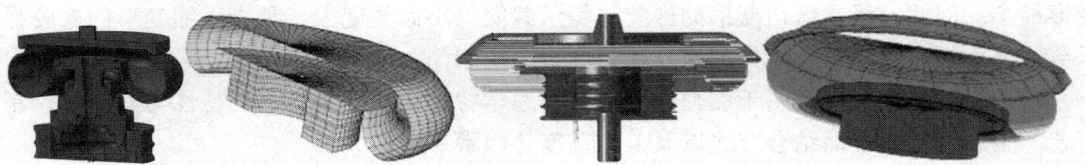

图 5.13 空气弹簧 CAE 分析

5.2.3 橡胶弹性元件设计

1. 橡胶弹性元件设计时的注意事项

轨道车辆上的橡胶弹性元件主要应用于弹簧装置、减振装置与定位装置。此外，在车体与摇枕、摇枕与构架、轴箱与构架、弹簧支承面等金属部件直接接触部位之间，经常采用橡胶衬垫、衬套、止挡等橡胶弹性元件。在轨道车辆上采用橡胶弹性元件具有下列优点：

（1）可以自由确定形状，使各个方向的刚度根据设计要求确定。利用橡胶的下维特性同

时承受多向载荷,以便于简化结构、减轻自重。

(2)可避免金属之间的磨耗,安装、拆卸简便,无须润滑,有利于维修,降低成本。

(3)具有较高内阻,对高频振动有良好的减振以及隔声效果。

(4)弹性模量比金属小得多,可以得到较大的弹性变形,容易实现预想的、良好的非线性特性。

但是,橡胶弹性元件也有它不可避免的缺点,即耐高温、耐低温和耐油性能比金属弹簧差,长时间服役易发生老化,而且性能离散度大。随着铁路运输朝着高速化和重载化的发展,轨道车辆上采用橡胶弹性元件作为悬挂系统越来越普遍。在橡胶弹性元件的设计中通常需要注意以下事项:

(1)橡胶具有特殊的蠕变特性。压缩橡胶弹性元件时,当载荷加到一定程度后,即使不再增载,其变形仍在继续,当卸去载荷后,也不能立即恢复原状。这种特性通常称为时效蠕变或弹性滞后现象。因此,橡胶的动刚度比静刚度大,其增大的倍率与动载荷的频率和振幅有关,一般要增大 10% ~ 40%。

(2)橡胶弹性元件的性能受温度影响较大,当温度变化后性能也随之改变。大多数橡胶弹性元件随着温度的升高,刚度和强度明显降低;当温度降低时,其刚度和强度都有提高,一般是先变硬,后变脆。因此,设计橡胶弹性元件时,可依据不同的使用温度,选用不同材质的橡胶,使之具有比较稳定的弹性特性,以满足运用要求。

(3)橡胶具有体积基本不变的特性,即几乎是不可能压缩,它的弹性变形是由于形状改变所致,因此,必须保证橡胶弹性元件形状改变的可能性。

(4)橡胶的散热性不好,故不能把橡胶弹性元件制成很大的整块,需要时应做成多层片状,中间夹以金属板,以增加散热性。

(5)橡胶弹性元件的疲劳损坏主要由应力集中处引起,橡胶和金属结合处发生的剥离以及在压缩时侧向产生褶皱现象等逐渐发展形成裂纹。为了防止形成应力集中,与橡胶接触的配件表面不应有锐角、凸起引起的沟孔,橡胶弹性元件在形状上尽量使橡胶表面的变形比较均匀。

(6)橡胶变形受载荷形式影响较大,承受剪切载荷时橡胶变形最大,承受压缩载荷时其变形最小。因此,承受剪切变形的橡胶弹簧承载能力小而柔度大,承受压缩变形的橡胶弹簧承载能力大而柔度小,受拉伸的橡胶弹簧则很少使用。

(7)橡胶弹性元件是属于黏弹性材料,其力学特性比较复杂。它的特性与其成分、制造工艺、金属元件支承面结合方式以及上作温度等因素有密切关系。

2. 橡胶堆设计

(1)刚度计算。

橡胶堆起减振和缓冲作用,通常都采用矩形橡胶块的夹层结构,其自由面为圆弧状,通过硫化工艺将钢板和橡胶弹性体胶结在一起。中间隔板除结构需要外还起到散热作用,一般为多层,厚度不小于 2 mm,目前以 4 mm 居多。上下端板稍厚,一般为 6 mm 或 8 mm。

矩形橡胶的受力情况如图 5.14 所示,设 a、b 为矩形

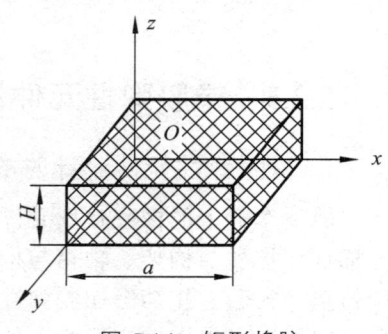

图 5.14 矩形橡胶

的两边，则其垂向刚度和横向刚度分别为

$$垂向刚度 \quad K_{\mathrm{I}} = \frac{A_{\mathrm{L}} \mu E}{H} \text{ (N/mm)} \tag{5.35}$$

$$横向刚度 \quad K_{\mathrm{II}} = \frac{A_{\mathrm{L}} j(x) G}{H} \text{ (N/mm)} \tag{5.36}$$

其中，承载面积 $A_{\mathrm{L}} = ab$；自由面积 $A_{\mathrm{F}} = 2(a+b)H$；面积比 $S = \dfrac{A_{\mathrm{L}}}{A_{\mathrm{F}}} = \dfrac{ab}{2(a+b)H}$；垂向系数 $\mu = 1 + 2.2 S^2$；垂向形状系数 $j(x) = \dfrac{1}{1 + 0.29(H/a)}$，横向形状系数 $j(y) = \dfrac{1}{1 + 0.29(H/b)^2}$。

例 设某机车的二系悬挂采用 6 个橡胶堆，每个橡胶堆都具有 8 层矩形橡胶。已知每层橡胶的参数如下：矩形尺寸 $a \times b = 183 \text{ mm} \times 228 \text{ mm}$，厚度 $H = 28 \text{ mm}$，橡胶肖氏硬度 HS = 60。端板厚度 10 mm，中间板厚 8 mm，该橡胶堆在垂向加载 $P = 78$ kN 的条件下，当横向力为 8 kN 时，横向挠度为 60 mm，求橡胶堆的垂向刚度和水平刚度。

解 （1）橡胶堆的垂向刚度。

橡胶承载面积　　$A_{\mathrm{L}} = a \times b = 183 \times 228 = 41\ 724 \text{ (mm}^2\text{)}$

橡胶自由面积　　$A_{\mathrm{F}} = 2(a+b)H = 2 \times (183 + 228) \times 28 = 23\ 016 \text{ (mm}^2\text{)}$

面积比　　$S = \dfrac{A_{\mathrm{L}}}{A_{\mathrm{F}}} = \dfrac{41\ 724}{23\ 016} = 1.81$

垂向形状系数　　$\mu = 1 + 2.2 S^2 = 1 + 2.2 \times 1.81^2 = 8.2$

硬度 HS = 60 时，$E = 4.6 \text{ N/mm}^2$，$G = 1.2 \text{ N/mm}^2$，则单层橡胶的垂向刚度

$$K_1 = \frac{A_{\mathrm{L}} \mu E}{H} = \frac{41\ 724 \times 8.2 \times 4.6}{28} = 56 \text{ (kN/mm)}$$

因此，橡胶堆的垂向刚度

$$K_{\Sigma} = \frac{K_1}{8} = \frac{56}{8} = 7 \text{ (kN/mm)}$$

橡胶堆的垂向挠度

$$f_1 = \frac{78}{7} = 11.1 \text{ (mm)}$$

（2）橡胶堆的水平刚度。

橡胶堆的水平刚度是由剪切变形和弯曲变形串联而得。

① 剪切刚度。

橡胶堆的横向形状系数

$$j(y) = \frac{1}{1 + 0.29(H/b)^2} = \frac{1}{1 + 0.29 \times (28/228)^2} = 0.996$$

橡胶堆的剪切刚度

$$K_{y\Sigma} = \frac{A_{\mathrm{L}} j(y) G}{nh} = \frac{41\ 724 \times 0.996 \times 1.2}{8 \times 28} = 222.6 \text{ (N/mm)}$$

② 弯曲刚度。

由于橡胶堆一般高度较大，所以应计入它的弯曲变形，长边方向的弯曲挠度可以用下式计算

$$y_b = \frac{F_y t^3}{36 A_L G_1 k_{ry}} \text{(mm)}$$

式中，F_y 为横向力；t 为橡胶堆的计算高度（mm）；A_L 为承载面积；$k_{ry} = b^2/12 \text{(mm}^2)$；$G_1$ 为橡胶的计算剪切模量，可用下式计算

$$G_1 = \frac{G}{1 + \frac{t^2}{36 k_{ry}^2}} = \frac{1}{1 + \frac{247^2}{36 \times 4\,332}} = 0.86 \text{ (N} \cdot \text{mm}^2)$$

所以橡胶的弯曲刚度为

$$K_{by} = \frac{F_y}{y_b} = \frac{36 A_L G_1 k_{ry}}{t^3} = \frac{36 \times 41\,724 \times 0.86 \times 4\,332}{247^3} = 371 \text{ (N/mm)}$$

③ 橡胶堆的水平刚度。

由弯曲与串联而得

$$K'_{y\Sigma} = \frac{K_{y\Sigma} K_{by}}{K_{y\Sigma} + K_{by}} = \frac{222.6 \times 371}{222.6 + 371} = 139 \text{ (N/mm)}$$

已知橡胶堆在垂向力 78 kN 和横向力 Q = 8 kN 作用下的实测水平位移 f_L = 60 mm，则实测水平刚度为

$$\frac{Q}{f_L} = \frac{8\,000}{60} = 133.3 \text{ (N/mm)}$$

故实际测量值与计算值比较吻合，误差为 4.3%。

3. 橡胶堆静刚度 CAD/CAE 分析实例

本实例的研究对象是某型电力机车的二系橡胶堆旁承，其基本尺寸如图 5.15 所示，基本技术条件如下：

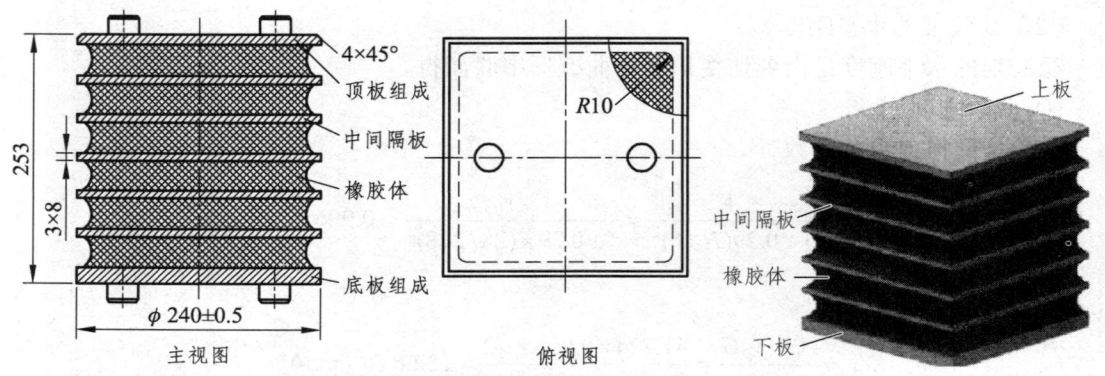

图 5.15 橡胶堆旁承示意和实体模型

① 最大垂向载荷 120 kN，要求垂向载荷在 70~100 kN 时的垂向刚度为 6×（1±20%）kN/mm；

② 垂向预压 85 kN 时，要求横向载荷在 1~16 kN 时的横向刚度为 183×（1±15%）kN/mm。

（1）模型简化。

橡胶堆设计关心的是刚度情况，所以在不影响刚度分析精度的前提下，分析模型中对橡胶堆做以下简化：① 分析是纯静态条件下的刚度特性；② 零部件不存在加工缺陷，模型处于理想状态；③ 不考虑金属与橡胶之间会出现黏接强度问题，橡胶与金属绑定在一起作为整体分析，橡胶与金属面共节点；④ 不考虑小圆角，除去金属表面的附胶薄层等细节。

（2）刚度分析。

在 SolidWorks 中，利用其拉伸凸台、扫描切除和分割特征完成橡胶堆多实体建模，并进行网格划分见图 5.16 和图 5.17。然后，为钢板和橡胶板分别赋予相应的材料，约束橡胶堆下端支撑面，在上端支撑面上沿轴线方向分别施加载荷进行有限元分析，即可得到其刚度和最大工作应力，如图 5.18 所示。

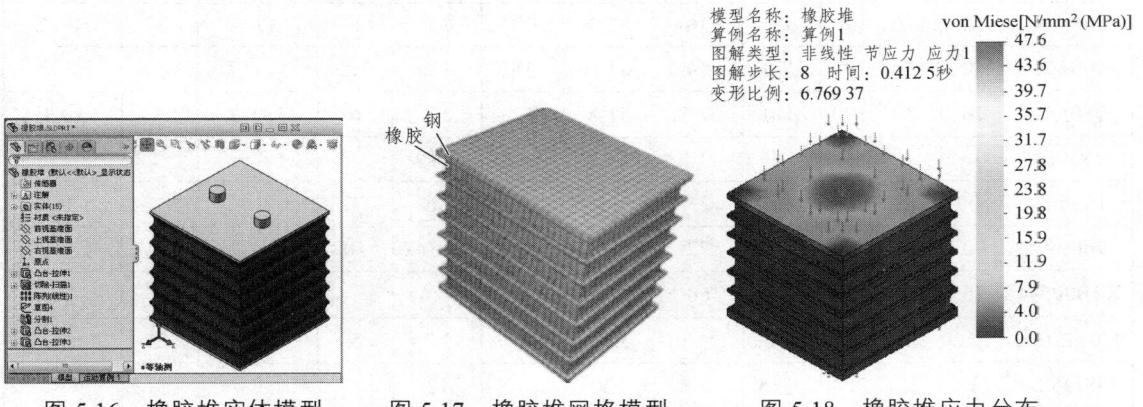

图 5.16 橡胶堆实体模型　　图 5.17 橡胶堆网格模型　　图 5.18 橡胶堆应力分布

（3）误差分析。

橡胶堆旁承的垂向刚度分析产生误差的主要原因有两个方面：其一是分析采用本构模型参数是通过试验拟合得到的，实际生产时在胶料配方有一定的调整，因此在本构模型参数下存在一定误差；其次有限元分析都是基于理想产品进行的，对制造工艺和试验工装方面的问题考虑不全，也会导致误差。橡胶材料应用最广泛的 Mooney-Rivlin 本构模型，材料系数值：取 $C_{01}/C_{10} = 0.25$，$C_{10} = 0.482\ 5$ MPa，$C_{01} = 0.120\ 6$ MPa；压缩性定义取 $D_1 = 25 \times 10^{-5}$。

4. 橡胶弹性关节设计

（1）结构特点。

橡胶弹性关节具有结构简单，减振隔声性能好，易实现不同方向、不同弹性特性要求等特点，广泛应用于铁道机车车辆，其结构形式如图 5.19 所示，常用橡胶弹性关节参数见表 5.3。

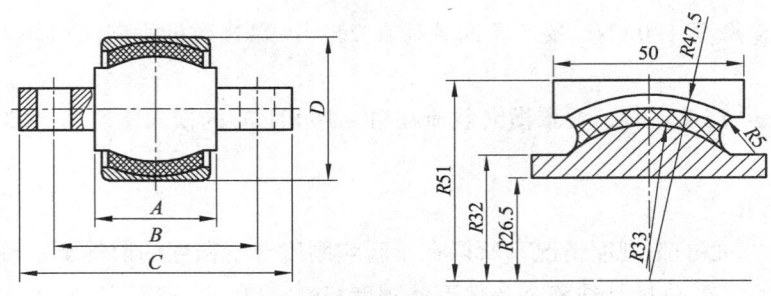

图 5.19 橡胶弹性节点结构示意

表 5.3 轴箱定位橡胶关节参数

产品编号	尺寸参数/mm				径向参数		轴向参数		偏转参数		扭转参数	
	A	B	C	D	载荷/kN	刚度/(kN/mm)	载荷/kN	刚度/(kN/mm)	变形/(°)	刚度/[N·m/(°)]	变形/(°)	刚度/[N·m/(°)]
96S532	110	170	220	φ110	31	9.17	6.3	1.1				
96S533	910	150	200	φ110	60	70.2	81	5.4	12	59	14	66.7
96S534	76	130	170	φ90	36	83.3	78	7.8	5	37.7	5	48.7
000466	70	140	190	φ90	34	41.6	18	4.5	1.2	≤157	2	≤53
960549	70	140	190	φ90	38.3	51.8	12	2.3	6	181.5	6	40.1
960969					11.8	13.7	11.8	5.49				
JS0063	100	162	200	φ190	25	17	36					
960999	90	150	200	φ112.3	72	72			10	不破坏	10	不破坏
XT0097-4	70	111	148	φ77	60	≥40						
070117000		130	167	φ70	1~50	35.3	4	2.7	5	18	12	15
0000682	138		214	φ135	120		12					
0000677	90	150	200	φ110	0~50	50	0~10		±1.5		±4	
0000665	112	162	200	φ190	0~25.5	12	0~32.5	6.5	±3		±5	
0000483	90	150	200	φ110	0~45	50	0~20	5.7	6	30	6	33.2
0000636	112	162	200	φ190	0~25	17	0~36	9	±3		±3.4	
0000656	142		224	φ130		10		5	±3		±3	

（2）设计内容。

橡胶弹性关节大多用在杆类零部件的两端，如牵引拉杆、轴箱转臂、吊杆、液压减振器等，起弹性连接的作用，因此需要具有多自由度方向上的弹性性能。对于橡胶弹性关节的有限元分析主要包括其金属部分的强度分析和产品在 4 个方向——径向、轴向、偏转及扭转的刚度匹配。按照国际惯例，通常将橡胶弹性关节的 4 种主要变形——径向、轴向、偏转、扭转，定义如图 5.20 所示。橡胶关节刚度试验的内容和轴的结构形状对刚度的影响见表 5.4 和表 5.5。常见橡胶弹性关节轴的结构形状如图 5.21~图 5.23 所示，轴的结构形状对刚度的影响见表 5.5。

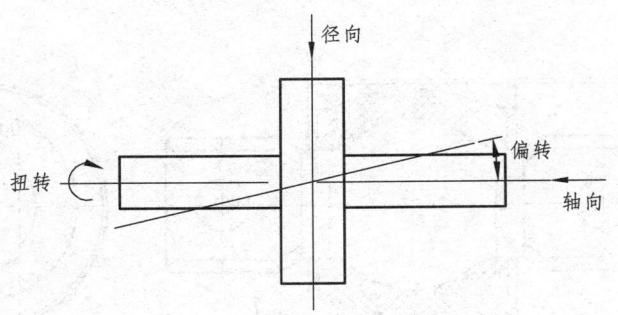

图 5.20　橡胶关节变形定义

表 5.4　橡胶关节刚度测试的内容

序号	试验名称	试验载荷
1	径向刚度试验	0~50 kN
2	轴向刚度试验	0~30 kN
3	偏转刚度试验	±6°
4	扭转刚度试验	±6°

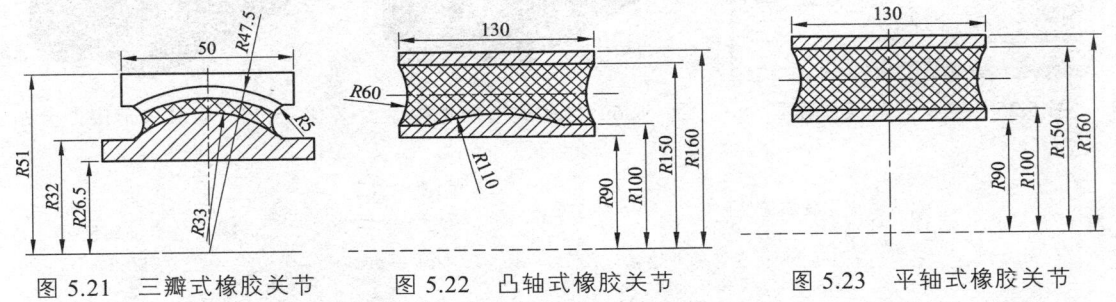

图 5.21　三瓣式橡胶关节　　图 5.22　凸轴式橡胶关节　　图 5.23　平轴式橡胶关节

表 5.5　轴的结构形状对刚度性能的影响

项目	径向刚度 /(N/mm)	轴向刚度 /(N/mm)	扭转刚度 /(N/mm)	偏转刚度 /(N/mm)
凸轴	18 145.0	2 988.2	4.9674×10^7	3.1089×10^7
平轴	12 696.6	2 072.33	3.3453×10^7	2.65064×10^7
变化率	-30.0%	-30.6%	-32.7%	-14.7%

例　本实例的研究对象是某转向架上应用的 0000571 型球铰,其基本尺寸如图 5.24 所示,基本技术条件如下:球铰的挤压量为 1.6 mm;最大径向载荷为 40 kN,最大轴向载荷为 12 kN;径向位移在 0.25~2 mm 时,径向刚度为 24×(1±10%) kN/mm;轴向位移在 0.5~2 mm 时,轴向刚度为 3×(1±10%) kN/mm。有限元分析的基本任务:① 计算在最大径向加载和最大轴向加载作用下金属件的强度;② 计算产品的径向刚度;③ 计算产品的轴向刚度。

有限元计算过程如图 5.25~图 5.29 所示,橡胶关节刚度测试结果见表 5.6,球铰性能参数试验如图 5.30 所示。

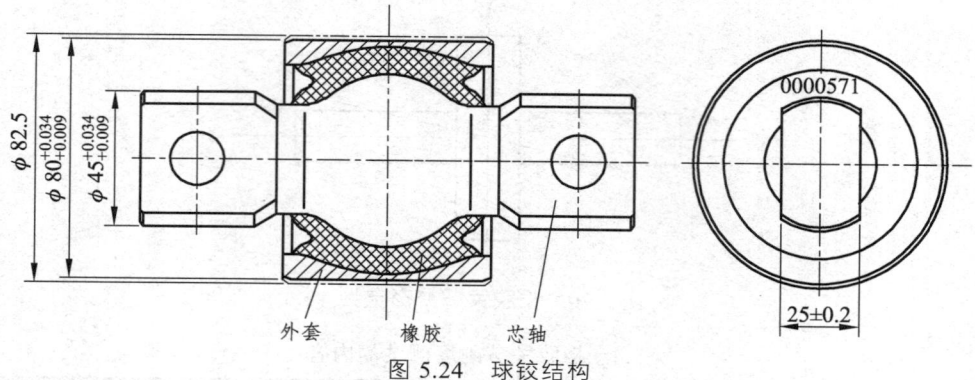

外套　橡胶　芯轴

图 5.24　球铰结构

图 5.25　橡胶关节实体模型

图 5.26　橡胶关节网格模型　　图 5.27　橡胶关节应力分布

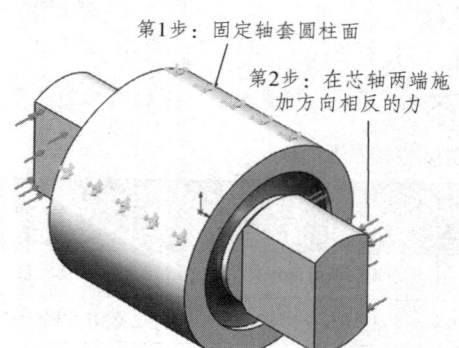

图 5.28　偏转刚度计算的加载步骤

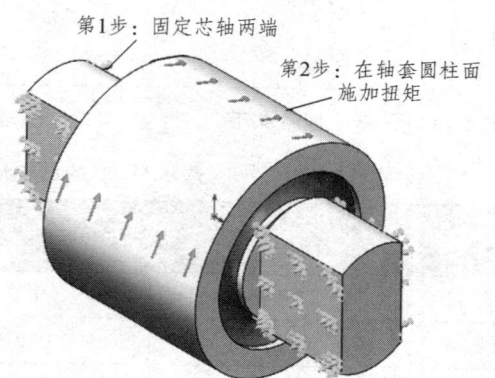

图 5.29　扭转刚度计算的加载步骤

表 5.6　橡胶关节刚度测试结果

序号	试验名称	试验载荷	刚度测试结果	刚度要求
1	径向刚度试验	0～50 kN	45.22 kN/mm	50×(1±15%) kN/mm
2	轴向刚度试验	0～30 kN	4.45 kN/mm	5.0×(1±20%) kN/mm
3	偏转刚度试验	±6°	44.26 N·mm/°	40×(1±20%) N·mm/°
4	扭转刚度试验	±6°	42.61 N·mm/°	42.2×(1±20%) N·mm/°

(a)径向刚度试验　　　　　　　　(b)轴向刚度试验

(c)偏转刚度试验　　　　　　　　(d)扭转刚度试验

图 5.30　球铰性能参数试验

(3)误差分析。

由以上橡胶球铰的刚度性能参数试验结果与有限元分析结果的对比可知,通过有限元分析预测产品的刚度性能是可行的。有限元分析尽管存在一定的误差,但其误差在工程范围内。产生误差的主要原因有：

① 橡胶球铰进行有限元分析时,进行了一定的假设,将橡胶球铰视为理想状态,即金属件材料不存在缺陷、不存在加工尺寸公差、安装良好不存在位置偏差等。而产品进行试验前需要将球铰和试验工装进行预压,从而存在一定的系统误差。

② 由于 Mullins 效应的存在,橡胶材料会出现应力软化现象,球铰产品的径向分析刚度一般较试验刚度大。在分析过程中考虑 Mullins 效应的影响,可以提高产品分析精度。

③ 针对不同工况和分析要求,橡胶材料可以选择不同的本构模型以减小分析误差。

5.2.4　抗侧滚扭杆系统设计

1. 抗侧滚扭杆刚度理论计算

抗侧滚扭杆系统(见图 5.31)主要包括扭杆轴、扭转臂、连杆、安装座等部件。其中扭杆轴是主要受力部件,车体侧滚时,扭杆轴因承受扭矩而发生扭转变形,同时提供扭转反力矩来抵抗车体的侧滚。抗侧滚扭杆系统的设计主要问题是如何保证在有限的安装空间内完成抗侧滚扭杆系统的刚度设计。

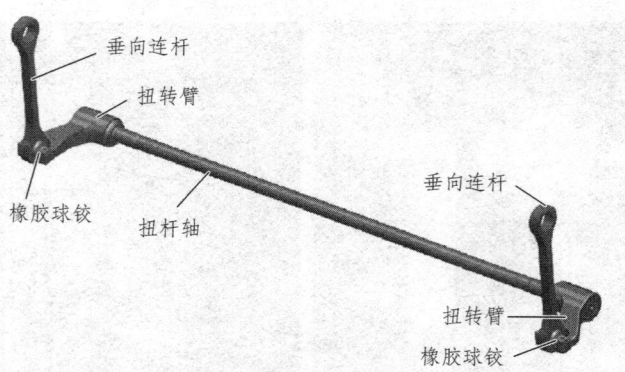

图 5.31 扭杆系统示意

(1) 扭杆轴刚度计算。

扭杆轴的结构如图 5.32 所示。

图 5.32 扭杆轴结构

$$M_1 = \frac{G}{\frac{L_1}{I_{P1}} + \frac{L_2}{I_{P2}} + \frac{L_3}{I_{P3}}} \tag{5.37}$$

式中,G 为剪切弹性模量;L_1 为扭杆轴中间直径为 D_1 的长度;L_2、L_3 分别为扭杆轴两端直径为 D_2 的长度;I_{P1}、I_{P2}、I_{P3} 分别为扭杆轴截面的极惯性矩。

(2) 抗侧滚扭杆装置系统刚度计算。

初始状态:两扭转为水平,车体不发生侧倾,图 5.33 中 L_1 为扭杆轴长度、L_6 为扭转臂长度。设扭杆装置扭转至某一状态后扭杆轴的扭转角为 β,车体侧倾角度为 α。由于 β 和 α 较小,从而可推导出抗侧滚扭杆系统的刚度计算公式为

$$M_2 = \frac{L_1^2}{2L_6^2} M_1 \tag{5.38}$$

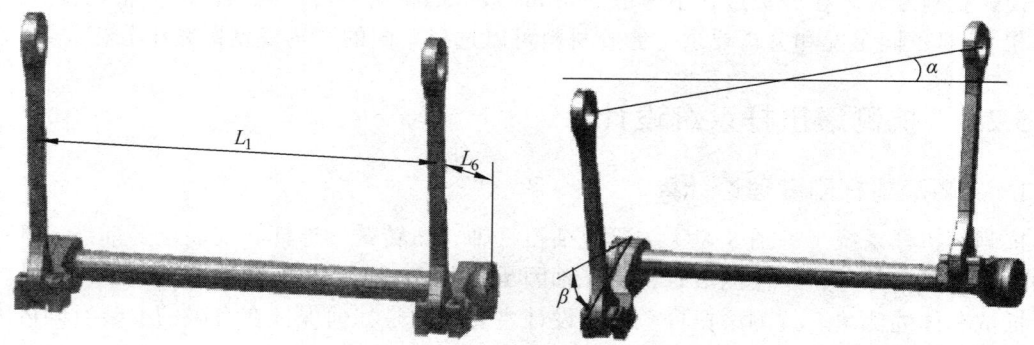

图 5.33 抗侧滚扭杆装置刚度计算示意

3. 抗侧滚扭杆装置 CAD/CAE

抗侧滚扭杆装置的结构尺寸确定后，为了验证设计的结构是否合理，能否满足材料强度要求和疲劳要求，这都需要通过有限元进行分析。

抗侧滚扭杆装置是一个由扭杆轴、扭转臂、垂向连杆、橡胶关节等零件组成的系统，因此需要将这些零件组合到系统中进行分析。扭杆系统的分析主要针对金属零部件（扭杆轴、扭转臂、垂向连杆等），对于系统的橡胶组件（橡胶关节、支撑座）可以不考虑其非线性因素，将橡胶材料当作线性材料进行分析。

分析之前先做以下几点假定：① 分析是纯静态条件下的强度特性分析；② 系统零部件不存在加工缺陷；③ 不考虑金属与橡胶之间的黏接强度，橡胶与金属相连而共节点；④ 系统零部件之间采用固定连接，不存在相对滑移。

图 5.34 所示为抗侧滚扭杆系统的分析模型。扭杆轴和扭转臂之间采用过盈配合，扭转臂和垂向连杆之间采用橡胶关节连接，橡胶关节和垂向连杆之间采用过盈配合。金属材料的弹性模量 $E = 2.06 \times 10^5$ MPa，泊松比 $\mu = 0.3$，橡胶材料的弹性模量 $E = 30$ MPa，泊松比 $\mu = 0.49$。分析工况为：① 在 50 kN 向载荷作用下，计算抗侧滚扭杆系统的系统刚度；② 在 50 kN 垂向载荷作用下，对扭转衬、扭杆轴和垂向连杆进行强度校核。

扭杆轴与扭转臂边界条件按照实际工况设置，如图 5.35 所示，扭转臂内侧两个支撑球铰固定不动，按照图 5.35 中箭头方向施加相应的面压力载荷，以此种方式给扭杆系统施加扭转载荷，扭杆轴与扭转臂、支撑球铰与扭转轴采用 Contact 连接，属性为 FREEZE。扭杆系统半模型网络如图 5.36 所示，分析结果如图 5.37 所示。

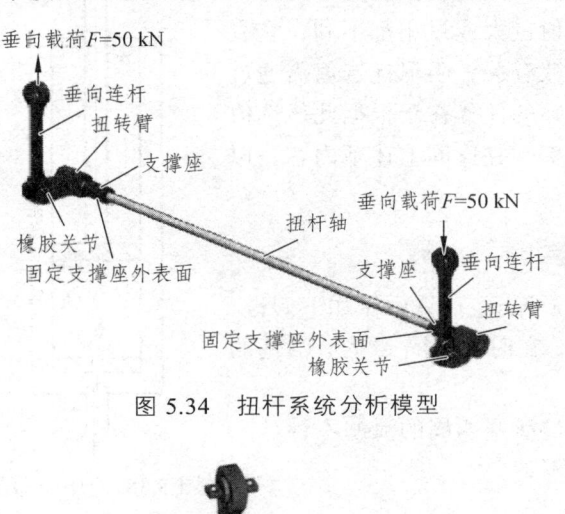

图 5.34　扭杆系统分析模型

图 5.35　载荷边界条件示意

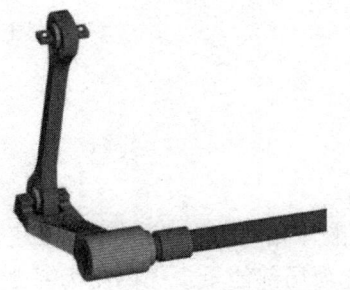

图 5.36　扭杆系统半模型网格

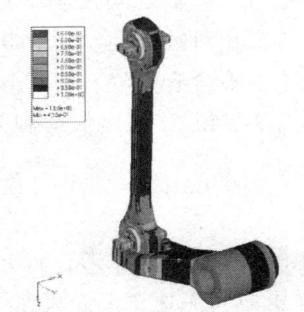

图 5.37　扭杆系统分析结果示意

5.2.5 液压减振器的计算与分析

液压减振器按照液流方向可以分为油液单流向和双向往复流动减振器,它们的基本动作都是拉伸和压缩,当活塞杆相对于缸筒做拉伸和压缩运动时,内部的油液通过节流孔,在流动的过程中产生阻力,耗散能量。

转向架悬挂系统的结构和参数对机车车辆运行平稳性有着决定性的影响,因此,悬挂系统的设计就成为转向架设计中的一项重要内容。客车转向架悬挂系统通常由弹性元件(各种形式的弹簧)和减振器两部分组成。其中减振器结构和参数设计的主要内容如下:

(1) 阻尼特性的选择。根据减振器的安装部位和被衰减振动的性质来确定其阻尼特性:通常对一系和二系悬挂(垂向和横向)选用对称的线性阻尼特性;对抗蛇行减振器和车体间的纵向减振器选用摩擦型阻尼特性。

(2) 端部弹性连接结构的选型。根据减振器两端相对运动的形式和受力大小选择端部连接结构的形式和规格。

(3) 活塞行程及外部尺寸的确定。根据减振器所在的部位,考虑最不利的运动工况,对其两端做运动学分析从而来确定活塞的最大行程,再根据所选用减振器的品牌、型号及其固定结构尺寸来确定减振器的安装长度,其直径则从系列尺寸中选取。根据这些尺寸可进行减振器空间位置的布置。

(4) 阻尼率(系数)的设计计算。悬挂系统设计中有两项参数最重要:一个是弹簧的静挠度值,另一个是阻尼率值。弹簧静挠度值应设计得尽可能大,以降低振动系统的自振频率。而阻尼率值过大或过小都不利,它有一个优化值或优化范围,此值与系统的其他参数有关,阻尼优选值需通过转向架悬挂系统的振动理论分析来获得。设计师的任务在于根据此优选值并考虑悬挂系统的其他参数计算出所需的阻尼率,并连同上述项内容,以完成减振器的参数设计。

1. 油液双向流动减振器的拉伸阻力计算

当减振器拉伸时,阻力的计算简图如图 5.38 所示。计算中做如下假设:

(1) 活塞杆相对于压力缸的运动速度很低,在时间间隔 Δt 内,活塞的速度保持不变,则液体为稳定流。

(2) 活塞与压力缸之间几乎没有间隙,通过活塞四周的泄漏不计。

(3) 当活塞相对缸筒运动时,机械摩擦力不计。

(4) 液体中不含有空气,不可压缩。

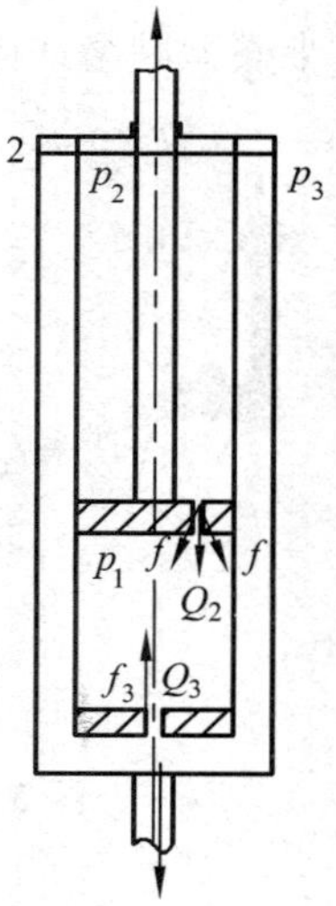

对截流面 2-2 和 f-f 列出伯努利方程

$$\frac{p_2}{\gamma} + \frac{av_2^2}{2g} + H_2 = \frac{p_1}{\gamma} + \frac{av_f^2}{2g} + \xi\frac{v_f^2}{2g} \tag{5.39}$$

图 5.38 油压减振器工作原理

式中,p_2 为液面 2-2 处的压力;v_2 为液面 2-2 处的液体相对于节流孔 f_2 的流速;p_1,v_f 为截面 f—f 处的压力和流速;a 为流速不均匀系数;ξ 为局部能量损失的阻力系数;γ 为单位体积的液体质量;H_2 为活塞上部的液体高度。

式（5.41）中，等号前面的第 2、第 3 项与其他各项相比较，可以略去，则得

$$(a+\xi)\frac{v_f^2}{2g} = \frac{p_2}{\gamma} - \frac{p_1}{\gamma}$$

所以

$$v_f = \sqrt{\frac{1}{a+\xi}}\sqrt{2g\left(\frac{p_2}{\gamma} - \frac{p_1}{\gamma}\right)}$$

经过节流孔 f_2 的流量 Q_2 可表示为

$$Q_2 = v_f f_c = v_f f_2 \varepsilon = \mu_2 f_1 \sqrt{\frac{2g}{\gamma}(p_2 - p_1)} \tag{5.40}$$

式中，μ_2 为孔口流量系数；f_c 为收缩后的孔口截面积；ε 为孔口收缩系数，$\varepsilon = f_c / f_2$。

若作用在活塞上的拉力为 F_e，活塞运动的速度为 v，则

$$F_e = (p_2\Omega_2 - p_1\Omega_1) \tag{5.41}$$

$$Q = v\Omega_2 \tag{5.42}$$

式中，Ω_2、Ω_1 为活塞上部与下部液体的截面积；Q 为自活塞上部流到活塞下部的总流量。

由于不计泄漏的影响，所以有

$$Q = Q_2$$

$$v\Omega_2 = \mu_2 f_2 \sqrt{\frac{2g}{\gamma}(p_2 - p_1)} \tag{5.43}$$

$$v = \frac{1}{\Omega_2}\mu_2 f_2 \sqrt{\frac{2g}{\gamma}(p_2 - p_1)}$$

得

$$p_2 = \frac{F_e + p_1\Omega_1}{\Omega_2}$$

将 p_2 代入式（5.43）得

$$v = \frac{1}{\Omega_2}\mu_2 f_2 \sqrt{\frac{2g}{\gamma\Omega_2}(F_e + p_1\Omega_1 - p_1\Omega_2)} = \frac{1}{\Omega_1}\mu_2 f_2 \sqrt{\frac{2g}{\gamma\Omega_2}(F_e + p_1\Omega_3)} \tag{5.44}$$

式中，$\Omega_3 = \Omega_1 - \Omega_2$，实际上就是活塞杆的截面积。$p_1$ 在拉伸时是不大的，所以上式中 $p_1\Omega_3$ 相对于 F_e 可以略去不计，这样，拉伸阻力可以近似地表示为

$$F_e = \frac{\Omega_2^3 \gamma}{2g\mu_2^2 f_2^2} v^2 \tag{5.45}$$

式（5.45）表示拉伸阻力与运动速度的平方成正比，与节流孔面积的平方成反比。

2. 油液双向流动减振器的压缩阻力计算

压缩时的计算简图如图 5.39 所示，当活塞在压力 F_e 的作用下向下移动时，液体将自活塞下部经节流孔 f_2 流向活塞上部，同时有一部分多余的液体，经下阀孔 f_3 流入储油缸。与拉伸

时的情况相仿，由伯努利方程，可得经节流孔 f_2、f_3 的流量公式

$$\begin{cases} Q_2 = \mu_2 f_2 \sqrt{\dfrac{2g}{\gamma}(p_1 - p_2)} \\ Q_3 = \mu_3 f_3 \sqrt{\dfrac{2g}{\gamma}(p_1 - p_3)} \end{cases} \quad (5.46)$$

若作用在减振器上的压缩阻力为 F_c 时，活塞运动速度为 v，则

$$F_c = p_1 \Omega_1 - p_2 \Omega_2 \quad (5.47)$$

$$Q_2 = v\Omega_2 ; \quad Q_3 = v\Omega \quad (5.48)$$

得

$$p_2 = (p_1 \Omega_1 - F_c)/\Omega_2$$

$$p_1 = \frac{v^2 \Omega_3^2 \gamma}{\mu_3^2 f_3^2} \frac{\gamma}{2g} + p_3$$

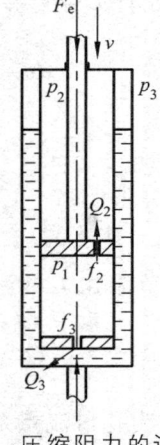

图 5.39 压缩阻力的计算简图

代入式（5.47）中得

$$F_c = \frac{\Omega_2^3 \gamma}{2G\mu_2^2 f_2^2} + \frac{\Omega_3^3 \gamma v^2}{2g\mu_3^2 f_3^2} + p_3 \Omega_3 \quad (5.49)$$

与拉伸时相同，$p_3 \Omega_3$ 也可以略去，所以压缩阻力的计算公式为

$$F_c = \frac{\Omega_2^3 \gamma}{2G\mu_2^2 f_2^2} + \frac{\Omega_3^3 \gamma v^2}{2g\mu_3^2 f_3^2} \quad (5.50)$$

比较式（5.49）与式（5.50）可以看到，如果拉伸和压缩时的节流孔 f_3 是相同的，那么式（5.50）可表示为

$$F_c = F_e + \frac{\Omega_3^3 \gamma v^2}{2G\mu_3^2 f_3^2} \quad (5.51)$$

这就是说压缩阻力要大于拉伸阻力。拉伸和压缩方向的阻力是不对称的，对于双向流动的减振器，如果要使拉伸和压缩方向的阻力特性对称，就必须分别设置拉伸和压缩节流阀，使拉伸和压缩时的节流孔 f_2 不同。

油液单向流动减振器的计算简图如图 5.40 所示，当减振器拉伸时，活塞上的单向阀关闭，油液经节流孔 f 流入储油缸，底阀上的单向阀打开，储油缸的油液补入活塞下部油腔。与前面的分析相似，经过节流孔 f 的流量 Q_e 为

$$Q_e = v\Omega_2$$

式中，v 为活塞运动速度；Ω_2 为活塞上部的油液截面面积。

拉伸阻力与油液双向流动减振器相似，但 f_2 改为 f，即

$$F_e = \frac{\Omega_2^3 \gamma}{2g\mu_2^2 f^2} v^2 \quad (5.52)$$

当减振器压缩时，活塞上的单向阀开启，底阀上的单向阀关闭，$p_1 = p_2$，此时经过节流

孔的流量 $Q_c = v(\Omega_1 - \Omega_2)$，式中，$\Omega_1$ 为活塞下部油液的截面面积，有 $\Omega_1 - \Omega_2 = \Omega_3$，其中 Ω_3 为活塞杆的截面面积。

压缩阻力为

$$F_c = \frac{\Omega_3^3 \gamma}{2g\mu_2^2 f^2} v^2 \tag{5.53}$$

由式（5.52）和式（5.53）可见，当 $\Omega_3 = \Omega_2$ 时，$F_e = F_c$。也就是说，如果活塞杆的截面面积等于 1/2 压力缸的截面面积，则阻力具有对称性。实际上，几乎所有的单向流动减振器都具有拉压对称性。

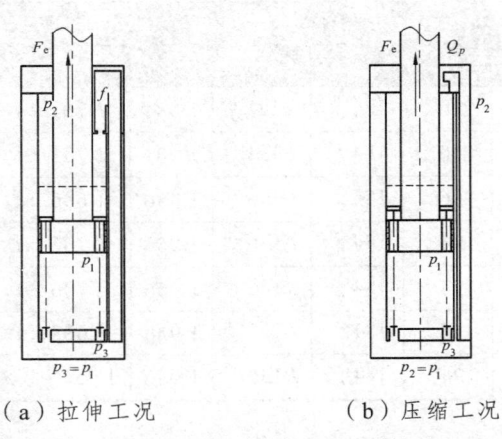

（a）拉伸工况　　　　　（b）压缩工况

图 5.40　单向流动减振器的计算简图

5.3　轮轴设计

5.3.1　车轴结构设计

1. 设计的基本原则

（1）车轴的基本结构形式和常用车轴的结构尺寸分别如图 5.41 和表 5.7 所示。车轴结构设计应该满足以下基本原则。

（2）应尽量选用标准规定的车轴。

（3）当标准规定的车轴不能满足需要、必须设计新车轴时，应首先根据车辆用途，选定车轴材质。

（4）为使新设计的车轴具有良好的疲劳强度性能，设计中宜采用有突悬量的阶梯形车轴。压配合部位应使用阶梯轴形式，其阶梯比应选择合理；轮毂内端面应突出车轴阶梯部台肩，有效突悬量应选择合理；阶梯轴轮座内侧圆弧曲率半径应选择合理；选择合适的配合过盈量。

（5）根据车辆需求提出的有关参数，按照规范进行车轴受力分析。计算车轴的受力和计算截面上的力矩。凡具有装配应力集中，截面尺寸变化造成的几何应力集中，最大弯矩区域或最小直径截面处均应列为计算截面。

（6）选择轴身直径和轴颈直径，计算其他截面直径。

（7）计算截面上的应力应小于许用应力。

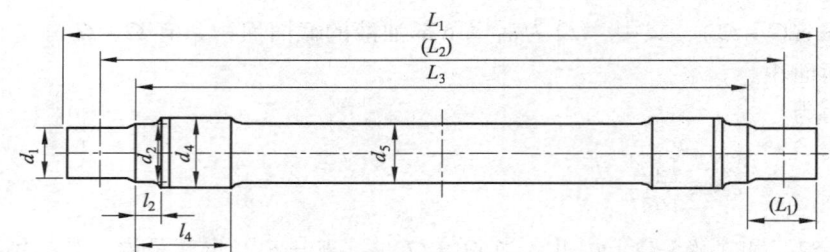

图 5.41 车轴形式

表 5.7 常用车轴基本尺寸

车轴型号	尺寸/mm										计算质量/kg
	d_1	d_2	d_4	d_5	L_1	(L_2)	L_3	(l_1)	l_2	L_4	
RE$_{2B}$	$150^{+0.068}_{-0.043}$	$180^{+0.088}_{-0.058}$	210^{+1}_{-2}	184^{+20}_{0}	$2\,181^{+10}_{0}$	1 981	1 761±1	210	83	266.5	451
RE$_{2A}$	$150^{+0.068}_{-0.043}$	$180^{+0.088}_{-0.058}$	210^{+1}_{-2}	184^{+20}_{0}	$2\,191^{+10}_{0}$	1 981	1 731±1	230	68	251.5	451
RE$_2$	$150^{+0.068}_{-0.043}$	$180^{+0.088}_{-0.058}$	206^{+1}_{-2}	184^{+20}_{0}	$2\,166^{+10}_{0}$	1 956	1 686±1	240	48	220	440
RD$_2$	$130^{+0.068}_{-0.043}$	$165^{+0.088}_{-0.058}$	194^{+1}_{-2}	184^{+20}_{0}	$2\,146^{+10}_{0}$	1 956	1 706±1	220	53	239	380
RD$_{2Y}$	$130^{+0.068}_{-0.043}$	$165^{+0.20}_{-0.12}$	194^{+1}_{-2}	184^{+20}_{0}	$2\,146^{+10}_{0}$	1 956	1 706±1	220	53	239	380
RB$_2$	$100^{+0.068}_{-0.043}$	$127^{+0.088}_{-0.058}$	155^{+1}_{-2}	184^{+20}_{0}	$2\,062^{+10}_{0}$	1 956	1 688±1	187	44	230	232
RD$_2$	$100^{+0.068}_{-0.043}$	$165^{+0.20}_{-0.12}$	194^{+1}_{-2}	184^{+20}_{0}	$2\,146^{+10}_{0}$	1 956	1 756±0.5	195	78	264	383

2. 设计方法

在国际上,机车车辆车轴结构设计主要采用两种设计方法:日本工业标准 JIS E 4501—1995《铁道车辆——车轴强度设计方法》和国际铁路联盟标准 UIC515-3／1994《铁道车辆/转向架—走行部/车轴计算方法》或欧洲标准 EN13103—2002《轮对和转向架/非驱动车轴——设计方法》和 EN13104—2002《轮对和转向架/驱动动车轴——设计方法》。我国目前机车车辆车轴的设计方法主要采用 UIC515-3、EN13103 和 EN13104 给出的方法。

两种设计方法的主要区别在于车轴压装部位(如车轮座、齿轮座和制动盘座,见图 5.42)的结构不同。由于车轴的结构形状和微动磨损的影响,使得车轴在该区域的疲劳强度实际上低于车轴的平直部位,且是车轴疲劳强度的危险区域。日本国铁采取了大的过渡圆弧半径 $r = 100$ mm 和小的直径比 $D/d = 1.10$,降低过渡圆弧区域应力集中效应,其疲劳断裂的危险区域在压装部位,采用高频淬火措施提高其疲劳强度。欧洲采用小的过渡圆弧半径 $r = 15 \sim 75$ mm 和大的直径比 $D/d = 1.15$(TGV)、1.19(ICE),降低压装部位的微动磨损,在过渡圆弧区域有高的应力集中效应,是疲劳断裂的危险部位(如 ICE-T 车轴的断裂位置)。轮座配合部位的结构参数比较见表 5.8。

表 5.8 轮座配合部位车轴结构尺寸

参 数		新干线	TGV	ICE
直径	D/mm	209	212	190
	d/mm	190	184	160
直径比	D/d	1.10	1.15	1.19
圆弧半径	r/mm	100	15,70	15,75

在轴颈部位，出于标准化的考虑，密封环座的直径（d_2）尽可能大于轴颈直径（d_1）30 mm，轴颈和密封环座间的过渡区域结构按图 5.43 所示的结构设计。与轴承内圈端面相对应的轴身处设计一个非常平缓的应力释放槽（深度为 0.1~0.2 mm），避免在该区域出现应力集中；密封环座和轮座之间的过渡区域可由几个 $R = 25$ mm 的圆弧半径构成。

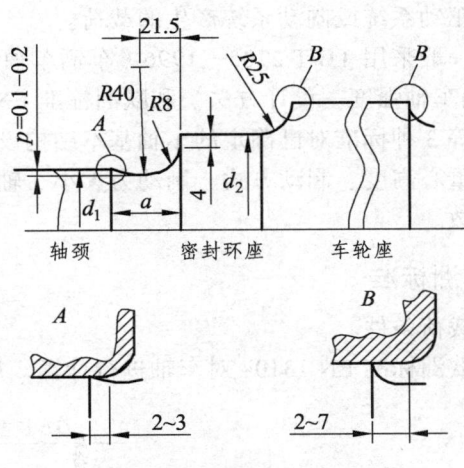

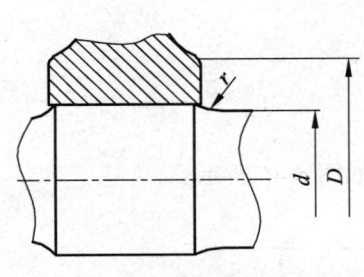

图 5.42 车轴压装部位结构示意

图 5.43 轴颈部位设计实例

如图 5.44 所示，在独立轮座部位，为了确保车轴的安全使用，在极限磨损状态下，车轮座直径与轴身直径之比至少要达到 1.12；在车轴的初始状态下，建议这个比值保证为 1.15。为了实现在轴身和车轮座、齿轮座间的过渡区域结构具有最小的应力集中，特别是在靠近轴身的端面，轮毂的长度要制动盘座或在靠近轴身处设计一个半径为 75 mm 的过渡圆弧。为了进一步降低轮轴配合表面的微动磨损，超出轮座 2~7 mm。

如图 5.45 所示，如果两相邻轮座的距离较小，为了避免压装零件的轮毂孔端面在该区域造成应力集中，在两轮座间设计一个平滑的应力释放槽将二者分开，应力释放槽的最小深度应略大于轮座的磨损极限，过渡区域的最小圆弧半径应达到 16 mm；如果两相邻轮座的距离较大，两过渡区域分别独立轮座部位结构实施，两过渡圆弧区域用圆柱形结构连接。

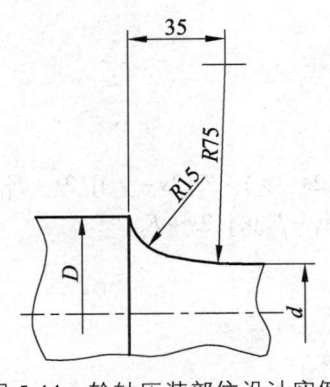

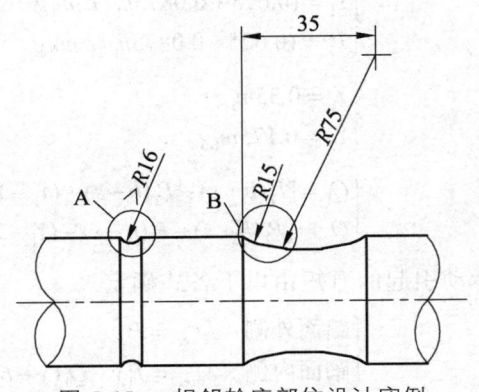

图 5.44 轮轴压装部位设计实例

图 5.45 相邻轮座部位设计实例

5.3.2 车轴强度分析

车轴承受的载荷主要包括：
（1）一系悬挂系统传递到轴箱上的垂向载荷、横向载荷和纵向载荷。
（2）轮轨接触点作用在车轮上的垂向载荷、横向载荷和纵向载荷。
（3）驱动系统或制动系统产生的载荷。

国内一般采用 TB/T 2705—1996《车辆车轴设计与强度计算方法》、日本标准 JIS E 4501《铁道车辆车轴强度—设计方法》和欧洲标准 EN 13103《铁路应用—轮对轴箱—非动轴—设计方法》等 3 种标准对已确定的车轴基本结构设计进行强度计算。在计算时要考虑轴重、速度、车辆重心高度、制动方式、制动力大小、轴颈载荷中心距、车轴材质特性（疲劳许用应力）等参数。

1. 欧洲标准

（1）载荷条件。

根据欧洲标准 EN 13104 对车轴进行计算，加载方案如图 5.46 所示。

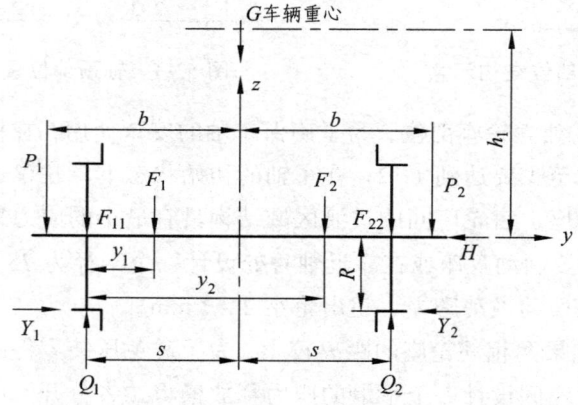

图 5.46 CRH_2 动车组拖车车轴受力

① 运动引起的各种载荷由以下各式确定。

$$\begin{cases} P_1 = (0.625 + 0.0875 h_1 / b) m_1 g \\ P_2 = (0.625 - 0.0875 h_1 / b) m_1 g \end{cases} \quad (5.54)$$

$$\begin{cases} Y_1 = 0.35 m_1 g \\ Y_2 = 0.175 m_1 g \end{cases} \quad (5.55)$$

$$\begin{cases} Q_1 = [P_1(b+s) - P_2(b-s) + (Y_1 - Y_2)R - F_1(2s - y_1) - F_2(2s - y_2)]/2s + F_{11} \\ Q_2 = [P_2(b+s) - P_1(b-s) - (Y_1 - Y_2)R - F_1 y_1 - F_2 y_2]/2s + F_{22} \end{cases} \quad (5.56)$$

② 运动引起的弯矩由以下各式确定。

$$\begin{cases} \text{踏面外侧} \quad M_{xx} = P_1 y \\ \text{踏面内侧} \quad M_{xx} = P_1 y - Q_1(y - b + s) + Y_1 R \end{cases} \quad (5.57)$$

③ 制动引起的弯矩。

a. 轴盘制动引起的弯矩由以下各式确定。

$$\begin{cases} 轴颈到制动盘处 & M'_x = F_{f1}\Gamma y \\ 轴盘之间 & M'_x = F_{f1}\Gamma(b-s-y_i) \end{cases} \quad (5.58)$$

$$\begin{cases} 轴颈到制动盘处 & M'_y = 0 \\ 轴盘之间 & M'_y = 0.3P'R \end{cases} \quad (5.59)$$

$$\begin{cases} 轴颈到制动盘处 & M'_z = F_{f1}\Gamma R_b y / R \\ 轴盘之间 & M'_z = F_{f1}\Gamma R_b (b-s) / R \end{cases} \quad (5.60)$$

b. 轮盘制动引起的弯矩由以下各式确定。

$$\begin{cases} 踏面外侧 & M''_x = F_{f2}\Gamma y \\ 踏面内侧 & M''_x = F_{f2}\Gamma(b-s+y_i) \end{cases} \quad (5.61)$$

$$\begin{cases} 踏面外侧 & M''_y = 0 \\ 踏面内侧 & M''_y = 0.3P'R \end{cases} \quad (5.62)$$

$$\begin{cases} 踏面外侧 & M''_z = F_{f2}\Gamma R_b y / R \\ 踏面内侧 & M''_z = F_{f2}\Gamma R_b (b-s) / R \end{cases} \quad (5.63)$$

式中,m_1 近似为轴箱簧上质量;F_1 和 F_2 分别为左右轴盘的质量;F_{11} 和 F_{22} 分别为左右轮盘的质量;y_1 和 y_2 分别为左右轴盘中心与左侧轴颈的垂直距离;Γ 为摩擦系数,取 0.35;P 为轴载的一半;F_{f1} 和 F_{f2} 分别为轴盘和轮盘上的制动力;R 为车轮滚动圆半径;R_b 为制动盘半径;计算轴盘制动引起的弯矩时取 $y_i = 394$ mm,计算轮盘制动引起的弯矩时取 $y_i = 0$。

④ 合成弯矩。在车轴各截面,应力通过合成弯矩计算,合成弯矩为

$$M_R = \sqrt{M_x^2 + M_y^2 + M_z^2} \quad (5.64)$$

其中

$$\begin{cases} M_x = M_{xx} + M'_x + M''_x \\ M_y = M'_y + M''_y \\ M_z = M'_z + M''_z \end{cases} \quad (5.65)$$

(2)应力参量。

CRH$_2$ 型动车组拖车车轴是空心车轴,其应力参量按照以下各式计算:

$$\begin{cases} 轴的外表面应力 & \sigma_{sur} = 32k \cdot M_R \cdot d / [\pi \cdot (d^4 - d'^4)] \\ 轴的内表面应力 & \sigma_{sur} = 32k \cdot M_R \cdot d' / [\pi \cdot (d^4 - d'^4)] \end{cases} \quad (5.66)$$

式中,k 为几何应力集中系数,车轴圆柱部分 $k = 1$,截面变化处 $k > 1$(见图 5.47)。参照 EN 标准规定,k 与 D、d 和 r 的关系为

$$\begin{cases} k = 1 + (4-Y)(Y-1)/[5(10X)^{2.5X+1.5-0.5Y}] \\ X = r/D, Y = D/d \end{cases} \quad (5.67)$$

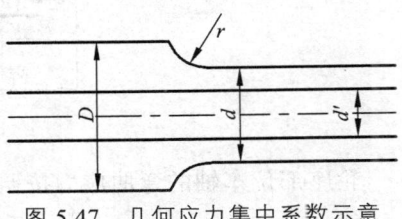

图 5.47 几何应力集中系数示意

（3）车轴疲劳极限。

依据相关标准，动车拖车车轴的疲劳许用应力取值为：① 154 MPa，无装配区；② 85 MPa，有装配区；③ 72 MPa，轴颈处；④ 62 MPa，空心车轴内表面。

在全尺寸 BDR 和 BDA 试验台上，测试 30 NiCrMoV12 钢轴得到的旋转弯曲疲劳极限见表 5.9。

表 5.9 30 NiCrMoV12 钢轴不同位置的旋转弯曲疲劳极限   单位：MPa

材 料	轴身表面	带缺口轴身表面	轮座压配合表面	短轴压配合表面
30 NiCrMoV12	316	120	175	120

2. 日本标准

采用日本 JIS E 4501 铁道车辆车轴强度设计方法和 JIS E 4502 铁道车辆车轴品质要求，对动车组非动力车轴进行疲劳强度计算。计算中，考虑了车体振动引起的垂向和横向加速度对弯曲应力的影响，不过动载荷系数的取法与欧洲有所不同。在欧洲标准中，一般垂向动态载荷系数为 0.25，横向动态载荷系数为 0.175，它们与车辆的运行速度无关；日本标准中，动态载荷系数取决于运行线路和速度，具体的取值见表 5.10。图 5.48 为车轴受力简图。

表 5.10 日本标准中的动态载荷系数

线路状态	线路等级	速度 v /（km/h）	垂向动荷系数 α_V	横向动荷系数 α_L
改进的高速线	SA	200~350	0.002 7v	0.030 + 0.000 60v
高速线	A	150~280	0.002 7v	0.030 + 0.000 85v
改进的既有线	A	60~160	0.002 7v	0.040 + 0.001 20v
		<60	0.16	0.11
既有线	B	60~130	0.005 2v	0.060 + 0.001 80v
		<60	0.31	0.17

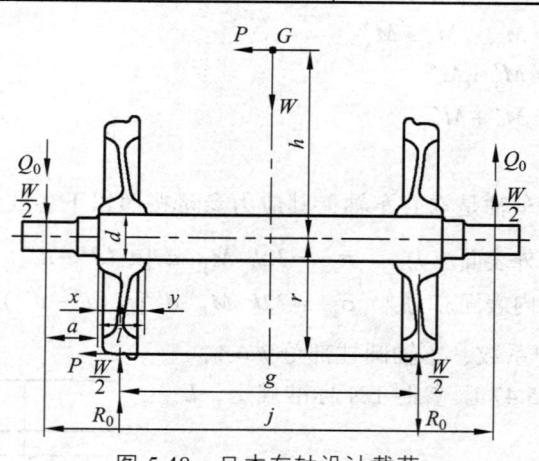

图 5.48 日本车轴设计载荷

轮座部位车轴的弯曲应力按照以下各式计算

$$\begin{cases} M_1 = (j-g)W/4, M_2 = \alpha_v M_1, M_3 = rP + Q_0(a+l) - yR_0 \\ \sigma_b = m(M_1 + M_2 + M_3)/Z \\ n = \sigma_{wb}/\sigma_b \end{cases} \quad (5.68)$$

其中

$$Q_0 = hp/j, R_0 = (h+r)P/g, P = \alpha_L W, y = a+l-(j-g)/2, l = x+y$$

式中，a 为轴颈中心到轮座端部的距离；d 为车轴直径；g 为车轮踏面间距；h 为车轴中心线与重心位置的距离；j 为轴颈间距；l 为轮毂长度；r 为车轮半径；Z 为轮座处的抗弯截面模数；P 为横向力；Q_0 为 P 引起的轴颈上的垂向力；R_0 为 P 引起的踏面上的垂向力；W 为轴箱弹簧上的质量；M_1、M_2 和 M_3 分别为 P、垂向加速度和横向力引起的轮座处的弯矩；α_v 和 α_L 分别为垂向动荷系数和横向动荷系数；σ_b、σ_{wb} 分别为轮座处车轴的工作应力和疲劳许用应力；n 为疲劳安全系数。

3. CRH₂ 型动车组非动力车轴强度计算分析

CRH₂ 型动车组非动力车轴按照 JIS-E 4501 和 JIS-E 4502 标准进行设计和制造。为了提高车轴的疲劳可靠性，采用高频淬火热处理和滚压强化工艺。为了在保证强度的同时减轻质量，轮对的车轴采用空心车轴，孔径 60 mm，轴径直径为 130 mm，其他参数为 $m_1 = 12\,400$ kg，$h_1 = 1\,055$ mm，$b = 1\,000$ mm，$s = 747$ mm，$R = 430$ mm，$y_1 = 393$ mm，$y_2 = 1\,093$ mm。

为了研究 CRH₂ 型动车组运行的安全性和可靠性，下面分别按照欧洲的 EN13104 和日本的 JIS-E4501 标准，对该车轴进行疲劳强度分析。

（1）基于欧洲标准的强度分析。

恒幅疲劳载荷作为设计和计算载荷来考察动车组车轴的服役寿命，同时，这些载荷是车轴服役期变幅载荷的等效强化载荷。车轴所承受的各种载荷均产生于动车组的运行或制动。

CRH₂ 型动车组拖车车轴的结构尺寸如图 5.49 所示，为了计算和说明方便，在车轴上划分了 11 个截面，进行了编号。各截面尺寸变化处的应力集中系数计算结果见表 5.11。考虑各截面的应力集中系数，CRH₂ 型动车组拖车车轴各截面弯矩和应力计算结果见表 5.12。

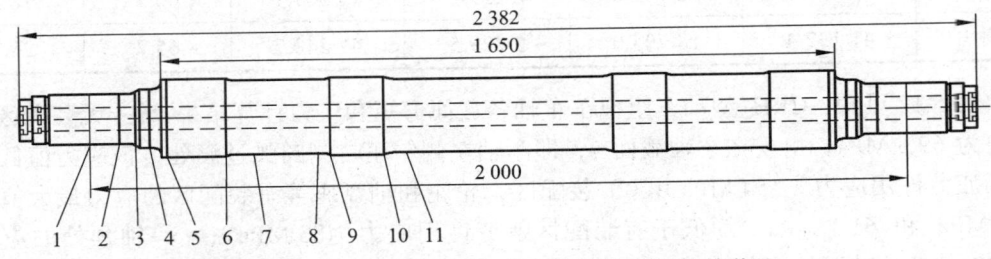

图 5.49 CRH₂ 动车组拖车车轴的结构和计算截面

表 5.11 各截面尺寸变化处的应力集中系数

截面号	y/mm	d/mm	D/mm	r/mm	k
1	67.0	129.6	130.0	40.0	1.000 3
2	82.8	129.6	138.6	40.0	1.005 7
3	105.6	138.6	152.0	60.0	1.002 9

续表

截面号	y/mm	d/mm	D/mm	r/mm	k
4	140.3	152.0	162.2	42.0	1.007 3
5	165.0	162.2	190.0	10.0	1.162 6
6	329.0	196.0	192.0	0.0	1.000 0
7	344.4	192.0	240.0	60.0	1.020 8
8	550.5	192.0	243.0	200.0	1.000 0
9	585.0	198.0	192.0	0.0	1.000 0
10	715.0	198.0	192.0	0.0	1.000 0
11	749.5	192.0	243.0	200.0	1.000 0

表 5.12 CRH₂ 型动车组拖车车轴各截面弯矩和应力计算结果

截面号	M_x/kN·mm	M_y/kN·mm	M_z/kN·mm	M_R/kN·mm	σ_{sur}/MPa	σ_{bore}/MPa
1 轴颈	6 567.2	0.0	589.2	6 593.6	32.3	15.0
2 轴身	8 115.9	0.0	728.2	8 148.5	40.2	18.6
3 轴身	10 350.7	0.0	928.7	10 392.3	41.3	17.9
4 轴身	13 751.9	0.0	1 233.9	13 807.1	41.3	16.3
5 轴身	16 172.9	0.0	1 451.1	16 237.9	45.9	17.0
6 轮座	42 918.2	18 705.0	2 229.5	46 870.2	64.0	19.6
7 轴身	42 873.7	18 705.0	2 229.5	46 829.5	69.5	21.7
8 轴身	42 278.4	18 705.0	2 229.5	46 285.1	67.3	21.7
9 轴盘座	42 178.8	18 705.0	2 229.5	46 194.1	61.1	18.5
10 轴盘座	41 425.3	18 705.0	2 229.5	45 507.1	60.2	18.2
11 轴身	41 132.4	18 705.0	2 229.5	45 240.7	65.7	20.5

由表 5.12 可知，CRH₂ 型动车组拖车车轴各截面弯矩和应力计算结果：① 无装配区，最大应力为 69.5 MPa，出现在车轴截面 7，即车轴左侧轮座右侧圆弧过渡处，该应力值低于无装配区疲劳许用应力（154 MPa）；② 装配区，轮座和轴盘座等有装配区的应力最大值分别是 64 MPa 和 61.1 MPa，均低于有装配区疲劳许用应力（85 MPa）；③ 轴颈处的应力为 32.3 MPa，低于轴颈处疲劳许用应力（72 MPa）；④ 车轴内表面的最大应力为 21.7 MPa，出现在截面 7 处即车轴左侧轴盘座右侧圆弧过渡处，该应力值低于车轴内表面许用应力（62 MPa）故 CHR2 型动车组拖车车轴的疲劳强度满足要求。

（2）基于 JIS 标准。

在我国，动车组实际运行线路既有改造线路又有高速线路，所以在速度选取时，考虑实际运行线路的影响，取速度分别为 200 km/h 和 160 km/h 计算。按照日本 JIS E 4501—2001 铁道车辆车轴强度设计方法，根据 CRH₂ 型动车组拖车车轴疲劳强度计算参数，计算所得载荷值和应力分别见表 5.13 和表 5.14。

表 5.13　CRH$_2$型动车组拖车车轴载荷计算结果

v/(km/h)	α_v	α_L	W/kN	P/kN	Q_0/kN	R_0/kN
200	0.540	0.20	121.5	24.3	12.8	24.2
160	0.432	0.23	121.5	28.2	14.9	28.0

表 5.14　CRH$_2$型动车组拖车车轴载荷计算结果

v/(km/h)	M_1/kN·mm	M_2/kN·mm	M_3/kN·mm	σ_{sur}/MPa	σ_{bore}/MPa	n_{sur}	n_{bore}
200	15 402.7	8 317.4	12 775.4	49.8	15.3	2.95	9.64
160	15 402.7	6 653.9	14 819.4	50.4	15.4	2.91	9.54

CRH$_2$型动车组拖车车轴材料 S38C，采用高频淬火热处理和滚压工艺，根据 JIS E4502 取车轴的疲劳许用应力为 147 MPa，可见，按照日本标准，该车轴满足设计要求。

（3）欧洲标准 EN13104 和日本 JIS E 4501—2001 对比分析。

按照欧洲标准 EN13104 和日本 JIS E 4501—2001 铁道车辆车轴强度设计方法，计算出来的 CRH$_2$ 型动车组拖车车轴应力情况有很大的不同。

① 这两个标准中，车轴计算的部位选择不同。欧洲标准 EN13104 把空心车轴划分为轴颈、各种座（包括轮座、制动盘座等）、轴身和车轮内表面 4 个部分，考虑到安全可靠的需要，各个部分许用应力和安全系数设定都不同；而日本 JIS E4501—2001 铁道车辆车轴强度设计方法仅仅考虑车轴轮座部位的疲劳强度计算，其余部位没有要求。

② 在这两个标准中，车轴计算载荷的确定和弯矩的合成不同。欧洲标准 EN13104 中，载荷确定与轴重、簧下质量、车辆重心高度、轴颈上垂向力作用点间距等相关，弯矩计算与载荷、制动方式等相关，弯矩的合成采用同类弯矩求和、各种类型弯矩平方和相加再开方的方法，应力计算与叠加弯矩、车轴各截面的几何应力集中系数等相关；日本 JIS E 4501—2001 铁道车辆车轴强度设计方法中，载荷的确定与轴重、簧下质量、车辆运行线路等级、车辆运行速度、车辆重心高度等相关，弯矩计算与载荷、车辆运行线路等级、车辆运行速度等相关，弯矩的合成采用相加求和的方法，应力的计算与合成弯矩、车轴的应用等相关。

③ 在这两个标准中，车轴的热处理不同，许用应力的大小相差大。这两个车轴设计标准中，对材料的化学成分要求相差不大，但是在热处理方面，欧洲标准 EN13104 中对车轴的热处理多是退火处理，而日本 JIS E 4501—2001 铁道车辆车轴强度设计方法中，对车轴的热处理要求较低的是正火或正火回火，要求较高的是淬火回火、特定部位高频淬火。因此，在日本标准中，车轴的许用应力值较大。

④ 车轴计算结果有较大差异。两个标准得到的计算结果可知，在轮座部位，采用欧洲标准 EN13104 计算得到的应力值比采用日本标准的大 14 MPa 左右。

4. 车轴 CAD/CAE

一般车辆厂均由外厂供应内孔已加工好的车轴毛坯。空心车轴毛坯进厂后，机械加工的主要工艺过程如下：

（1）毛坯以外圆定位，在双面铣床上粗铣两端面。

（2）以内孔定位，在卧式镗床上粗、精镗两堵头孔，刮两端面。

（3）在压床上压入两端专用堵头。

（4）以两堵头上的中心孔定位，在车轴仿形车床上半精车轴颈、防尘板座、轮座、制动盘座和轴身。

（5）以轮座面定位，精铣两端面，保证 2 146 mm 尺寸。

（6）以轮座面定位，在组合机床上对 6 个 M16-6H 孔加工，分别经钻孔、扩孔、攻丝 3 道工序。

（7）修研中心心孔，以中心孔定位，精车轴颈、防尘板座、轮座、制动盘座及轴肩圆弧。

（8）磨轮座、制动盘座。

（9）滚压轮座、制动盘座、轴身及 $R52$ mm 圆弧。

（10）精磨防尘座、轴颈。

（11）交验。

参照上述空心车轴加工工艺可得车轴的 CAD 建模过程为拉伸轴坯→车轴颈→车防尘板座→车轴身→镜像，所建模型如图 5.50 和图 5.51 所示。

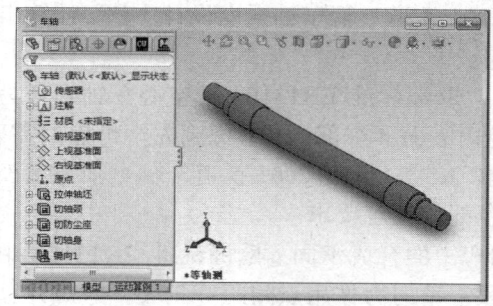 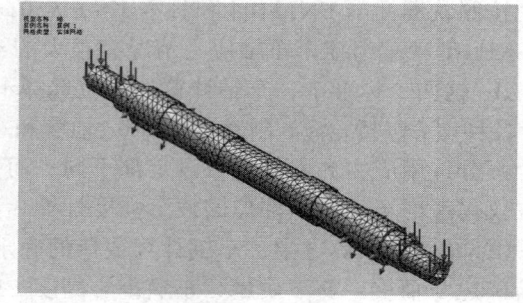

图 5.50　车轴实体模型　　　　图 5.51　车轴有限元模型

按照以上相关标准规定的载荷工况，在车轴左右轴颈上施加相应载荷，在轮座处施加刚性约束或弹性约束，即可在 CAE 软件中完成车轴应力分析，如图 5.52 所示（对比分析刚性约束或弹性约束结果）。

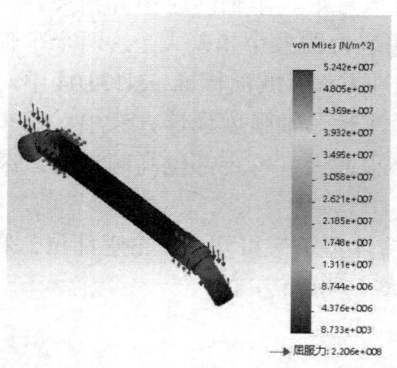 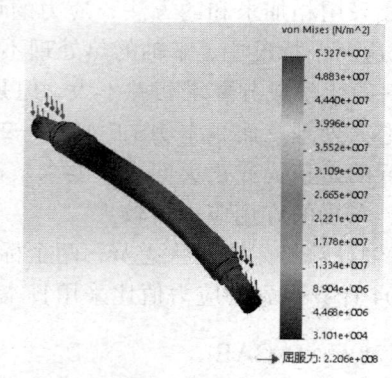

（a）轮座刚性约束　　　　　　　　（b）轮座弹性约束

图 5.52　车轴应力分布示意

5.3.3 车轮结构设计

车轮的结构及常用车轮的基本尺寸分别如图 5.53 和表 5.15 所示。车轮结构完全由车轮直径，轮辋、轮毂尺寸，毂辋距，辐板形状，轮缘踏面外形所决定。每个尺寸或每部位形状都有其特殊意义。进行车轮设计时需要对这些尺寸或形状进行研究确定，下面分别进行论述。

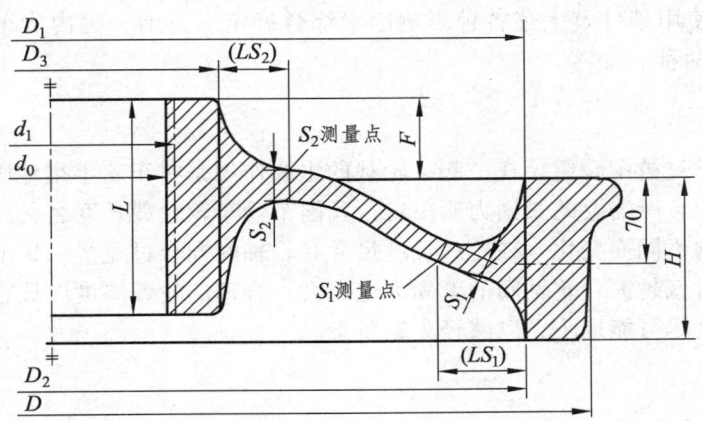

图 5.53　S 形辐板辗钢轮形式

表 5.15　S 形辐板辗钢轮基本尺寸

规格型号		滚动圆外径 D	轮辋内侧内径 D_1	轮辋外侧内径 D_2	轮毂孔径 d_1	轮毂外径 D_3	毂长 L	辋宽 H	毂辋距 F	辐板厚度		测量参考尺寸 LS_1	测量参考尺寸 LS_2	理论质量 /kg	材质
										S_1	S_2				
⌀840	HESA	840^{+1}_{0}	$7\,400^{0}_{-4}$	$7\,400^{0}_{-4}$	206	286^{+4}_{0}	178 ± 3	135^{+5}_{+2}	68^{+2}_{0}	20^{+3}_{0}	26^{+3}_{0}	90	53	314	CL60
	HDSA	840^{+1}_{0}	$7\,400^{0}_{-4}$	$7\,400^{0}_{-4}$	194	264^{+4}_{0}	178 ± 3	135^{+5}_{+2}	68^{+2}_{0}	19^{+3}_{0}	25^{+3}_{0}	85	55	306	CL60
	HDS	840^{+1}_{0}	$7\,100^{0}_{-10}$	$7\,100^{0}_{-10}$	194	274^{+5}_{0}	178 ± 3	135^{+3}_{0}	68^{+2}_{0}	19^{+5}_{0}	25^{+5}_{0}	73	50	348	CL60
	HBS	840^{+1}_{0}	$7\,100^{0}_{-10}$	$7\,100^{0}_{-10}$	155	235^{+5}_{0}	178 ± 3	135^{+3}_{0}	68^{+2}_{0}	19^{+5}_{0}	25^{+5}_{0}	73	50	342	CL60
⌀915	KDS	840^{+1}_{0}	$7\,850^{0}_{-4}$	$7\,850^{0}_{-4}$	194	274^{+5}_{0}	178 ± 3	135^{+3}_{0}	68^{+2}_{0}	19^{+5}_{0}	25^{+5}_{0}	70	69	392	CL60

1. 直　径

车轮直径对其本身及整个车辆都有较大影响。一方面车轮直径越大，车辆重心越高，车辆动力学性能越差。另一方面，增大车轮直径，可以降低轮轨的接触应力。因此，车轮直径大小应根据车辆情况综合确定。但总的来说，车辆轴重越大，车轮直越大以增加轮轨接触面积，减少踏面损伤和磨耗。另外，车轮直径的取值还应注意规格的标准化、系列化问题，以利于车轮制造和检修。

2. 轮　辋

轮辋宽度尺寸主要取决于轮轨的搭载量。当轮对运行在曲线上时，外侧车轮轮缘靠近钢轨，内侧轮缘远离钢轨。只有内侧车轮踏面在钢轨上的搭载量足够，才能保证轮对不脱轨。目前，我国铁路车轮轮辋宽度为 135～140 mm。

轮辋厚度通常指新轮辋厚度。我国铁路对正常服役的车轮的判废依据是轮辋剩余厚度，当轮辋剩余厚度不大于 23 mm 时车轮报废。新轮辋厚度与轮辋报废限度之差为轮辋有效磨耗厚度。轮辋越厚，有效磨耗厚度就越大，但车轮自重也大。有效磨耗厚度越厚，车轮使用寿命越长，新旧车轮直径差就越大。从车轮的使用寿命的角度来考虑轮辋应越厚越好。但从车轮质量和新旧车轮直径差的角度来考虑轮辋厚度应越小越好。轮辋厚度尺寸大小各有利弊，应根据车辆具体使用条件及上述各种影响因素综合确定。目前，国内货车车轮轮辋厚度有 50 mm 和 65 mm 两种。

3. 轮　毂

车轮和车轴靠过盈配合组装在一起，轮毂的主要作用是将车轮牢牢地固定到车轴上，其尺寸主要由轮轴配合所需要的紧固力所决定。我国车辆车轮轮毂长度名义尺寸均为 178 mm，轮毂厚度随轴重的不同而变化。在轮毂长度尺寸和轮轴间配合过盈量一定的情况下，轮毂厚度越厚，车轮质量就越大，轮轴间的紧固力也越大。合理的轮毂厚度应该在满足轮轴紧固力要求的前提下厚度尽可能地小，以减轻车轮质量。

4. 毂辋距

毂辋距指轮辋内侧面与轮毂内侧面间的轴向距离，该值与轮对内侧距、车轴两轮座之间的距离有关，因此在选取毂辋距时不能仅从车轮的角度考虑，应根据轮对内侧距与车轴协调考虑。目前，国内货车车轮毂辋距为 68 mm。

5. 辐板形状

辐板的强度直接关系到行车安全，辐板形状对车轮的结构强度和刚度有较大的影响。较小的径向刚度可使车轮具有较大的弹性，可以改善制动热负荷作用下车轮的应力状态和降低轮轨动作用力，因此辐板的径向刚度应适当地小。辐板的轴向刚度应尽量大，否则车轮将产生较大的轴向变形。轴向变形过大会改变轮轨正常接触位置和轮缘角度，影响车辆运行性能，增加爬轨的可能性。一个好的辐板形状，可以在不增加自重的条件下，大幅度提高车轮的结构强度，改善车轮的刚度。因此辐板是车轮结构设计和优化的重点部位。国内外普遍采用的辐板形状有直辐板、S 形辐板、波浪形辐板、盆形辐板。辐板形状既可用优选法设计也可用优化法设计，不管采用什么方法，良好的辐板性能是唯一的目标。另外，在车轮辐板设计时，要校核辐板是否与车辆下部限界发生干涉。

6. 轮缘踏面外形

轮缘踏面外形设计时应考虑与轨头外形的配合，理想的轮轨型面配合状态能有效地降低接触应力和磨耗，有助于改善列车通过曲线性能，有效地提高列车失稳的临界速度。同时，设计的新踏面应尽量与磨耗后的形状接近，以降低修正踏面时金属切削量。轮缘踏面外形的设计原则如下：

（1）如果轮缘踏面与钢轨发生两点接触，那么必然有一个点发生滑动，滑动的点将发生严重磨耗，因此应尽量避免轮缘踏面与钢轨发生两点接触。此外，轮对处于任何位置时，轮轨接触点处的车轮和钢轨横向截面曲率半径差不要过大，以增大轮轨之间的接触面，减小接触应力，从而降低轮轨磨耗量和轮轨疲劳破坏。

（2）保证轮对在直线轨道上运行时有较高的临界速度，这就要求轮对在横移量不大时，车轮踏面接触点处的等效斜率小，即左右轮接触点处的半径差小，这样轮对在直线上运行时不易发生蛇行运动。

（3）曲线通过性能好，即轮对在曲线上运行时，轮对和轨道之间应保持较小的冲角。这就要求轮对在横移量较大时，车轮踏面接触点处的等效斜率要大，即左右轮接触点处的半径差要大，这样有利于轮对位置复原，从而可以减轻轮缘磨耗、轨道侧磨和轮对对曲线的冲击。

（4）在运用中，由于磨耗、剥离、擦伤等原因，轮缘踏面需要经常镟修，如果磨耗后的形状与轮缘踏面初始形状差别较大，那么镟修时旋掉的金属量就多，这样会降低车轮的使用寿命，因此在进行轮缘踏面设计时，既要考虑各种性能因素也要考虑经济因素。

轮缘须有一定高度，过低易发生脱轨；若轮缘设计得过高，当踏面磨耗深度较大时轮缘顶部可能触碰钢轨鱼尾板螺栓或鱼尾板肩部。轮缘高度一般在 26～30 mm。考虑通过道岔安全，车轮轮径越小，轮缘应越高。轮缘有防止车轮脱线的功能，为防止低速车轮爬轨和高速车轮跳轨，轮缘外侧面与水平面之间应有足够的轮缘角，一般在 70°左右。轮缘角过小容易爬轨，不能保证安全；过大，在修复外形时，切削量增加，且当轮对有冲角时轮缘顶部易与钢轨发生接触。

轮缘踏面形状主要取决于线路情况和列车运行速度，而与车轮本身的结构无关。当运行的线路和列车的速度没有较大变化时，即使车轮结构发生了变化，其踏面形状也无须改变。通常情况下踏面采用标准形状。车轮设计计算标准中一般不包括轮缘踏面外形设计计算。目前，国内货车只有一种轮缘踏面外形，即 LM 型，如图 5.54 所示。

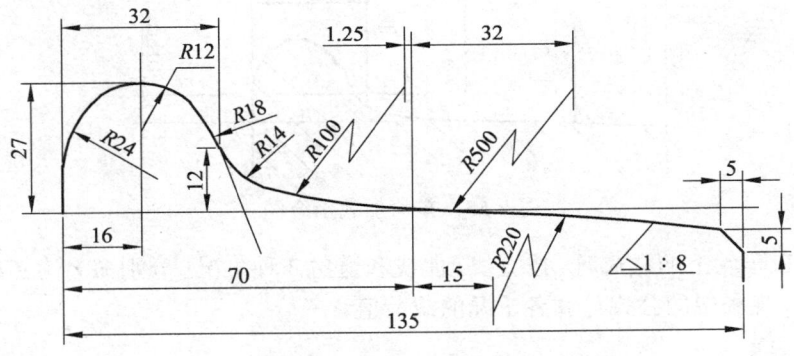

图 5.54　LM 型轮缘踏面外形

5.3.4　车轮的强度分析

动车组轮对必须具备如下功能：承受车辆与线路间相互作用的全部载荷及冲击，与钢轨形成黏着产生牵引力或制动力，轮对滚动使车辆前进运行。车轮是轮对的重要组成部分，其疲劳强度直接关系到动车组运行的安全性、可靠性、稳定性等，故动车组车轮需进行车轮静强度、动强度和轮轴过盈配合强度等 3 个方面的分析。

1. 设计标准

（1）载荷条件。

根据 UIC 510-5/2003（整体车轮技术）标准进行车轮设计，对于安装到动轴上的车轮，考虑车轮通过直线、曲线和道岔时的载荷,见表 5.16,加载方式如图 5.55 所示。除了上述 UIC 510-5 规定的垂向和横向载荷外,还应考虑表 5.17 所示的载荷条件。

表 5.16 车轮载荷工况

载荷工况	载荷	垂向力	横向力
直线运行	垂直载荷 F_{z1} + 过盈量 + 最大速度下的转速	$F_{z1} = 1.25Q$	$F_{y1} = 0$
曲线运行	垂直载荷 F_{z2} + 横向载荷 F_{y2} + 过盈量 + 最大速度下的转速	$F_{z2} = 1.25Q$	$F_{y2} = 0.7Q$
过道岔	垂直载荷 F_{z3} + 横向载荷 F_{y3} + 过盈量 + 最大速度下的转速	$F_{z3} = 1.25Q$	$F_{y3} = 0.42Q$

注:Q 为每个车轮承担的重力。

表 5.17 车轮载荷条件

切向载荷(黏着系数 = 0.33)/kN	27.5
最大速度情况下(200 km/h)转速/(r/min)	1 310
车轴与车轮压装的最大过盈量/mm	0.30

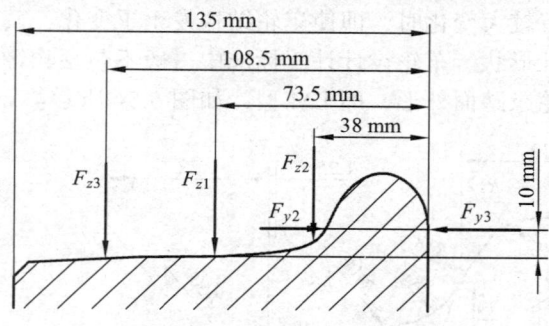

图 5.55 车轮加载示意图

计算施加在车轮上的载荷时,按直线、曲线和道岔 3 种工况(分别命名为工况 1、2 和 3),使用 UIC 510.5 规程中的公式计算各工况的载荷值。

工况 1:直线

$$\begin{cases} F_{z1} = -1.25Qg \\ F_{y1} = 0 \end{cases} \tag{5.69}$$

工况 2:曲线

$$\begin{cases} F_{z2} = -1.25Qg \\ F_{y2} = 0.7Qg \end{cases} \tag{5.70}$$

工况 3:道岔

$$\begin{cases} F_{z3} = -1.25Qg \\ F_{y3} = -0.42Qg \end{cases} \tag{5.71}$$

式中,Q 为每个车轮作用在钢轨上的平均质量;g 为重力加速度;F_z 为垂向力;F_y 为横向力。

（2）应力参量。

确定出下述应力参量：① 分别计算出上述 3 种载荷工况下各节点的主应力（最大主应力与径向应力等同）；② 分别计算出上述 3 种载荷工况下各节点的最大应力；③ 分别计算出上述 3 种载荷工况下各节点的最小应力；④ 确定各节点的如下应力：

$$\begin{cases} \sigma_m = (\sigma_{max} + \sigma_{min})/2 \\ \sigma_a = (\sigma_{max} - \sigma_{min})/2 \\ \Delta\sigma = \sigma_{max} - \sigma_{min} \end{cases} \tag{5.72}$$

（3）评价准则。

车轮辐板上所有节点的动应力范围应低于许用应力，即① 用加工中心加工的车轮小于 360 MPa；② 未用加工中心加工的车轮小于 290 MPa；③ 最大 Von Mises 应力低于车轮材料弹性极限（355 MPa）。

2. 车轮 CAD/CAE

由于结构和所承受的载荷比较复杂，车轮的应力场必须采用有限单元法进行计算。运行状态下车轮的应力由三种应力叠加而成，第一种是制造的残余应力，第二种是轮轴过盈配合而产生内应力，第三种是运用载荷下的应力。第三种应力是动应力，是车轮的主要应力。制造应力的计算比较复杂，设计时一般不计算这个应力，只在确定许用应力时加以考虑。后两种应力在车轮设计时应进行计算。

现在，国内外已经有很多种车轮结构强度的计算方法，绝大多数都遵循同一个计算原则，即先对车轮进行实体建模，然后划分有限元网格，最后采用有限元方法计算应力。计算结果可以提供车轮上任何一点的各个方向的应力，对比所检验点的计算应力和许用应力，如果各点计算应力低于许用应力，那么车轮强度满足设计要求，反之，车轮强度就不符合设计要求。

（1）几何模型。

由于车轮与车轴是过盈装配在一起的，因此车轮强度计算不能只以单个车轮为对象，必须模拟轮轴过盈配合，应采用过盈装配的车轮车轴作为计算的几何模型。我们的计算目标只是车轮，并不关心车轴，因此为节省计算工作量又不影响计算结果，可只取包括轮座的一段车轴和一个车轮进行计算。车轮多数为轴对称的。对于轴对称车轮，机械载荷作用下车轮应力场是非轴对称的，在不考虑周向轮轨力的情况下车轮应力场关于载荷作用面对称。因此，对于轴对称车轮可将一段车轴和一个车轮的 1/2 结构作为计算的几何模型。辐板厚度应取设计的最小值，轮辋厚度取运行磨损到限时的尺寸值，其余部位可取设计的名义尺寸。

图 5.56 所示的车轮一般由两道工序加工完成，即先加工内壳面、内辐板、轮缘、内辋面，然后翻身找正加工外壳面、外辐板、外辋面、踏面及孔，其中轮缘、踏面在喉部接刀。参照上述加工过程得出车轮 CAD 建模过程为拉伸轮坯→切左辐板→切右辐板→冲轮毂孔→镟踏面，所建立的车轮模型如图 5.57 所示。

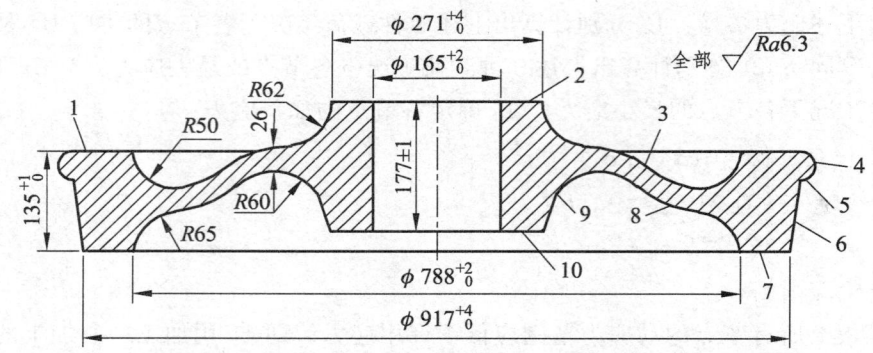

1—内辋面；2—内壳面；3—内辐板；4—轮缘；5—喉部；6—踏面；
7—外辋面；8—轮辐；9—外辐板；10—外壳面。

图 5.56　车轮结构

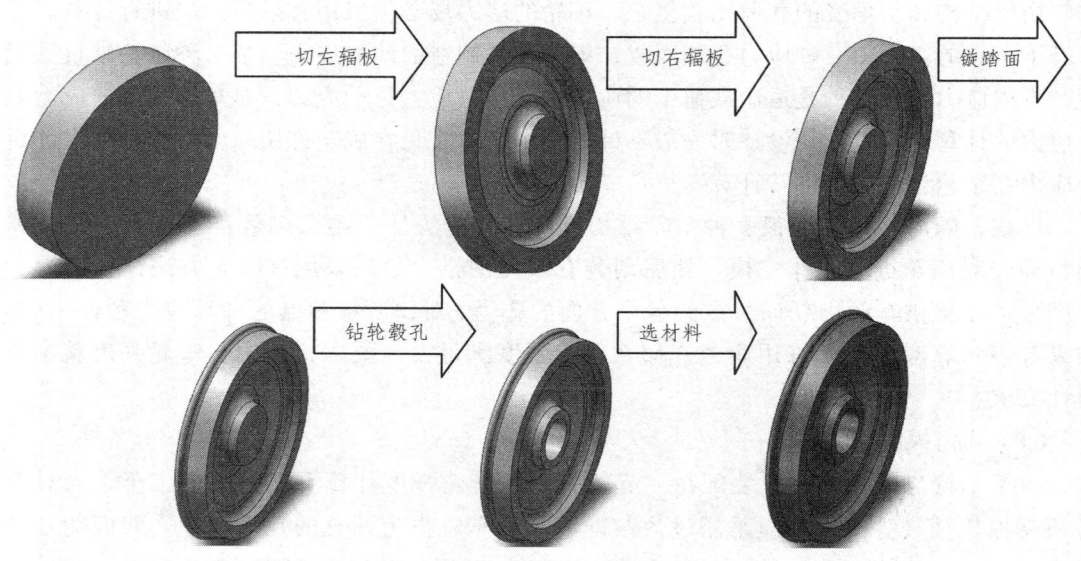

图 5.57　车轮 CAD 建模过程

（2）磨耗形踏面库特征的建立与应用。

库特征能将常用的特征用特定的格式保存起来，在需要用到的时候只要求一个拖放和简单的定位即可完成特征的创建。库特征的内容还可以是草图，对于常用的复杂草图和复杂特征更是能起到一劳永逸的效果。库特征的使用过程为① 生成库特征；② 使用库特征；③ 编辑库特征。

我国规定的踏面形状主要有锥形踏面和磨耗型踏面，且踏面形状与车轮直径无关。其中，磨耗型踏面如图 5.58 所示。按照"先已知、后中间、再连接"的原则，可得出图 5.58 所示磨耗型踏面在 SolidWorks 中的草图特征建模过程，如图 5.59～图 5.62 所示。将该草图添加为库特征后，即可在镟踏面环节作为旋转切除草图重复使用。

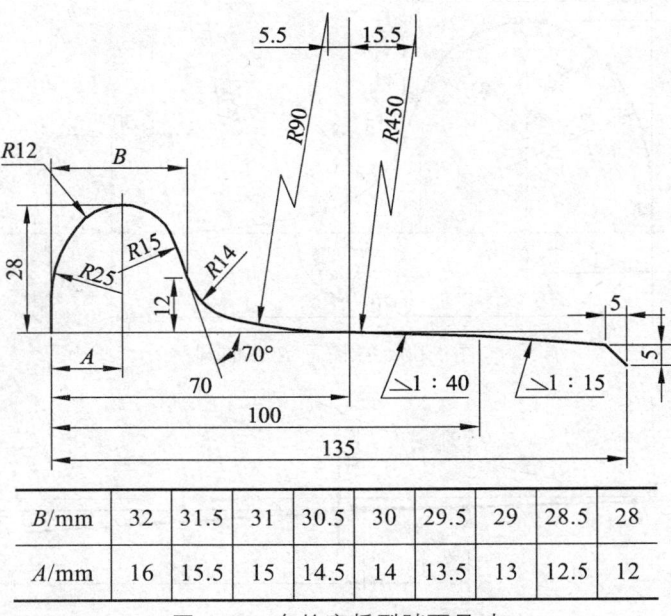

B/mm	32	31.5	31	30.5	30	29.5	29	28.5	28
A/mm	16	15.5	15	14.5	14	13.5	13	12.5	12

图 5.58　车轮磨耗型踏面尺寸

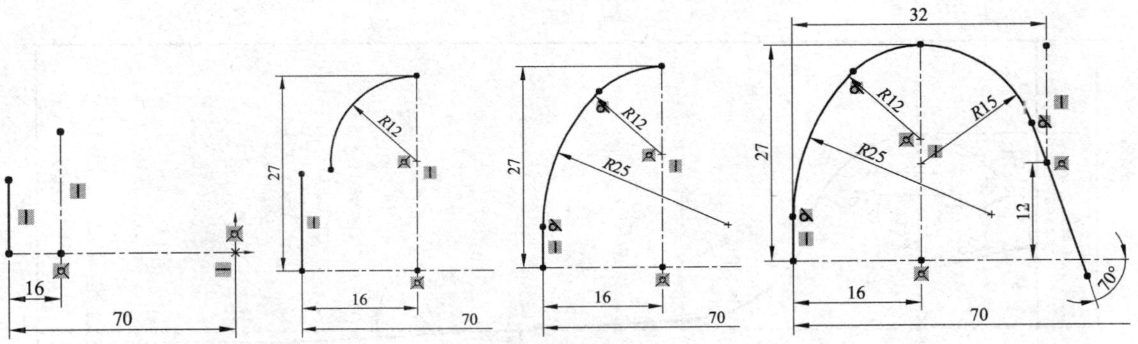

图 5.59　绘轮缘

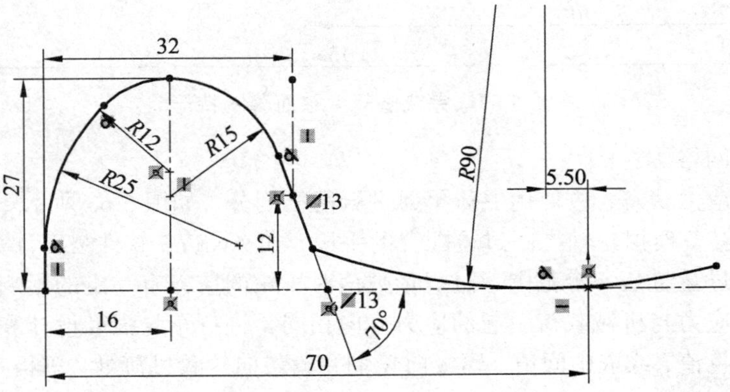

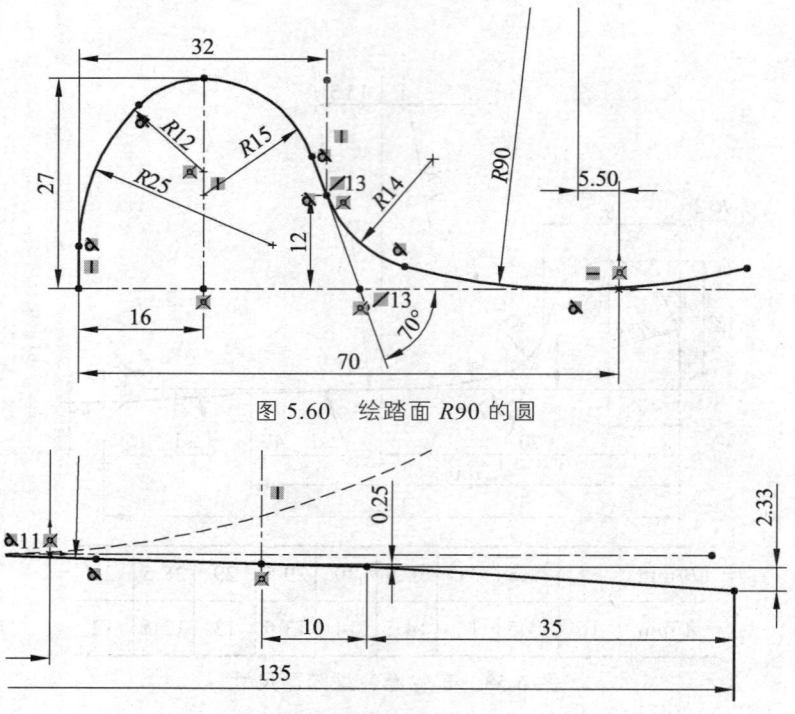

图 5.60　绘踏面 R90 的圆

图 5.61　绘踏面 1∶40 和 1∶15 的直线

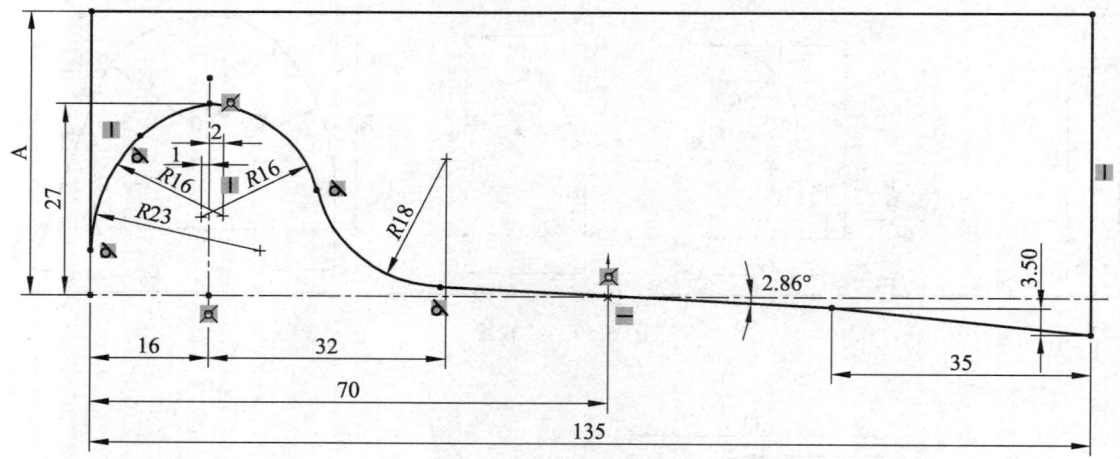

图 5.62　完成磨耗型踏面草图特征

（3）有限元网格。

车轮是三向应力状态，应使用块体单元进行网格划分，如图 5.63 所示。应尽量采用高次单元。一般软件具备模拟轮轴之间过盈配合的手段，如 ANSYS 软件强度计算中的接触单元。轮轴之间的装配过盈量是一个范围，过盈量数值对车轮的应力有一定的影响。一般情况下，过盈量引起的内应力与机械载荷引起的应力方向相同。进行车轮强度设计和校核时应根据具体情况选取过盈量值，或取中间值。辐板向轮辋和轮毂向轮毂过渡处、辐板几何形状突变处、孔边、轮轴配合面网格应较密，其余位置可适当粗些。网格的密度应使计算结果（温度和应力）达到收敛，机械载荷作用点附近难以收敛，计算中不必考虑这些位置的收敛性。

（4）边界条件。

机械载荷均以集中力的方式施加在同一个断面的踏面上，轴对称车轮只需在一个断面上施加，非轴对称车轮要在多个断面上施加，施加载荷的断面越多计算结果越接近真实情况。当轴对称车轮采用半解析法计算时，计算结果的收敛性与傅氏级数展开项数有关，因此所计算的傅氏级数展开项数要使得计算结果收敛。热负荷为温度计算结果中使得热应力取得最大值时刻的温度场。对称面上施加对称约束，轴的一个端面限制三个方向的线位移。

（5）等效应力计算结果。

车轮静强度评价一般采用 Mises 等效应力，见图 5.64。

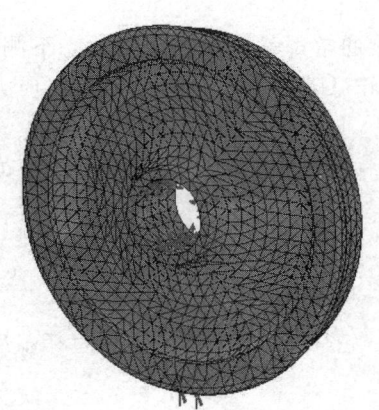
图 5.63　车轮网格模型

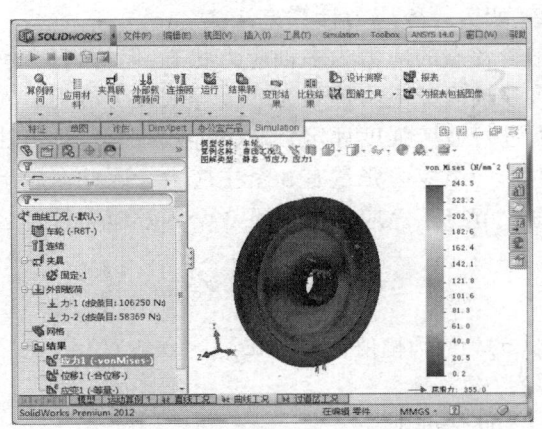
图 5.64　车轮等效应力分布示意图

（6）疲劳等效应力计算。

① 应力循环。

在车辆运行过程中，由于车轮的转动，使得作用在踏面上的各种轮轨力的作用位置始终在踏面圆周上变化，这样即使各种轮轨力的数值恒定不变，车轮上各点的应力也将随着车轮的转动而呈高频循环交变应力，这种交变应力能够对车轮造成疲劳损伤。另一方面，车轮在其整个寿命周期内承受着 4 种循环交变应力，这样即使车轮不转动，各点的应力也将随载荷工况的交替变化而呈循环交变。这两种交变应力的叠加也可构成交变应力循环。综上分析，可将车轮的应力变化情况归纳为下列 4 种应力循环。

应力循环 1：直线制动工况下由车轮转动而引起的交变应力。其对车轮的损伤为高周疲劳损伤，应按无限寿命设计。

应力循环 2：曲线制动工况下由车轮转动而引起的交变应力，其对车轮的损伤为高周疲劳损伤，应按无限寿命设计。

应力循环 3：直线运行、曲线运行和道岔 3 个机械载荷工况之间的循环应力再叠加上车轮转动的交变应力的合成应力，因其循环次数也较多，这种交变应力对车轮的损伤已视为高周疲劳损伤，应按无限寿命设计。

应力循环 4：直线运行、曲线运行、直线制动、曲线制动 4 个载荷工况之间的循环交变应力再叠加上车轮转动的交变应力的合成应力。这个应力循环次数较少，可按有限寿命设计。

为了计算上述 4 种交变应力循环。需要依次在车轮整个圆周的 n 个断面上施加 5 种载荷工况。则车轮上每个点可得到 $5 \times n$ 组应力张量每个断面施加 5 种载荷工况，共有 n 个断面；车轮上任意一点的上述 4 种交变应力循环需从这 $5 \times n$ 组应力张量中提取，具体提取方法如下：

应力循环 1：由车轮上任意一点在 n 个直线制动工况下的 n 组应力张量构成。

应力循环 2：由车轮上任意一点在 n 个曲线制动工况下的 n 组应力张量构成。

应力循环 3：由车轮上任意一点 n 个直线工况、n 个曲线工况、n 个道岔工况下的 $3 \times n$ 组应力张量构成。

应力循环 4：由车轮上任意一点，n 个直线工况、n 个曲线工况、n 个直线制动工况、n 曲线制动工况下的 $4 \times n$ 组应力张量构成。

② 疲劳等效应力计算方法。

车轮各点的应力为多轴应力状态，但材料的疲劳性能通常都是在单轴应力状态下测试的。通常将多轴疲劳应力等效为一个等效疲劳应力，对于车轮 UIC510-5 标准则采用主应力方向的应力进行疲劳强度评定，疲劳等效应力计算方法如下：

由于一组应力张量有 3 个主应力，因此车轮上每个点在每种循环下有 3 个等效应力。车轮上每个节点某一应力循环下 3 个等效应力计算公式为

$$\sigma_{edi} = \frac{1}{\varepsilon\beta}\sigma_{ai} + \psi_\sigma \sigma_{mi} \tag{5.73}$$

式中，σ_{ai} 为应力幅值，$\sigma_{ai} = (\sigma_{\max i} - \sigma_{\min i})/2$；$\sigma_{mi}$ 为平均应力，$\sigma_{mi} = \max[0, (\sigma_{i\max} + \sigma_{i\min})/2]$，$i = 1，2，3$。

（3）评估准则。

由于热负荷没有确定，许用应力还有待确认，因此现阶段还不能对车轮的强度进行绝对评定，而是采用相对比较法对车轮的强度进行评估，即将新设计的车轮与运行情况正常的车轮的强度进行比较，比较的参数为静强度和疲劳强度等效应力。参加比较的车轮可以是不同的运行条件，计算情况应根据各自的运行条件确定。如果新设计的车轮的强度不比参考轮低，则认为新车轮也能满足运用要求。

3. CRH_2 型动车组拖车车轮强度分析

（1）载荷条件。

在实际运营中，不同工况下车轮的受力情况极其复杂恶劣，为了便于分析计算，依据 UIC 510-5，在考虑轮轴之间过盈配合的情况下，分通过直线、曲线和道岔 3 种工况分别对 CRH_2 型动车组拖车车轮进行强度计算分析。CRH_2 型动车组拖车车轮满轴重静态轮载 $Q = 7\ 250\ \text{kg}$，计算载荷见表 5.18。

表 5.18 车轮载荷条件

序 号	工 况	载 荷	
		F_z / kN	F_y / kN
1	直线运行	-88.8	0
2	曲线运行	-88.8	49.7
3	道岔运行	-88.8	-29.8

（2）有限元模型。

CRH$_2$型动车组采用了盘式制动，在每个车轮上都安装了轮盘。为了固定轮盘，在车轮辐板上均匀地设置了12个直径为27 mm的圆孔。故在建立动车组拖车新车轮和磨耗到限车轮模型时，为了考察辐板孔对车轮疲劳强度的影响，采用了实体单元整体建模的方法。为了计算方便和减少计算时间，选取了轮座附近的部分车轴，建立有限元模型。车轮和车轴均匀地划分为120份，新车轮模型节点146 656个，单元133 867个，如图5.65所示。在计算车轮动强度时，为了计算方便，仅对车轮进行了实体单元划分。

按照CRH$_2$型动车组技术资料和相关UIC标准，新车轮的轮轴之间过盈量分别取0.3 mm。在轴向方向上，CRH$_2$型动车组拖车车轮轮毂长度为155 mm。如图5.66所示，以尺寸为6 mm的单元划分车轮截面和轮轴接触区域，在车轮轴向方向上，轮毂截面划分了26个单元，有27个节点。在任何一个轮毂截面上，轮轴过盈配合接触中轴向方向上起作用的节点是25个，故在轮毂上用25个节点来描述动车组轮轴接触一个截面的过盈配合问题。在ANSYS中，轮轴过盈接触采用柔体-柔体接触方式，以面-面接触单元建立接触面。

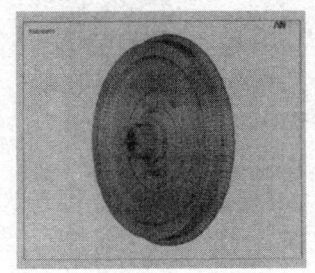
图5.65 实体单元划分

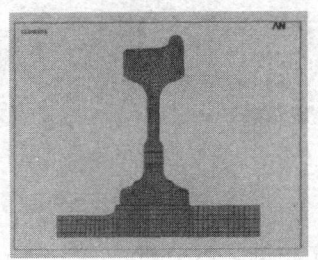
图5.66 接触单元

（3）车轮过盈配合强度分析。

在机械工程中，普遍采用过盈配合接触来传递扭矩和轴向力。其原理是利用过盈量产生半径方向的接触面压力，并依靠由该面压力产生的摩擦力来传递扭矩和轴向力。研究表明，车轮和车轴过盈配合部位的应力状况对车轮的疲劳强度具有重要的影响。所以，对动车组轮轴配合部位的宏观接触应力状态进行研究分析，能给动车组轮对制造标准的制定，我国高速车轮的设计和加工提供一定的依据。

过盈配合是通过接触面压力产生的摩擦力来传递扭矩和轴向力的。在用ANSYS计算过盈配合接触时，能得到接触面之间的压力。这样，能方便地了解轮轴之间过盈配合接触效果如何。由CRH$_2$型动车组拖车新车轮和车轴之间的轮毂压力曲线，可知平均压力值$p_m = 102.1 \text{ MPa}$。在轴向方向上，轮轴过盈配合实际有效接触长度是146 mm，即轴座长度。

动车组轮轴之间采用过盈配合接触来传递扭矩和力，接触区域的变形不再是弹性变形，而是塑性变形。结合标准UIC510-5，采用非线性分析方法，分析过盈配合对动车组拖车车轮疲劳强度的影响。CRH$_2$型动车组拖车新车轮和车轴之间过盈量取0.3 mm，计算结果（Von Mises应力、径向应力、周向应力和轴向应力）如图5.67所示。

由图5.67可知，CRH$_2$型动车组拖车新车轮和磨耗到限车轮最大的Von Mises应力都出现在轮毂孔处，其值分别为291.4 MPa和234.3 MPa。故车轮强度计算取相应过盈配合量时，动车组拖车车轮的最大Von Mises应力低于材料弹性极限（355 MPa），满足设计要求。

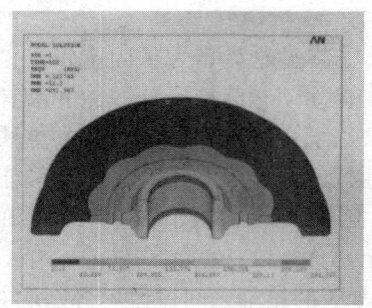
（a）Von Mises 应力

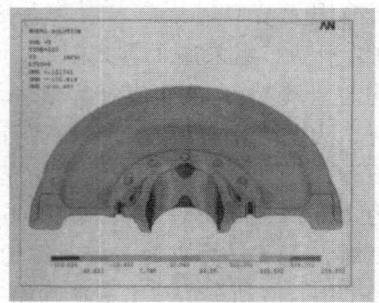
（b）径向应力

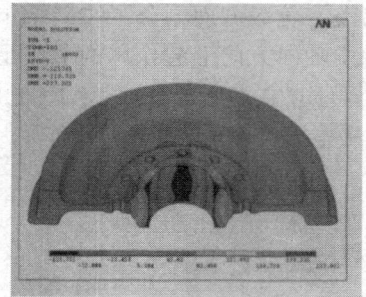
（c）周向应力

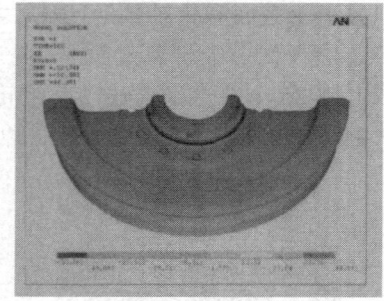
（d）轴向应力

图 5.67　CRH$_2$ 型动车组拖车车轮分析结果

（4）车轮静强度分析。

在考虑轮轴之间过盈配合的情况下，分通过直线、曲线和道岔三种工况，对 CRH$_2$ 型动车组拖车车轮进行静强度计算分析。给车轮施加载荷时，考虑到车轮辐板孔的影响，分载荷方向通过辐板孔中心和两个辐板孔之间来考察动车组拖车车轮的静强度。CRH$_2$ 型动车组拖车新车轮各载荷工况下，最大 Von Mises 应力及出现部位见表 5.19。

表 5.19　CRH$_2$ 型动车组拖车新车轮静强度计算结果　　　　单位：MPa

序号	工况	最大应力出现的位置	载荷方向	
			通过孔中心	通过两孔中间
1	直线运行	辐板与轮毂过渡区外侧	173.8	173.6
		辐板孔区	155.6	147.8
		辐板变截面区外侧	91.9	92.8
2	曲线运行	辐板与轮毂过渡区外侧	230.8	232.9
		辐板孔区	214.7	207.8
		辐板变截面区外侧	152.9	157.5
3	道岔运行	辐板与轮毂过渡区外侧	210.9	212.0
		辐板孔区	181.8	173.8
		辐板变截面区外侧	131.9	133.7

在曲线运行时，车轮各部位的等效应力比较大。在直线运行、曲线运行和道岔运行3种工况下，不论所加载荷方向和车轮新旧如何，车轮辐板与轮毂过渡区、车轮辐板孔区和车轮辐板变截面区的最大 Von Mises 应力，以第二种工况即曲线运行时的最大，且明显远高于其他两种工况。可见，在这3种工况下，以曲线运行时，车轮的受力情况最为恶劣。CRH_2 型动车组拖车新车轮辐板最大 Von Mises 应力为 230.8 MPa（施加力的方向通过辐板孔中心）和 232.9 MPa（施加力的方向通过两个辐板孔中间），这些应力远低于车轮材料的弹性极限（355 MPa），可见动车组拖车车轮的静强度满足要求。

（5）车轮动强度分析。

在不考虑轮轴之间过盈配合和制动力作用的情况下，分直线、曲线和道岔运行三种工况，进行车轮动强度计算分析。

CRH_2 型动车组拖车新车轮大应力点疲劳应力参量计算结果见表5.20。

表5.20　CRH_2 型动车组拖车新车轮大应力点疲劳应力参量计算结果　　单位：MPa

部位	应力（工况）		疲劳应力		
	最大应力	最小应力	应力幅值	平均应力	应力
辐板与轮毂过渡区外侧	95.8（2）	−80.2（3）	88.0	7.8	176.0
辐板与轮毂过渡区内侧	58.7（3）	−113.8（2）	86.5	−27.6	172.5
辐板孔区外侧	111.9（2）	−102.7（3）	107.3	4.6	214.6
辐板孔区内侧	68.8（3）	−145.8（2）	107.3	−38.5	214.6
辐板变截面区外侧	78.9（2）	−78.1（3）	78.5	0.4	157.0
辐板变截面区内侧	50.2（3）	−106.7（2）	78.5	−28.3	156.9

从以上各表中不难发现，车轮辐板孔部位的疲劳应力是最大的。可见，在车轮受力较复杂的工况下，车轮辐板孔处的受力情况比其他区域要恶劣得多。在不考虑制动力作用时，CRH_2 型动车组拖车新车轮辐板与轮毂过渡区最大动应力为 176.0 MPa 和 182.4 MPa，出现在车轮辐板与轮毂过渡区外侧圆弧上；辐板孔处最大动应力为 214.6 MPa 和 211.1 MPa，出现在车轮辐板外侧；辐板变截面区最大动应力为 157.0 MPa 和 161.0 MPa，出现在车轮辐板变截面区外侧圆弧上。以上各值都低于疲劳许用应力（用加工中心加工的车轮为 360 MPa；未用加工中心加工的车轮为 290 MPa）。可见，CRH_2 型动车组拖车车轮的疲劳强度满足要求。

5.4　轮对压装与轮轨接触分析

5.4.1　轮对压装

轮对的基本结构和常用货车轮对的基本参数如图 5.68 和表 5.21 所示。

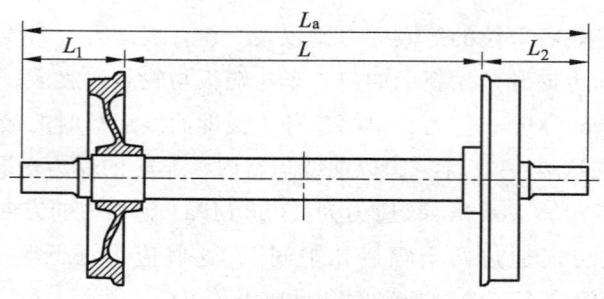

图 5.68 轮对基本结构

表 5.21 轮轴基本尺寸

轮对型号	轮对基本尺寸/mm	车轴型号	车轮型号	轴承型号	适用转向架型号
RE_{2B}	150×840×1 981×1 353	RE_{2B}	HESA、HEZB、HEZD	353130B、353130A	转 K5、转 K6
RE_{2A}	150×840×1 981×1 353	RE_{2A}	HESA、HEZB、HEZD	35310X2-2RZ、353130-2RS、TBU150、TAROL150、AP150	转 K5、转 K6
RE_2	150×840×1 956×1 353	RE_2	E	197730	—
RD_2	130×840×1 956×1 353	RD_2	D、HDS、HDSA、HDZ、HDZA、HDZB、HDZC、HDZD	352226X2-2RZ、SKF197726、197726TN、AP130	转 8A、转 8G、转 8AG、转 K1、转 K2、转 K3、转 K4
RB_2	100×840×1 905×1 353	RB_2	HBS	197720	转 9

1. 轮对设计要求

轮对内侧距离（1 353±2）mm，任意 3 处差不大于 1 mm；轮对内侧距离小于规定尺寸时不得向外侧压调，轮对内侧距离比规定的最小内侧距离小 1 mm 及以内或因车轮辗制不均匀而致使内距任意 3 处相差超过规定时，可镟修轮辋内侧面调整。轮位差不大于 3 mm，同一轮对的两车轮直径差不大于 1 mm；同一车轮相互垂直的直径差不大于 0.5 mm；采用轮对偏心测量器测量同一车轮踏面与轴颈面在同一直径线上测量的两点距离，差值不大于 0.6 mm。车轮与车轴配合过盈量为轮座直径的 0.8‰～1.5‰。轮对压装最终压力按轮毂孔直径计算，每 100 mm 直径尺寸的压装压力分别为 40 钢车轴为 343～539 kN，50 钢车轴为 343～588 kN。

轮对压装位置要求：① 轮对内侧距离 $L=$（1 353±2）mm，且任意 3 处距离差不大于 1 mm。当内侧距离 L 不符合规定时，不得向外侧调压，但当轮对内侧距离比规定的最小距离小 1 mm 以下时或因车轮辗制不均匀而致使任 3 处距离差超过规定时，可以通过镟削轮辋内侧面进行调整。② 轮对轮位差 $L_1 - L_2 \leq 3$ mm。

2. 轮对压装工艺

目前路内大多数工厂采用以轮毂孔外端面定位压装车轴的轮对压装方法，其工艺过程如下：

（1）轮轴套装：用车轴专用尺画出车轴的全长中心线，并在车轴两端轴颈上套上防护套；然后将选配好的车轴轮座表面和车轮轮毂孔内清扫干净，并均匀地涂抹纯净植物油；最后将两个车轮分别套装在车轴的两端。

（2）定位：将套装好的车轮、车轴吊放到轮对压装专用的移动（旋转）小车上，启动小车开关，使轮毂孔的外端面靠紧压力机的定位面即完成压装的定位。

（3）压装：启动压力机进行压装。通过专用对称尺画出的车轴全长中心线，压装到位后，关机停压（若在压装过程中发现压力曲线不合格则立即停压），打开小车开关，将小车复位。

（4）调头压装：将小车旋转180°，再按同样的过程压装另一侧的车轮。

（5）检测：车轮压装完成后，用专用尺仔细测量 L 和任意3处的距离差，并检查轮位差和压装力大小以及压力曲线是否合格。

（6）记录：对压装合格的轮对，按照铁辆〔1998〕2号文附件5中的F5、2、7条的规定完成有关数据的记录。对压装不合格的轮对，应及时退卸并分析原因，妥善处理后重新压装。

3. 轮对组装CAD

参照轮对压装工艺，可得到轮对虚拟装配的过程及其配合关系，见表5.22。按表中要求在SolidWorks中完成的轮对虚拟装配模型如图5.69所示。

表 5.22　轮对虚拟装配过程及其配合关系

序号	名称	配合关系	备注
1	装车轴	车轴零件坐标系与轮对装配坐标系重合	
2	装左车轮	轮毂孔与左轮座同轴心并锁定	
3	装右车轮	轮毂孔与右轮座同轴心并锁定	
4	车轮定位	轮缘内侧面相距1 353 mm且关于车轴轴面对称	

图 5.69　轮对装配模型

4. 轮对装配应力分析

为保证运行过程中，车轮不会与车轴发生相对转动或脱离，轮轴之间应有足够的接触压应力。接触强度计算公式为

$$\sigma \geqslant \sigma_{\min} = \frac{\sqrt{H^2 + (M/R)^2}}{2\pi RL\mu} \tag{5.74}$$

式中，H 为轮对所受的横向力；M 为轮对所受的扭矩；R 为轮毂孔半径；L 为轮对装配长度；μ 为轮轴配合面摩擦系数。

根据材料力学有关厚壁圆筒的计算理论，接触压应力计算公式为

$$\sigma = \frac{\Delta}{d\left(\dfrac{C_1}{E_1} + \dfrac{C_2}{E_2}\right)} \tag{5.75}$$

式中，d 为配合的公称直径；E_1、E_2 分别为被包容件与包容件材料的弹性模量；C_1、C_2 分别为被包容件和包容件的刚性系数，其中

$$\begin{aligned} C_1 &= \frac{d^2 + d_1^2}{d^2 - d_1^2} - \mu_1 \\ C_2 &= \frac{d_2^2 + d^2}{d_2^2 - d^2} - \mu_2 \end{aligned} \tag{5.76}$$

式中，d_1、d_2 分别为被包容件的内径和包容件的外径；μ_1、μ_2 分别为被包容件与包容件材料的泊松比，对于钢，$\mu = 0.3$；对于铸铁，$\mu = 0.25$。

在标准 EN13260/1998 对轮对轮轴过盈量 j 有如下规定：① 采用收缩装配：$0.0009 d_m \leqslant j \leqslant 0.0015 d_m$；② 采用压力装配：$0.0010 d_m \leqslant j \leqslant 0.0015 d_m + 0.06$；其中，$d_m$ 表示轮座位置轴的平均直径（mm）。$d_m = 194$ mm 时，0.174 mm $\leqslant j \leqslant 0.291$ mm。常用动车组轮对压装接触应力计算结果见表 5.23。

表 5.23　计算结果　　　　　　　　　　　　　　　单位：MPa

类　型	CRH$_2$	CHR$_3$	CRH$_5$
$\sigma_{\min}$	14.2	16.7	19.2
σ	49.979	54.864	39.484

5. 轮对压装接触应力 CAE 分析示例

采用大型有限元分析软件对轮对压装过程进行接触问题的动态有限元分析可以得到过盈量对轮毂孔和轮座面的 Mises 应力沿轮轴接触面轴向位置分布的影响以及其对压装压力曲线的影响。

如图 5.70 和图 5.71 所示，采用 SolidWorks 中的 Simulation 模块提供的"冷缩配合"方式仿真得到轴直径为 192.3 mm、轮毂孔径为 192 mm 时的配合应力如图 5.72 所示。

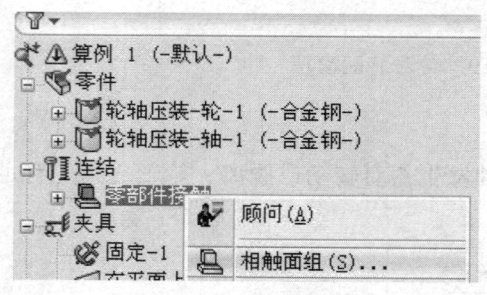

图 5.70　接触面组设置

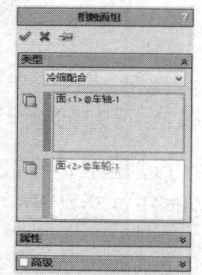

图 5.71　冷缩配合设置

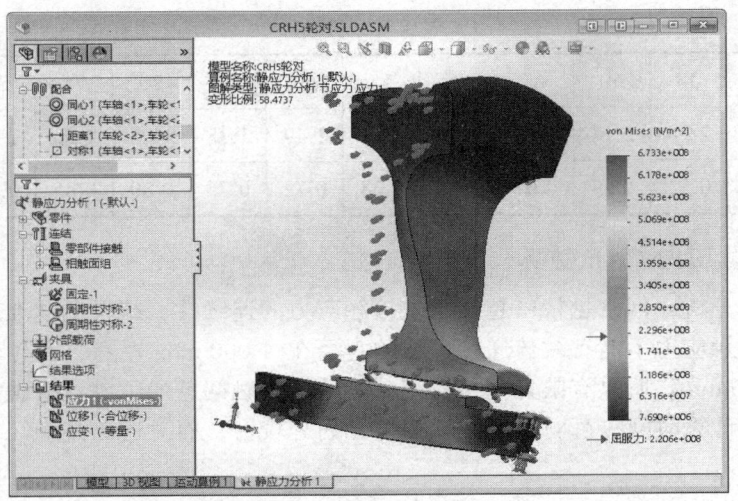

图 5.72 过盈配合应力示意

5.4.2 轮轨接触应力

车轮在轨道上运行时，由于轮轨接触区弹性变形而产生很小的接触面积，两个弹性体的任意曲面在荷载作用下接触时，两弹性体间产生的接触压力称之为轮轨接触应力，如图 5.73 所示。图中 J 表示轮轨接触应力，P 为车轮作用在钢轨面上的竖直力（即轮载），H 为作用在轨头上的侧向力。

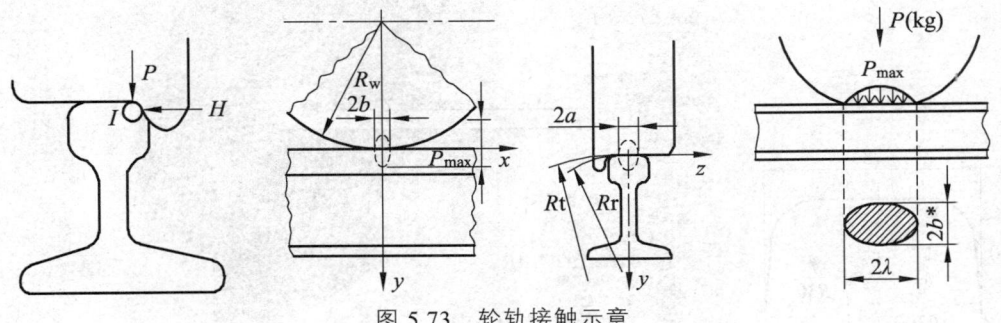

图 5.73 轮轨接触示意

1. 轮轨接触应力分析

根据赫兹公式，假定应力不超过材料的屈服点，且接触面上的压力分布与半椭圆体的纵坐标成比例，如图 5.75 所示，在接触椭圆中心，最大的接触压应力可由下列方程求得。

$$P_{\max} = \frac{1.5W}{\pi \cdot a \cdot b} \tag{5.77}$$

$$a = \alpha \cdot \sqrt[3]{\frac{3 \cdot W \cdot (1-\mu^2)}{4 \cdot E \cdot (1/R + 1/r)}}, \quad b = \frac{\beta}{\alpha} \cdot a \tag{5.78}$$

式中，W 为轮重；a、b 分别为接触椭圆的长、短半径。E 和 μ 分别为材料的弹性模量和泊松比；R 为车轮半径；r 为钢轨接触半径；α 和 β 由 θ 查表 5.24 确定，$\theta = \cos^{-1}[(R-r)/(R+r)]$。

表 5.24 系数

$\theta/(°)$	30	35	40	45	50	55	60	65	70	75	80	85	90
α	2.73	2.38	2.14	1.93	1.75	1.61	1.49	1.38	1.28	1.20	1.13	1.06	1.00
β	0.49	0.53	0.57	0.61	0.64	0.68	0.72	0.76	0.80	0.85	0.89	0.95	1.00

2. 轮轨接触应力 CAE 仿真

对于有限元分析，网格越精密越能反映接触应力的连续性，结果也越准确，如果网格划分太粗糙，则接触应力不能有效传递。车轮的直径在 1 000 mm 左右，而轮轨接触区椭圆的长轴仅为 10～20 mm，所以有限元网格的划分是解决接触问题的关键。为满足接触计算精度的要求，又节省计算时间，可对接触区域的单元划分较密，而对远离接触区域的单元划分尽可能稀疏。

采用 SolidWorks 中的 Simulation 模块提供的"无穿透"接触方式仿真得到轴重 16 t、直径为 915 mm 的车轮与图 5.74 所示 60 kg/m 钢轨之间的轮轨接触应力如图 5.75 所示。

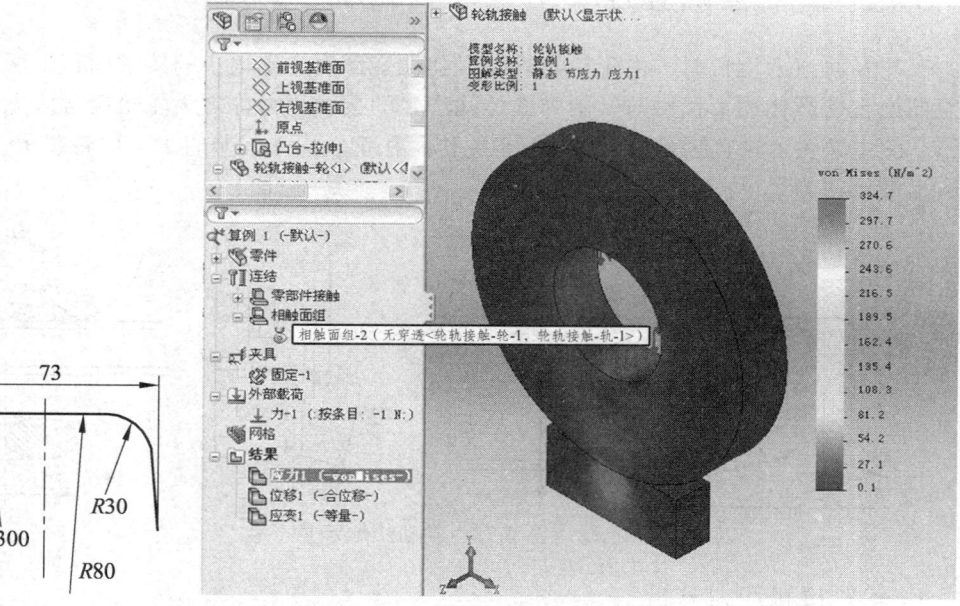

图 5.74　60 kg/m 钢轨轨头尺寸　　　　图 5.75　轮轨接触应力示意

5.5　转向架构架设计

5.5.1　构架强度设计规范

目前高速转向架焊接构架强度设计规范包括 UIC515/UIC615 规程、JISE 4207《铁道车辆转向架构架设计通用条件》和我国的《200 km/h 及以上速度级铁道车辆强度设计及试验暂行规定》。

1. UIC515/UIC615 规程

（1）分析内容。

UIC515/UIC615 规程内容如图 5.76 所示。

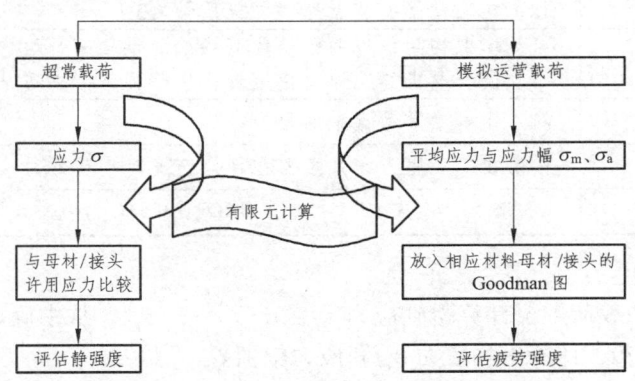

图 5.76　UIC515/UIC615 规程内容

（2）计算载荷。

在转向架结构分析中应区别以下两种载荷：① 超常载荷，指运用中可能发生的最大载荷，在车辆使用寿命期中出现次数极少，甚至只有一次或数次，但其数值甚大；② 模拟运营载荷，指实际运用中经常发生的载荷，如构架上的大部分交变载荷，出现极为频繁，对使用寿命有着重要影响。

进行构架疲劳载荷分析是 UIC 规程 615-4 中规定了模拟运营载荷和模拟运用中的个别特殊载荷，如表 5.25 和表 5.26 所示。

表 5.25　构架运营载荷工况组合表（$\alpha=0.1$，$\beta=0.2$）　　单位：kN

工况	侧梁上垂向载荷		横向载荷	斜对称力
	左侧梁	右侧梁		
1	F_z	F_z	0	0
2	$(1+\alpha-\beta)F_z$	$(1-\alpha-\beta)F_z$	0	0
3	$(1+\alpha-\beta)F_z$	$(1-\alpha-\beta)F_z$	$+F_y$	0
4	$(1+\alpha+\beta)F_z$	$(1-\alpha+\beta)F_z$	0	0
5	$(1+\alpha+\beta)F_z$	$(1-\alpha+\beta)F_z$	$+F_y$	0
6	$(1-\alpha-\beta)F_z$	$(1+\alpha-\beta)F_z$	0	0
7	$(1-\alpha-\beta)F_z$	$(1+\alpha-\beta)F_z$	$-F_y$	0
8	$(1-\alpha+\beta)F_z$	$(1+\alpha+\beta)F_z$	0	0
9	$(1-\alpha+\beta)F_z$	$(1+\alpha+\beta)F_z$	$-F_y$	0
10	$(1+\alpha-\beta)F_z$	$(1-\alpha-\beta)F_z$	$+F_y$	F_r
11	$(1+\alpha+\beta)F_z$	$(1-\alpha+\beta)F_z$	$+F_y$	F_r
12	$(1-\alpha-\beta)F_z$	$(1+\alpha-\beta)F_z$	$-F_y$	F_r
13	$(1-\alpha+\beta)F_z$	$(1+\alpha+\beta)F_z$	$-F_y$	F_r

注：垂向载荷，F_z=转向架一侧的基本垂向载荷；横向载荷，$F_y=0.5(F_z+0.5M_bg)$，M_b 为一台转向架的质量；斜对称载荷，F_n=按轨道最大扭曲量 5‰考虑；系数 α，表示车体在曲线上滚摆运动引起的垂直载荷的动态变化；系数 β，表示车体浮沉运动引起的垂直载荷的动态变化。

表 5.26　个别特殊载荷

分　类	动　载　荷
牵引电机惯性力	（1）在主横梁安装点处：电机质量×2； （2）在端横梁安装点处：电机质量×3
驱动载荷	（1）模拟构架作用的驱动载荷均施加于轴箱平面内； （2）模拟电机的反作用扭矩均作用于构架上支撑平面内
制动力	闸片作用于制动盘上的力
减振器力	作用在安装座上，减振器在额定速度时产生的力
纵向载荷	$0.1(F_z + 0.5M_b g)$

（3）动应力确定。

按表 5.4 的各种载荷工况计算得到应力 σ_1，σ_2，$\cdots$，σ_{13}，从中确定其最大值 σ_{max} 和最小值 σ_{min}。按式（5.79）计算平均应力 σ_m 和应力幅值 σ_a

$$\begin{cases} \sigma_m = \dfrac{\sigma_{max} + \sigma_{min}}{2} \\ \sigma_a = \dfrac{\sigma_{max} - \sigma_{min}}{2} \end{cases} \quad (5.79)$$

对于各种特殊载荷，首先沿一个方向施加载荷，然后再沿反方向施加，这样就可以得出构架上某部位的最大和最小应力，由此确定对应的应力幅值和平均应力。

（4）Goodman 图。

UIC515/UIC615 规程采用 Goodman 疲劳极限线图（见图 5.77）进行疲劳强度评估。将构

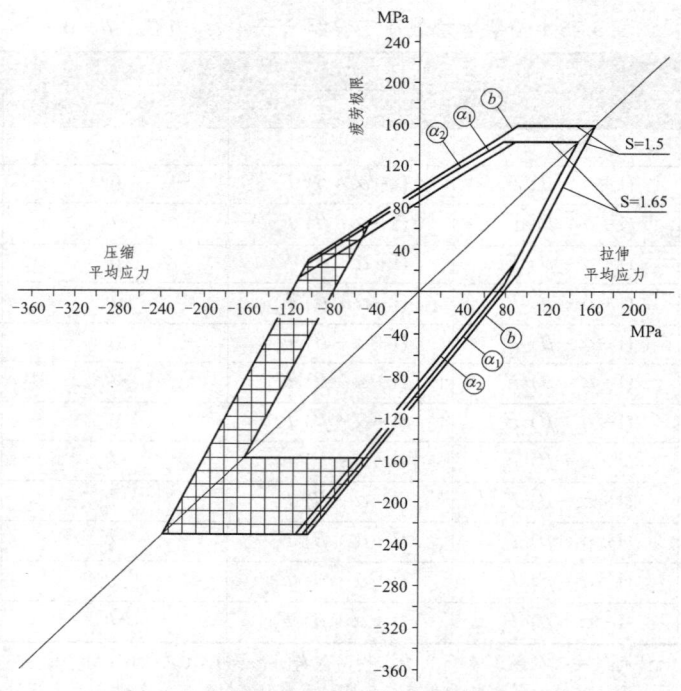

图 5.77　UIC515/UIC615 规程 Goodman 图

架上由模拟运营载荷工况计算得出的动应力与同一部位由特殊载荷工况计算得出的动应力相叠加,验证是否在 Goodman 疲劳极限线图范围内,从而进行疲劳评估。

抗拉强度大于 520 MPa 钢的 Goodman 疲劳极限线图 ORE B12/RP17(82)采用 UIC-ORE B12/RP17 提供的 Goodman 图,共有 3 张:母材抗拉强度不低于 370 MPa(St37 钢);母材抗拉强度不低于 420 MPa;母材抗拉强度不低于 520 MPa(St52 钢)。

2. JIS 技术条件

(1) JIS 技术条件内容。

日本铁路车辆工业协会组织起草的《铁道车辆用转向架构架设计通用规则》,于 1984 年 1 月列为日本工业标准 JIS E 4207《铁路车辆—转向架—转向架构架设计通则》。本书与该通则相关的内容主要有载荷、应力计算、疲劳极限图和疲劳评价等,具体内容如图 5.78 所示。

(2) 计算载荷。

动载荷条件是指车辆在运行状态下,转向架构架所承载的载荷,分为静载荷与动荷系数的乘积所表示的载荷以及根据安装部件的特性所决定的载荷。

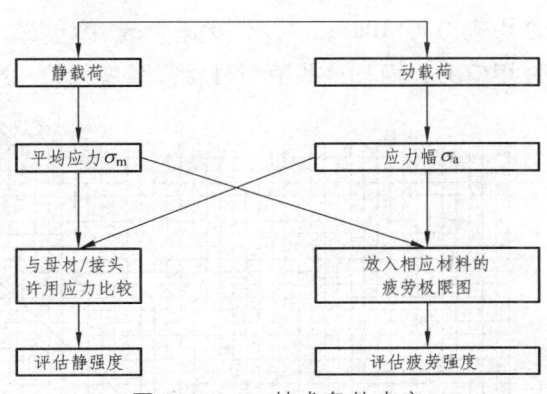

图 5.78 JIS 技术条件内容

另外,实际适用的动荷系数的大小以及安装部件的特性所决定的载荷大小需要考虑线路条件以及车辆的实际振动和预测振动的大小,见表 5.27。

表 5.27 转向架构架动载荷

分类	起因		动载荷	备注(例)
垂直方向	由静载荷垂直振动产生的载荷		$(0.2 \sim 0.5) \times W$	
	由安装的零部件的振动引起的载荷	侧梁上	$(1 \sim 2) \times L_P$	制动件
		横梁上	$(3 \sim 5) \times L_P$	牵引电机、驱动装置
		端梁上	$(5 \sim 10) \times L_P$	制动件、排障器
	由驱动引起的载荷		$(0.2 \sim 0.4) \times L_a$	
	由制动引起的载荷		$P \times f$	
横向	由横向振动和离心力引起的载荷		$(0.2 \sim 0.3) \times W$	
	由安装的零部件振动引起的载荷		$(2 \sim 4) \times L_P$	牵引电机、制动件
纵向	由纵向振动和牵引力引起的载荷		$(0.2 \sim 0.4) \times W$	
	由安装的零部件振动引起的载荷		$(1 \sim 3) \times L_P$	牵引电机、制动件
	由制动引起的载荷		P	
扭转	由外轨超高等引起的载荷		按转向架对角车轮相对水平位置变位 $10 \sim 15$ mm 时的静载荷计算	

注:W 为构架上的静载荷;L_P 为安装零部件的自重;L_a 为轴重;P 为闸片压力;f 为闸片与制动盘间的摩擦系数。

（3）动应力确定。

动载荷产生的动应力 σ_a 为由各动载荷计算的应力 σ_1、σ_2、$\cdots$、σ_n 按式（5.80）进行计算

$$\sigma_a = \sqrt{\sigma_1^2 + \sigma_2^2 + \cdots + \sigma_n^2} \tag{5.80}$$

（4）疲劳评估。

判断由转向架构架静载和动载计算所得构架各处的平均应力和动应力是否均在疲劳极限图（见图 5.79）的界限之内。疲劳极限图中 σ_b 为材料的抗拉强度（MPa），σ_0 为材料的屈服许用应力（MPa）；σ_{W1}、σ_{W2}、σ_{W3} 为母材、未修磨和修磨后焊接接头在对称循环下的疲劳许用应力，而且这些值与母材静强度无关（MPa）。

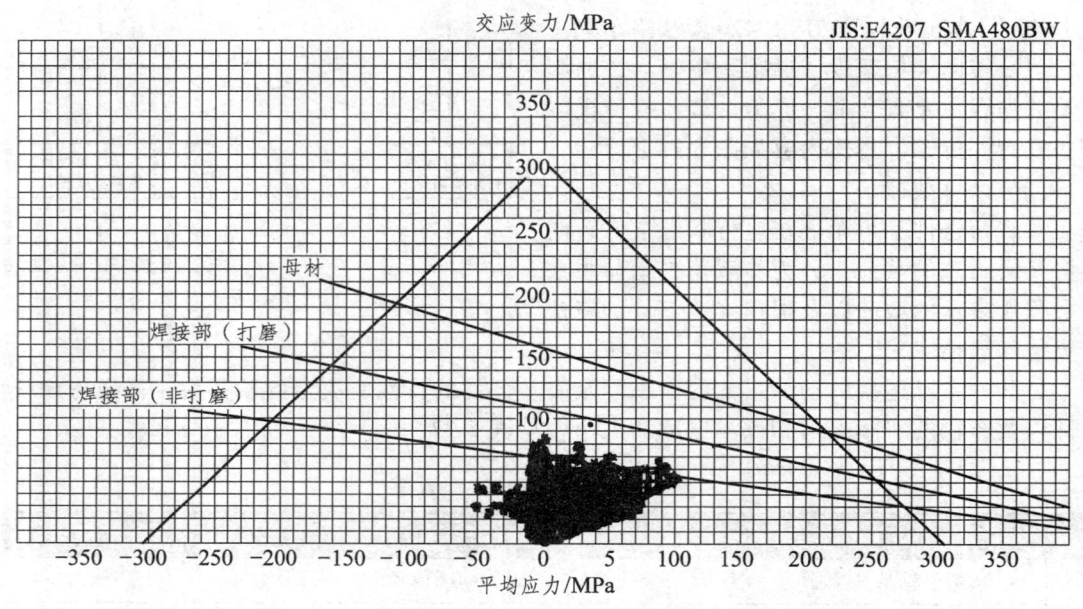

图 5.79　JIS 疲劳极限

3. UIC 规程和 JIS 技术条件比较

（1）构架疲劳载荷。

UIC 规程中对于欧洲铁路，正常运行条件下，动载系数取 $\alpha = 0.1$、$\beta = 0.2$。若在线路品质低劣或线路超高不良的条件下运行，也可以取高一些的值；JIS 技术条件则给出了各动载系数的取值范围。垂向载荷的动载系数两者接近；JIS 技术条件中构架两个侧梁的动载取相同值，而 UIC 规程中左、右侧梁的动载值不同。JIS 技术条件对特殊载荷处理比 UIC 规程更严格，如对牵引电机引起的动载荷考虑了对垂向、横向和纵向载荷 3 方面的影响。纵向载荷也是 JIS 技术条件比 UIC 规程严格一些。

（2）动应力合成。

UIC 规程：平均应力和应力幅值均采用代数求和方法，$\sigma_a = \sigma_1 + \sigma_2 + \cdots + \sigma_n$；JIS 技术条件：平均应力取代数和，变化应力取其各自载荷所产生应力的平方和再求平方根，$\sigma_a = \sqrt{\sigma_1^2 + \sigma_2^2 + \cdots + \sigma_n^2}$。

（3）疲劳评估比较。

JIS 技术条件中，焊接接头的疲劳极限图是一个经验性的判据图，它包含材料的屈服许用应力与焊缝未修磨（疲劳许用应力 70 MPa）和修磨后（疲劳许用应力 110 MPa）两种情况，这是在大量搜集、统计车辆主要结构件在实际载荷下的实测值整理出来的。UIC 规程的 Goodman 图中采用许用应力代替屈服极限 σ_s，且母材的安全系数 s 取 1.5、焊接接头的安全系数 s 取 1.65，许用应力为 σ_s/s。

5.5.2 CRH$_1$ 型动车组转向架构架结构强度设计

1. 构架强度计算

强度计算的目的是检验转向架构架在超常载荷和模拟运营条件下的强度是否满足设计要求。载荷条件和方法参照 EN 13749、UIC 515-4 和 UIC 615-4 等标准进行，许用应力和评估方法依据 ERRI B12/RP17（第 8 版）确定。现以动车转向架为例，简要说明转向架构架有限元分析的过程。

2. 有限元模型

为了便于分析，创建了一个完整的转向架构架有限元模型。有限元预、后处理在 MSc Patran 完成，采用 Nastran 软件解决相关的方案。有限元模型是全部转向架结构的实体模型，其结构主要由 20 个有节点的砖型单元（Hex20）和 15 个节点抛物线楔形单元构成。模型包括 110 000 个单元和 700 000 个节点。模型中已经包括了一系弹簧悬挂刚度（钢簧和径向臂轴套）以及车轴，以确保正确的载荷平衡分布。另外，使用梁单元表示轴箱和轴的适当断面，如图 5.80 和图 5.81 所示。

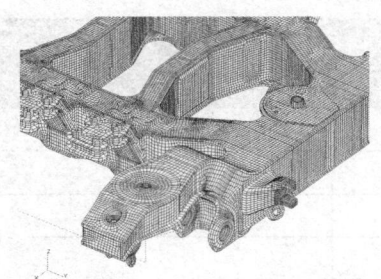

图 5.80 构架强度计算的有限元网格

图 5.81 轴及轴箱的梁单元网格

模型还包括许多界面单元，如用于将载荷输入到转向架构架内的非刚性梁。使用这些有限元可给预构架较小的优势。图 5.82 显示了构架有限元模型，包括一系悬挂描述和载荷输入单元。

3. 载荷工况确定

载荷工况设计摘自文件 5218-0-431-802 EMU CHINA 客户载荷工况规格要求。这些载荷工况符合客户特别的要求规格。在表 5.28 ~ 表 5.30 中对超过正常范围的、疲劳和特殊疲劳载荷工况进行了概括说明。

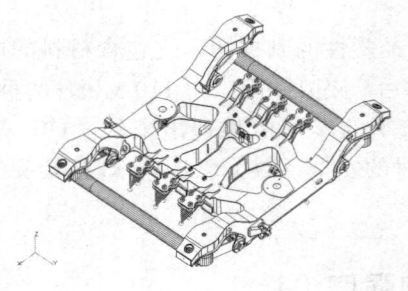
（a）构架正面

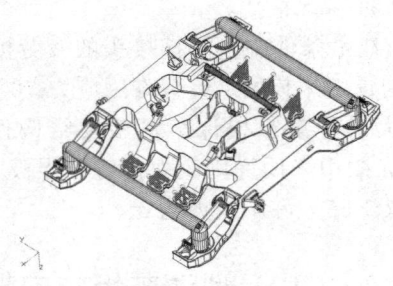
（b）构架反面

图 5.82　一系悬挂及载荷输入单元

表 5.28　基于 15.5 t 轴载荷的超过正常范围的载荷工况

序号	垂向载荷/N				横向载荷/N		纵向载荷/N		每轮垂直位移/mm
	空气弹簧1	空气弹簧2	每个牵引单元	每个卡钳	每个转向架	每个空气弹簧	每个转向架	每个牵引杆	
1	156 224	156 224							
2	156 224	156 224	29 847	2 612					
3	156 224	156 224			100 115	18 395			
4	156 224	156 224					53 025	44 100	
5	156 224	156 224							+6.75
6	156 224	156 224							−6.75

表 5.29　基于 15.1 t 轴载荷的疲劳载荷工况

工况	垂向载荷/N		横向载荷/N		每轮垂直位移/mm
	空气弹簧1	空气弹簧2	每个转向架	每个空气弹簧	
1	115 758	115 758			
2	104 182	81 031			
3	104 182	81 031	74 066	25 615	
4	150 485	127 334			
5	150 485	127 334	74 066	25 615	
6	81 031	104 182			
7	81 031	104 182	−74 066	−25 615	
8	127 334	150 485			
9	127 334	150 485	−74 066	−25 615	
10	104 182	81 031	74 066	25 615	+/−3.38
11	150 485	127 334	74 066	25 615	+/−3.38
12	81 031	104 182	−74 066	−25 615	+/−3.38
13	127 334	150 485	−74 066	−25 615	+/−3.38

表 5.30 特殊疲劳载荷工况

工况	垂向载荷/N		
	空气弹簧 1	空气弹簧 2	各卡钳
14	115 758	115 758	1 741
15	115 758	115 758	−1 741

为达到客户载荷工况要求的复合力，进行分析时使用了多个不同的单元工况，用以代表在转向架不同点的不同载荷。在后处理过程中，单位载荷作为因素，通过与其他单元工况的重叠进行结合，创造需要的复合载荷工况。在后处理过程之前，检查所有单位工况的反作用力的精度。二系悬挂垂直力作为总载荷力被施用于在二系悬挂界面上的单元上。作用于空气弹簧的横向力也施用于同一区域内的单元。作用于转向架的侧向力也作用在二系悬挂的相关区域，使用多点抑制已将节点力施加于大量的载荷状态，以缓解应用。连接典型载荷部位节点至相应安装位置节点的 MPC 单元被用于以下位置：制动装配、横向止挡、缓冲器装配、防侧滚扭杆、一系悬挂、纵向力连接。反作用力作用于所有载荷工况轮位置的相应方向。

4. 计算结果

应力结果见 Von Mises 应力图。图 5.83 所示为超过正常范围的载荷工况 Von Mises 应力图。图 5.84 所示为疲劳载荷工况 Von Mises 应力图。通过检测发现具有接近屈服应力的区域应力等级的所有区域已分别进行图示，对受影响区域的范围进行清晰的展示。

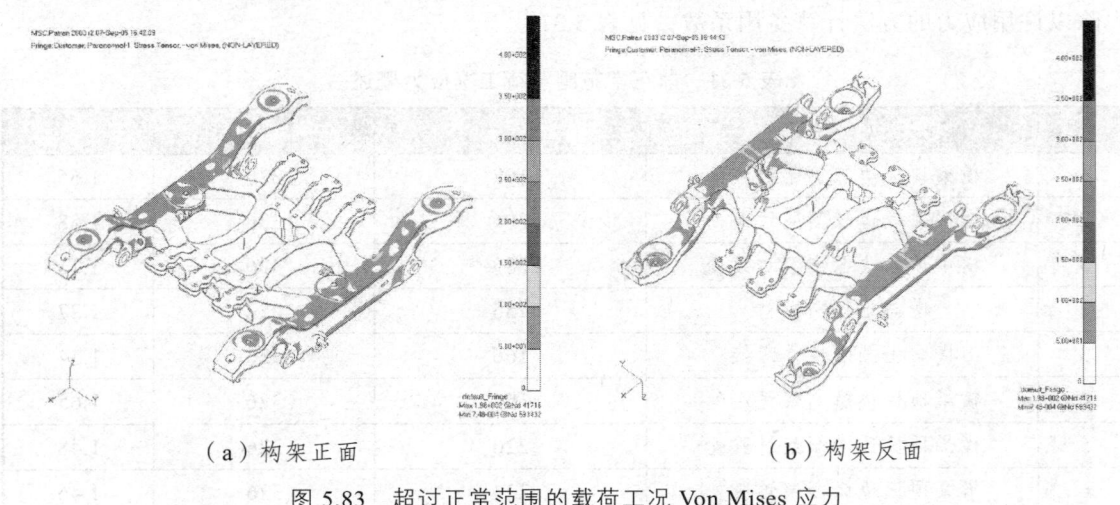

(a) 构架正面　　　　　　　　　　(b) 构架反面

图 5.83　超过正常范围的载荷工况 Von Mises 应力

5. 结果评估

(1) 评估标准。

① 非正常载荷工况。超过正常范围的载荷工况，应力水平应按如下进行评估：普通金属（无焊接）允许范围的评估依据 UTS/1.5 材料；焊接金属评估依据 UTS/2.2 材料。

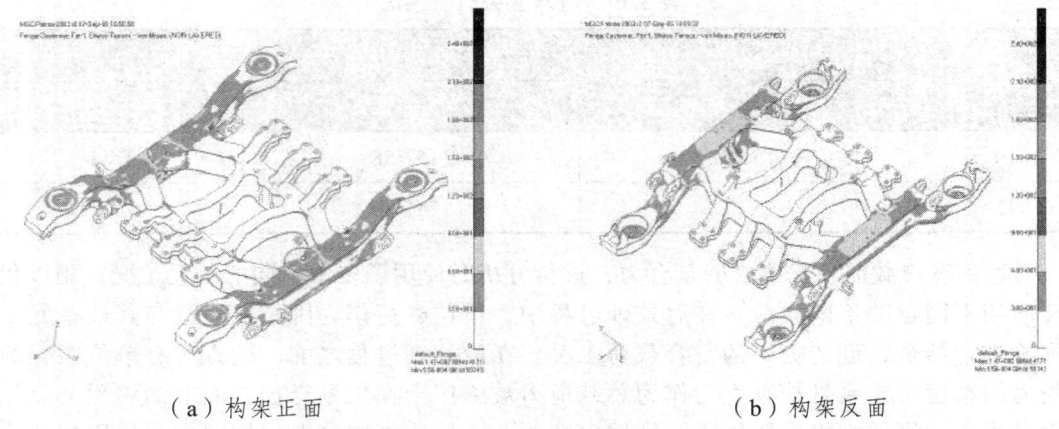

(a)构架正面　　　　　　　　　　(b)构架反面

图 5.84　疲劳载荷工况 Von Mises 应力

② 疲劳载荷工况。疲劳载荷工况的评估依据 ERRI B 12/RP 17。使用 Patran 输入文件将最大/最小应力从进行的所有 17 项疲劳载荷工况的结果中抽出。应用计算机程序计算各区域的最小备用系数以用于分类计算。用来测定平均应力和应力幅度的方法见 ERRI 文件的附件 F4。该数据可与计算机程序中相关的 Goodman 曲线相比较。该数据可读入 Patran 并作为图显示以便于检查。通过在 F.E.模型中识别适当的节点仔细检查全部区域，而这些节点则表示构架的相关位置，得出这些节点的结果，并制表。Goodman 图和区域备用系数图也在各相关区域显示。

③ 非正常范围载荷工况。超正常范围载荷工况的结果见均衡应力等高线图。通过计算应力除以许用应力的方法计算备用系数，见表 5.31。

表 5.31　非正常范围载荷工况应力概述

工况	最大应力发生部位	最大应力/MPa	许用应力/MPa	安全系数
1	横梁顶板边缘侧架过渡处	198	326	1.65
2	横梁顶板边缘侧架过渡处	206	326	1.58
3	横梁顶板边缘侧架过渡处	289	326	1.13
3	横向止挡刚性件	256	222	1.27
3	横向止挡刚性件焊接	166	326	1.34
4	横梁顶板边缘侧架过渡处	197	326	1.65
5	横梁顶板边缘侧架过渡处	220	326	1.48
6	横梁顶板边缘侧架过渡处	224	326	1.46

(2)强度评价结果。

对于超正常范围载荷工况，构架上没有展示超过接受标准应力等级的区域。最小备用系数是 1.13。疲劳载荷状态(工作载荷状态)下，最小备用系数是通过 ERRI B12 RP17 Goodman 曲线获得的：平板金属为 1.02；焊接部分为 1.06。根据已获得的结果，构架结构满足载荷规范全部载荷工况的要求。

5.5.3 CRH$_5$型动车组转向架构架结构强度设计

强度计算的目的是检验 CA250 型转向架构架在超常载荷和模拟运营条件下的强度是否满足设计要求。载荷条件和方法参照 EN 13749、UIC 515-4 和 UIC 615-4 等标准进行，许用应力和评估方法依据 ERRI B12/RP17（第 8 版）确定。

1. 有限元模型

非动力车转向架构架与动力车转向架构架主体承载结构相同，而动力车转向架构架的承载工况更为恶劣，因此针对动力车转向架构架，采用有限元分析软件 ANSYS 进行了应力计算，其中选用实体单元建立有限元离散模型。

2. 载荷工况

（1）超常载荷工况。作用在侧梁上的垂向载荷 $F_z = 1.4g(m_v + C_1 - 2m^+)/4 = 174.226$ kN；作用在构架上的横向载荷 $F_y = 2[10\,000 + (m_v + C_1)g/12] = 123.892$ kN；10‰轨道扭曲车轮的垂向位移为 27 mm。这里，g 为重力加速度，m_v 为车体整备后质量，C_1 为乘客质量，m^+ 为转向架自重。构架加载方式如图 5.85 所示。

（2）5g 纵向加速度引起的异常载荷工况。本工况载荷由转向架 5g 纵向加速度而产生，其载荷与约束情况如图 5.86 所示。

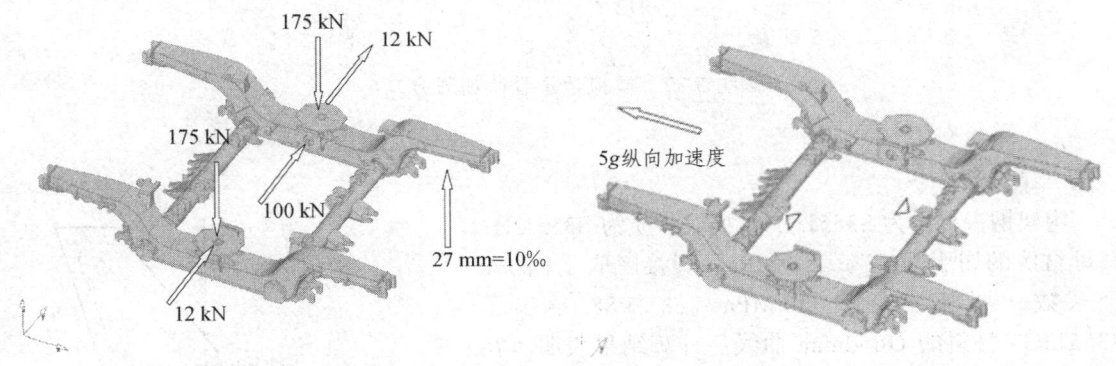

图 5.85　超常载荷加载方式　　图 5.86　5g 纵向加速度施加方式

（3）模拟运营载荷工况。用于定义疲劳载荷循环的载荷工况组合见表 5.32，作用方式如图 5.87 所示。其中，α 为车体在曲线上滚摆运动引起的垂直载荷的动态变化系数，β 为车体浮沉运动引起的垂直载荷的动态变化系数。对于常规运行条件，α 取 0.1，β 取 0.2。

表 5.32　疲劳载荷工况

载荷工况	作用在一个侧梁上的载荷		作用在构架上的横向载荷
	1	2	
1	F_z	F_z	0
2	$F_z(1+\alpha-\beta)$	$F_z(1-\alpha-\beta)$	0
3	$F_z(1+\alpha-\beta)$	$F_z(1-\alpha-\beta)$	F_y

续表

载荷工况	作用在一个侧梁上的载荷		作用在构架上的横向载荷
	1	2	
4	$F_z(1+\alpha+\beta)$	$F_z(1-\alpha+\beta)$	0
5	$F_z(1+\alpha+\beta)$	$F_z(1-\alpha+\beta)$	F_y
6	$F_z(1-\alpha-\beta)$	$F_z(1+\alpha-\beta)$	0
7	$F_z(1-\alpha-\beta)$	$F_z(1+\alpha-\beta)$	$-F_y$
8	$F_z(1-\alpha+\beta)$	$F_z(1+\alpha+\beta)$	0
9	$F_z(1-\alpha+\beta)$	$F_z(1+\alpha+\beta)$	$-F_y$

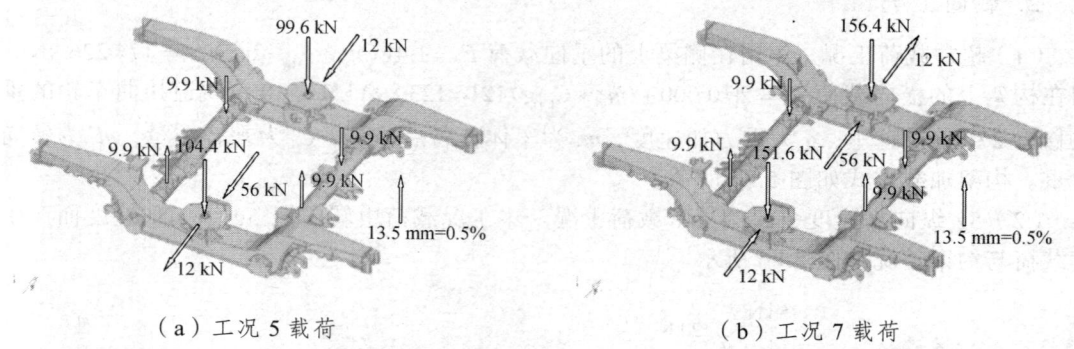

（a）工况 5 载荷　　　　　　（b）工况 7 载荷

图 5.87　模拟运营载荷加载方式

3. 计算结果

构架钢板材质为 S355J2G3，横梁材质为 S355J2H，其母材区的屈服强度为 355 MPa；焊接区取 1.1 的安全系数，屈服强度为 320 MPa。图 5.88 给出了 S355J2G3 材料的 Goodman 曲线。计算结果表明，在超常载荷以及纵向 5g 加速度异常载荷工况下，静强度均满足 UIC 615-4 标准规定要求；焊接和母材区域安全系数均充分大于 1，满足疲劳强度设计要求。

5.5.4　CRH$_2$ 型动车组转向架构架结构强度分析

1. 日本工业标准 JIS E4207

随着铁道车辆运行速度的不断提高，为了确保行车安全，各国对高速转向架构架结构的疲劳强度设计给予了高度重视，通过大量的实验研究，规定了进行

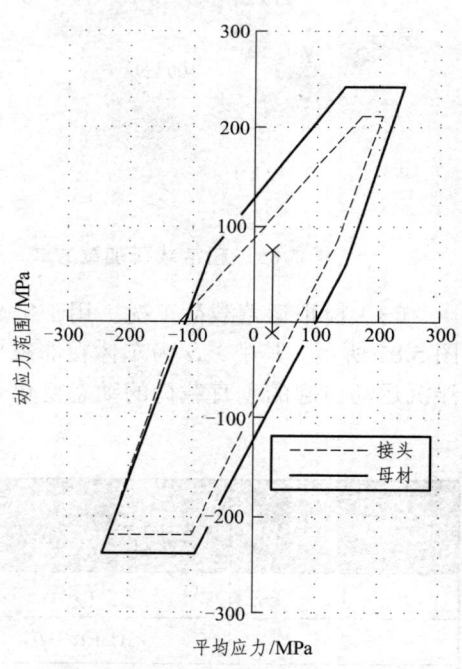

图 5.88　材料 Goodman 曲线示意

构架疲劳强度分析、评价的体系。日本铁路车辆工业协会组织起草的《铁道车辆用转向架构架设计通用规则》，于1984年1月被列为日本工业标准 JIS E4207《铁路车辆—转向架—转向架构架设计通则》。本小节与该通则相关的内容主要有载荷、应力计算、疲劳极限图和疲劳评价等。

（1）静载荷。

车辆在静止状态下，作用在构架上的载荷，按式（5.81）计算。

$$W = W_1 + W_2 + W_3 \tag{5.81}$$

式中，W_1 为一个转向架所分担的车体自重（kN）；W_2 为一个转向架所分担的载重；W_3 为构架和构架与车体之间零部件自重（kN）。

（2）动载荷。

车辆运行状态下，作用在构架上的载荷，转向架构架的动载荷参见表5.27。

（3）应力合成。

在构架上作用静载荷和动载荷的情况下，先按每种载荷计算应力，最后将各种载荷按下述方法进行应力合成，得到平均应力和等效应力。

平均应力为静载荷产生的应力，但具有脉动载荷时的平均应力，应把脉动载荷所产生的应力的1/2加到静载荷产生的应力上去，作为该工况下的平均应力。等效应力 σ_a 为动载荷产生合成的应力，按式（5.82）进行计算。

$$\sigma_a = \sqrt{\sigma_1^2 + \sigma_2^2 + \cdots + \sigma_n^2} \tag{5.82}$$

式中，$\sigma_1, \sigma_2, \cdots, \sigma_n$ 由各动载荷计算的应力，对于脉动载荷所产生的应力用该应力的1/2进行合成。

（4）疲劳评价。

由计算所得构架各处的平均应力和等效应力，均应在疲劳极限图的界限之内，才能满足疲劳强度的要求。否则，构件易发生疲劳破坏造成失效，甚至会造成危险事故的发生。

2. 计算载荷

构架所承受的载荷，包括静态和动态载荷。根据 JIS E4207 标准及厂方提供的试验载荷条件，确定 CRH$_2$ 型动车组转向架拖车构架计算载荷，包括垂向静载荷、垂向动载荷、扭转载荷、纵向载荷、横向载荷、垂向减振器载荷和制动载荷，如表5.33所示。

表5.33 CRH$_2$ 型动车组转向架拖车构架计算载荷

载荷条件		载荷值/kN	备注
垂向静载荷		274.40	200%定员时
垂向动载荷		82.30	垂向静载荷×0.3g
扭转载荷			对角12 mm垫片
纵向载荷		82.30	垂向静载荷×0.3g
横向载荷		82.30	垂向静载荷×0.3g
垂向减振器载荷		9.80	最大衰减力
制动载荷	轮盘	15.00	最大减速度 1.12 m/s^2
	轴盘	16.00	

按照各种工况载荷的大小和施加方法，计算构架在各工况载荷单独作用下的应力，然后根据 JIS E4207 标准中规定的应力合成方法得到构架上的平均应力和等效应力。最后在构架上选取关键部位，根据关键部位的平均应力、等效应力及其区域类型绘制出疲劳极限图，以评价构架各关键部位的疲劳强度，如平均应力和等效应力均在相应的母材、焊接修磨和焊接未修磨区域的疲劳极限图的界限之内，则该构架结构满足安全运行 900 万 km 的要求。

3. 分析结果

（1）垂向静载荷。

车辆在静止状态下转向架构架所承受的载荷包括车体自重的一半、载重的一半和构架上各零部件的自重等。鉴于 CRH$_2$ 型动车组以日本新干线 E2-1000 型电动车组为基础，本文参考日本 E2 系列车的载荷数据，确定动车组垂向静载荷为 274.4 kN，平均施加于空气弹簧座上表面的所有节点上。垂向静载荷计算时约束条件为横向、纵向和垂向弹簧元端点处施加全约束。

在垂向静载荷单独作用下，构架的应力云图如图 5.89 所示。由图 5.89 可以看出，在静载荷单独作用下，构架上最大应力发生在定位臂座与侧梁连接处的圆滑过渡区，最大应力为 98.39 MPa。

（2）垂向动载荷。

垂向动载荷包括由静载荷垂直振动产生的载荷、构架上安装的零部件振动引起的载荷和制动引起的载荷等，载荷大小取静载荷大小的 0.3 倍。垂向动载荷的约束条件和载荷施加位置与垂向静载荷相同。

在垂向动载荷单独作用下，计算结果如图 5.90 所示。构架上最大应力的位置与垂向静载荷下最大应力位置相同，均发生在定位臂座与侧梁连接处的圆滑过渡区，该区域为焊缝修磨区域，最大应力为 29.51 MPa；应力次大区域位于侧梁下盖板的中间位置，为母材区域，应力为 21~25 MPa。

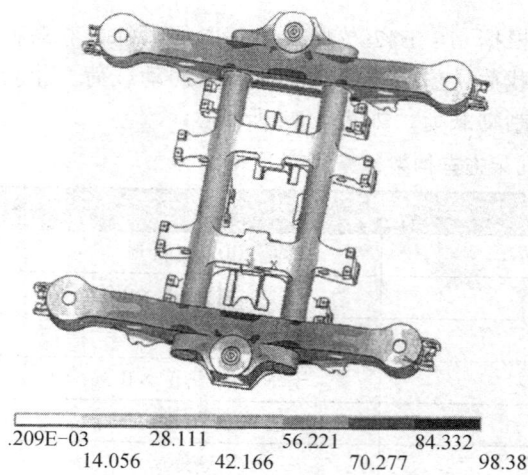

图 5.89　垂向静载荷作用下构架应力云图

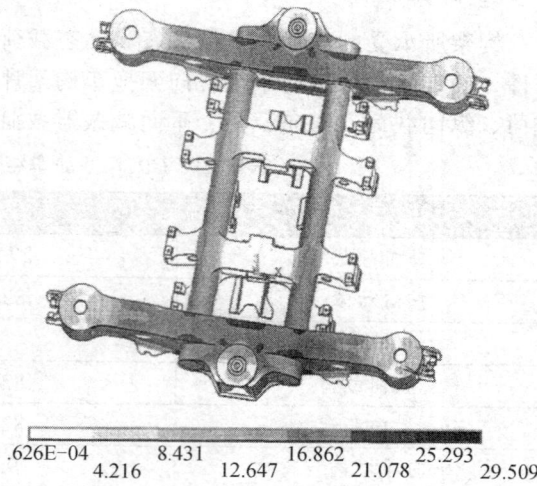

图 5.90　垂向动载荷作用下构架应力云图

（3）扭转载荷。

扭转载荷是由于曲线超高等引起的载荷。按照转向架对角车轮相对水平位置变位 12 mm 时的静载荷计算，施加约束时将垂向弹簧的垂向位移自由度设为 12 mm，分别计算 1 位和 4 位对角 12 mm 垫片与 2 位和 3 位对角 12 mm 垫片两种情况。

在扭转载荷作用下，计算结果如图 5.91 所示。构架侧梁受力较小，受力部位主要集中在横梁和横侧梁连接处，最大应力发生在纵向连接梁与横梁连接处，该区域为焊缝修磨区域，最大应力为 23.96 MPa。

（4）纵向载荷。

纵向载荷包括由承载质量纵向振动引起的载荷和安装部件振动引起的载荷等。约束条件与垂向静载荷相同，载荷施加于牵引座上，载荷分向前和向后两种情况。

在纵向载荷作用下，计算结果如图 5.92 所示。受力部位主要集中在牵引拉杆座上，最大应力发生在牵引拉杆座上、下盖板弧度较大的部位，该部位为母材区域，最大应力为 67.00 MPa。

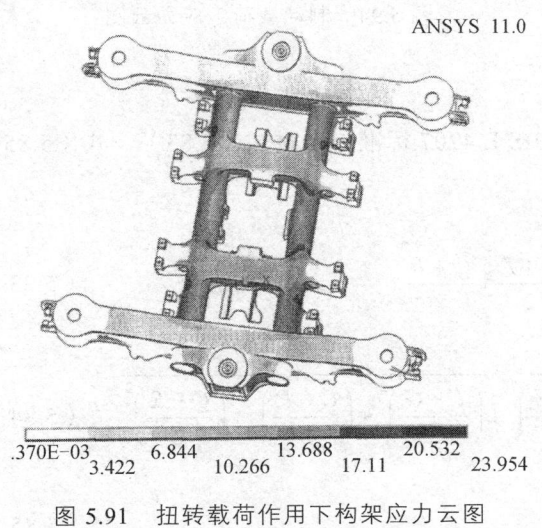
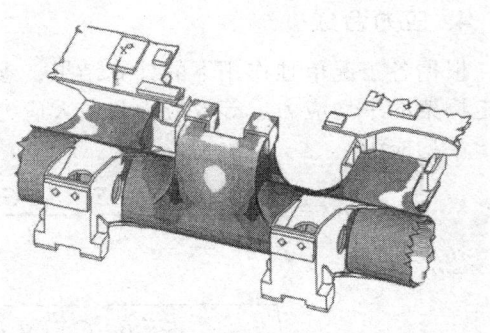

图 5.91　扭转载荷作用下构架应力云图　　图 5.92　纵向载荷作用下牵引座应力云图

（5）横向载荷。

横向载荷包括由承载质量横向振动引起的载荷和安装零部件振动引起的载荷，约束条件与垂向静载荷相同，载荷施加位置为横向缓冲橡胶止挡处。加载方式分为两种工况，即 2、4 位侧向 1、3 位侧加载以及 1、3 位侧向 2、4 位侧加载。

在横向载荷作用下，计算结果如图 5.93 所示。受力部位主要集中在横向止挡，最大应力发生在横向止挡中间立板弧度较大的部位，该部位为母材区域，最大应力为 76.26 MPa。

（6）制动载荷。

制动载荷是由制动器所引起的载荷。为了延长制动盘的使用寿命及更换周期，CRH_2 型动车组优先采用再生电制动，当速度降低到设定值再开始附加转向架机械制动。采用机械制动时构架的约束条件与垂向静载荷相同，载荷施加于制动点处，拖车有轮盘制动和轴盘制动，载荷分为两种工况，即 1、2 位侧向上，3、4 位侧向下加载；另一种是 1、2 位侧向下，3、4 位侧向上加载。

在制动载荷作用下，计算结果如图 5.94 所示。受力部位主要集中在制动吊座与横梁连接部位，最大应力发生在轮盘制动吊座上下盖板与横梁连接部位，该部位为焊缝修磨区域，最大应力为 70.47 MPa。

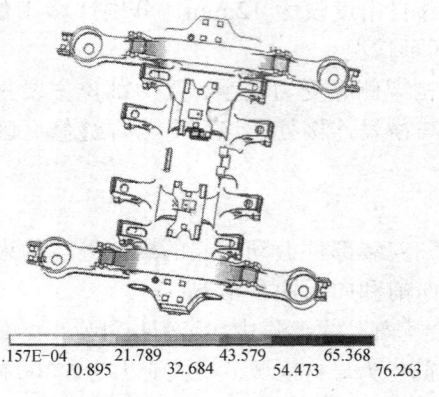

图 5.93 横向载荷作用下构架应力云图

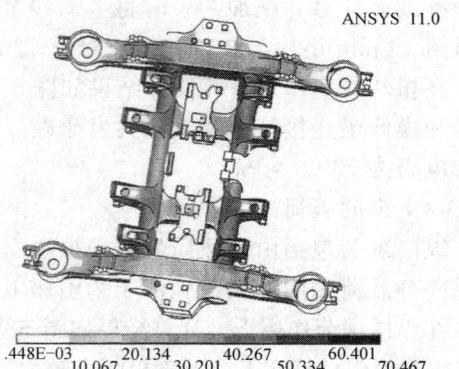

图 5.94 制动载荷下应力云图

4. 应力合成

根据各工况单独作用下的计算结果，参照 JIS E 4207 标准，通过式（5.83）～式（5.85）确定构架的平均应力、等效应力和最大应力。

平均应力

$$\sigma_m = A + \frac{B+C}{2} + \frac{D+E}{2} + \frac{F+G}{2} + \frac{O+P}{2} + \frac{Q+R}{2} \quad (5.83)$$

等效应力

$$\sigma_a = \sqrt{(0.3 \times A)^2 + \left(\frac{B-C}{2}\right)^2 + \left(\frac{D-E}{2}\right)^2 + \left(\frac{F-G}{2}\right)^2 + \left(\frac{O-P}{2}\right)^2 + \left(\frac{Q-R}{2}\right)^2} \quad (5.84)$$

最大应力

$$\sigma_{\max} = \sigma_m + \sigma_a \quad (5.85)$$

式中，A 为垂直静载荷下的应力；B、C 为扭转载荷下的应力；D、E 为前后载荷下的应力；F、G 为左右载荷下的应力；O、P 为轮盘制动载荷下的应力；Q、R 为垂向减振器载荷下的应力。

按照上述方法进行应力合成，得到构架各评价点处的平均应力和等效应力，见表 5.34。

表 5.34 构架各评价点计算结果

评价点	位置	平均应力/MPa	等效应力/MPa	许用应力/MPa	安全系数
1	横向止挡	-61.94	60.95	174.60	2.86
2	定位臂座与侧梁连接处	114.51	48.97	843.34	1.72
3	横梁与侧梁连接处	73.72	59.28	93.56	1.58
4	轮盘制动座与横梁连接处	15.85	82.36	106.57	1.29
5	轴盘制动座与横梁连接处	51.24	36.75	98.52	2.68
6	纵梁与横梁连接处	74.87	41.16	93.24	2.27
7	侧梁内部筋板	11.58	22.19	68.35	3.08

5. 强度评价部位

通过计算云图及焊接构架结构的特点分析，选出关键点进行重点分析，包括平均应力较大部位、等效应力较大部位、各工况单独作用下最大应力出现的部位以及关键支吊座的连接部位。

6. 分析结论

按照日本工业标准 JIS E 4207《铁路车辆—转向架—转向架构架设计通则》，并参照厂方技术专家提供的试验载荷，对 CRH_2 型动车组拖车转向架构架进行了有限元分析，根据计算结果可对构架的静强度和疲劳强度做出如下评价。

（1）最大应力合成计算的结果表明，构架上的最大应力发生在定位臂与侧梁连接处的圆滑过渡区，最大应力值为 170.36 MPa，远小于相应材料 SMA490BW 的屈服许用应力（305 MPa），因此该构架静强度满足要求。

（2）平均应力和等效应力合成计算结果表明，构架上平均应力最大的部位发生在定位臂座与侧梁连接处的圆滑过渡区，等效应力最大的部位发生在轮盘制动吊座与横梁连接处。另外，横侧梁连接处、横向止挡中间立板弧度较大的部位、轴盘制动吊座与横梁连接处和纵向连接梁与横梁连接处等部位也都是动应力较大的部位。通过绘制这些部位关键点的疲劳极限图，可以看出，这些部位母材/焊接接头的等效应力均未超出相关的母材/修磨焊缝/未修磨焊缝区域疲劳极限的容许范围。因此，构架主体及各吊座的疲劳强度均满足要求。

5.6 转向架其他零件设计

5.6.1 制动零件结构设计

1. 制动装置组成

盘形制动装置实质就是一个能量转换器。当闸片与安装在车轮或车轴上的制动盘之间产生机械摩擦时，列车的大部分动能将转化为制动盘和闸片热能的形式散发到大气中的制动方式就叫作盘形制动。按照制动盘在轮对上的安装方式，盘形制动可分为两种，一种是把制动盘安装在车轴上，简称"轴盘式"制动盘，另一种是把制动盘安装在车轮上的，简称"轮盘式"制动盘，如图 5.95 和图 5.96 所示。盘形制动广泛应用于国内外的高速列车、准高速列车等客车车型上，而在日、法、德等发达国家相继研制的高速重载货车上也开始采用盘形制动。

图 5.95 "轴盘式"制动盘（ABD）

图 5.96 "轮盘式"制动盘（WBD）

2. 制动热机耦合计算载荷

（1）热量载荷：制动过程中制动盘和闸片摩擦生热，在盘体和盘毂上产生热应力和热变形。

（2）对流载荷：制动过程中制动盘表面对空气散热。

（3）压力载荷：盘体受到闸片的压力。

（4）摩擦力载荷：盘体受到闸片的摩擦力。

（5）旋转离心力：制动盘高速旋转产生离心力，导致盘毂产生变形和应力。

（6）振动载荷：车辆运行时，由于轮轨作用导致盘毂受到振动载荷的作用。

（7）压装载荷：盘毂和车轴的过盈配合使盘毂发生变形而产生应力。

3. 假设条件

针对高速列车制动盘的失效问题，一般选取不同的边界条件，对紧急制动工况下制动盘温度场和应力场进行耦合分析，确定机械载荷对制动盘温度场和应力场的影响。制动过程是一个非常复杂的多种物理场耦合过程，为了降低仿真的难度，主要做以下几点假设：

（1）制动为匀减速。

（2）当考虑机械载荷的时候，闸片压力是均匀施加在摩擦面上，且保持不变，不考虑闸片材料热物理参数随温度变化。

（3）忽略材料磨损的影响。

（4）制动盘散热只考虑对流换热，忽略辐射的影响。

（5）材料弹性变形。

（6）初始温度为室温，不考虑环境因素的影响。

4. 制动过程中的热流密度

在制动过程中，车辆的动能大部分转化为制动盘与闸片之间摩擦产生的热能，摩擦热以热流密度的形式加载于摩擦环面上。制动过程每个盘上产生的热量 $Q(t)$ 对时间求导，再除以摩擦环的面积，即得到制动过程任意时刻的热流密度 $q(t)$。

$$Q(t) = \frac{1}{2}mv_0^2 - \frac{1}{2}mv_t^2 \tag{5.86}$$

$$q(t) = ma(v_0 + at)/A \tag{5.87}$$

式中，m 为每个盘担当的制动质量，轴重除以盘数；v_0 为制动初速度；A 为闸片扫过的面积；a 为平均减速度；t 为制动时间。

由于制动盘与闸片的材料属性（密度、比热、传热系数等）随温度的变化会有一定的变化，热量分配存在一个系数需要对热流密度进行修正，通常取修正系数为 0.85，这样热流密度函数就可以写成

$$q(t) = 0.85ma(v_0 + at)/A \tag{5.88}$$

5. 对流换热系数

对流换热系数是一个仅仅与空气流速和制动盘几何形状有关的参数。在不同空气流速下，制动盘不同部位的对流换热系数随时间的变化而变化。根据传热学可知[22]，制动盘和车轮对

周围空气的平均对流换热系数均为

$$h(t,r) = 0.037 \Pr{}^{0.35} \left(\frac{\lambda}{\nu^{0.8}}\right) [\omega(t)r]^{0.8} / L^{0.2} \tag{5.89}$$

式中，Pr 为普朗特常数；λ 为空气导热系数；ν 为空气的运动黏度；r 为径向尺寸；L 为壁面长度。

$$\omega(t) = (v_0 + at)/R \tag{5.90}$$

式中，v_0 为列车的初始速度；a 为制动减速度；t 制动时间；R 车轮直径。

6. 参数确定

制动盘与车轮的主要几何参数有制动盘内径 460 mm，外径 750 mm，摩擦面中心半径 301 mm，车轮直径 915 mm，车轮和制动盘材料的相关参数见表 5.35 和表 5.36。

根据上述的相关参数，由式（5.91）得到制动盘的初始角速度为

$$\omega_0 = \frac{v_0}{R} = \frac{300}{3.6 \times 0.457\,5} \approx 182 \text{ rad/s} \tag{5.91}$$

式中，ω_0 为车轮的初始角速度。

根据参考文献[23]可知，300 km/h 高速列车紧急制动时，纯空气制动距离为 $S = 4\,500$ m，而在列车设计阶段，制动距离一般取纯空气制动距离的 95%，取空走时间 $t_k = 2.5$ s，则列车实际制动距离：

$$S_e = 0.95S - \frac{v_0}{3.6} \cdot t_K \approx 4\,067 \text{ (m)} \tag{5.92}$$

假设闸片压力恒定，则平均转动角减速度为

$$\beta = -\frac{\left(\frac{v_0}{3.6}\right)^2}{2S_e R} \approx -1.866 \text{ (rad/s}^2\text{)} \tag{5.93}$$

实施制动的时间为

$$t = \frac{\omega}{\beta} = \frac{182}{1.866} \approx 97.5 \text{ (s)} \tag{5.94}$$

制动减速度为

$$a = \frac{v}{t} = \frac{300/3.6}{97.5} = 0.853 \text{ (m/s}^2\text{)} \tag{5.95}$$

表 5.35　车轮的材料参数

参数名称	数值	参数名称	数值
弹性模量/GPa	200	线膨胀系数/$10^{-6} \cdot K^{-1}$	12
泊松比	0.3	导热率/$W \cdot (m \cdot ℃)$	43.2
密度/$kg \cdot m^{-3}$	7 790	抗拉强度/MPa	915
比热容/$J \cdot (kg \cdot K)^{-1}$	470	屈服强度/MPa	605

表 5.36 制动盘其余相关材料参数

参数名称	数值	参数名称	数值
弹性模量/GPa	210	线膨胀系数/$10^{-6} \cdot K^{-1}$	12
泊松比	0.3	屈服强度/MPa	785
密度/kg·m^{-3}	7 620	抗拉强度/MPa	930

7. 建立有限元模型

制动过程中,制动盘转动一周,由于闸片在制动盘上移动的速度相对较快,摩擦面上的热流可以简化为同时施加,摩擦面上的散热可以简化为同时散热,这样制动盘温度场计算的边界条件就能近似地看成循环对称的。而高速列车动车制动盘是轮盘式制动盘,其结构是循环对称的,整个问题可以近似简化为循环对称问题,可选取制动盘与车轮装配体的 1/12(周向取 1/6,轴向简化为对称的)建立有限元模型。在 ANSYS 中采用 solid5 单元对制动盘和车轮装配体进行网格划分,在摩擦面上建立 surf152 表面效应单元。如图 5.97 所示,该模型共有 6 315 个单元(其中热表面效应单元 225 个),8 048 个节点。

8. 载荷与约束

制动前,制动盘和车轮都是处在环境温度条件下,在有限元模型各节点上施加均匀的初始温度。制动过程中,摩擦产生的热量,以热流密度的形式施加在摩擦面上;在除摩擦面外的模型实体表面上施加对流换热系数,而在摩擦面的表面效应单元上施加对流换热系数。制动盘和车轮的截面都认为是绝热的,且施加对称约束。对车轮轮毂孔面进行全约束,约束如图 5.98 所示。

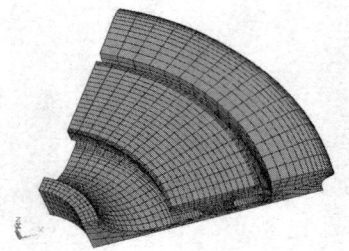

图 5.97 网格划分

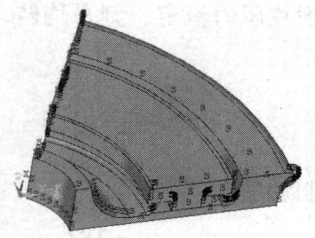

图 5.98 约束

9. 不考虑机械载荷制动盘的仿真结果

(1) 温度场仿真结果分析。

制动开始时,由于闸片与盘体相对速度较大,来不及传热,在 5 s 左右升温区域布满整个摩擦面。4.875 s 左右制动盘的温度分布如图 5.99 所示。

(2) 应力场仿真结果分析。

在紧急制动过程中,制动盘不同位置的热应力变化有较大的不同,其中制动盘的摩擦面和制动盘与车轮过渡处变化最大。而在其他位置,其应力变化比较平缓。制动初期,制动盘与闸片的摩擦面上的温度持续增大,但是在短时间内制动盘表面产生的热量不能迅速传至制动盘盘体内,因而在制动盘摩擦面的外表面和内表面之间温差较大,制动盘表面出现较高的压应力,在 44 s 左右时,摩擦面上的压应力达到最大值 453 MPa,如图 5.100 和图 5.101 所示。

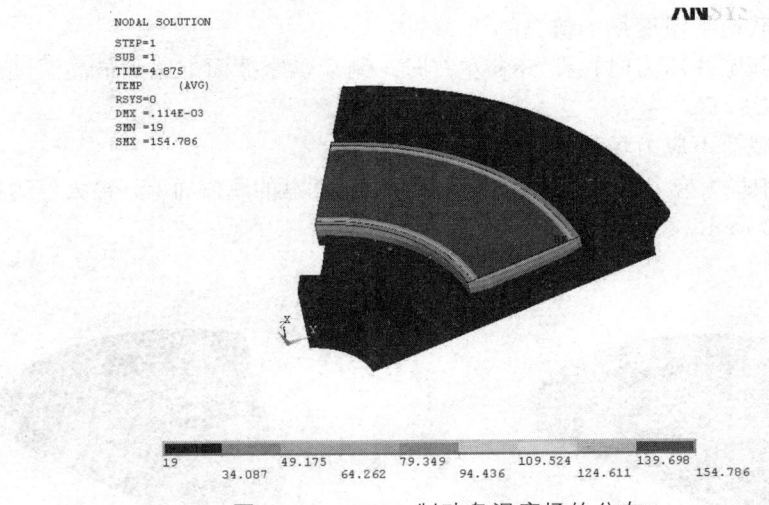

图 5.99　4.875 s 制动盘温度场的分布

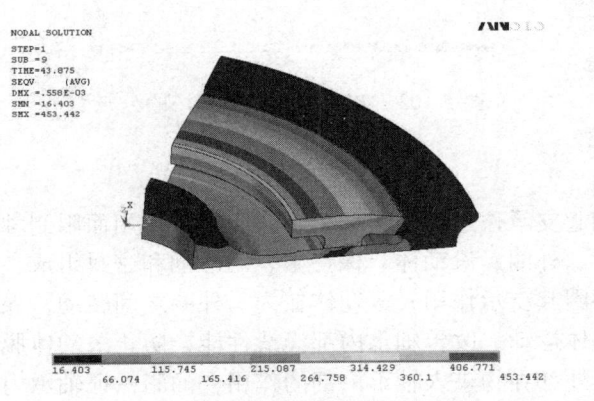

图 5.100　44 s 制动盘应力场的分布

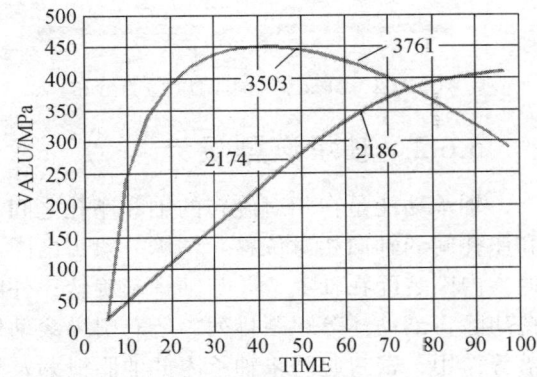

图 5.101　不同节点在制动过程的应力曲线

10. 考虑机械载荷制动盘的仿真结果

本文主要考虑的机械载荷有闸片压力、摩擦力和制动盘的旋转离心力。

（1）机械应力载荷的计算。

① 制动盘的闸片压力，计算公式见式（5.96）

$$K_{11} = \left(\frac{A_1 \times P_Z}{10\,000} - F_1 \right) \times n_{11} \times \eta_1 \tag{5.96}$$

式中，P_Z 为制动缸最高压力；F_1 为制动缸复原弹簧力，取 0.5；η_1 为杠杆传动效率，取 0.9；n_{11} 为杠杆倍率，取 1.116；A_1 为单元缸截面积 $\pi d^2/4$；d 为单元缸直径。

② 闸片摩擦力。

在参考文献[25]的试验参数中，取闸片平均摩擦系数为 0.29，根据摩擦定理有

$$F = 0.29 K_{11} \tag{5.97}$$

③ 旋转离心力。

列车在高速运行时，制动盘随车轮高速旋转，从而承受巨大的离心力。

（2）考虑机械载荷下温度场的仿真结果。

当考虑离心力和闸片压力时，在58 s左右时，制动盘摩擦面上达到最高温度387℃，其温度分布如图5.102所示。

（3）考虑机械载荷下应力场的仿真结果。

整个制动过程中最大应力在44 s左右时，出现在制动盘的摩擦面上，最大值达到471 MPa，应力分布如图5.103所示。

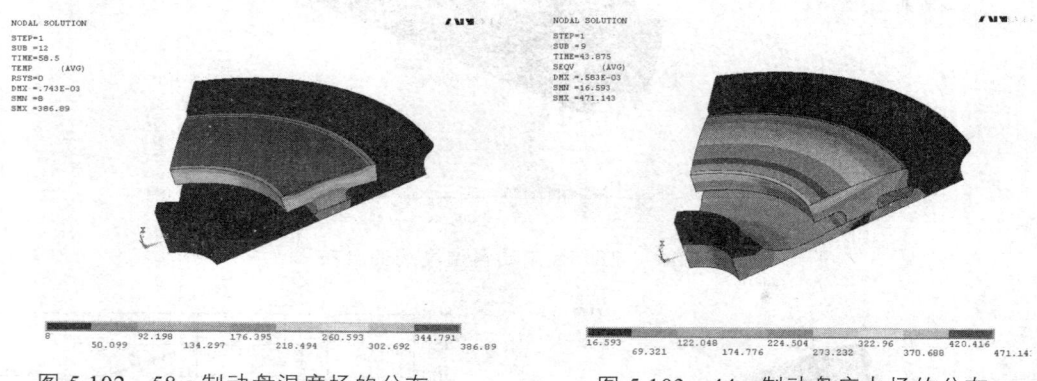

图5.102　58 s制动盘温度场的分布　　　　图5.103　44 s制动盘应力场的分布

5.6.2　轴承选型设计

轴承功能是在相对旋转的轴和座孔之间起支承作用并传递载荷，或起定位作用而限制轴和座孔间的轴向相对位移。轴承一般由内圈、外圈、滚动体、保持架、润滑剂和密封组成。通常内圈装配在轴上，并与轴一起旋转；外圈起支承作用；滚动体在内、外圈之间转动，保持架除将滚动体等距距排列，还有引导滚动体运动，改善轴承内部润滑性能，防止滚动体脱落等作用；密封起防止轴承内部油脂泄漏及外部异物进入轴承内部的作用；油脂保证轴承内各接触间的润滑作用，减少磨损。

1. 轴承的种类

轴承的种类基本可按表5.37划分。

表5.37　轴承的种类

种　类		润滑机理	传递负荷的中介物	类　别
滚动轴承		弹性流体润滑	油、脂、固体、滚动体	球轴承
				滚子轴承
滑动轴承	自润滑轴承	自体边界润滑	油、脂、固体	含油轴承、塑料轴承、固体润滑轴承
	流体轴承	流体动压轴承	油、脂	液体动压轴承
			气体	气体动压轴承
		流体静压轴承	油	液体静压轴承
			气体	气体静压轴承
		流体动压与静压轴承	油	液体动静压轴承
			气体	气体动静压轴承
磁力轴承		电磁力	—	—

滚动轴承是广泛应用的机械基础件，世界主要工业国都已大批量专业化生产，它的标准化、系列化、通用化在国际上已逐步完善、统一。随着科学技术的飞速发展，滚动轴承的设计应用理论、制造水平、材料科学也在不断地更新与发展。

与其他类型轴承相比，滚动轴承具有下列优点：

（1）滚动轴承摩擦力矩远低于普通流体动压轴承，因此摩擦损耗即热量损耗很低。

（2）滚动轴承的起动摩擦（静摩擦）力矩仅略高于它的旋转摩擦（动摩擦）力矩。

（3）滚动轴承对载荷变化的敏感性小于普通流体动压轴承。

（4）滚动轴承仅需要少量的润滑剂便能正常运转，某些滚动轴承还具有长寿命润滑功能。

（5）滚动轴承的轴向尺寸小于流体动压轴承。

（6）一定范围内，载荷、速度和工作温度的改变并不明显影响良好的滚动轴承性能。

（7）多数滚动轴承能同时承受径向和轴向联合载荷。

（8）对于给定的滚动轴承，在很大的载荷和速度范围内都具有良好的性能。

滚动轴承的种类繁多，按其滚动体的种类可分为① 球轴承——滚动体为球；② 圆柱滚子轴承——滚动体为圆柱滚子；③ 圆锥滚子轴承——滚动体为圆锥滚子。

2. 轴承结构设计

轴承在设计中要考虑工作条件，如载荷、转速、安装空间、环境条件、轴和相关配合件的刚度；使用的技术要求，如寿命、精度、噪声、摩擦和工作温度、润滑、维护、安装和拆卸一般情况下，滚动轴承的设计可按下列步骤进行。

（1）选择轴承类型。

主要根据载的种类、方向和大小选择轴承的类型，高速动车组轴承既要承受径向力，又要承受轴向力，选用的轴承是双列圆锥滚子轴承。

（2）计算额定动载荷 C_r。

额定动载荷 C_r 是指在内圈旋转、外圈静止的条件下，一套滚动轴承所能承受的恒定的径向载荷。在该载荷作用下，90%的轴承寿命能够达到或超过100万转。

由实际载荷计算出当量动载荷，再根据轴承要求的寿命由下式计算出所需的额定动载荷 C_r 值。

$$C_r = b_m f_c (iL_{we} \cos\alpha)^{7/9} Z^{3/4} D_{wc}^{29/27} \tag{5.98}$$

式中，C_r 为径向额定静载荷；b_m 为与轴承类型和设计相关的额定系数；f_c 为与轴承零件几何形状、制造精度及材料有关的系数；i 为滚子列数；L_{we} 为滚子有效接触长度；Z 为每列滚子个数；α 为公称接触角；D_{wc} 为滚子平均直径。

（3）选择轴承尺寸。

根据标准、样本或类比查出相近的轴承型号，并可根据需要对外径或宽度进行调整。

3. 检查额定静载荷 C_{or}

轴承静止时的载荷能力，由允许的永久变形量决定。经验表明，轴承在大多数应用场合，最大载荷下滚动体和滚道接触中心处可以允许有滚动体直径 0.000 1 倍的总永久变形量，而不至对轴承以后的运转产生有害影响，将引起如此大小永久变形量的当量静载荷规定为轴承的额定静载荷 C_{or}。

根据轴承结构和尺寸计算出额定静载荷 C_{or} 值，检查额定静载荷是否大于当量静载荷。

$$C_{or} = 44(1 - D_{wc} \cdot \cos\alpha / D_{pw}) i \cdot Z \cdot L_{we} \cdot D_{wc} \cdot \cos\alpha \qquad (5.99)$$

式中，C_{or} 为额定静载荷；D_{we} 为滚子平均直径；D_{pw} 为滚子组节圆直径；i 为滚子列数；L_{we} 为滚子有效接触长度；Z 为每列滚子个数；α 为公称接触角。

（1）检查极限转速。

极限转速指的是在一定载荷和润滑条件下允许的最高转速，轴承工作转速一般低于其极限转速。

（2）选择轴承游隙。

游隙是滚动轴承的重要指标，其大小对轴承的载荷分布、振动、噪声及寿命有相当大的影响。在选择时应考虑轴承内圈与轴的配合、轴承外圈与轴箱的配合、载荷及工作温度引起原始游隙的变化。

（3）选择轴承预紧或压紧。

为降低轴承振动、噪声或防止轴承内圈移动，可对轴承进行预紧或压紧。

（4）选择轴承精度等级

轴承基本等级分为 P0、P4、P5、P6 和 P2。一般情况下，优选普通级轴承，也可根据选择高精度的轴承。

（5）选择润滑剂。

轴承润滑剂的选择主要取决于轴承运用中的载荷（径向和轴向）、转速、温度以及外部环境条件。

（6）选择密封形式。

密封要具有防止轴承内部润滑剂泄漏及外部异物进入轴承内部，防止密封罩松动、油封脱落、耐磨、耐老化、寿命长，密封性能良好、稳定可靠的特性。密封形式应根据轴承的使用条件、润滑剂种类选用，我国铁路货车轴承基本选用迷宫式密封。

（7）检查轴向载荷能力。

轴承工作的轴向载荷应低于轴承轴向载荷能力的允许值。

（8）确定轴承注脂量。

轴承注脂量应考虑轴承的空间、运转速度和检修周期，我国铁路货车轴承一般按轴承内部净空 30%～50%考虑。

（9）检修周期及寿命。

根据轴承的使用环境规定轴承检修的方式及检修间隔，规定轴承的使用寿命。

轴承的基本额定寿命指一批轴承中 90%的轴承在疲劳剥落前能够达到或超过的总转数（以 10^6 转计），或在一定转数下的工作小时数。

以转数表示的基本额定寿命和，由式（5.100）计算：

$$L_{nn} = (C_r / P_r)^{\varepsilon} \times 10^6 \qquad (5.100)$$

（10）实物检查。

对轴承零部件进行外观、几何尺寸、几何精度、理化性能及无损检查，对成套轴承主要进行旋转精度的检查应符合设计图纸或技术条件的要求。

（11）试验验证。

为验证轴承设计和制造水平，对成套轴承按照标准或技术规范进行台架运转试验。

5.7 转向架关键部件强度试验

5.7.1 构架静强度与疲劳强度试验

构架按照 UIC 515-4、UIC615-4 和 EN 13749 标准进行静强度和疲劳强度试验，施加垂向载荷、斜对称载荷（扭转载荷）、纵向载荷、横向载荷等构架主体载荷，通过应变片测试各测点应变，得到各部位应力，进行静强度与疲劳强度评价。构架结构设计执行 UIC 515-4 和 UIC 615-4 标准，强度检验按照标准 ERRI B12 RP17 进行。构架强度试验载荷及方向如图 5.104 所示。

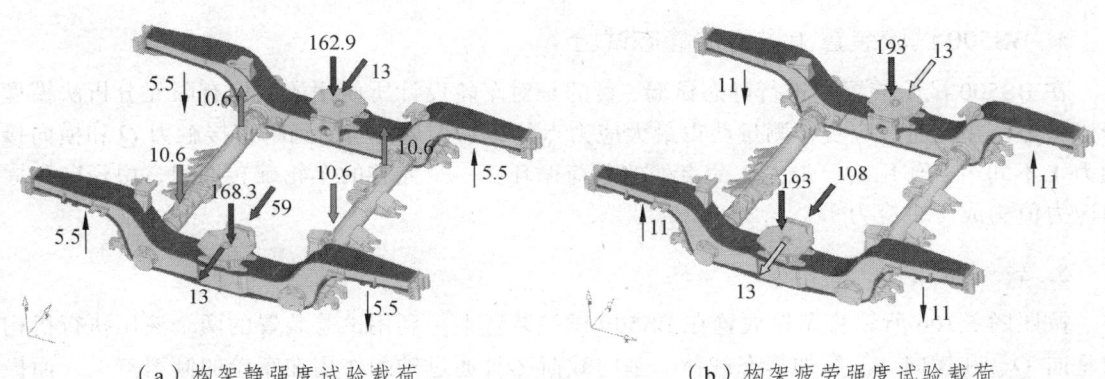

（a）构架静强度试验载荷　　　　　　（b）构架疲劳强度试验载荷

图 5.104　试验载荷示意

5.7.2 车轮疲劳强度试验

1. 试验用的车轮

在试验装置上进行试验验证的原型轮对，严格按照制造规范予以准备，目的是获得在尺寸和冶金学上均能代表标准供货产品的试验轮对。车轮表面粗糙度和几何尺寸的制造按照 UIC 813 所要求的公差执行。每个车轮上进行的试验种类及过盈值测定如表 5.38 所示。

表 5.38　车轮试验种类及过盈值测定

车轮编号	车轴与车轮过盈值 / mm		进行的试验
	最　大	0.300	
	最　小	0.240	
No.501314-76	测定值	0.300	静态试验和第一次疲劳试验
No.501308-50	测定值	0.290	第二次疲劳试验
No.501315-72			残余应力

2. 应变计的定位

为使有限元法计算获得的结果有效,将应变片放置在车轮腹板两侧(见图 5.105)。节点位置如下:节点 A1,位于外腹板上节点,至车轴中心的距离为 184.63 mm;节点 A2,位于内腹板上节点,至车轴中心的距离为 186.92 mm。

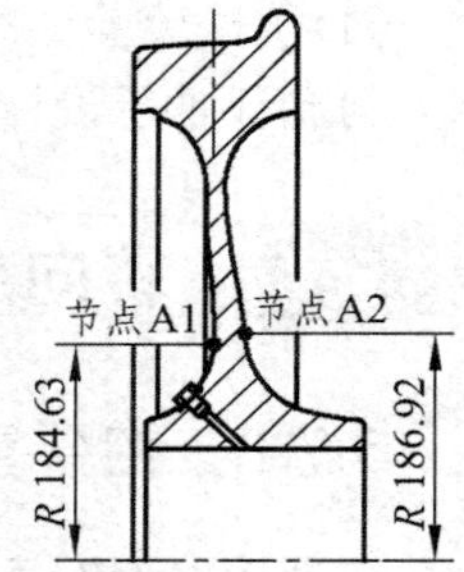

图 5.105 应变片位置

3. 压装配合造成的应力测量

车轮在车轴轮座上的压装配合造成的腹板应力测量过程如下:
(1)应变计在自由轮上使用,进行零位调整,记录下应变计的数值。
(2)车轮在试验车轴上压装配合。
(3)测量压装配合前、后应变值,获得压装配合造成的径向和周向应力值。

4. BS500 试验装置上进行的静态试验

在 BS500 试验装置上进行静态试验,目的是对车轮设计所使用的结构有限元分析法模型予以验证,并且通过应变计测量获得最大应力点的载荷循环。当受到垂直接触力 Q 和横向接触力 Y 不同组合作用时,最大载荷点处的载荷循环在一个完整的车轮旋转期间,由径向和周向应力值构成(主应力)。

5. 载 荷

按照图 5.106 所示将车轮放置在 BS500 试验装置上。利用试验装置的两个液压执行机构向垂向 Q_{act} 和横向 Y_{act} 施加静态载荷。垂向载荷 Q_{act} 通过轴颈作用在车轮的倾斜点上,而横向载荷 Y_{act} 通过轮缘作用在车轮的倾斜点上。

垂直接触力 Q 和横向接触力 Y 以两个相反的角位置作用在车轮上(见图 5.107)。通过两个平衡方程(垂向平衡,位于绕车轴受到约束的铰合部旋转处),获得执行机构施加的垂直载荷值 Q_{act}。因此载荷 Q_{act} 取决于所需要的接触力 Q 和 Y。

表 5.39 给出了作用在接触点上的垂向和横向力数值及其组合。

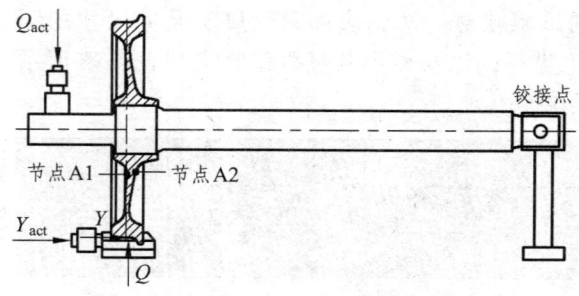

图 5.106 BS500 试验装置示意

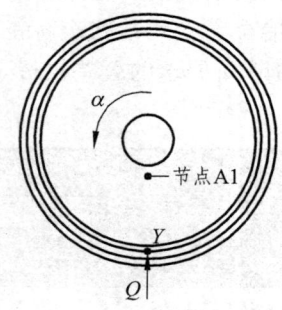

图 5.107 加载位置

表 5.39　试验载荷工况

项目	工况 1	工况 2	工况 3
Q/kN	+104.2	+104.2	+104.2
Y/kN	0	+58.4	−35.0

6. 试验结果

表 5.40 比较了通过计算和测量获得的由于压配合造成的径向和周向应力之间差异，表 5.41 给出了不同载荷情况和两个角位置（$\alpha=0°$ 和 $\alpha=180°$）的测量应力和计算应力。

表 5.40　压装配合应力测试结果

	压配合应力（主应力 = 径向和周向应力）			
	最小过盈值：0.24 mm			
计算值/MPa	节点 A1 径向	节点 A1 周向	节点 A2 径向	节点 A2 周向
	−86.9	33.0	7.0	69.7
	最大过盈值：0.30 mm			
计算值/MPa	节点 A1 径向	节点 A1 周向	节点 A2 径向	节点 A2 周向
	−108.7	41.2	8.7	87.2
	测量过盈值：0.30 mm			
测量值/MPa	节点 A1 径向	节点 A1 周向	节点 A2 径向	节点 A2 周向
	−105.7	44.7	−0.7	88.9

表 5.41　载荷工况下应力测试结果

过盈值：0.30 mm		各载荷情况的应力/MPa（包括压配合应力在内的径向和周向应力）			
载荷情况		节点 A1 径向	节点 A1 周向	节点 A2 径向	节点 A2 周向
1	计算应力 0°	−139.9	36.6	14.9	96.7
	测量应力 0°	−143.9	40.5	17.3	107.4
	计算应力 180°	−97.4	44.1	0.8	82.2
	测量应力 180°	−91.1	50.4	−11.0	86.1
2	计算应力 0°	24.9	95.2	−172.4	14.0
	测量应力 0°	−26.4	81.7	−118.6	50.8
	计算应力 180°	−183.5	15.3	88.2	123.4
	测量应力 180°	−150.1	30.8	50.2	113.5
3	计算应力 0°	−245.1	−0.9	134.6	149.8
	测量应力 0°	−223.7	13.9	105.4	145.2
	计算应力 180°	40.4	63.3	−57.9	54.8
	测量应力 180°	−55.2	62.2	−47.3	69.5

7. BDR 试验装置上进行的疲劳试验

在 BDR 试验装置（见图 5.108）上进行两次疲劳试验，通过特殊的环将轮缘的侧面充分约束在试验台上。在相反的一侧，将一根压装在车轴上的轴承插入一个滑动装置中，这个滑动装置能够通过径向位移施加一个弯曲力矩。由于这个滑动装置与试验装置驱动轴形成一个整体，因此在进行疲劳试验期间，轮缘受到一个旋转频率为 10 Hz 的旋转弯曲力矩。

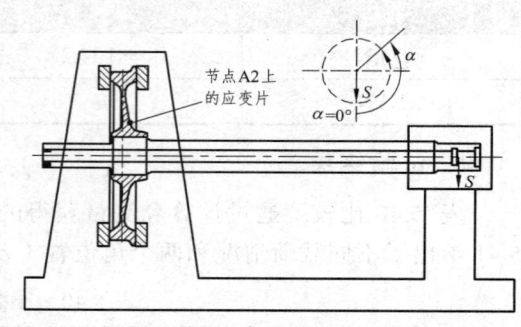

图 5.108　BDR 试验装置示意

轮对在试验台上安装完成后，进行一次静态校准。在此项操作期间，对滑动装置造成的径向位移予以调整，从而在最大应力点上，获得一个与所预见值相等的等效交变对称应力，要求车轮能够承受住 10^7 个载荷循环而不发生任何裂缝破坏。

对两个车轮进行试验，载荷为 226.27 MPa 的交变对称应力振幅循环作用在节点 A2 上，试验结果见表 5.42。

表 5.42　交变载荷作用下试验结果

试验	车轮编号	交变应力振幅/MPa	要求的循环数	试验结果
1	No.501314-76	226.27	10^7	车轮未出现任何损坏
2	No.501308-50	226.27	10^7	车轮未出现任何损坏

8. 残余应力

对一个车轮进行残余应力的测量，应变片分布如图 5.109 所示。图 5.110 所示为测点 1 和测点 B 上获得的周向残余应力。直线 σ_{min} 和 σ_{max} 符合 EN 13260 规定的极限值。

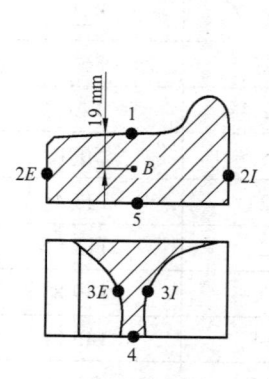

图 5.109　应变计位置

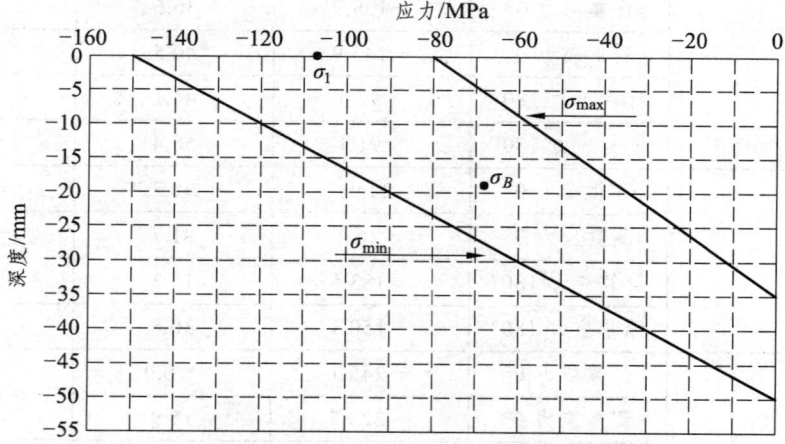

图 5.110　轮缘内部的周向残余应力与深度之间的关系

9. 结　论

本小节所进行的试验，能够对 CRH$_5$ 型动车组的整体车轮予以确认。

测试车轮承受住了疲劳试验，而未出现任何种类的裂纹或损坏，疲劳试验所代表的是最不利动态应力条件。

测试获得的周向残余应力值，符合 EN 13260 规定的极限要求。

5.7.3　车轴疲劳强度试验

1. 试验用车轴

试验车轴为 30 NiCrMoV12 全钢车轴，其目的是确认该型车轴的疲劳极限。

2. 试验设备

本次车轴疲劳极限试验，在 BDR 试验台和 BDA 试验台（见图 5.111）上完成。

图 5.111　车轴旋转弯曲疲劳试验装置

3. 试验方法

车轴疲劳试验采用台阶法完成。所谓台阶法是指通过逐步施加到试样上的压力来逐步地进行试验。依据 UNI3964，使用该方法，至少需要对 15 根试样进行试验。

4. 试验结果

表 5.43 给出了 30 NiCrMoV12 全钢车轴各个位置通过试验获得的疲劳极限，并与相关参考标准中给出的 A1 N/A4T 钢的数据进行了对比。

表 5.43　各轴区中确保的全尺寸疲劳极限的最低值　　单位：MPa

车轴钢材类型	轴　体	轴孔区	压装区	轴　端
A1 N/A4T	200	80	110	94
A4T	240	96	132	113
30 NiCrMoV12	316	120	175（BDR） 179（BDA）	120 （试验进行中）

试验方法及测试结果说明：

（1）轴孔区疲劳极限试验。轴外表面有开槽，目的是模拟 EN3261/2002 中相关图形外形，获得的疲劳试验数值为 120 MPa，该值与 A1 N 上进行的比例试验结果非常接近。

（2）压装区疲劳试验。车轴轮盘压装轴肩上的试验进行了两种，一个试验在 BDR 试验台上进行，另一个在 BDA 试验台上完成。结果表明，两种试验结果十分接近。

（3）轴端疲劳试验。在 BDA 试验台上进行，测试的车轴有两个内轴肩，直径为 130 mm，且相对中心轴肩对称。到目前为止，该项试验仍在进行中，但到现阶段能够确认的疲劳极限为 120 MPa。

5.7.4 转向架滚振台动力学性能试验

CRH_5 型 200 km/h EMU 动车组转向架（MH 动车转向架和 TP 非动力转向架各一台），在牵引动力国家重点实验室进行了整车滚动振动试验台动力学试验，测试了蛇行失稳临界速度、车辆运行平稳性，并监测了轴箱轴承温度。

1. 试验方案

滚动振动试验台动力学试验包括：稳定性试验、平稳性试验、转向架故障方案试验。

（1）磨合试验：转向架在滚动试验台上安装调整完毕后，进行了 0~200 km/h 的磨合试验，跑合时间大于 10 h，其中 80~160 km/h 加激扰模拟线路谱，180~200 km/h 为纯滚动。

（2）稳定性试验：进行了第一方案（原始方案）的 0~300 km/h 有和无轨道激扰的稳定性试验，其线性和非线性临界速度高于 300 km/h。进行了其他方案（故障）的 0~200 km/h 有和无轨道激扰的稳定性试验，其线性和非线性临界速度高于 200 km/h。稳定性满足要求。

（3）平稳性试验：在满足稳定性的基础上，进行了不同方案、不同速度下的运行平稳性试验。第一方案最高速度 250 km/h，故障方案最高速度 200 km/h。故障方案包括空气弹簧无气、去掉抗蛇行液压减振器、去掉一系垂向液压减振器及二系横向和垂向液压减振器。

（4）测试物理量：车体、构架、轴箱横向和垂向加速度及绝对位移，一系和二系悬挂横向和垂向相对位移。

2. 试验标准和轨道谱

在滚动振动试验台上进行机车车辆试验采用《机车车辆动力学性能台架试验方法》（TB/T 3115—2005），鉴于本次试验是动力学性能试验，故数据处理方面按照《铁道车辆动力学性能评定和试验鉴定规范》（GB/T 5599—1985）进行。

3. 试验结果

通过初步分析可知，原始方案平稳性指标 W 和舒适度指标 N_{MV}，在 250 km/h 范围内达到优，故障方案达到优良。

复习思考题

1. 简述螺旋弹簧设计内容，建立弹簧优化设计的数学模型。
2. 简述橡胶定位节点、油压减振器等悬挂元件的主要设计内容。
3. 简述车轮、车轴设计的内容。
4. 简述构架设计的内容及 UIC 515-4 与 JISE4207 的区别。
5. 简述制动热机耦合计算载荷的组成。
6. 简述圆锥滚子轴承设计的步骤。
7. 简述转向架强度试验的内容。
8. 按相关标准完成螺旋弹簧、轮对、抗侧滚扭杆等转向架零部件的 CAD/CAE 设计。

Part 6 动车组车辆车体设计

车体结构设计总方针是保证使用、方便检修、兼顾制造、注意美观和舒适等。为此,车体结构设计的基本原则应保证:具有足够的强度和刚度,具有合理的使用寿命,轻量化的要求,标准化、系列化和通用化,具有良好的结构工艺性,注意克服产品的惯性质量问题。高速动车组比传统机车车辆的运营速度有大幅度增加,动车组车体结构设计时,除了要考虑上述基本原则外,还应注意考虑以下主要问题:为了减小空气阻力,车体外形需设计成流线型;为了提高乘坐舒适度,车体需采用气密结构。

本章主要介绍动车组车辆车体的外形设计和结构设计的原理和方法,包括车体外形设计中的空气动力学规定、列车头形与外形设计方法及其 CFD 设计技术、车体结构设计中的车体结构设计条件、车体结构强度校核、车体刚度评价、车体动态设计、车体碰撞仿真方法及其 CAD/CAE 设计技术。

6.1 车体设计概述

车体设计人员需要考虑的技术因素包括车体外形设计、车体强度、车体轻量化、降低车辆重心、保证焊接质量,具体设计流程如图 6.1 所示。

图 6.1 车体设计流程

6.2 车体外形设计

6.2.1 动车组空气动力学规定

高速动车组的空气动力学问题是一个不可忽视的重要问题，因此，各国对高速动车组的空气动力学性能均有自己的试验标准，尽管我国目前对于高速列车的空气动力学问题还处于进一步深入研究阶段，没有公布正式的试验标准，但是我国铁路部门也颁布了《高速列车空气动力学性能计算和试验鉴定暂行规定》（以下简称《空气动力学规定》），本章即采用该规定进行说明。

1. 试验总则

高速动车组的空气动力学问题是一个不可忽视的重要问题，因此，各国对于高速动车组的空气动力学性能均有自己的试验标准，我国也颁布了《高速列车空气动力学性能计算和试验鉴定暂行规定》和《铁路应用空气动力学第 4 部分：列车空气动力学性能数值仿真规定》（TB/T 3503.4—2018）（以下简称《空气动力学规定》），本章即采用该规定进行说明。

《空气动力学规定》中采用右手笛卡儿直角坐标系，分别采用了地面坐标系、车体坐标系和结构坐标系三种。地面坐标系原点 O_d 在地面上某点，Z_d 轴铅垂向上，X_d 轴和 Y_d 轴为水平轴。车体坐标系固连于车体，如图 6.2 所示，其原点 O_t 在车体质心，Z_t 在车体纵对称面，铅垂向上，X_t 轴和 Y_t 轴为水平轴，且 X_t 轴平行于车体基准纵轴，指向后。结构坐标系也固连于车体，其各轴的指向均同车体坐标系。

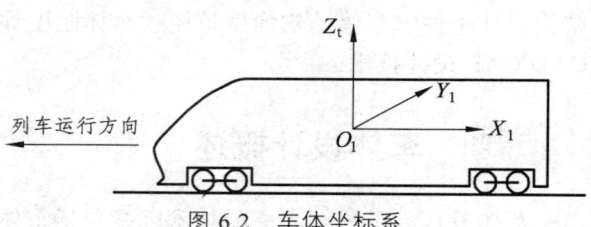

图 6.2 车体坐标系

2. 列车外形基本要求

由于高速动车组的空气动力性能主要取决于列车外形，因此需要根据运行速度的要求，结合我国机车车辆的生产工艺条件，合理设计满足空气动力性能要求的列车外形，同时要符合《高速铁路机车车辆限界》。车体的横截面外形宜采用腰鼓形或者采用折线形式。列车头部下方应设导流板，车体底部除转向架部位外，应设置全封闭的底罩。高速动车组的空调及冷却系统进风口应尽可能布置在列车表面压力为正压区域，排风口则应布置在负压较大的区域。高速动车组的编组应该使车体横截面形状尽可能相同，不同横截面形状车体混编时，也应尽可能平滑，或设置平滑过渡段。动车组减小空气阻力的措施如图 6.3 所示。

图 6.3 动车组减小空气阻力的措施

高速动车组的外形应尽可能避免在车头、受电弓、牵引缓冲装置、车体底部、车体连接处和把手、缝隙及凹槽等部位出现空气涡流。

3. 列车空气动力性能基本要求

高速动车组的空气动力性能，用运行时动车组本身承受及对环境作用的空气动力、力矩、压力及其系数表示。

（1）列车空气阻力。列车空气阻力采用阻力系数 C_x 衡量，该系数可以通过数值模拟计算和风洞试验得到。在无环境风影响条件下，不同运行速度的高速动车组的 C_x 值的限定值见表6.1。

表6.1 各种运行速度列车空气阻力系数 C_x 允许最大值

列车运行速度/（km/h）		200	250	300	350
阻力系数 C_x	头车（有受电弓）	0.25	0.22	0.20	0.19
	头车（无受电弓）		0.18	0.17	0.16
	尾车（有受电弓）	0.28	0.26	0.22	0.21
	尾车（无受电弓）		0.19	0.18	0.17
	中间车（有受电弓）		0.16	0.15	0.15
	中间车（无受电弓）	0.10	0.09	0.09	0.09

（2）列车交会空气压力波。列车交会空气压力波用空气压力变化幅值进行衡量。高速动车组的交会分为明线交会和隧道内交会两种情况，均用该幅值进行衡量，该幅值可以通过数值模拟计算、动模型模拟试验和实车试验得到。不同复线间距、不同交会速度时，列车交会空气压力波允许的最大幅值见表6.2。

表6.2 列车交会空气压力波允许的最大幅值（隧道数据待定）

复线间距/m	列车交会空气压力波幅值/Pa									
	200/200 km/h		250/250 km/h		300/300 km/h		330/330 km/h		350/350 km/h	
	明线	隧道	明线	隧道	明线	隧道	明线	隧道	明线	隧道
4.0	1 350									
4.6			1 300		1 850		2 230		2 500	
5.0					1 420		1 710		1 920	

（3）高速动车组运行时的空气动力升力 F_z。F_z 可以由数值模拟计算和风洞试验得到，在无环境风影响的条件下，头车的 $F_z \leqslant 0$、中间车和尾车的 F_z 接近于零。

（4）列车表面压力采用压力系数 C_p 进行衡量，其数值可通过数值模拟计算、风洞试验和实车试验得到。表面压力绝对值应尽可能小，除受电弓、转向架部位外，其余部位应无空气流动分离现象。

（5）列车运行横向稳定性。当高速动车组运行时，环境横向风力作用下，其运行横向稳定性应满足规定限值。不同常值侧风作用下列车的限速情况见表 6.3。在计算侧风对动车组横向稳定性影响时，应同时考虑运行动车组垂直于动车组纵向对称面的常值侧风作用下的迎风面和背风面压力及空气升力。

表 6.3 侧风作用下高速动车组运行速度限值

侧风风速/(m/s)	15	25	30	40
列车运行速度限值/(km/h)	250	200	160	120

（6）车内气密性要求。在门窗紧闭情况下，车厢客室和司机室内部压力由 3 600 Pa 降至 1 350 Pa 所需时间应大于 36 s。在隧道内列车交会时，客室内的空气压力变化应小于 1 000 Pa。

（7）空气动力作用下对受电弓的弓网接触性能要求。车顶风速达到 26 m/s 时，空气动力引起弓网之间的附加压力应小于 120 N；车顶风速达到 40 m/s 时，受电弓对电网导线在接触点处的举升应小于 100 mm。

动车组按允许速度运行，在环境风影响下，弓网之间的接触力应小于如下极限值：接触力均值 120 N；接触力峰值 200 N；接触力标准误差小于 22%。

受电弓应具有能承受垂直于动车组前进方向、风速为 40 m/s 的风载荷能力，在距受电弓降下位置 1.5 m 高度处，其最大侧偏量小于 ±30 mm。受电弓的弓网接触性能各参数由数值模拟计算和试验得到。

（8）列车风对周围环境的影响。高速动车组通过时，列车侧面、尾部流场的压力和速度应满足相关规定，尾部流场的速度应不能将道砟卷起。

4. 声学要求

随着动车组运行速度的提高，空气动力噪声在总的噪声中所占比例增大。为降低高速动车组运行时产生的噪声，《空气动力学规定》中规定了动车组的声学要求。

列车交会时，不允许产生爆破声。动车组以规定速度运行时，在离轨道中心线 25 m 远和距轨道顶面 3.5 m 高处测得的 A 声级值不得高于 89 dB（A）。列车进站时，在离轨道中心线 25 m 远和距轨道顶面 3.5 m 高处测得的 A 声级值不得高于 68 dB（A）。动车组以规定速度运行时，一等车厢内旅客耳朵处的 A 声级值不得高于 65 dB（A），二等车厢内旅客耳朵处的 A 声级值不得高于 68 dB（A），司机室内乘务员耳朵处的 A 声级值不得高于 68 dB（A），隧道内该值最多可以超过 5 dB（A）。

由空调等成套设备发出的 A 声级值，在旅客耳朵处无论是停车还是行驶时，均不得高于 55～60 dB（A）。列车以规定速度运行时，打电话处旅客耳朵处的 A 声级值不得超过 65 dB（A）。在广播通知时，旅客耳朵处的 A 声级值必须高于最大室内声级 10 dB（A）。

包房间的隔墙在装配状态下，必须具有不小于 A 声级值 35 dB（A）的隔声度。

5. 流场数值模拟计算

（1）计算目的。

流场数值模拟计算为列车空气动力性能验收评估提供依据，为列车产品设计提供空气动力性能方面的依据，并进行列车空气动力性能研究。

（2）计算要求。

流场数值模拟计算的主要内容为：列车空气动力、力矩、列车表面压力分布、列车交会空气压力波、列车通过隧道时隧道内空气压力变化、空气流场、尾部流场、环境风影响和对周围环境影响。

数值模拟计算应基于三维黏性流理论，其中列车交会和通过隧道的计算需按三维非定常、可压缩黏性流进行。

计算列车交会、通过隧道和环境风影响时，需考虑列车与列车、列车与周围环境（隧道、挡风墙、环境风等）的相对运动。

数值计算模型至少包括头、中、尾三节车。计算报告应包括计算目的、计算方法、计算内容、计算理论基础、所使用的软件、计算结果及其分析、与试验结果对比及相关性分析、计算结果评价、结论及建议等。

6. 空气动力学试验

（1）基本要求。

高速动车组空气动力学试验的目的是为动车组空气动力性能验收及评估提供依据，为动车组产品设计提供空气动力性能方面的依据，验证数值计算的正确性和精度，进行列车空气动力性能研究。

试验大纲应包括试验目的、试验内容、试验方法、试验条件、试验地点、试验设备、时间安排和评估方法等。试验报告应包括试验目的、试验内容、试验方法、试验地点、试验设备、试验结果及分析、试验结果评估、结论及建议。

（2）风洞试验。

风洞试验包括列车空气动力、力矩、列车表面压力分布、侧风影响和尾部空间流场等。试验前应进行风洞流场品质校验，满足《高速风洞和低速风洞流场品质规范》（GJB 1179—91）的要求。缩比模型风洞试验应使试验雷诺数 $Re>5\times10^5$。风洞试验应正确反映地面效应。试验用模型列车至少采用 3 节车（头、中、尾车），试验模型缩比应能满足测试要求，且尽可能大。对于侧风影响的试验，侧滑角考虑不小于 ±20°。受电弓等关键部位的空气动力性能试验，建议采用全尺寸模型，并配置相应部位的车体外形，以模拟空气对车体的绕流。

（3）动模型模拟试验。

动模型模拟试验用于测定列车在明线和隧道内交会空气压力波、列车通过隧道时隧道内空气压力变化。动模型试验应使试验雷诺数 $Re>5\times10^5$。动模型列车由不低于 3 节车组成，模型车缩比不小于 1∶1。

（4）实车试验。

实车试验包括列车表面压力分布、列车交会空气压力波、列车交会时车厢内空气压力变化、列车过隧道时隧道内空气压力变化、列车风影响、对周围环境噪声影响等。列车交会试验应实时测定两交会列车侧壁间距和相对速度。

6.2.2 列车头形及外形设计

对于高速列车来说列车头形设计非常重要，研究车辆空气动力学的主要目的就是对车体外壳的形状进行最优化选择。好的头形设计可以有效地减少运行空气阻力、列车交会压力波和解决好高速列车运行稳定性问题。

1. 列车头形设计要求

（1）空气阻力的基本要求。

① 阻力系数。

一些高速铁路发展比较早的国家，通过试验研究和理论计算，明确提出了自己的列车阻力系数指标值。例如，《德国联邦铁路城间特快列车-ICE 技术任务书》中规定要求做到：列车前端的驱动头车空气阻力系数为 0.17，列车末端的驱动头车空气阻力系数为 0.19，中间车辆空气阻力系数为 0.07。

我国在研制第一列高速试验列车时，在《高速试验列车外形及空气动力学性能技术条件》中也选用了上述值。

② 头形系数。

长细比可以简述为车头前端鼻形部位长度与车头后部圆柱部分断面半径之比。头、尾车阻力系数与流线化头部长细比直接有关，高速列车的长细比一般要求达到 3 左右或更大。细尖的车头头形不仅可减小阻力，还有利于减小会车时的压力波，由表 6.4 可以看出日本高速列车头形的变化。

表 6.4 日本动车组阻力系数

形 式	头部长度/m	阻力系数
0 系 	4.4	0.28
100 系 	5.5	0.25
300 系 	6.0	0.20
700 系 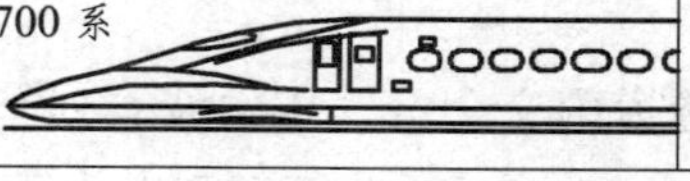	9.2	

（2）尽量减小列车交会压力波。

当两列车交会时，特别是在隧道内两列车交会，车体表面的瞬时压力可在正负数千帕之间变化，这一压力波动产生的冲击力可造成门窗密封的破坏，车窗玻璃破碎。压力波传入车内，引起乘客耳感不适，而且影响周围环境。我国广深线准高速列车开通后，运行不到一年时间内，在列车交会时，由于气压突变造成 2 次机车前窗玻璃震坏，客车侧窗玻璃被破坏 81 块。列车头尾端采用扁梭形，侧墙不垂直于底架和加大头车长细比都将有利于降低列车交会压力波。

（3）解决好高速列车运行稳定性问题。

列车高速运行时，除空气阻力外，作用在列车的气动力还有升力、侧向力、侧滚力矩、偏转力矩和俯仰力矩，如图 6.4 所示。这些力和力矩特别是侧向力和侧滚力矩对列车的运行平稳性和稳定性有较大影响。这些气动力，除了注意头部外形设计外，车身横截面形状的设计也十分关键。侧墙上下应向车体内倾，与车顶和车底部的连接应用大圆弧过渡，即成为鼓形断面，还应注意头部下方的导流板设计。

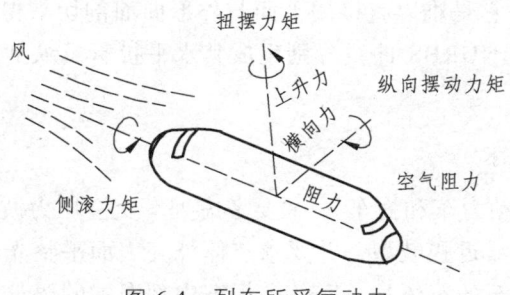

图 6.4　列车所受气动力

2. 列车头部流线化形状设计

我国研究单位和高校在"九五"期间就在分析国外高速列车头形设计的基础上开展了高速车的头形设计研究工作。具有代表性的流线型头部外形方案如图 6.5 所示。可见，外形轮廓线由纵向对称面上的外形轮廓线和俯视最大轮廓线两组主型线组成。纵向对称面上的外形轮廓需要满足司机室净空高、前窗几何尺寸以及瞭望条件。在此基础上，尽可能降低该轮廓线的垂向高度，使头部趋于扁平，这样可以减小压力冲击波，并改善尾部涡流影响。同时，将端部鼻锥部分设计成椭圆形状，可以减小列车运行时的空气阻力。俯视图最大轮廓线形在设计时，首先要满足司机室的宽度要求，然后再将鼻锥部分设计为带锥度的椭圆形状，这样既考虑了有利于减小列车交会压力波和改善尾部涡流影响的梭形，又兼顾到有利于降低空气阻力的椭球面形状。此外，还应设计凹槽形的导流板，将气流引向车头两侧。在主型线设计完成后，还要做到头部外形与车身外形严格相切，头部外形中，一任意选取的两曲面之间也要严格相切，以保证头部外形的光滑性，这样既减少空气阻力，又可以降低列车交会压力波幅值。

（a）一拱方案

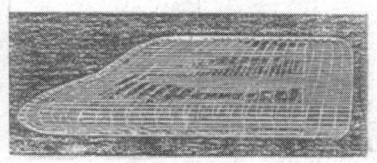
（b）二拱方案

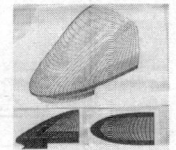
（c）设导流板方案

图 6.5　动车组头型设计方案

动车组头型常采用 CAD 软件进行设计，其设计思路一般是根据 SolidWorks 等 CAD 中 NURBS 曲线便于控制与修改的特点，在特定的水平剖面、横剖面和纵剖面上生成若干控制型线，构建高速列车头部外形基本轮廓的三维线框和光顺的 NURBS 曲面，实现驱动尺寸及特征属性值的参数化变量设置，建立高速列车头部外形曲面模型。构成高速列车头部外形曲面的控制型线包括基本控制型线和辅助控制型线，主要是纵向、横向和水平方向的剖面轮廓线。其中，基本控制型线有纵向对称面型线、最大横剖面型线和最大宽度线。所有型线可分为两类：① 平面型线——它是用各方向的平面与外形曲面剖切所得到的轮廓线，如纵向对称面型线、最大横剖面型线等，用 NURBS 曲线生成这些型线时应满足控制尺寸要求及几何形状特点。② 空间型线——它是难以直接用平面与外形曲面剖切来得到的三维曲线，如最大宽度线。为便于控制，先用 NURBS 曲线分别生成其水平投影及纵剖面投影线，然后通过插值获得相应的空间型线。

3. 列车外形设计要求

高速列车车身（包括动力车和拖车），主要考虑列车交会压力波及气动侧向力、侧滚力矩的作用，侧壁设计尽可能靠近腰鼓型，并要求车体外壳表面平整光滑。

一般来说动力车和拖车的车体长、宽、高根据内部布置的要求由设计任务书规定，所以车身气动外形设计工作主要是横截面形状设计。

在设计车身横截面形状时应做如下考虑：

（1）根据风洞试验结果来看，车辆底部形状对空气阻力的影响很大，为了避免地板下部机器部件的外露，应采用车底封闭外罩。

（2）研究结果表明车辆底面离地面越近空气阻力越小。

（3）车顶为圆弧形，侧墙下方向内倾斜并以圆弧过渡到车底，侧墙上部向内倾斜并以圆弧过渡到车顶，即整个断面成为一个腰鼓形，这将有利于交会压力波及气动侧向力、侧滚力矩作用的缓解。

图 6.6 是车体断面外廓的比较。另外就整个列车而言，还要求车体表面光滑平整，车辆间的连接处要求平滑过渡，以减小列车阻力。

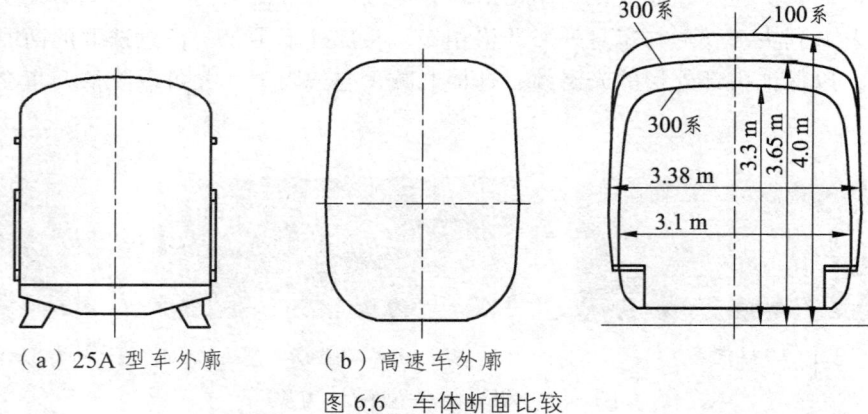

（a）25A 型车外廓　　（b）高速车外廓

图 6.6　车体断面比较

4. 车身横断面形状特点

动车组车身横断面形状设计有以下特点：

（1）整个车身断面呈鼓形，即车顶为圆弧形，侧墙下部向内倾斜（5°左右）并以圆弧过渡到底架，侧墙上部向内倾斜（3°左右）并以圆弧过渡到车顶。图 6.7（a）所示为德国 ICE 动车组车身断面形状。这不仅能减小空气阻力，而且有利于缓解列车交会压力波及横向阻力、侧滚力矩的作用。

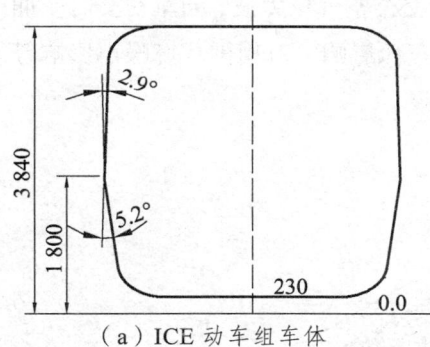
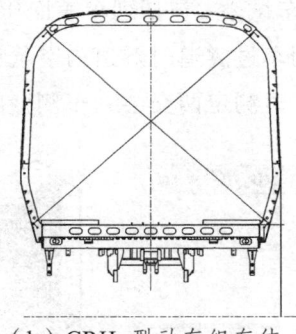

（a）ICE 动车组车体　　　　　　（b）CRH$_1$ 型动车组车体

图 6.7　动车组车体断面形状

（2）裙板车辆底部形状对空气阻力的影响很大，为了避免地板下部设备的外露，采用与车身横断面形状相吻合的裙板遮住车下设备，以减少空气阻力，也可防止高速运行带来的砂石击打车下设备。

（3）车体表面光滑平整，尽量减少突出物。例如，侧门采用塞拉式；扶手为内置式；脚蹬做成翻板式，侧面关闭时可以将其包住。

（4）两车辆连接处采用橡胶大风挡，与车身保持平齐，避免形成空气涡流。

5. 车体外形设计方法

现代高速列车头型的设计方法一般是先拟定出各种头型方案，再通过计算法和试验法进行比较选择，最后根据运营条件进行设计完善。

（1）CFD 计算法。

计算机的出现给流体力学带来了巨大影响，继理论流体力学、实验流体力学之后，产生了数值流体力学（Computatianal Fluid Dynamics，CFD），利用计算机对流体的流动和动力方程式进行数值求解，对流动状况进行数值仿真。计算法主要包括两方面内容：一方面是对列车头型进行数字模拟；另一方面是用数值流体力学的方法，对露天和隧道条件下的压力波进行数值仿真。其中，在 Solidworks 的 Flow Simulation 模块进行 CFD 分析示例如图 6.8 所示，具体的步骤为：① 建立分析模型；② 创建流动模拟；③ 定义流体子域；④ 添加边界条件；⑤ 设置迭代目标；⑥ 求解 CFD 结果；⑦ 显示速度流线。

（2）空气动力学试验法。

高速动车组空气动力学试验的目的是为动车组空气动力性能验收及评估提供依据，为动车组产品设计提供空气动力性能方面的依据，验证数值计算的正确性和精度，进行列车空气动力性能研究。空气动力学试验包括以下几种：

① 风洞试验：包括列车空气动力、力矩、列车表面压力分布、侧风影响和尾部空间流场等。

② 动模型模拟试验：用于测定列车在明线和隧道内交会空气压力波、列车通过隧道时隧道内空气压力变化。

③ 实车试验：包括列车表面压力分布、列车交会空气压力波、列车交会时车厢内空气压力变化、列车过隧道时隧道内空气压力变化、列车风影响、对周围环境噪声影响等。列车交会试验应实时测定两交会列车侧壁间距和相对速度。

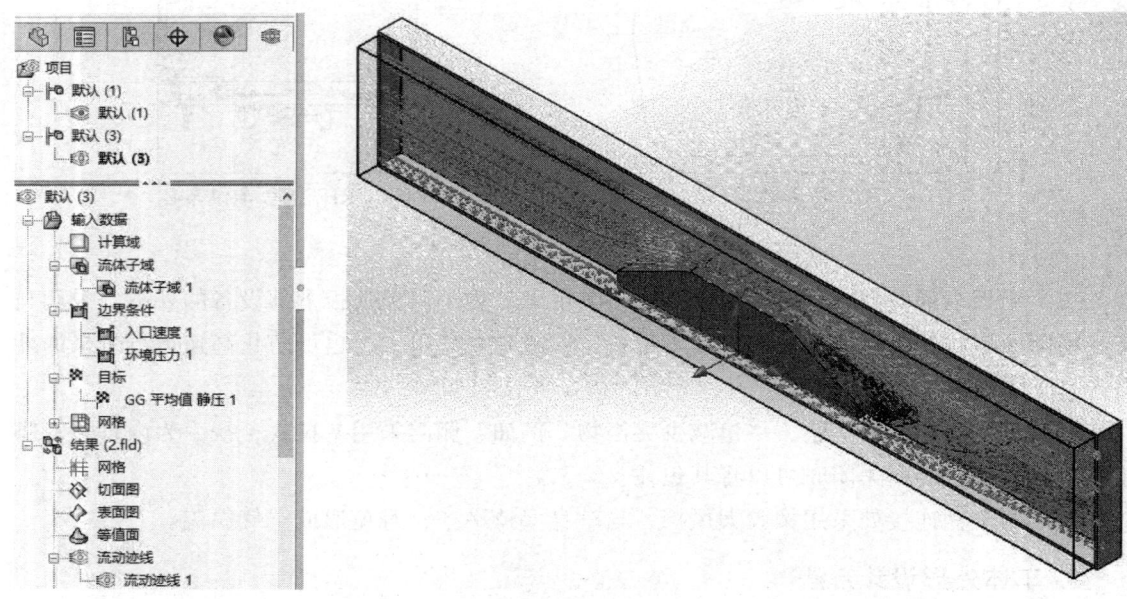

图 6.8　Solidworks Flow Simulation 模块进行车体 CFD 分析示例

6.3　车体结构设计

6.3.1　车体结构设计条件

1. 车体结构设计要求

在车体设计中必须考虑以下几个方面的要求。

（1）车体强度：为保证车辆在运行中有足够的强度，车体必须能承受一定的载荷工况，以符合车辆的强度设计规范。需校核车体结构的强度和刚度，同时要进行结构疲劳设计。

（2）车体刚度：这主要是控制车体的垂向位移和扭转角位移。

（3）车体自振频率：这与车辆运行品质和安全密切相关，因此，规范中对车体第一阶垂向弯曲模态有一定的限制。

（4）车体的耐碰撞安全防护：即要求设计一个更强的客室结构，同时在车体的非乘客区设置能量吸收区，以吸收撞击动能，保证乘客安全。

（5）结构轻量化：在保证安全和使用寿命的前提下，尽量做到结构的轻量化。车体结构所占车辆自重的比例很大，因此设计时尤其应注意减轻其自重。

2. 车体结构设计流程

重新进行车体结构设计时，要考虑以前车种的实际成果和新项目的加入等情况。首先，实施基本计划，研究车体分配、车体断面形状（外形尺寸、室内尺寸），然后研究相关的车钩、车下总装及与转向架的接口。基本计划完成后，开始制作基本图。在基本图和主结构的设计方面，必须对强度进行认真研究。强度设计基本流程如图 6.9 所示。

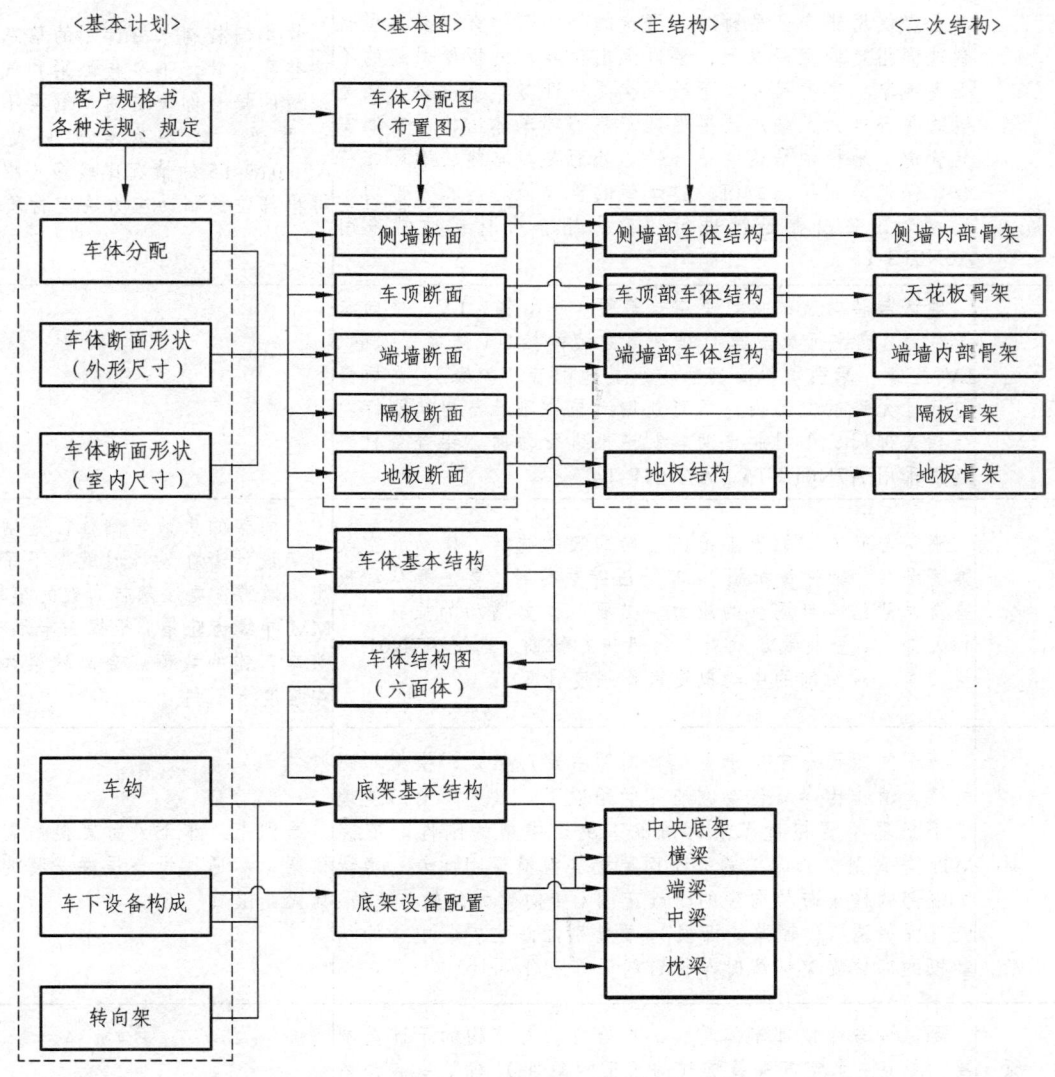

图 6.9 车体结构设计流程

3. 设计手册

车体结构设计基本与车种无关。但是，高速车辆随着车体结构材料中铝合金的使用及密封结构的采用，使其具有高速车辆特有的关注点。据此归纳出的车体结构的设计手册见表 6.5。

表 6.5 高速车辆用车体结构设计手册

设计步骤	设计内容	备 注
材料选定	弹性极限/抗拉强度的比	无特别规定，更改材料时，考虑到制造能力的因素，必须取得制造部门的认可
侧 梁	与横梁等的焊接部位的内厚要达到 3 mm（减去公差后）以上。使用铝合金型材时，形状的外接圆的直径要在型材制造商指定的直径以下，要避免出现异常的板厚引起的不平衡现象。高度尺寸及下端形状要保证与车下设备、侧盖板的整合性，上端形状要保证与侧墙部车体结构、空调安装管道、地板中结构的整合性。外面要与车体轮廓图相符合。保证与侧拉门的门袋排水管的整合性。与相关部门、型材制造商就制造性进行协商。铝合金材料通常采用 A6N01S-T5	收集门袋滴水槽计划的信息，调整导水管，不要与侧梁和气密地板的接合部位贯通。侧梁不允许贯通。车头底架部分使用 A7N01S-T5 的情况比较多（根据焊接部位的制动应力决定材质）
枕 梁	确认与转向架的接口（空气弹簧、中心销、LV、横向减振装置、抗蛇行减振器）。确认与总装的接口（枕梁贯通管、LV 配管、牵引电机冷却风道、其他配管、配线）。在质量与尺寸允许的范围内，尽可能增大抗挠刚性与扭转刚性。与相关部门、型材制造商就制造性进行协商。铝合金材料通常采用 A7N01S-T5，A7N01P-T4	
中 梁	确认与转向架的干涉范围（转向架的旋转、横动、空气弹簧漏气、轴弹簧折损）。车端压缩载荷时，要注意从动板座及枕梁结合部周围的应力。必要时，要增加加强材。与相关部门、型材制造商就制造性进行协商。选用 A7N01 材料较多。对头部的中梁也要进行强度计算	转向架的失败案例往往是由转向架设计者在设计时就埋下了隐患。通常，要注意转向架的车轮、MM 导线齿轮箱。根据头车形状，头车车钩的载荷点会离枕梁远，在强度上不利
横 梁	横梁间距要与车下设备配置对照决定。但是，横梁间距的最大值作为参考值要在座席间距以下。横梁弯曲，使地板下机器不要超过界限的情况下决定横梁的刚性。安装 MTr 等重型机器的横梁的断面要比其他横梁刚性大。确认车端部的横梁与转向架的干涉范围（转向架的旋转、横动、空气弹簧漏气、轴弹簧折损）。要特别注意在安装中梁的从动板的部位安装横梁时与铆钉的干涉和作业性	原则上，车下设备直接吊装到横梁上。通过设备吊梁安装的情况无此限制
端 梁	要保证与端墙部车体结构的整合性。与车钩的干涉范围要切口（注意空气弹簧漏气的不正常条件）。确认安装钩体托板装置部位的结构（作业性）	
横向减振器支架	确认与转向架的接口。为确保刚性，以箱式形状为基本。按照图纸组装，注意组装的顺序。对横向减振器载荷进行强度确认（针对焊接部位的疲劳强度，安全系数应该达到 2.5 以上）	

续表

设计步骤	设计内容	备 注
顶车位	首选，要确认与实际使用的千斤顶的接口。注意集中载荷引起的局部变形（纵弯曲）。在不利的方向上，用简单化的模具进行强度确认。考虑到3点支撑状态时，要承担几倍的载荷	载荷可以是空车车体质量
侧 墙	由形式图、侧断面图展开。确认是否装入安装内装材料用的骨架及使用特殊螺栓的窗帘滑轨的型材和安装位置。枕梁及顶车位上部是侧面剪切变形较大的部位，必须增加加强材以降低应力。注意型材的纵方向焊接结合位置要离开侧窗的拐角部位。不得不靠近的情况下，要对焊接接缝形状及板厚度进行研究，以确保其具有充分的疲劳强度。侧窗部位配置的型材由于只在窗间部位承受强度，所以要针对侧窗部位的剪切变形及弯曲变形决定板厚度，以确保具有充分的强度。要特别注意挖通侧窗的尺寸位置和大小。檐部成为因气密载荷造成侧墙及车顶的弯曲变形的支撑点，承担较大的反力，因此，为减少檐部的应力及侧墙、车顶的变形，要通过增加板厚及加强材来增大刚性。在单壳车体结构的情况下，在与侧墙支柱的底架的结合部及与长横梁、车顶弯梁的结合部上，要加上三角或菱形的加强材。加强材厚度要比侧墙支柱的法兰板厚度大。门袋部位等大的开口的横向使用单壳车体结构时，为防止剪切变形，要再加上加强材。 外板材料采用 A6N01，骨架材料及强化板材料采用 A6N01 或 A5083	焊接结合部位不要作为高应力部位。常被错认为形式图中窗玻璃的露出尺寸（opening dimension）。通过密封压力防止应力集中
车 顶	由形式图、车顶断面图展开。要注意对受电弓部位进行绝缘隔离。有车顶弯梁的情况下，建议其断面形状采用Z形。有侧墙支柱的情况下，通过车顶弯梁与侧墙支柱，与车体纵方向的位置相符，形成圆环上的结构。尺寸调整在车端部进行。材料采用 A6N01	U、I 形的天花板骨架吊接部件安装比较困难。注意不要翻倒。吸收制造误差
端 墙	由形式图、端墙断面图展开。外端墙设备（踏脚架、端墙后沿特高电缆等）的安装方针是以支柱的最佳配置为主，然后针对密封压力的强度材料进行追加。外板厚度最好为 2.5 mm（必须进行强度确认）。确认外风挡的安装螺栓和骨架是否干涉。室内设备以单元形式搬入，因此，在车端使用螺栓固定的塞板时，开口的大小不只是单元的大小，也要注意搬入单元时的轨迹	2 mm 的外板容易出现焊接形变
车头部	以骨架外壳结构为基础。骨架板厚以 6 mm 为标准，外板板厚以 2.5 mm 为标准。骨架的螺距以 300 mm 为标准。但是，对需要更高强度的部位，可采取增加板厚、缩小骨架螺距、增加加强材等措施。设备室气密分隔板的骨架配置要与检查门、穿过隔板的配线和配管整合。在司机室车窗开口部位增加开关保险销的加强材时，要安装在不会妨碍驾驶员视野的位置上	需要高强度的部位：骨架中，车头部车体结构的前端部位及设备室气密分隔板的安装部位。外板中，剪断载荷大的枕梁及千斤顶支架的上部

续表

设计步骤	设计内容	备注
型材地板	板厚尽量达到 2.3 mm 以上。单独密封载荷，或与设备载荷相乘后要在疲劳强度以下。对地板结构、地板内管道进行计划，最好实现地板托梁的一体化。为达到与横梁的简单结合，型材棱要向上。在地板内部时，根据所需面积，使型材棱向下，以获取空间。厕所与洗脸间处的地板不采用型材地板，采用平面板	要防止与横梁的焊接烧穿。厕所、洗脸间处用的地板支架不要使用型材棱，以利于在必要的位置焊接安装
其他	在重要焊接部位，要具体指示焊接质量等级。但是，在设计上，要尽可能不指定焊接质量等级，采用应力集中小的结构。在双壳车体结构的情况下，决定型材的纵方向结合位置及内部桁架的螺距时，不但要考虑强度，而且要考虑直接或间接安装在车体结构上的设备的位置。在型材上先安装或后安装用于安装部件的棱，需要在与制造部门协商的基础上决定。随着设备的安装，在切削型材的棱时，即使只有 2～3 mm 的残留，也应调整使其与部件无干涉。双壳车体结构中，针对密封结构的部位，在焊接时为防止爆破，要设通气孔。注意不要使密封线不连续。密封焊接困难或无法焊接的部位，要采用密封材料	重要焊接部位示例：支撑大量集中载荷的部位（枕梁、中梁、顶车位）；应力集中的部位（侧拉门开口角部）切削型材、添加盖板等材料时，为了达到必要的最小限度进行调整。根据必要的棱的长度和形状，采取后安装对节约成本方面有利。切削到 0 mm 要靠手工作业，会增加成本。开孔的位置要避开高应力部位，焊接后用金属细料埋上孔

4. 强度设计标准

车体结构强度，如果在设计任务中有具体的记录，则以此为基准；如果没有记录，在得到客户许可的基础上，依据适当的规格或与此类似的方法制定强度标准。

以面向 200 km/h EMU 的强度设计标准为例，该强度设计标准以 JIS E7105《铁路车辆车体结构的载荷试验方法》为基准，并结合车辆运用状态的实际情况进行了部分改进，各项目见表 6.6。此外，没有特别记录的，以 JIS E7105 的规定为准。

表 6.6　车体结构强度设计标准

工况	载荷种类	载荷的大小	评价的标准值
垂直载荷	垂直载荷	（车体重量＋最大乘客重量）×1.1	应力值不超过材料的弹性极限
车端压缩载荷	垂直载荷	车体重量	应力值不超过材料的弹性极限
	车端压缩载荷	980 kN	
扭转载荷	扭转载荷	39 kN·m	应力值不超过材料的疲劳强度
三点支持	垂直载荷	车体质量	应力值不超过材料的弹性极限。JIS 中，为"不发生永久变形及塑性纵弯曲"，左边是评价的大致标准
气密载荷	内压载荷	8.0 kPa（相当于压力变动范围）	针对 8.0 kPa 的一半（4.0 kPa）的应力值不超过材料的疲劳强度。8.0 kPa 是任务书中的规定
弯曲振动固有频率	—	—	一次弯曲固有振动频率为 10 Hz 以上。10 Hz 是任务书中的规定
扭转振动固有频率	—	—	无

针对各载荷条件，高应力通常出现在如下部位：

（1）垂直载荷：枕梁上部的侧窗开口角部。

（2）车端压缩载荷：中梁车钩的安装部周围、中梁—枕梁的结合部、端部底架、中央底架的结合部。

（3）扭转载荷：枕梁上部的侧窗开口角部。

（4）三点支持：顶车位、顶车位上部的侧墙的下墙部及侧窗开口角部。

（5）气密载荷：侧窗开口角部/窗间部位、侧墙的车檐部、侧墙的下墙部—侧梁结合部、单壳车体结构的侧墙支柱上下端部。

这些都是结构上容易集中应力的部位，在强度研究上应特别注意。计算的结果中应力超过标准值时，处理办法如下：

（1）增加板厚。

（2）增加加强材。通过重叠板或三角形的加强材来分散载荷。

（3）变更材质。使用更高强度的材质。但是，要注意高强度材质的加工性不好。

（4）该部位是焊接部位的情况下，变更材料接续的位置，使其成为母材部位。而且，在探讨增加板厚、追加强化板时，为了能够有效发挥其作用，应认真确认其发挥作用时的载荷状态（载荷方向、载荷的种类是否为拉伸、压缩或弯曲等）。

此外，虽然在 JIS E7105 中没有涉及，但通常应该留意以下几点：

（1）高速车辆行驶时，平时作用的垂直载荷，与气密载荷重叠。因此，必须达到垂直载荷时的最大应力 + 气密载荷时的最大应力 < 材料的疲劳极限。

（2）压缩应力不得超过结构的纵弯曲强度。纵弯曲强度不足的情况下，要调整该部位的板厚及周围骨架材料的螺距。计算梁及板的强度时，参照适合的设计标准。

（3）存在异常的集中载荷及偏心载荷时，要在规格书的规定或与客户协商的基础上，另外设定载荷条件。注意，有时也根据乘车舒适度的相关规定间接地决定车体的固有振动频率的评价值。

5. 寿命设定方法

车体结构的寿命是根据相对于由上下振动产生的载荷、密封载荷反复施加的外力，车体结构的强度来决定。该标准值的决定方法有以下两种。

（1）时间强度标准。

疲劳载荷下产生的应力如果在材料的疲劳强度以下则正好。此方法适用于以下任何情况：简单进行强度评价的情况；反复载荷的次数非常多的情况；没有特别规定车体结构寿命的情况；车辆的使用条件（行驶线路区间的隧道数量及列车的运行频度等）不明的情况。通常，由上下振动引起的载荷，反复次数非常多，因此以时间强度标准来评价。

（2）累积损伤标准。

由上下振动产生的载荷引起的应力按照时间强度为标准，全部在疲劳强度以下的原则进行设计。因此，直接影响车体结构寿命的是由气密载荷引起的反复载荷。在规定了车体结构寿命的情况下，如果能够推算出作用于该车辆的压力变动的大小和频度，可以通过计算车体结构内的累积损伤来求出相对于车体结构寿命的许用应力。通过这样的考虑方法，如果频度小就能够容许在疲劳强度以上的应力发生，因此车体结构设计会更现实。

① 载荷的确定。以既往的实测数据为基础，求出该车辆产生的压力变动（差压）的大小和频度。作为研究对象的车辆有实际测量的数据时，使用该数据；如果是新设计的情况，以既往的其他列车的实测数据为基础，考虑隧道的断面积、车体的断面积、列车的速度等因素，推定该车种的差压及其发生频度。

② 工作应力分析。进行车体结构的 FEM 分析，求出针对压力载荷的发生应力。将该发生应力与（1）的差压/频度的数据结合，求出发生应力及其频度。

③ 累积损伤。根据该列车的运行条件（如 1 日往返 2 次，一年的实际开动率为 10/12），结合材料的 S-N 曲线图，使用局部法则，能够求出相对于运行年数的疲劳损伤。

④ 许用应力。根据上述求疲劳受害度的方法，设定相对于使用年数的许用应力比较方便，因此要求出许用应力再用于设计。使用年数如果是 20 年的话，该许用应力按照下述方法求得。针对各种水平的发生应力范围 $\Delta\sigma$，从累积受害度倒算出疲劳寿命 L。求出各发生应力水平与其寿命 L 的曲线图。根据该曲线图，以寿命 L 为例，能够求出 20 年时的许用应力范围。

6.3.2 车体结构强度预校核

1. 车体结构强度计算内容

车体结构的强度分为承受垂直载荷、车端压缩载荷等的静强度；承受上下振动、气密变动载荷等的动强度。

只要没有特别要求，静态强度以材料弹性极限为标准值，动态强度以材料的疲劳强度为标准值。

评估动态强度时的应力是重复载荷最大值时的应力。为此，动态强度也与静态强度一样，可以将应力与标准值相比较，由此来进行评估。

2. 车体结构强度校核步骤

设计车体结构时，一般步骤为绘制图纸并以此为基础实施 FEA，进行强度确认。但是，在 FEA 阶段，如果判明车体结构基本结构强度不足，按照日程进行应对就会出现困难。因此，在事前的基本计划阶段，必须对车体的基本结构进行强度确认。

3. 纵强度

如图 6.10 和图 6.11 所示，把车体看作一根梁，检验垂直载荷作用时的弯曲变形及应力。

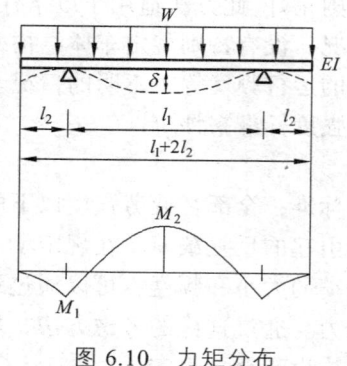

图 6.10 力矩分布

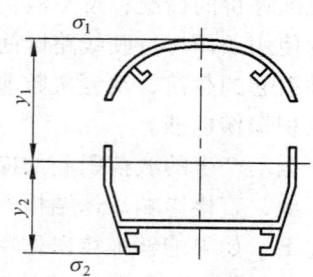

图 6.11 断面尺寸

（1）变形。
$$\delta = \frac{Wl}{384EI}(5l_1^2 - 24l_2^2) \tag{6.1}$$

（2）地板、车顶的应力。
$$\begin{cases} \sigma_1 = \dfrac{M_{\max}}{Z_1} \\ \sigma_2 = \dfrac{M_{\max}}{Z_2} \end{cases} \tag{6.2}$$

其中，弯矩

$$M = \begin{cases} -\dfrac{1}{2}Wx^2, & (x \leqslant l_2) \\ \dfrac{1}{2}WL^2\left(\dfrac{x}{l} - \dfrac{l_2}{l} - \dfrac{x^2}{l}\right), & (l \leqslant x \leqslant l - l_2) \end{cases}$$

$$\begin{cases} M_1 = -\dfrac{1}{2}Wl_2^2 \\ M_2 = \dfrac{1}{8}Wl(l - l_2) \end{cases} \tag{6.3}$$

地板和车顶的断面系数
$$\begin{cases} Z_1 = \dfrac{I}{y_1} \\ Z_2 = \dfrac{I}{y_2} \end{cases} \tag{6.4}$$

4. 横向强度

在承受内压时，侧柱及车顶弯梁会产生如图 6.12 所示的力矩分布，若简单地求此强度时，要把车顶弯梁及侧柱作为两端固定的梁来考虑。

（1）挠度。
$$\delta = \frac{WL^4}{384EI} \tag{6.5}$$

（2）应力。
$$\sigma_1 = \frac{M}{Z_1} \tag{6.6}$$

其中
$$M = \begin{cases} \dfrac{1}{24}Wl^2 & （中央） \\ \dfrac{1}{12}Wl^2 & （固定端） \end{cases}$$

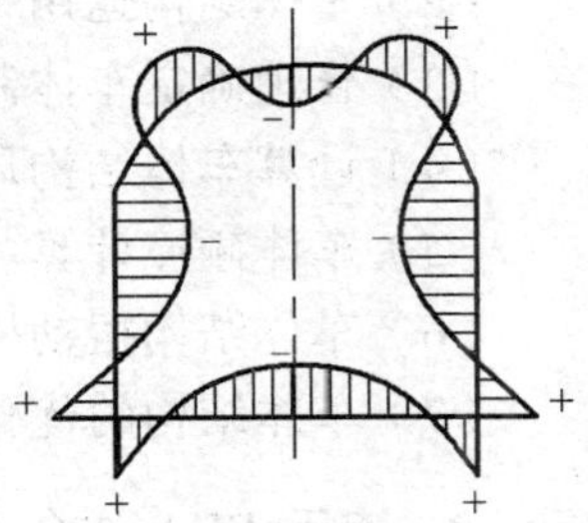

图 6.12 力矩分布

（3）局部强度。
承受压力载荷的面板（车头部、端墙部、底架等骨架外壳结构部）和承受机器载荷及压力载荷的梁简化为边界固定的板或两端固定的梁模型。

（4）弯曲固有振动频率。

车体的固有振动频率从作为车体结构时的挠曲量开始，按照式（6.7）的质量换算，求出车体落成时的弯曲固有振动频率 f_c。

$$f_c = \frac{1}{2\pi}\sqrt{\frac{g}{\delta \times \frac{W_c}{W}}} \text{（Hz）} \quad (6.7)$$

式中，g 为重力加速度；W 为车体结构质量；W_c 为车体质量；δ 为车体结构的自重引起的车体中央部位的挠度。

车体固有振动频率与转向架固有振动频率相近，因共振会影响乘车舒适度。因此，最好在不影响乘车舒适度的范围内提高车体刚性。

车体结构的强度分为承受垂直载荷、车端压缩载荷等的静态强度，以及承受上下振动、气密变动载荷等的动态强度。只要没有特别要求，静态强度以材料弹性极限为标准值，动态强度以材料的疲劳强度为标准值。评估动态强度时的应力是重复载荷最大值时的应力。为此，动态强度也与静态强度一样，可以将应力与标准值相比较，由此来进行评估。

6.3.3 车体强度 FEA 验证

车体强度计算方法多种多样，近年来一般多采用有限元法（FEM）进行结构分析。FEM 的优势在于精度高，并能够应对各种分析条件。目前市面上有很多种 FEM 的通用分析软件，美国 MSC 公司的 NASTRAN 为其中的代表。

1. 有限元可以解决的问题

（1）车体结构的设计——提高车体结构固有可靠性。在方案设计中进行有限元计算可以合理布置车体各梁件的位置；在技术设计中进行有限元计算可以合理设计车体各梁件的具体尺寸及板件的厚度和蒙皮尺寸；在施工设计后进行有限元计算可以检验设计的合理性和结构是否达到设计要求，并对车体结构改进提供科学依据。

（2）车体结构运用中的故障再现。

（3）合理确定车体制造工艺。

（4）计算车体结构局部疲劳寿命。

（5）车体碰撞计算。

（6）车体结构振动模态分析、动力响应分析、动应力和动位移的计算。

（7）车体结构的优化。

2. 使用 FEA 进行强度验证的要点

使用 FEA 进行分析时，所使用的单元种类、单元大小、载荷条件与约束条件等分析条件的赋予方法不依存于分析软件及车体结构的构成材料或构造。应当注意的要点如下：

（1）关于模型化的范围。

一个编组内有多个分配不同的车种时，不要马上就分析所有的车种，为了减轻分析的负担,最好是选择尽可能少的车种,进行必要的强度验证。确认载荷条件,如对车端压缩载荷,形成以车体中心线为对称的1/2模型,以减少模型容量。

(2)关于单元划分。

单元划分最好要少,使计算机的负荷较小。但是,单元划分过于粗略,则会无法再现局部形变与应力集中,所以在能预测变形与应力变化较为剧烈的部位,应事前细分。要避免单元大小的剧烈变化,避免极为细长的单元。

(3)关于分析结果的评估。

应力值是由各单元内的平均值输出的。在承受挠曲的部件中,所输出的应力值有时达不到实际的最大应力,所以在确认周围的应力分布的基础上,根据需要,通过外插来计算最大应力值。当应力分布复杂、所要评估的点的应力无法判断时,根据需要,在对单元进行细分后再分析。此时,应遵守"(2)关于单元划分"中提及的注意点。

(4)铝合金中空结构车体结构建模方法。

由于铝合金中空结构的特点和有限元方法的特点,这样的中空结构蒙皮和筋板的厚度只有几毫米,而长度方向却和车体等长,而有限元方法网格划分却要求每一部分至少应该有一个单元,那么单元长度就最大只能有几毫米,这样在长度方向的网格数量就远远超过厚度方向上的数量并且数量很大,普通计算机根本无法计算,还很影响计算精度。因此,建立有限元模型的时候,就必须考虑到这个问题。目前,在处理这个问题方面,几乎全部使用板壳单元来替代中空结构,比较常见的替代方法有中性面法和截面等效法。

① 中性面法:这种方法比较常见,就是根据铝合金中空结构的断面形状,将断面的中性面找出,先不考虑其厚度建立模型,最后通过对有限元单元赋予实常数的办法把厚度输入,对问题进行简化,图6.13所示为该方法的简化示意。该方法的优点在于对铝合金型材的断面形状模拟和实际基本相符,能够较好地模拟实际的情况。但是,在建立有限元模型之前,都要建立几何模型,一般都是通过三维软件的曲面功能完成,这种方法建立的几何模型包含有2层蒙皮的结构和若干筋板结构,这些结构的连接关系比较复杂,在导入有限元软件的时候拓扑关系会出现问题,导致看着两个面是挨着的,实际却没有连接关系,划出来的网格在这些面与面的连接位置的节点没有耦合关系,就需要一个一个地把这些耦合关系赋予这些连接位置,非常烦琐而且易出错。另外,这样得到的有限元模型单元的数量依然较多,计算机时较长。

② 截面等效法:这种方法根据铝合金中空结构的断面形状,把中空的结构先等效为实心的结构,再把该实心结构利用中性面法等效为一个面结构,不同的厚度通过赋予实常数的办法实现,而等效的原则就是让这两种结构的强度或者刚度相等,图6.14所示是该简化方法的示意。该方法的优点在于极大地降低了计算的难度,单元数量也比前一种方法降低了很多,提高了计算的速度,但是其是用实心结构当量等效了空心结构,不能反映空心结构内部的情况,只能反映某一区域的应力情况,无法具体到是内表面还是外表面或是哪一块筋板。而且,如何等效是这种方法使用过程中的难点,等效方案在后续的内容里将详细说明。

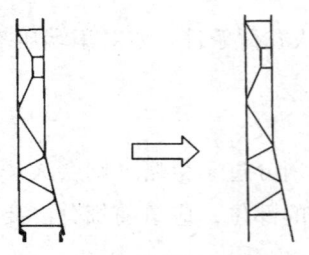

图 6.13 中性面法简化示意

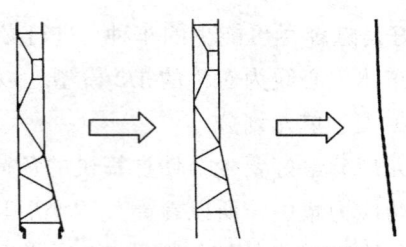

图 6.14 截面等效法简化示意

6.3.4 车体刚度评价

减轻客车车体的质量除受强度的制约外，在很大程度上还受到车体刚度的制约。必要的车体刚度可避免过大的车体变形，以保证设备安装的需要。车体刚度主要包括弯曲刚度、扭转刚度、纵向刚度。

1. 弯曲刚度

日本标准《通勤电车车体设计通用技术条件》(JIS E 7103—2006) 中垂向弯曲刚度指等效弯曲刚度，表示一等效等截面梁的刚度。该梁所承受的载荷和挠度分别等同于车体承受的均布载荷和侧墙中央处所产生的挠度。等效弯曲刚度计算公式为

$$EI_{eq} = wL_1^2(5L_1^2 - 24L_2^2)/(384\delta) \tag{6.8}$$

式中，w 为单位长度上的载荷；δ 为车体侧墙中央处的挠度；L_1 为车辆定距；L_2 为转向架中心至车端的长度。

我国客车车体刚度以等效垂直弯曲刚度 EI_{eq} 值评定。规范推荐的评定值分别为 $EI_{eq} = 1.3 \text{ GN} \cdot \text{m}^2$（以中梁挠度计算）或 $2.4 \text{ GN} \cdot \text{m}^2$（以侧墙挠度计算）。

2. 扭转刚度

等效扭转刚度表示一等效等截面梁的刚度。该梁所承受的扭转力矩和其扭转角分别等同于车体承受的扭转力矩和车体所产生的扭转角。

等效扭转刚度计算公式为

$$GJ_{eq} = ML/Q \tag{6.9}$$

式中，M 为扭转力矩；L 为车体施加扭矩的两截面间的距离；Q 为扭转角度 (rad)。

我国客车车体刚度以等效扭转刚度 $GJ_{eq} = 500 \text{ MN} \cdot \text{m}^2/\text{rad}$。

3. 纵向刚度

车体纵向变形是指在纵向压缩力/纵向拉伸力作用下车体两端后从板座之间距离的减小量/增加量。降低结构的纵向刚度可降低车辆结构承受的纵向冲击力。车体纵向刚度可反映其吸收纵向冲击能量的水平，其计算公式为

$$W = P\Delta/2 \tag{6.10}$$

式中，P 为纵向冲击力；Δ 为车体纵向变形。

6.3.5 车体动态设计

1. 车体模态设计

（1）车体模态设计的意义。

随着列车速度的不断提高，线路固有频率范围加宽，而车辆自重不断减轻，其固有频率降低，这样就导致车体的低阶弹性振型有可能处于线路的激扰范围之内，从而使车体产生较大的振动。这样带来的危害有一是使车体某些部位产生较大的变形，影响疲劳寿命；二是车体的振动会传递到车上的地板、座椅，降低乘坐的舒适度。

为了提高车辆在高速条件下的运行品质，车体设计除考虑强度、刚度的问题外，还需要对其动态特性进行研究。

（2）模态分析评价原则。

应用模态分析方法可以直接对结构设计进行评价，其评价原则如下：

① 车架低阶频率，即一阶扭转和弯曲频率的值，应高于悬挂下结构的固有频率，而又低于发动机怠速运转频率，以避免发生整体共振现象。

② 车架弹性模态频率应尽可能避开发动机经常工作的频率范围。

③ 车架振型应尽可能光滑，避免有突变。

2. 车体的动态设计

车体动态设计准则是指车体（全装备车体）一阶垂直弯曲振动的固有频率必须高于某一规定值，避免车体产生剧烈的或过大的振动以免造成舒适度降低和结构疲劳寿命的缩短。机车车辆车体各种激扰力是随机车车辆速度的提高而加剧。对于车体振动来讲，通常关心的是车体垂直面内的振型及频率。

为避免振动耦合的有害振动，UIC 566—1992 规定车体结构的一阶垂向弯曲自振频率不低于 10 Hz，我国在《高速试验列车动力车强度及动力学性能规范》（95J01-L）中，也做出了同样的规定。

全装备车体的质量比车体钢结构增加很多，所以全装备车体的一阶垂直弯振动的固有频率要比车体钢结构低。UIC-ORE B7 委员会对多种客车车体钢结构及其全装备车体进行振动试验，统计结果表明，车体钢结构的一阶垂直弯曲振动频率比全装备车体约高 30%，也就是说，车体钢结构的一阶垂有弯曲频率应该高于 14 Hz。

由于列车运行速度的提高，来自线路激扰频率的增加，容易引起结构的局部振动。车体结构局部振动不仅会有高频振动，而且还会引发噪声，从而降低了旅客的乘坐舒适性。另外，车体的局部共振运动还会引起结构非正常的动应力，诱发结构疲劳。因此，应该重视局部模态的设计。

在线路试验和运行中都发现 CRH_{2-300} 型动车组的地板振动，为了消除这样的振动，在随后的研究中就测定了车体地板的振动模态，这为后面的车体结构，特别是地板的加强改造提供了依据。

6.3.6 头车车体有限元分析

1. 结构分析

CRH$_2$型动车组头车车体主要由司机室头部结构、底架、侧墙、车顶、端墙、车体附件（车下设备舱、前罩开闭装置和前头排障装置）等组成。1号车（T1c）平面布置如图 6.15 所示。地板面积 = 16.1 m^2；站席乘客数 = 16.1 m^2 / (0.2 m^2/人) = 81 人。最大乘客数取 136 人。

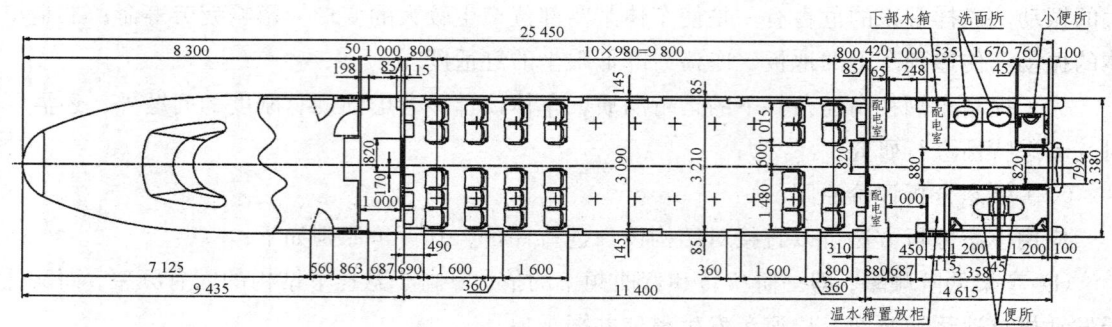

图 6.15　1 号车（T1c）平面布置

2. 计算工况

根据《日本铁路通用规范》（JIS E 7106）的有关要求，确定 CRH$_2$ 型动车组头车车体结构静强度、疲劳强度分析的载荷条件和评价标准。计算工况见表 6.7，各工况载荷和约束施加方式如图 6.16 所示。

表 6.7　车体结构强度设计及验证计算工况

项　目	载荷条件	判定标准
垂直载荷	垂直载荷 =（[车体重力]+[最大乘客重力]）×1.1	材料屈服强度
车端压缩	垂直载荷 =[车体重力] 车端压缩载荷 = 980 kN	材料屈服强度
扭转载荷	垂直载荷 = 无 扭转载荷 = 39 kN·m	材料疲劳强度
三支点	垂直载荷 =[车体重力]	不得产生永久变形及塑性压屈
气密（密封）强度	内压载荷（相当于压力变动范围）= 8.0 kPa	对于试验压力 1/2（4.0 kPa）的应力值为材料的疲劳强度以下
弯曲固有振动频率	激振的载荷	一次弯曲固有振动频率为 10 Hz 以上
扭转固有振动频率	激振的载荷	无

（1）垂直载荷。CRH$_2$ 型动车组头车车体重力 W 为 282 kN，机器设备载荷 W_u = 23.5 kN（施加在底架横梁螺栓固定部位），最大乘客数取 136 人。根据《日本铁路通用规范》（JIS E7106）的有关要求，垂向动荷系数取 0.1，考查垂直载荷下车体的垂向变形分以下 4 种情况：垂向载荷（60 kg/人）、垂向载荷（80 kg/人）、垂向载荷（60 kg/人，并考虑机器设备集中载荷）、

垂向载荷（80 kg/人，并考虑机器设备集中载荷）。施加在地板上的均布载荷分别为 398 kN、428 kN、375 kN 和 405 kN。

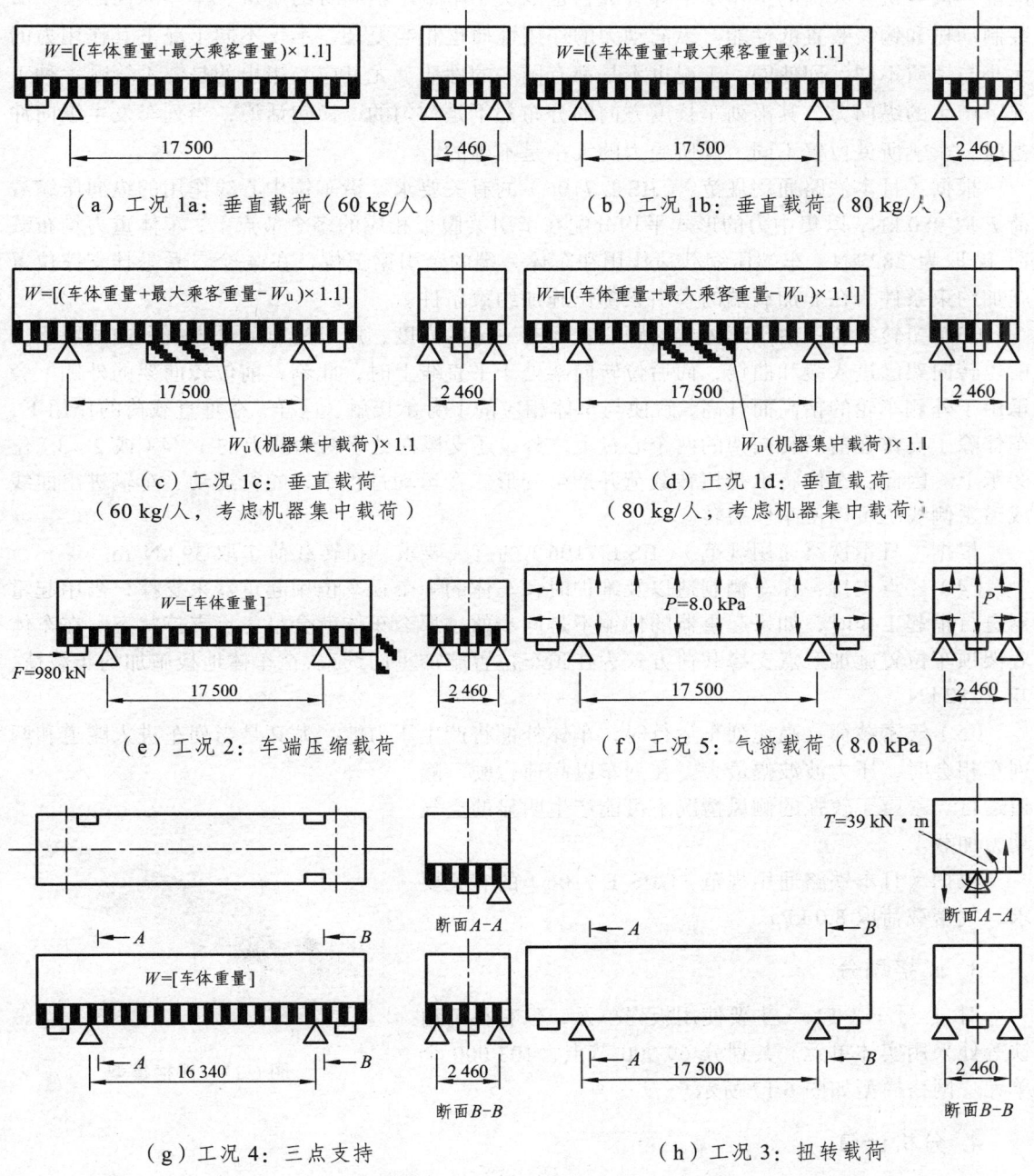

图 6.16　计算载荷工况

（2）车端压缩载荷：分析车体结构在连挂、相碰和冲撞条件下的运动状态。

当列车运动状态发生变化时，车辆牵引缓冲装置上因相邻车辆间发生速度差，就会导致纵向拉伸和压缩载荷作用力的产生,它经由车辆底架的前(或后)从板作用于车体,使其产生相对于整个车体的偏心拉伸(或压缩)变形。纵向力的大小与起动牵引力和列车的质量与速度,甚至机务人员的操作水平等有关,也取决于单个车辆本身的质量、车体纵向刚度、所装制动机和钩缓装置的性能。纵向动力的作用性质也相当复杂,不仅不同工况下其作用力的大小与性质不同,即使同一工况也不是都有同一的性质。尤其应当指出的是,不管哪一种工况下产生的纵向力,其沿列车长度方向的分布都不是均匀的。换句话说,当列车发生纵向冲击时,车辆所处位置不同,其所受力的大小是不等的。

根据《日本铁路通用规范》(JIS E 7106)的有关要求,沿车钩中心线作用的纵向压缩载荷 F 取 980 kN,以集中力的形式平均分配在牵引梁腹板相应的多个节点上,车体重力均布载荷 W 取为 282 kN。车端压缩载荷作用在车体一端的牵引梁部位,在 4 个二系悬挂支撑位置施加约束条件,在非加载端的牵引梁部位施加约束条件。

(3)扭转载荷:由于车体重心距心盘面有一定的高度,所以当车辆进入缓和曲线区段,前位转向架已进入缓和曲线,而后位转向架处于平直线上时,此刻,前位转向架的外侧下旁承由于外侧车轮的抬高而升高,致使与车体相应的上旁承接触。这样,在垂直载荷的作用下,车体除了支撑在前后转向架的两个心盘上之外,还支撑在处于对角线上的 1、4(或 2、3)位旁承上。因此,车体将承受扭转载荷并产生变形。在运动过程中,蛇行运动、车辆进出曲线或道岔侧线均可以使车体扭转。

根据《日本铁路通用规范》(JIS E 7106)的有关要求,扭转载荷 T 取 39 kN·m。

(4)三点支持:在车辆制造以及维护时,车体的 4 个顶车位用起重器来支撑,当用起重器进行抬起工作时,如果起重器的伸缩不是同步的,那么车体就会呈三点支持状态。在车体底架顶车位置施加三点支撑载荷方式为在顶车位置施加垂向约束,在车体地板施加均布载荷, $W = 282$ kN。

(5)气密载荷:高速列车运行时,车体外部将产生压力波,尤其是当列车进入隧道和两列车相会时,压力波波幅最大。在列车以高速行驶、隧道运行、暴露于较强的侧风情况下可能产生明显的空气动力加载。

根据《日本铁路通用规范》(JIS E 7106)的有关要求,气密载荷取 8.0 kPa。

3. 网格划分

对 1 号车(T1c)主要使用板壳单元,只有在门角铁等处采用实体单元。共划分 69 000 节点,103 000 个单元。网格模型如图 6.17 所示。

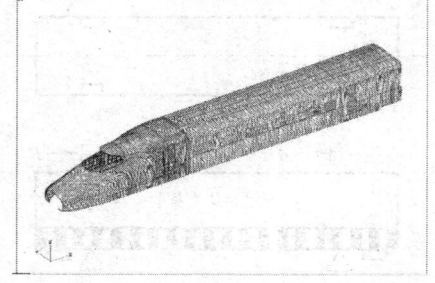

图 6.17 网格模型

4. 分析计算

各工况下的变形和 Mises 应力如图 6.18 所示,可见:

(1)在垂向载荷作用下,底架横梁的最大位移为 15.0 mm,发生在考虑机器设备集中载荷,即 $W = 405$ kN(80 kg/人)、$W_u = 23.5$ kN 计算工况下;侧墙边梁的最大位移为 12.2 mm,也发生在 $W = 405$ kN(80 kg/人)、$W_u = 23.5$ kN 的计算工况下。

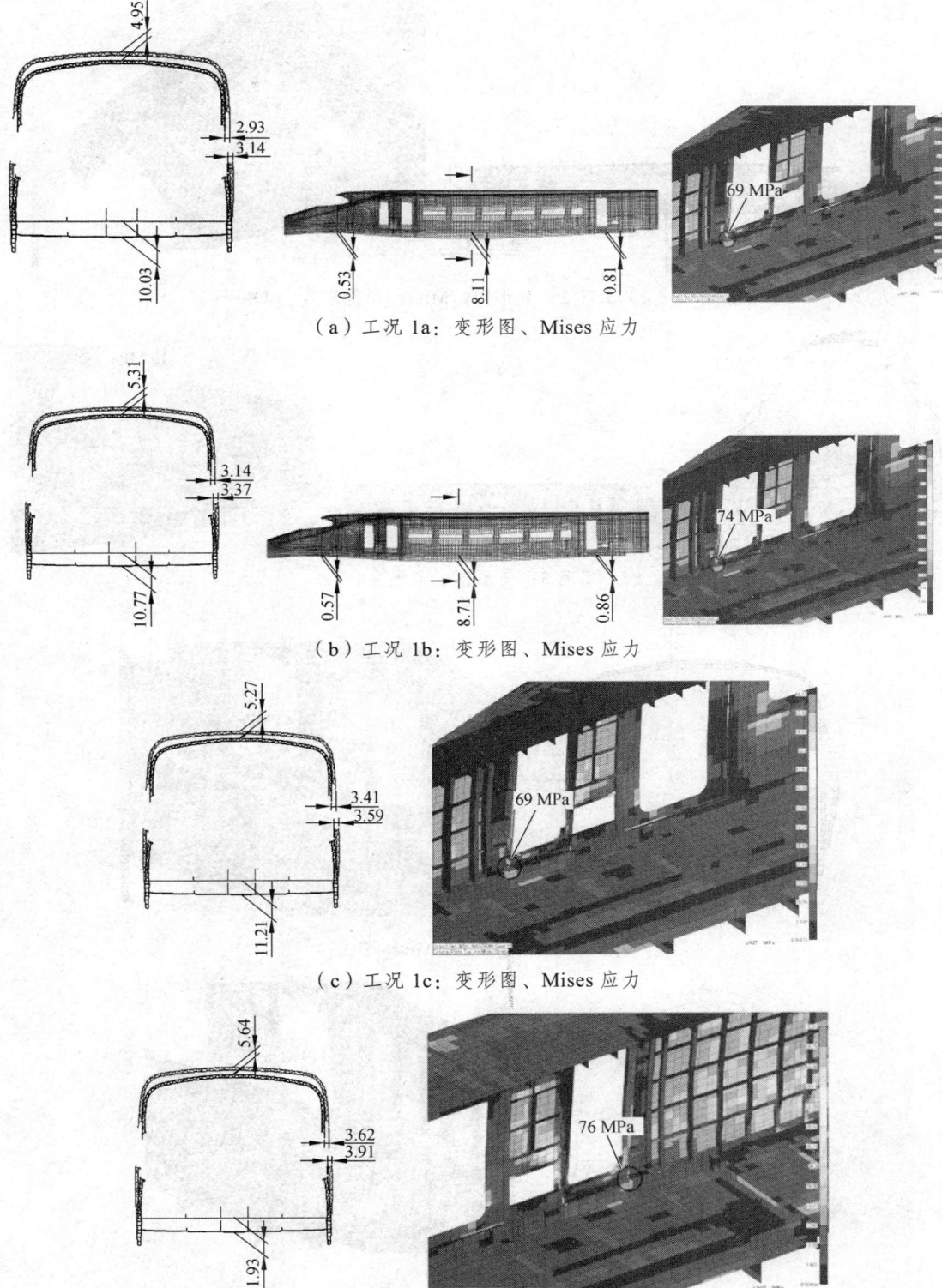

(a)工况1a：变形图、Mises应力

(b)工况1b：变形图、Mises应力

(c)工况1c：变形图、Mises应力

(d)工况1d：变形图、Mises应力

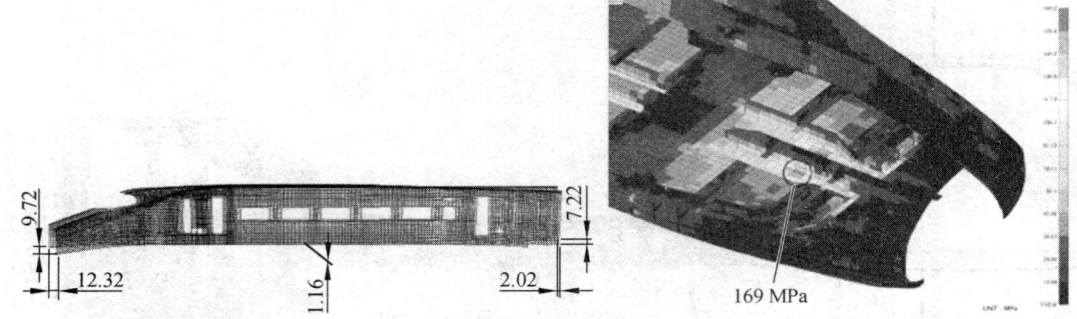

（e）工况 2：变形图、Mises 等价应力

（f）工况 3：变形图、最大主应力

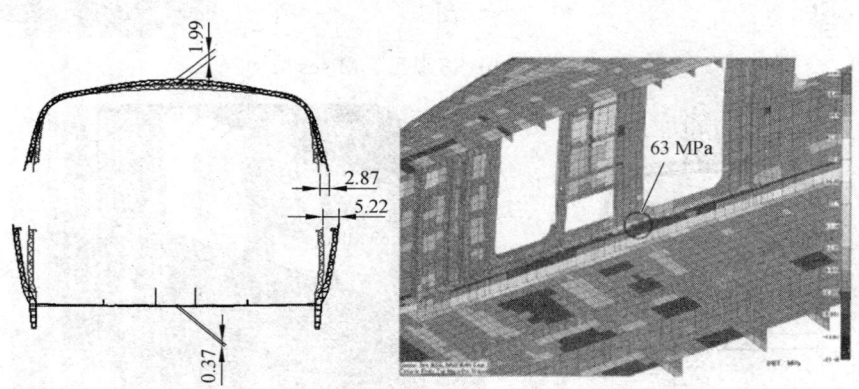

（g）工况 4 变形图、Mises 应力

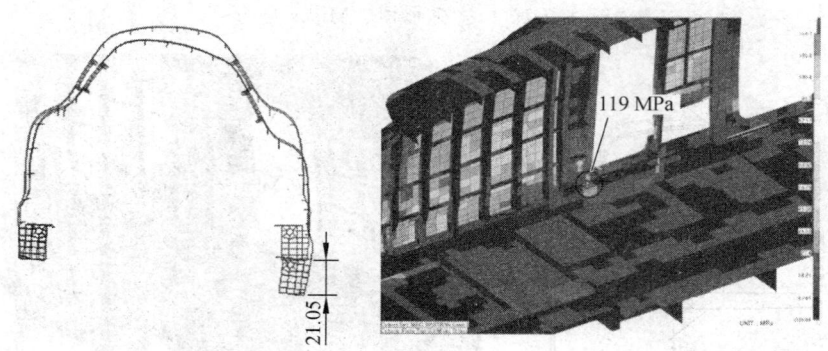

（h）工况 5 变形图、最大主应力

图 6.18　计算结果

（2）在车端压缩载荷作用下，车头端部的变形最大，纵向位移为 8.3 mm，垂向位移为 6.4 mm。

（3）在扭转载荷和三点支撑载荷作用下，车体上的最大变形出现在车体头部车窗角端部位蒙皮，垂向位移分别为 2.8 mm 和 20.3 mm。

（4）在气密载荷作用下，车体中央侧墙车窗部位蒙皮横向最大位移为 5.0 mm，车顶蒙皮和底架横梁的最大垂向位移分别为 11.6 mm 和 3.1 mm。

由图可见，车体以下部位存在较高应力：

（1）垂向载荷工况：枕梁上部的侧窗开口角部、司机室头部车门角加强块与外板蒙皮连接部位以及侧墙车门下角存在较高应力。其中，最大应力出现在 W = 428 kN（80 kg/人）载荷下、侧窗开口角部，最大应力值为 120.3 MPa。

（2）车端压缩载荷工况：牵引梁车钩的安装部周围、牵引梁与枕梁的结合部位以及牵引梁纵向加强梁与横梁连接部位存在较高应力。其中，最大应力出现在牵引梁纵向加强梁与横梁连接部位，最大应力值为 241.4 MPa。

（3）三点支撑工况：顶车位、顶车位上部的侧墙下部及侧窗开口角部存在较高应力。其中，最大应力出现在侧窗开口角部，最大应力值为 125.5 MPa。

（4）扭转载荷工况：侧窗开口角部存在较高应力，最大主应力为 19.3 MPa。

（5）气密载荷工况：端墙与侧墙连接部加强筋板、底架前端牵引梁两侧地板纵向加强筋边缘以及端墙门柱与车顶焊接部位存在较高应力。其中，母材区最大主应力为 154.2 MPa，出现在底架前端牵引梁两侧地板纵向加强筋边缘；焊接区最大主应力为 52.3 MPa，出现在端墙门柱与车顶焊接部位。

5. 结果评价

车体是由多种材料的铝合金焊接组成的，每一种材料的性能都不相同，焊接工艺以及焊接方法也不相同，有可能出现整体强度满足要求，局部不满足相应材料强度要求的情况，因此有些关键部位的局部应力应给予高度的注意，对其进行相关的分析。关键部位主要有以下几个位置：

（1）流线型车头、边梁、底架连接部位。

① 在垂直载荷作用条件下，应力最大位置出现在流线型车头加强筋与边梁连接处，应力值为 64.02 MPa，小于相应材料焊接区的许用应力 120 MPa。

② 在压缩载荷作用条件下，应力最大位置出现在底架顶车位内侧边梁与横梁连接处，应力值为 71.66 MPa，小于相应材料焊接区的许用应力 205 MPa。

③ 在三点支撑载荷作用条件下，应力最大位置出现在车门门角下的加强筋板与边梁连接处，应力值为 75.37 MPa，小于相应材料焊接区的许用应力 120 MPa。

④ 在扭转载荷作用条件下，最大主应力出现在车门门角下的加强筋板与边梁连接处，应力值为 13.16 MPa，小于相应材料焊接区的疲劳许用应力 39 MPa；最小主应力出现在车门门角下的加强筋板与边梁连接处，应力值为 –13.44 MPa，小于相应材料焊接区的疲劳许用应力 39 MPa。

⑤ 在气密载荷作用条件下，最大主应力出现在边梁上，应力值为 34.83/2 MPa，小于相应材料的疲劳许用应力 103 MPa；最小主应力出现在门框下的边梁处，应力值为 –28.57/2 MPa，小于相应材料焊接区的疲劳许用应力 39 MPa。

（2）侧墙、边梁、底架连接部位。

① 在垂直载荷作用条件下，应力最大位置出现在车门门角附近的侧墙与边梁连接处，应力值为 72.90 MPa，小于相应材料焊接区的许用应力 120 MPa。

② 在压缩载荷作用条件下，应力最大位置出现在底架顶车位内侧 T 形加强梁、边梁、横梁连接处，应力值为 89.97 MPa；车门门角附近的侧墙与边梁连接处应力为 79.74 MPa，小于相应材料焊接区的许用应力 205 MPa。

③ 在三点支撑载荷作用条件下，应力最大位置出现在底架顶车位内侧与边梁连接处，应力值为 81.47 MPa，小于相应材料焊接区的许用应力 120 MPa。

④ 在扭转载荷作用条件下，最大主应力出现在底架顶车位内侧 T 形加强梁、边梁、横梁连接处，应力值为 7.7 MPa；车门门角附近的侧墙与边梁连接处应力为 5.8 MPa，小于相应材料焊接区的疲劳许用应力 39 MPa；最小主应力出现在底架顶车位内侧 T 形加强梁、边梁、横梁连接处，应力值为 -8.77 MPa；车门门角附近的侧墙与边梁连接处应力为 -5.93 MPa，小于相应材料焊接区的疲劳许用应力 39 MPa。

⑤ 在气密载荷作用条件下，最大主应力出现在筋板与边梁连接处，应力值为 34.95/2 MPa，小于相应材料焊接区的疲劳许用应力 39 MPa；最小主应力出现在边梁与底架连接处，应力值为 -59.53/2 MPa，小于相应材料焊接区的疲劳许用应力 39 MPa。

（3）端墙及其与侧墙、边梁、底架连接部位。

① 在垂直载荷作用条件下，应力最大位置出现在门立柱与底架连接处，应力值为 9.67 MPa，小于相应材料焊接区的许用应力 125 MPa。

② 在压缩载荷作用条件下，应力最大位置出现在端墙与底架连接处，应力值为 30.98 MPa，小于相应材料焊接区的许用应力 125 MPa。

③ 在三点支撑载荷作用条件下，应力最大位置出现在端墙门角处，应力值为 19.17 MPa，小于相应材料焊接区的许用应力 125 MPa。

④ 在扭转载荷作用条件下，最大主应力出现在端墙门角处，应力值为 5.28 MPa，小于相应材料焊接区的疲劳许用应力 39 MPa；最小主应力出现在端墙门角处，应力值为 -5.31 MPa，小于相应材料焊接区的疲劳许用应力 39 MPa。

⑤ 在气密载荷作用条件下，最大主应力出现在端墙加强筋板上，应力值为 137.93/2 MPa，小于相应材料的疲劳许用应力 103 MPa；最小主应力出现在端墙加强筋板连接处，应力值为 -76.0/2 MPa，小于相应材料焊接区的疲劳许用应力 39 MPa。

由此可见，车体流线型车头、边梁、底架连接部位，侧墙、边梁、底架连接部位，端墙及其与侧墙、边梁、底架连接部位强度都满足要求。

6.3.7　铝合金车体碰撞仿真研究

1. 概　述

车辆的碰撞过程，是车体结构由剧烈的碰撞冲击载荷作用，在极短的时间（一般仅持续几百毫秒）内，导致车体发生一系列复杂的非线性变化的动态过程。它具有几何非线性、材料非线性和边界非线性的特点，其中大位移和大应变属于几何非线性范畴，材料弹塑性变形属于材料非线性范畴，接触摩擦属于边界非线性范畴。这些多种类的非线性组合导致一般的有限元方法很难适应，对使用有限元方法进行车辆碰撞研究提出了更高的要求。在国外，该领域进行了大量的试验与研究，经过这些试验研究，于 20 世纪 80 年代便逐步发展和完善起来了用于研究车辆碰撞的有限元法这一先进技术，并开发了许多可用于车辆碰撞模拟分析的有限元程序，如 LS-DYNA、MSC/DYTRAN、PAM-CRASH、AUTODYN 等。这些程序的核心理论基础基本上都相同，都是以 DYNA 公开版本为基础，该程序最早是由美国 Lawrence livermore 国家实验室开发的，其余程序在此基础上，经过了许多功能性的改进和完善，使其能够在分析和研究结构三维动态大变形中进行应用，这就使这些程序能够很好地用于车辆碰撞的仿真研究，具有很强大的功能，在碰撞领域的工程应用也十分普遍。

2. 碰撞仿真模型的建立

根据以上的理论，使用有限元法首先需要对碰撞模型进行离散，通过有限元分析软件，建立头车与刚性墙、头车与头车碰撞的有限元模型，如图 6.19 和图 6.20 所示。其中头车与刚性墙碰撞有限元模型共有 15 997 个节点，15 423 个单元，头车与头车碰撞有限元模型共有 31 862 个节点，30 805 个单元。均采用从对称面处取一半的模型进行计算，对称面处加对称约束，初始条件设置初速度为 36 km/h，刚性墙和前车钩缓安装座处约束不动，碰撞时间设置为 250 ms，进行计算。

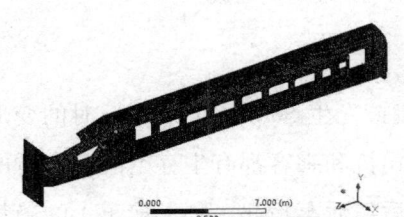 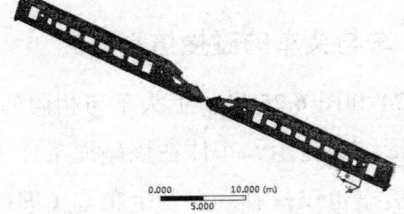

图 6.19　头车与刚性墙碰撞有限元模型　　图 6.20　头车与头车碰撞有限元模型

3. 头车与刚性墙的碰撞仿真研究

如图 6.21 和图 6.22 显示了头车与刚性墙碰撞发生 50 ms 和 250 ms 后的变形情况，碰撞的变形结果显示，车体可以在该碰撞条件下，保证司机和乘客都有生存空间，车体的整体变形不大。

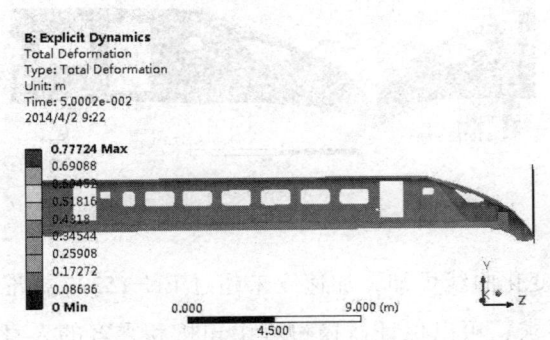 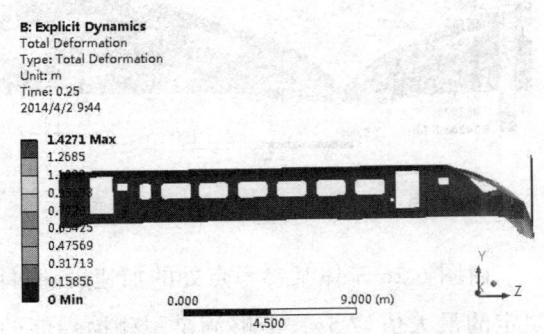

图 6.21　与刚性墙碰撞 50 ms 时车体变形　　图 6.22　与刚性墙碰撞 250 ms 时车体变形

图 6.23 是车体前端缓冲梁处的加速度变化曲线。由图可知,车体前端缓冲梁处速度较大,达到 71.8 m/s^2,未超过 EN 15227 标准规定的最大 7.5g;且随着碰撞时间的加深,各节点加速度都在安全值内上下波动,最后都基本趋于稳定,碰撞性能满足要求。

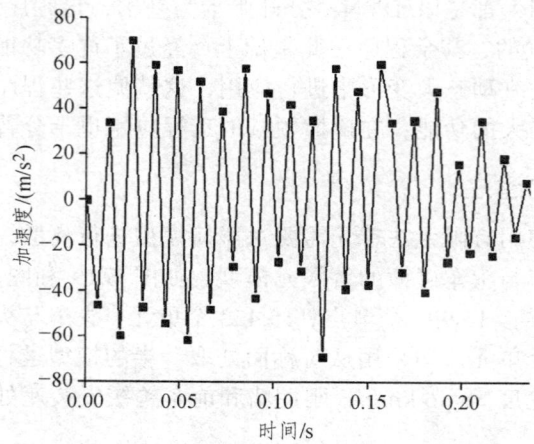

图 6.23　车体前端缓冲梁处的加速度时间曲线

4. 头车与头车的碰撞仿真研究

图 6.24 和图 6.25 显示了头车与相同的头车,碰撞发生 50 ms 和 250 ms 时的变形情况。碰撞的变形结果显示,车体在该碰撞条件下,使得司机和乘客都有生存空间,车体的整体变形不大,后车也仅仅有一点发生爬车(即碰撞发生后,后车抬起,爬过前车)的趋势,可以满足要求。

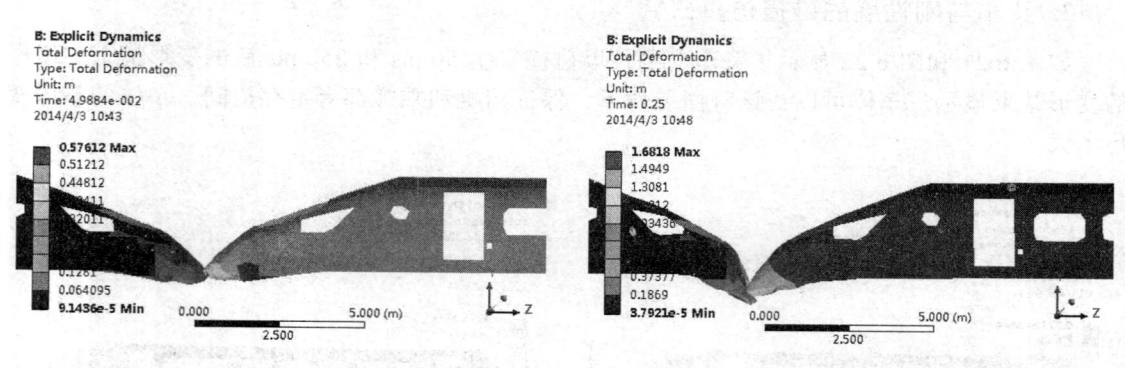

图 6.24　50 ms 时对碰车体变形　　　　图 6.25　250 ms 对碰时车体变形

由图 6.26 车体某参考点处的加速度随时间变化曲线可知,加速度未超过 EN 15227 标准规定的最大值 7.5g,能够满足耐碰撞性能的要求,可以保证碰撞过程中司机和乘客的人身安全。

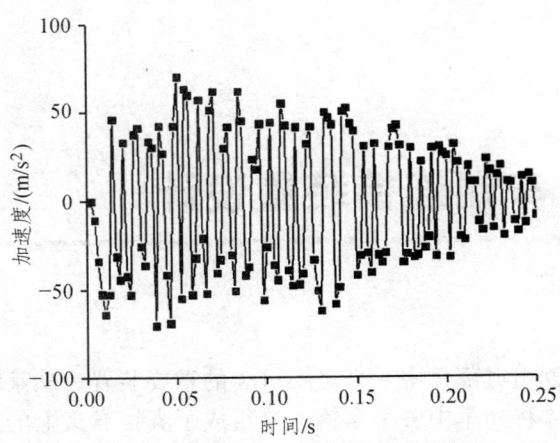

图 6.26　车体某参考点加速度时间曲线

复习思考题

1. 简述车体设计的内容。
2. 为什么要进行高速列车的车体外形设计？在车体外形设计时，需要主要考虑哪些因素？
3. 为什么要进行高速列车的密封性设计？主要的具体措施有哪些？
4. 简述动车组外形设计的基本要求及头型设计的基本参数。
5. 简述动车组车体结构设计的基本内容。
6. 简述车体结构强度计算的内容。
7. 简述车体结构强度设计标准——JIS E7105 的内容。
8. 简述车体结构强度预校核及其 FEA 验证的内容及要点。
9. 简述车体刚度评价的内容。
10. 简述车体模态分析评价的意义、原则与准则。
11. 简述车体碰撞分析的目的与内容。
12. 利用 SolidWorks 等工具完成车体简化模型的外形 CFD 分析及结构强度、刚度、模态及碰撞 CAD/CAE 仿真。

Part 7 车端连接装置设计

车端连接装置是车辆组成部件中一个必不可少的重要装置,从某种意义上来说,正是由于车端连接装置的存在才将列车中各个车辆连接组成了真正意义上的列车。因此,车端连接装置的性能将直接影响动车组(列车)的运行品质及运行安全。

本章主要介绍密接式车钩、缓冲器、风挡等车端连接装置的设计方法及车钩缓冲装置试验方法。

7.1 概 述

1. 车端连接系统组成

车端连接系统通常包括车钩缓冲装置、电气与风管连接器、风挡等部件。车钩缓冲装置安装于车辆底架上,该装置传递列车运行过程中的牵引力及制动力,缓和制动过程中的纵向冲动。电气与风管连接器通常与车钩组合成一复合部件,构成了整个动车组中低压电气系统的通路及全车空气系统的通路。风挡装置装设于车辆端墙外侧,由柔性材料及渡板组成密闭通道供乘客及乘务人员通行。

2. 车端连接装置设计步骤

设计车端连接装置时,首先需要由列车运行的整体参数得到对车端连接装置性能的要求,比照设计规范确定整个系统的性能参数。然后从系统功能上设计出能够完成该功能的系统组件,根据某零部件在组件中的功能确定其运动状态,完成机构设计。根据机构设计结果计算其受力状态,进行强度校核,从而完成相应零部件的设计。随后将零部件组装成系统,有条件时利用仿真环境校验系统功能,必要时返回需要改进的环节重新进行设计,直至全部达到系统的要求。

7.2 密接式车钩设计

车钩系统在动车组系统中起到将各个单一车辆组成一个完整系统的作用,因此车钩的设计必须要满足动车组运行要求。车钩设计分为功能设计和结构设计,功能设计是根据列车总体性能对钩缓系统的要求来进行的,如自动连接功能、自动分解功能、电气与空气管路自动连接功能等;而结构设计则是根据总体参数将各个分部件完成零部件设计及各个分部件组成完整系统。

1. 动车组对车钩的性能要求

（1）包含电路、气路连接的车钩自动连挂和分解功能。

动车组在使用中需要具有快速将小车组组成大车组及将大车组分解成小车组的能力，因此密接式车钩必须能实现自动连挂和分解，并具备手动连挂分解功能，以便在自动功能失灵的特殊情况下使用。高速列车的风挡等部件，占用了车端的有限空间，同时也对风管、电器连接系统的安装和连挂带来不便。在现代动车组技术条件下，车组与车组之间有几十条通信与控制线路需要连通，因此要求电气连接系统小型化，具有整体和自动连接功能。同时列车制动系统的列车管及制动管也需要同时连接。

为在一定半径的圆曲线及竖曲线完成车钩的连挂，机械钩头的形状一般都需要采取凸凹锥形设计，采用凸凹锥形主要是利用其自导向作用来完成机械钩头的自动连挂，凸凹锥形的锥角大小需要根据最小连挂曲线半径的大小来决定。

（2）间隙的要求。

目前世界各国动车组普遍采用密接式车钩，两车钩连接面的纵向间隙均小于 2 mm，上下、左右偏移也很小，这为提高列车的运行平稳性和电气线路、风管路的自动对接提供了保证。之所以要对连挂后的纵向间隙严格控制，最重要的原因是当列车以超过 160 km/h 的速度运行时，在遇到变坡点列车速度发生变化时，前后车辆的车钩将因速度差而发生挤压或拉伸，间隙越大，相互撞击的力量也越大，对列车运行的品质影响也越大。

（3）强度要求。

车钩缓冲装置在列车中起传递纵向力的作用，高速列车对零部件的安全可靠性要求更高，因此它应具有足够的强度和刚度。动力分散式与动力集中式动车组对车钩强度的要求不同，动力集中式动车组要求车钩的压缩载荷不小于 1 500 kN，拉伸载荷不小于 1 000 kN。动力分散式动车组要求车钩的压缩载荷及拉伸载荷都不小于 1 000 kN。

2. 设计原则

（1）间隙确定原则。

所谓车钩间隙即为车钩连挂后两相邻接触部件的松旷量，国际铁路联盟规范标准（UIC）及铁道部规范标准（TB）均无此方面的要求。在设计时，在保证成本的前提下，间隙越小越好。

（2）强度确定原则。

根据引进动车组配用车钩制造厂商标准，动车组车钩的拉伸载荷、压缩载荷均为不小于 1 000 kN。

以 CRH_5 型动车组为例，根据动车组总体运行参数校核车钩载荷。按一动一拖配置，单车质量约 40 t，启动加速度 0.5 m/s^2，最大启动阻力约为 $f = w \cdot g \cdot u_0 = 120$ kN 左右。最大车钩力可用牛顿第二定律来计算 $F = f + ma$，将启动阻力、质量、加速度等值代入式中可得 320 kN，再乘以 1.5 的动态系数可得 480 kN，小于 1 000 kN 的拉伸载荷限值。而我国铁路规定车钩只校核拉伸载荷。

7.3 缓冲器设计

1. 缓冲器的基本参数

缓冲器的主要作用为缓和车辆运行时及调车作业时车辆间相互冲击碰撞的能量，决定缓冲器性能好坏的基本参数为额定阻抗力、最大阻抗力、额定行程、最大行程、正式容量、能量吸收率等。缓冲器缓冲容量的确定则是缓冲器设计的关键。《铁道车辆缓冲器》（TB/T 1961—2016）中对客车缓冲器的要求如下：

额定阻抗力　　　　800 kN；
最大阻抗力　　　　1 000 kN；
最大行程　　　　　73 mm；
容量　　　　　　　≥20 kJ；
能量吸收率　　　　≥80%。

2. 缓冲器容量确定

国际上较为通用的缓冲器容量选择方法是根据两辆车之间相互冲击的速度和质量大小来计算容量。设有总重为 W_1 和 W_2 的车辆，各以 v_1 和 v_2 的速度运动（设 $v_1 > v_2$），冲击后两车以共同的速度 v_0 一起运动，根据动量守恒定律：

$$\frac{W_1}{g} \cdot v_1 + \frac{W_2}{g} \cdot v_2 = \frac{W_1 + W_2}{2g} \cdot v_0 \tag{7.1}$$

$$v_0 = \frac{W_1 \cdot v_1 + W_2 \cdot v_2}{W_1 + W_2} \tag{7.2}$$

根据能量守恒定律，在两台车辆组成的系统中，冲击前后动能的损失应等于冲击力压缩缓冲器所做的功 A_1、冲击力压缩车体所做的功 A_2 以及冲击力使货物移动所做的功 A_3 的总和，即：

$$\frac{W_1}{2g} \cdot v_1^2 + \frac{W_2}{2g} \cdot v_2^2 - \frac{W_1 + W_2}{2g} \cdot v_0^2 = A_1 + A_2 + A_3 \tag{7.3}$$

由于车体变形相对于缓冲器的变形要小很多，A_2 可以略去不计，货物相对车体移动所做的功 A_3 也可略去，将式（7.2）代入式（7.3），化简后得：

$$A_1 = \frac{1}{2g} \cdot \frac{W_1 \cdot W_2}{W_1 + W_2} \cdot (v_1 - v_2)^2 \tag{7.4}$$

如果两个相互冲击的车辆装设同一型号的缓冲器，其容量为 E，则 $A_1 = 2E$，再令冲击速度 $v = v_1 - v_2$，代入上式可得缓冲器的容量 E 为

$$E = \frac{1}{4g} \cdot \frac{W_1 \cdot W_2}{W_1 + W_2} \cdot v^2 \tag{7.5}$$

由式（7.5）可见，车辆质量越大、冲击速度越高，则要求缓冲器的容量也越大。

以一节车辆与七节已经编组的车辆连挂为例，单节车辆的质量取 40 000 kg，连挂速度取 5 km/h，由式（7.5）计算可得缓冲器所需容量为 17 kJ。

7.4 车钩缓冲装置试验

在目前的科学理论条件下,车钩缓冲装置设计尚有许多不完善的地方,需要通过实际模型进行试验后得到真正实际使用条件下的性能参数。

1. 车钩试验

按照我国《车钩、钩尾框强度试验方法》(TB/T 2399—1993)的要求,对于车钩而言只需进行拉伸载荷试验。拉伸载荷试验是在专用试验台上进行的,试验装置包括液压加载系统、车钩连挂固定系统、力及位移测试系统等。该系统可以对试验车钩施加直至将其破坏的拉伸载荷,并具有自动采集加载力及对应钩头位移的功能。试验装置组成如图 7.1 所示。

试验时,操纵液压加载装置,对被试车钩施加拉伸载荷,直至达到规定的最大载荷。同时,启动数据采集系统,测得钩头因拉伸产生的位移及拉伸载荷,得到该类车钩在规定条件下的载荷、位移数据,随后缓慢释放载荷直到完全卸载。如果是最大变形量试验,则检查车钩的各个承力的零部件,对照车钩设计方提供的数据,确认不得产生影响结构安全的变形。如果是破坏性试验,则需加载直至被试车钩断裂为止,记录发生破坏时的拉伸载荷并对照设计值,检查该破坏值是否大于设计值。

2. 缓冲器试验

按照我国《铁道车辆缓冲器》(TB/T 1961—2016)的要求,对于客车缓冲器而言需要进行落锤试验、高低温环境试验,对于液压缓冲器、气-液缓冲器及胶泥缓冲器还需要进行静压试验。落锤试验在专用试验台上进行,试验装置包括可根据试验规程升至需要高度的重达 12 t 的锤头系统、力及位移测试系统、支架及砧座系统等,如图 7.2 所示。

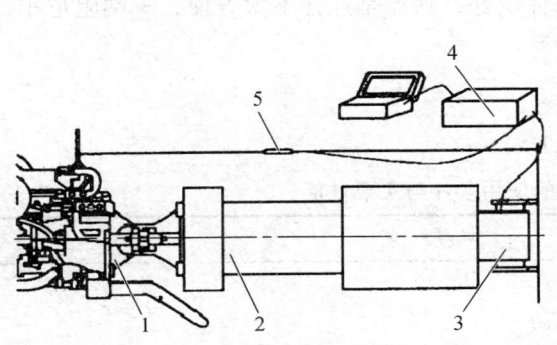

1—被试车钩;2—液压加载装置;3—测力传感器;
4—数据采集装置;5—位移传感器。

图 7.1 车钩拉伸载荷试验装置组成

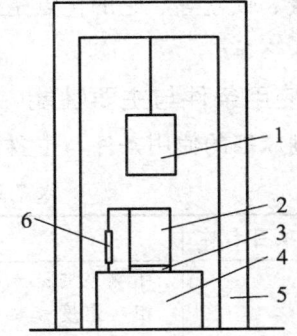

1—锤头;2—被试缓冲器;3—测力传感器;
4—砧座;5—支架;6—位移传感器。

图 7.2 落锤试验装置组成

落锤试验时,按照试验规程将锤头升至规定高度,释放锤头,测取被测缓冲器的动作行程,连续两次逐段测试直至缓冲器的动作行程与压死值小于 0.25 mm 或阻抗力达到(或接近)最大值时,该缓冲器的额定容量及最大容量。高低温环境试验时则将缓冲器分别置于 + 50 ℃ 及 − 50 ℃ 环境下保温 24 h 后立即进行落锤试验,高温试验测得容量不应小于常温下的 90%,低温试验测得的容量不应小于常温下的 70%。

对于液压缓冲器、气-液缓冲器及胶泥缓冲器还需要在静压试验台上进行静压试验,试验台装置配备与拉伸载荷试验台相同。试验系统的最大压力不应小于 2 000 kN,作动头的行程不应小于 90 mm,作动头压缩速度在 5~50 mm/s 可调。

对被试缓冲器施加压缩试验时,操纵液压加载装置,对被试缓冲器施加压缩载荷,测试静态阻抗力。静态阻抗力不应小于 200 kN。

7.5 风挡设计

1. 风挡的重要作用及主要结构形式

机车车辆风挡位于两辆车的连接处,是乘客在车内从一个车厢到另一个车厢的必经之路,也是安全通道;在车辆拥挤时,风挡将承载部分旅客。因此,风挡是车辆间连接的重要部件,其设计技术参数以及安装工艺必须能保证一定的可靠性、可维护性,易于分解、连挂和承受一定载重,必须具备一定密封性能、防火性能和阻尼性能。

目前,我国铁路车辆装用的风挡结构形式主要有铁风挡、橡胶风挡、折棚风挡(有单层和双层之分)、环形密封橡胶风挡等。

橡胶风挡主要用于 160 km/h 准高速客车、提速客车及 25G 型等客车以及重联机车、出口客车上。橡胶风挡 UIC 型由左右立橡胶囊、横橡胶囊、防晒板等组成。这种结构的优点是结构简单、合理、安全可靠性高、磨损小、能有效防止风雪等杂物进入车内,具有一定的隔音性能,具有良好的纵向伸缩和横向、垂向弹性,列车运行平稳性较好。其缺点是胶囊和渡板间、胶囊和胶囊间存在间隙,在车辆速度较高时,通过台仍然有灰尘进入。

折棚风挡现主要用于提速客车及动车组上,这种风挡取消了旧型号的折棚柱及渡板,配有专用渡板,并把渡板包在风挡内,其主要结构为折棚、连接架、拉杆、四连杆式渡板、挂钩、板簧、锁盒等。它的优点是外观及密封性能好,缺点是连挂不太方便,车端阻尼小,耐气候性比较差。

2. 使用条件与主要性能

折棚风挡的使用条件与主要性能见表 7.1。

表 7.1 折棚风挡的使用条件与主要性能

序号	项目名称	要求
1	使用条件	环境温度:-45~+50 ℃。 相对湿度:≤95%。 连挂时钩高差:≤75 mm。 通过宽度:≥970 mm。 通过高度:≥2 000 mm
2	主要性能	通过曲线能力:连挂时应能通过最小半径曲线 R145 m。 气密性:风挡内空气压力从 3 600 Pa 降至 1 350 Pa 的泄漏时间应不少于 50 s。 隔热性能:传热系数 K≤5.0 W/(m^2·K)。 隔声性能:计权噪声降低量 NRW≥30 dB。 风挡承载能力:承载 5 500 N/m^2,风挡垂向位移量应不大于 10 mm。卸载后,风挡垂向位移量应不大于 5 mm。 防雨性能:连挂时不应出现漏雨、渗水现象

3. 风挡设计参数要点

折棚风挡须重点满足的功能对应设计参数要点见表7.2。

表7.2 折棚风挡须重点满足的功能对应设计参数

序号	满足功能	设计考虑参数
1	可靠性、可维护性、安全性	设计人员应进行 RAMS 分析,棚布等材料应符合相关标准,满足相关机械、化学及环保性能;遵循模块化、可拆卸性、尽可能避免使用专用工具及符合人机工程学原则;设计及测试时需考虑有关隐患及其减轻措施,并将有关的减轻措施纳入系统设计、开发、生产及测试内
2	密封性、防火、阻尼、防噪	风挡内空气压力减少过程,泄漏时间提出要求;非金属材料应阻燃、低烟、无毒且符合《机车车辆用材料阻燃技术要求》(TB/T 3138—2018);折棚机构增加阻尼,通过渡板及踏板机构移动复位灵活;传热系数 K 及计权噪声降低量 NRW 提出要求
3	曲线通过性能	对最小平面曲线和竖曲线提出要求,明确最小曲率半径 R
4	便于连挂及解编	设计连挂结构,有锁定、解锁、分离装置,保证连挂及解编状态安全可靠

4. 风挡试验方法

《机车车辆风挡》(TB/T 3094—2015)规定了构造速度不大于 200 km/h 的铁道客车及动车组用折棚式风挡的技术条件、性能参数、组装要求、试验方法、检验规则等。风挡主要试验包括以下内容:

(1)通过最小曲线试验。

将风挡安装在曲线通过试验台上,并将其连挂。在试验台上模拟列车过 R145 m 定半径曲线和 R145 m 定半径反向曲线(其间插入直线段长度不大于 10 m)时风挡的运动状态。试验应进行 3 次。每个试验状态下达到最大位置时,停机进行下列各项检查:① 锁闭是否可靠,棚布有无开裂、拉出,框架焊接处有无裂纹或断裂,密封情况等;② 渡板安装是否牢固,风挡有无挤压折棚框架情况;③ 紧固件失效、松动情况。

(2)气密性试验。

气密性试验应在曲线通过性能试验后进行。风挡模拟现车连挂状态,安装于试验框架上,并形成封闭试验腔。向试验腔内充气加压,当试验腔内压力超过 3 600 Pa 时停止充气,测试试验腔内气压从 3 600 Pa 降至 1 350 Pa 所需时间。试验应不少于 3 次,试验结果取 3 次测试的平均值。

(3)风挡承载试验。

将风挡安装在模拟车端接口结构的风挡安装架上。在渡板的中心、四角和四边的中点各布置 1 个测点,共 9 个测点。在渡板上均匀施加 5 500 N/m² 的垂直载荷,测量各测点的垂向位移量。加载 1 h 后卸载,测量各测点的垂直变形量。

复习思考题

1. 简述车钩设计的要求与设计原则。
2. 缓冲器的主要性能参数有哪些？如何确定缓冲器的容量？
3. 简述风挡的类型、作用及设计要求。
4. 完成密接式车钩的 CAD 建模和三态作用 CAE 运动仿真。

参考文献

[1] 李强. 动车组设计[M]. 北京：中国铁道出版社，2008.

[2] 鲍维千. 内燃机车总体及走行部[M]. 4版. 北京：中国铁道出版社，2004.

[3] 张效融. 电力机车总体及走行部[M]. 北京：中国铁道出版社，2008.

[4] 杨志强. 城市轨道交通车辆总体[M]. 北京：中国铁道出版社，2007.

[5] 董锡明. 高速动车组工作原理与结构特点[M]. 北京：中国铁道出版社，2008.

[6] 丁莉芬. 动车组工程[M]. 北京：中国铁道出版社，2007.

[7] 王伯铭. 高速动车组总体及转向架[M]. 成都：西南交通大学出版社，2008.

[8] 商跃进，董雅宏. 动车组车辆构造与设计[M]. 2版. 成都：西南交通大学出版社，2019.

[9] 王学明. 铁道机车总体技术[M]. 成都：西南交通大学出版社，2009.

[10] 严隽耄. 车辆工程[M]. 北京：中国铁道出版社，2008.

[11] 张曙光. CRH_1型动车组[M]. 北京：中国铁道出版社，2008.

[12] 张曙光. CRH_2型动车组[M]. 北京：中国铁道出版社，2008.

[13] 张曙光. CRH_5型动车组[M]. 北京：中国铁道出版社，2008.

[14] 宋永增. 动车组制造工艺[M]. 北京：中国铁道出版社，2007.

[15] 周庆瑞. 新型城市轨道交通[M]. 北京：中国铁道出版社，2005.

[16] 任尊松. 车辆系统动力学[M]. 北京：中国铁道出版社，2007.

[17] 张卫华. 机车车辆行动动态模拟研究[M]. 成都：西南交通大学出版社，2006.

[18] 杨颜志. 铁道车辆舒适性虚拟试验技术的研究[M]. 长沙：中南大学出版社，2007.

[19] 王成国. MSC.ADAMS/Rail 基础教程[M]. 北京：科学出版社，2005.

[20] 朱浩，刘少军，黄中华. ADAMS/rail 虚拟样机技术在车辆系统建模及仿真分析中的应用[J]. 交通与计算机，2003，21（05）：81-84.

[21] 朱德库，刘晓杰，马平. 空气弹簧及其控制系统[M]. 济南：山东科学技术出版社，1989.

[22] 张曙光. 铁路高速列车应用基础理论与工程技术[M]. 北京：科学出版社，2007.

[23] 崔殿国. 机车车辆可靠性设计及应用[M]. 北京：中国铁道出版社，2008.

[24] 商跃进，王红. 有限元原理与 ANSYS 实践[M]. 北京：清华大学出版社，2012.

[25] 商跃进,曹茹. SolidWorks 2018 三维设计及应用教程[M]. 北京:机械工业出版社,2018.

[26] 米彩盈. 铁道机车车辆结构强度[M]. 成都:西南交通大学出版社,2007.

[27] 戴蓉. 动车组轴箱弹簧强度分析及优化设计[D]. 兰州:兰州交通大学,2007.

[28] 刘吉远,陈雷. 铁路货车轮轴技术概论[M]. 北京:中国铁道出版社,2009.

[29] 杨继震. CRH_2动车组拖车轮对轴箱强度分析[D]. 北京:北京交通大学,2008.

[30] 王成强. 200 km/h 高速动车组焊接构架侧梁焊接顺序优化研究[D]. 大连:大连交通大学,2007.

[31] 王盛楠. CRH_5动车组转向架构架及摇枕的强度分析与设计规范的比较[D]. 北京:北京交通大学,2008.

[32] 左丽. CRH_2动车组拖车构架强度分析[D]. 北京:北京交通大学,2008.

[33] 徐文正. CRH_2动车组动车构架结构强度分析[D]. 北京:北京交通大学,2008.

[34] 杜彩霞. 货车焊接构架强度分析与疲劳可靠性设计[D]. 兰州:兰州交通大学,2008.

[35] 宁晓丹. 货车 L-B 型组合式制动梁疲劳寿命分析与试验研究[D]. 兰州:兰州交通大学,2009.

[36] 尹艳. CRH_2动车组头车车体结构强度研究[D]. 北京:北京交通大学,2008.

[37] 索雪峰. 动车组 M2S 车体结构分析及车下悬挂设备布局优化[D]. 北京:北京交通大学,2007.

[38] 张志华. 动车组铝合金车体结构强度分析[D]. 北京:北京交通大学,2007.

[39] 高源. 200 km/h CRH_2动车组一等座车车体结构强度研究[D]. 北京:北京交通大学,2008.

[40] 谢绍兴. 铁路客车风挡设计要点分析及组装工艺浅谈[J]. 科技创业家,2013,(22):251.

[41] 陆正刚,王文斌. 轨道车辆设计[M]. 上海:同济大学出版社,2015.